Die aktienrechtliche Zulässigkeit der Durchführung einer Due Diligence anlässlich eines Unternehmenskaufes

Studien zum deutschen und europäischen Gesellschafts- und Wirtschaftsrecht

Herausgegeben von Ulrich Ehricke

Band 2

PETER LANG

Frankfurt am Main · Berlin · Bern · Bruxelles · New York · Oxford · Wien

Michael Silvio Kusche

Die aktienrechtliche Zulässigkeit der Durchführung einer Due Diligence anlässlich eines Unternehmenskaufes

Mit Due Diligence-Checkliste
für die Zielgesellschaft

PETER LANG
Europäischer Verlag der Wissenschaften

Bibliografische Information Der Deutschen Bibliothek
Die Deutsche Bibliothek verzeichnet diese Publikation in der
Deutschen Nationalbibliografie; detaillierte bibliografische
Daten sind im Internet über <http://dnb.ddb.de> abrufbar.

Zugl.: Kiel, Univ., Diss., 2005

Gedruckt auf alterungsbeständigem,
säurefreiem Papier.

D 8
ISSN 1614-581X
ISBN 3-631-53939-8

© Peter Lang GmbH
Europäischer Verlag der Wissenschaften
Frankfurt am Main 2005
Alle Rechte vorbehalten.

Printed in Germany 1 2 3 4 5   7

www.peterlang.de

Vorwort

Die vorliegende Studie wurde der Rechtswissenschaftlichen Fakultät der Christian-Albrechts-Universität zu Kiel im Sommersemester 2004 vorgelegt und anschließend als Dissertation angenommen.

Die Arbeit soll neben der wirtschaftsrechtlichen theoretischen Auseinandersetzung mit der aktienrechtlichen Zulässigkeit und Durchführung einer Due Diligence auch eine Abhandlung für die Praxis sein. Besonders Zielunternehmen einer Unternehmensakquisition in der Rechtsform einer Aktiengesellschaft soll die Studie als Anhaltspunkt und Leitfaden für deren Handlungsweise dienen.

Herrn Prof. Dr. Dieter Reuter danke ich für die Betreuung meiner Dissertation, Herrn Prof. Dr. Peter Rawert für die zügige Erstellung seines Zweitgutachtens und Herrn Prof. Dr. Ulrich Ehricke für die Aufnahme in seine Schriftenreihe.

Die Anregung zur Auseinandersetzung mit diesem Thema gaben Herr Dr. Oliver Maischein und Herr Dr. Johannes Schmitz, denen ich an dieser Stelle dafür danken möchte. Praktische Erfahrungen konnte ich als juristischer Mitarbeiter der KirchMedia GmbH & Co. KGaA während der Due Diligence anlässlich der beabsichtigten Fusion von der KirchMedia mit der ProSiebenSat.1 Media AG und der Beteiligung internationaler Investoren an der KirchMedia sammeln. Für die Möglichkeit dieser näheren Einblicke in die Transaktionspraxis danke ich Frau Claudia Bobermin und Herrn Dr. Peter Maria Norrenberg. Herrn Dr. Klaus Berner und Herrn Dr. Peter von Borch möchte ich für weitere praxisnahe Erfahrungen während meiner Zeit als wissenschaftlicher Mitarbeiter in den jeweiligen Sozietäten danken.

Für die organisatorische Unterstützung gilt mein Dank Herrn Kristofer Jürgensen, für Lektoratsarbeiten Frau Kristina Prill und Herrn Sebastian Christoph.

Vor allem und von ganzem Herzen danke ich meinen Eltern Christian und Maria do Carmo Kusche. Sie haben nicht nur meine Ausbildung im In- und Ausland selbstlos ermöglicht, sondern mich stets und in jeder Hinsicht liebevoll unterstützt. Meinen beiden Schwestern, Renate Kusche und Ingrid Zenker, danke ich für ihren persönlichen Beitrag durch unsere schönen gemeinsamen Stunden. Meiner Familie widme ich diese Arbeit.

Kiel / Hamburg, im April 2005　　　　　　　　　　Michael Silvio Kusche

Für Anregungen und Fragen steht der Verfasser gerne zur Verfügung.
E-Mail: michael.silvio.kusche@gmx.de

Inhaltsübersicht

Inhaltsverzeichnis

Abkürzungsverzeichnis

a.A.	anderer Ansicht
aaO	am angegebenen Ort
Abs.	Absatz
AcP	Archiv für civilistische Praxis
a.E.	am Ende
a.F.	alte Fassung
AG	Die Aktiengesellschaft
AktG	Aktiengesetz
Anm.	Anmerkung
BB	Der Betriebsberater
Begr.	Begründung
BetrVG	Betriebsverfassungsgesetz
BGB	Bürgerliches Gesetzbuch
BGBl.	Bundesgesetzblatt
BGH	Bundesgerichtshof
BGHZ	Amtliche Sammlung der Entscheidungen des Bundesgerichtshofes in Zivilsachen
BörsG	Börsengesetz
BR-Drucks.	Bundesratsdrucksache
BT-Drucks.	Bundestagsdrucksache
Bzw.	beziehungsweise
c.i.c.	culpa in contrahendo
DB	Der Betrieb
ders.	derselbe
d.h.	das heißt
DStR	Deutsches Steuerrecht
DStZ	Deutsche Steuer-Zeitung
Einl.	Einleitung
etc.	et cetera
f., ff.	folgende
Fn.	Fußnote
GesRZ	Der Gesellschafter, Zeitschrift für Gesellschafts- und Unternehmensrecht
ggf.	gegebenenfalls
GmbH	Gesellschaft mit beschränkter Haftung
GmbHG	Gesetz betreffend die Gesellschaften mit beschränkter Haftung
GmbHR	GmbH-Rundschau
GRUR	Gewerblicher Rechtsschutz und Urheberrecht, Zeitschrift der Vereinigung für Gewerblichen Rechtsschutz und Urheberrecht
HGB	Handelsgesetzbuch

Hrsg.	Herausgeber
i.V.m.	in Verbindung mit
IDW	Institut der Wirtschaftsprüfer in Deutschland e.V.
IT.Services	Wirtschaftsmagazin für Management und EDV-Strategien
JuS	Juristische Schulung
JW	Juristische Wochenschrift
JZ	Juristenzeitung
K&R	Kommunikation und Recht
KonTraG	Gesetz zur Kontrolle und Transparenz im Unternehmensbereich
LG	Landgericht
M&A	Mergers and Acquisitions
MDR	Monatsschrift für Deutsches Recht
m.w.N.	mit weiteren Nachweisen
n.F.	neue Fassung
NJW	Neue Juristische Wochenschrift
NZG	Neue Zeitschrift für Gesellschaftsrecht
OLG	Oberlandesgericht
Rn.	Randnummer
RGZ	Amtliche Sammlung der Entscheidungen des Reichsgerichts in Zivilsachen
S.	Seite
SEC	Securities and Exchange Commission
sec.	Section
u.a.	unter anderem
UmwG	Umwandlungsgesetz
UWG	Gesetz gegen den unlauteren Wettbewerb
vgl.	vergleiche
WpÜG	Wertpapiererwerbs- und Übernahmegesetz
WiB	Wirtschaftsrechtliche Beratung
WiSt	Wirtschaftswissenschaftliches Studium, Zeitschrift für Ausbildung und Hochschulkontakt
WM	Wertpapier-Mitteilungen
WPg	Die Wirtschaftsprüfung
WpHG	Wertpapierhandelsgesetz
z.B.	zum Beispiel
zfbf	Schmalenbachs Zeitschrift für betriebswirtschaftliche Forschung
ZGR	Zeitschrift für Unternehmens- und Gesellschaftsrecht
ZHR	Zeitschrift für das gesamte Handels- und Wirtschaftsrecht
ZIP	Zeitschrift für Wirtschaftsrecht
ZPO	Zivilprozessordnung

1. Abschnitt: Die Due Diligence - Prüfung

1. Teil: Einleitung und Gang der Untersuchung

Unternehmenstransaktionen der verschiedensten Art prägen die Entwicklung der letzten Jahre im nationalen und internationalen Wirtschaftsleben. Im Jahre 1992 wurden weltweit etwa 7.500 Transaktionen mit einem Gesamtvolumen von rund 220 Milliarden Euro durchgeführt. Bereits bis zum Jahre 1998 steigerte sich die Zahl der weltweiten Transaktionen auf etwa 24.000 mit einem Gesamtvolumen von 1,9 Billionen Euro.[1] Vor allem in den USA nahmen in den 80er Jahren insbesondere Fusionen und Übernahmen (Mergers and Acquisitions[2]) erheblich zu.[3] Auch in Deutschland zeigte sich angesichts des erhöhten und überdies weltweiten Wettbewerbes eine steigende Zahl von Unternehmenstransaktionen.[4] Die exakte Zahl der wirklich durchgeführten Unternehmenstransaktionen lässt sich angesichts einer fehlenden generellen Meldepflicht für vollzogene Transaktionen nicht feststellen.[5] Zum einen ist nur bei einer Überschreitung bestimmter Grenzwerte eine Meldung an das Bundeskartellamt bzw. an die EG-Fusionskontrolle obligatorisch.[6] Zum anderen erfassen verschiedene Daten-

---

[1]   Siehe zu den durchgeführten Unternehmenstransaktionen eine Analyse des Institute for Mergers & Acquisitions (IMA) der Universität Witten/Herdecke, abgedruckt bei: Heinrich, IT.Services 1999, S. 21 ff. Zu dieser Studie und zu einem Überblick über weitere Untersuchungen hinsichtlich bedeutender Unternehmenszusammenschlüsse siehe Jansen, 5.5, S. 240 ff.; zu den Begriffen von Unternehmenszusammenschlüssen siehe einführend Bamberger, 1.1.1., S. 3 ff.

[2]   Angesichts der Tatsache, dass sich in der wirtschaftlichen Praxis in diesem Bereich (auch wegen der ursprünglichen angelsächsischen Herkunft, die im Folgenden noch näher erläutert wird) meist englische Ausdrucksweisen als Bezeichnung für einzelne Sachverhalte bzw. Ereignisse herausgebildet haben, werden diese üblichen Termini an den betreffenden Stellen verwandt bzw. ebenfalls angegeben. Zum Sprachgebrauch und Begriffsverständnis des Schlagwortes „Mergers and Acquisitions" (kurz: M & A), siehe Butz, Kapitel II, 1.1.1, S. 19 ff.

[3]   Zur Entwicklung des Marktes für Unternehmensübernahmen in den USA und deren Ausdehnung auf Deutschland ausführlich Witt, Kapitel 2, IV., 1., S. 35 ff.; Grenfell, S. 374 ff.

[4]   Stoffels, ZHR 165 (2001), S. 362 ff.

[5]   Gerpott, 6.1.1, S. 277 ff.

[6]   Ein im Sinne der deutschen Fusionskontrolle kontrollpflichtiger Zusammenschluss liegt nach § 35 Abs. 1 GWB vor, wenn im letzten Geschäftsjahr vor dem Zusammenschluss die beteiligten Unternehmen insgesamt weltweit Umsatzerlöse von mehr als 500 Millionen Euro und mindestens ein beteiligtes Unternehmen im Inland Umsatzerlöse von mehr als 25 Millionen Euro erzielt haben (Aufgreifschwellen). Nach der europarechtlichen Fusionskontrolle ist ein Zusammenschluss gegenüber der Europäischen Kommission gemäß Art. 1 Abs. 2 FKVO anzuzeigen, wenn der konsolidierte weltweite Umsatz aller beteiligten Unternehmen im vorangegangenen Geschäftsjahr 5 Milliarden Euro über-

banken anhand unterschiedlicher Erfassungs- und Auswertungsmethoden die getätigten Trans-aktionen, soweit diese öffentlich bekannt sind.[7] Daher lässt sich anhand dieser Informationen nur abschätzen, wie viele Unternehmens-transaktionen in Deutschland in den letzten Jahren vollzogen wurden. Als Anhaltspunkt lässt sich dabei eine Zahl von jährlich (divergierend je Quelle) ca. 800 bis 2200 Unternehmenstransaktionen feststellen.[8] Aufgrund der im Jahre 2002 relativ schwachen konjunkturellen Lage und der unsicheren Situation auf den Finanzmärkten sank zwar auch der Wert globaler Fusionen auf ca. 950 Milliarden Euro (die Zahl abgeschlossener Zusammenschlüsse ging weltweit auf ca. 16.800 zurück).[9] In vielen Branchen besteht jedoch weiterhin ein nationaler und inter-nationaler Konsolidierungsdruck, der in nächster Zeit erwarten lässt, dass besonders kleine und mittlere Unternehmen zu Fusionen und sonstigen Zusammenschlüssen gedrängt werden.[10] Auch die nachgelagerten Industrien, wie beispielsweise der Maschinenbau oder die Automobilzulieferer, könnten

---

stiegen hat und innerhalb der Gemeinschaft der Gesamtumsatz jedes von mindestens zwei beteiligten Unternehmen 250 Millionen Euro überstiegen hat, es sei denn jedes der beteiligten Unternehmen erzielte mehr als zwei Drittel seines Gemeinschaftsumsatzes in einem Mitgliedstaat (siehe auch Art. 1 Abs. 3 FKVO; es kommt darauf an, ob die „Zusammen-schlüsse von gemeinschaftsweiter Bedeutung" im Sinne des Art. 1 Abs. 1 FKVO sind); vgl. zur statistischen Erfassung und Abgrenzung von Transaktionen Frank, S. 17 f.

[7]   Dazu umfassend Berens/Strauch (Eine empirische Untersuchung), S. 19 ff.

[8]   Vgl. die Abbildung der Unternehmenstransaktionen in Deutschland der Jahre 1997 bis 1999 in Berens/Strauch (Eine empirische Untersuchung), S. 21; siehe auch die Übersicht der M&A International GmbH zu den Unternehmensübernahmen mit deutscher Beteiligung, anhand derer deutlich wird, dass zwar die Zahl der registrierten Übernahmen momentan auf ihrem Tiefpunkt seit 1990 angelangt ist, das Volumen der Transaktionen im Vergleich zum Vorjahr jedoch stabil geblieben ist, in: Frankfurter Allgemeine Zeitung vom 15.07.2003, S. 20; siehe auch den so genannten Cross-Border-Transaktionswert Deutschlands in der Studie der KPMG Corporate Finance, in: AG Report 2002, R 315 f. Danach ist Deutschland nach den USA und Großbritannien der drittgrößte Zielmarkt für Unternehmenstransaktionen mit ausländischer Beteiligung – auch bei den Investitionen deutscher Unternehmen im Ausland liegt Deutschland weltweit an dritter Stelle; zur Zahl der Börseneinführungen in Deutschland und zu der damit zusammenhängenden Durch-führung einer Due Diligence siehe Schanz, § 1, S. 1 ff. und § 8, I., S. 227 f. und Heidel-Willamowski, Teil 2, 17, B., IV, Rn. 14 ff.

[9]   Studie der KPMG Corporate Finance, in: AG Report 2002, R 314, ff.; siehe auch die Ü-bersicht der M & A International GmbH zu den weltweit teuersten Firmenübernahmen, welche fast ausschließlich Käufe aus den wirtschaftlich starken Jahren 1999 und 2000 verzeichnet, in: Frankfurter Allgemeine Zeitung vom 15.07.2003, S. 20; zum Markt der Fusionen und Übernahmen in Deutschland im Jahre 2002, siehe Frankenberger/Mezger, M&A Review 2003, S. 52 ff.

[10] Siehe Balser, Elefanten mit Bindungsangst, Süddeutsche Zeitung, 14./15. August 2002, S. 26; zu der Anzahl der gemeldeten jeweiligen Transaktionsformen (Akquisitionen, Joint Ventures und Mergers) siehe die Übersicht bei Marten/Köhler, Finanzbetrieb 1999, S. 337, 341f.

nun unter Restrukturierungsdruck geraten.[11] Aber auch der Gesamtmarkt für Fusionen und Übernahmen hat nach Ansicht einiger Experten im ersten Halbjahr des Jahres 2003 seinen Tiefpunkt bereits erreicht, so dass sich sowohl die Anzahl als auch das Volumen der Transaktionen zukünftig wieder steigern sollte.[12] Diese Annahme bringt, verbunden mit den genannten Erwartungen an die wirtschaftliche Entwicklung der nächsten Jahre, einen offenkundigen Bedarf einer ein-gehenden Analyse des betreffenden Transaktionsobjektes mit sich. Eine solche Prüfung eines Objektes im Rahmen einer geplanten geschäftlichen Transaktion, wie beispielsweise anlässlich eines Unternehmenskaufs oder Pakethandels, der Sanierung, oder Umstrukturierung einer Firma, einer Fusion zweier Unternehmen oder einer Börseneinführung, wird inzwischen allgemein als Due Diligence bezeichnet.[13]

---

[11] Giersberg, Georg, Finanzinvestoren sind ein Hoffnungsschimmer, Frankfurter Allgemeine Zeitung vom 15.07.2003, S. 20.

[12] Giersberg, Georg, Finanzinvestoren sind ein Hoffnungsschimmer, Frankfurter Allgemeine Zeitung vom 15.07.2003, S. 20: „Arno Burckhardt, geschäftsführender Gesellschafter, der auf Übernahmen und Fusionen spezialisierten Beratungsgesellschaft M&A International GmbH...registriert eine positivere Stimmung in der Branche: `Es gibt eine gewisse Belebung des Marktes. Die strategischen Investoren fehlen zwar immer noch, aber Finanzinvestoren reagieren in der Regel schneller. Ihr Handeln könnte ein Wende am Markt einleiten`...In diesem Sinne äußerte sich erst kürzlich der Vorstandssprecher der Deutschen Bank, Josef Ackermann."; nach einer Business-Monitor-Umfrage des Handelsblattes stehen insbesondere deutsche Großkonzerne wieder vor Fusionen und Übernahmen. So gaben 27 % aller deutschen Großkonzerne an, bereits ein konkretes Ziel für eine Übernahme identifiziert zu haben, 10 % würden nach einem geeigneten Objekt suchen. Nach Finanzinvestoren und Beteiligungsgesellschaften stünden nun auch wieder strategische Investoren auf der Käuferseite, die nach einer tauglichen Gesellschaft suchten. Demzufolge könne es bald zu einer wirklichen Belebung des Marktes für Fusionen und Übernahmen kommen. Siehe den Artikel im Handelsblatt von Maisch, Michael, Großkonzerne planen Fusionen und Übernahmen, vom 07.08.2003, S. 18.

[13] Dazu umfassend und m.w.N. Berens/Brauner/Strauch-Berens/Strauch, S. 6 ff.; Scott-Scott, S. 14 ff; Hölters-Semler, Teil VI, C, I; Pelka, XVI, 2., a), Rn. 776; Helbling, Rn. 128.5, S. 185; siehe zu den möglichen Akquisitionsmotiven und damit zu den einzelnen Einsatzgebieten einer Due Diligence ausführlich Berens/Brauner/Strauch-Berens/Mertes/Strauch, S. 42 ff.; Körber, NZG 2002, S. 263; Wegmann/Koch, DStR 2000, S. 1027; Mertens, AG 1997, S. 541, 546; Bressmer/Moser/Sertl nennen die Übername zum „Turnaround" (Sanierung), den „Leveraged Buy-out" (fremdfinanzierte Übernahme) und die Übernahme zum „Greenmailing" (Erwerb von Aktien durch einen unerwünschten Übernehmer, um diese anschließend zum überhöhten Preis wieder zu verkaufen) als vorrangige Motive des Übernehmers. Dazu 2.2.2, S. 21 ff.; zum Anwendungsbereich bei Unternehmenszusammenschlüssen siehe deren Merkmale bei Schubert/Küting, § 1, B., I., S. 7 ff.

Da eine solche Untersuchung eines Objektes in Deutschland zwar mittlerweile in der grundsätzlichen praktischen Anwendung weitgehend standardisiert,[14] der in diesem Zusammenhang verwendete Begriff einer Due Diligence gesetzlich jedoch nicht explizit geregelt und auch in der deutschen Rechtsprechung, soweit ersichtlich, noch nicht angeführt wurde,[15] treten zu bestimmten Themengebieten verschiedene Fragestellungen auf, die einer rechtlichen Klärung bedürfen. Zu einigen Problemkreisen hat die wissenschaftliche Auseinandersetzung zwar begonnen,[16] manche Argumente und beträchtliche Schwierigkeiten wurden jedoch noch nicht gesehen bzw. in ihrer Bedeutung entsprechend gewürdigt;[17] einige Themengebiete, denen teilweise auch durch Gesetzesänderungen in der letzten Zeit eine besondere Beachtung zuteil kommen werden sollte,[18] sind noch

---

[14] Siehe exemplarisch Holzapfel/Pöllath, I, 3, a), Rn. 12; Schroeder, DB 1997, S. 2161; Pelka, XVI, 2., a), Rn. 778.

[15] Dazu Merkt, Internationaler Unternehmenskauf, D., II, 5., Rn. 490: „Eine mögliche Ursache dafür (für die weitestgehend nicht geklärte rechtliche Bedeutung einer Due Diligence in der Rechtsprechung) könnte sein, dass gerichtliche Auseinandersetzungen im Zusammenhang mit Unternehmenskäufen allgemein und mit der Due Diligence speziell praktisch selten vorkommen und dass spätere Streitigkeiten in erster Linie außergerichtlich, etwa durch vertrauliche Schlichtungsmaßnahmen, oder doch vor Schiedsgerichten beigelegt werden."; vgl. Holzapfel/Pöllath, I, 3, a), Rn. 12; Picot (Unternehmenskauf und Restrukturierung), Teil I, IV, 6, Rn. 41; Berens/Brauner/Strauch-Picot, S. 243, Fn. 2.

[16] Vgl. zu dem diskutierten Problemkreis der Vorstandspflichten im Hinblick auf eine Due Diligence beispielhaft Werner, ZIP 2000, S. 989 f.

[17] Siehe zur Annahme einer problemlosen, weil scheinbar im Wirtschaftsleben zur Gewohnheit gewordenen und somit mittels einer allgemein üblichen Durchführung einer Due Diligence sich aller Schwierigkeiten entledigenden Gestattung einer Due Diligence (insbesondere ohne Einbeziehung des Kontrollorgans der Gesellschaft) Körber, NZG 2002, S. 263, 268; Müller, NJW 2000, S. 3452 f.; Roschmann/Frey, AG 1996, S. 449 f.; Mertens, AG 1997, S. 541, 542 f.; Kölner Komm-Mertens, § 116, Rn. 42 f., wo es heißt: „Kenndaten des Unternehmens muss der Vorstand beispielsweise einem potentiellen Käufer oder Fusionspartner jedenfalls dann zugänglich machen können, wenn ernstliche Verhandlungen angebahnt sind und der Verhandlungsfortschritt dies verlangt."; vielfach reicht schon der Hinweis auf die Eilbedürftigkeit und die sich mit einer solchen Prüfung (scheinbar) verbundenen Chancen als Begründung zur Zulassung einer Due Diligence aus; die damit einhergehenden Gefahren und die mit der praktischen Umsetzung verbundenen Schwierigkeiten werden nicht detailliert genau gesehen bzw. nicht ausreichend beachtet (siehe Gartzke, Teil 2, A., II., 2., S. 74 ff., welcher die Möglichkeit einer Zuständigkeit des Aufsichtsrates (bzw. der Hauptversammlung) nicht einmal in Erwägung zieht.); auch Rozijn, NZG 2001, S. 494, 499 weist darauf hin, dass die Folgerungen der gesellschaftsrechtlichen Verschwiegenheitspflicht des Vorstandes nicht eindeutig bestimmbar seien und hilft sich mit der vagen Erklärung, dass Informationen nur „dosiert" weitergegeben werden dürften.

[18] So wurde das Aktiengesetz durch das Transparenz- und Publizitätsgesetzt (TransPuG) geändert, es wurde ein deutscher Corporate Governance Kodex erstellt (abgedruckt in NZG 2002, S. 273 ff.) und das Gesetz zur Kontrolle und Transparenz im Unternehmen

weitgehend unbearbeitet[19]. So wird im Schrifttum hinsichtlich der rechtlichen Stellung des Vorstandes einer Aktiengesellschaft, die ganz oder teilweise veräußert werden soll, vor allem auf die mit einer derartigen Transaktion möglicherweise verbundenen Chancen für die Gesellschaft hingewiesen und somit die Einschränkung der gesellschaftsrechtlich bestehenden Geheimhaltungsverpflichtung nach § 93 Abs.1 S. 2 AktG meist sehr (vor-) schnell als rechtmäßig hingenommen.[20] Überwiegend werden die für den potentiellen Käufer relevanten Prüfungsgebiete beschrieben und anhand mannigfaltiger so genannter Checklisten für die Durchführung einer Due Diligence eine möglichst gründliche und tiefgehende Prüfung des Zielunternehmens empfohlen. Dabei wird m.E. aber insbesondere nicht hinreichend genug verdeutlicht, wie die maßgebliche Organkompetenz und deren Entscheidungsparameter seitens der Zielgesellschaft strukturiert sind, welche gewichtigen Risiken mit der Zulassung

---

(KonTraG) trat in Kraft. Siehe zu diesen Reformen den Überblick bei MüKo-Hefermehl/Semler, vor § 76, Rn. 37 ff. Inwieweit sich diese Änderungen auf Themenkreise, welche die Durchführung einer Due Diligence betreffen, ausgewirkt haben, wird nachfolgend an der jeweils betreffenden Stelle untersucht.

[19] Vgl. zur Vernachlässigung der rechtlichen Sicht und zu einigen ungeklärten Fragestellungen exemplarisch Merkt, Internationaler Unternehmenskauf, D., II, 5., Rn. 489 ff., der von einer „überragenden praktischen Bedeutung der Due Diligence" spricht und es als „fahrlässig" bezeichnet, „die rechtliche Dimension der Due Diligence zu vernachlässigen".; Stoffels, ZHR 165 (2001), S. 363 ff.; Picot (Unternehmenskauf und Restrukturierung), Teil I, IV, 6, Rn. 41; Linker/Zinger, NZG 2002, S. 497; siehe auch Treek, Die Offenbarung von Unternehmensgeheimnissen durch den Vorstand einer Aktiengesellschaft im Rahmen einer Due Diligence, in: Festschrift für Fikentscher, S. 434, bei dem es heißt: „Trotz ihrer inzwischen verbreiteten Praktizierung auch in Deutschland führt die Due Diligence in Rechtsprechung und Wissenschaft ein Schattendasein. In den führenden Kommentaren zum Aktiengesetz taucht der Begriff nicht einmal im Stichwortverzeichnis auf."; Alpmann/Brockhaus, S. 350 führt den Begriff Due Diligence zwar in ihrem Fachlexikon, weist aber lediglich auf dessen Bedeutung für den Käufer hin; siehe zum Klärungsbedarf einer den Sorgfaltspflichten des Vorstandes einer Aktiengesellschaft als Zielgesellschaft genügenden Due Diligence, Wirth/RWS-Forum, S. 99, S. 104 f.; auch nach Merkt, WiB 1996, S. 145 „führen die zahlreichen spezifischen Rechtsfragen des Unternehmenskaufs in der Fachliteratur noch ein Schattendasein, was seine wesentliche Ursache darin (habe), dass dem Praktiker in aller Regel die nötige Zeit und der Abstand zur Reflexion dieser Fragen" fehle. Dies gelte „naturgemäß in gesteigertem Maße für solche Rechtsinstitute und Gestaltungen des Unternehmenskaufs, die (dem deutschen) positiven Recht fremd sind und erst auf dem Umweg über die Vertragspraxis...Eingang in das (deutsche) Wirtschaftsrecht gefunden" hätten. „Ein Institut von zentraler Bedeutung...(sei) dabei die so genannte Due Diligence".

[20] Siehe beispielhaft Schroeder, DB 1997, S. 2161, 2163; Hommelhoff, ZHR 150 (1986), S. 254, 257; vgl. insbesondere Roschmann/Frey, AG 1996, S. 449, 452, die nur davon sprechen, „ggf....entsprechende Geheimhaltungsvereinbarungen abzuschließen", nach denen eine Offenlegung von Informationen „im allgemeinen" nur bei Personen gerechtfertigt sein soll, welche „ihrerseits einer Schweigepflicht unterliegen".

einer Due Diligence für das Zielunternehmen verbunden sind und welche Auswirkungen diese möglicherweise äußerst negativen Folgen auf die aktienrechtliche Zulässigkeit einer solchen Untersuchung an sich haben.

Daher soll mit der vorliegenden Arbeit vor allem auf die gesellschaftsrechtliche Situation des Zielunternehmens, speziell der Aktiengesellschaft, eingegangen werden. Es soll damit ein Beitrag zur rechtlichen Auseinandersetzung zu dem Themenfeld Due Diligence geleistet werden, der sich den aus der besonderen Sicht des Zielunternehmens bestehenden aktienrechtlichen Fragen der Zulässigkeit einer Due Diligence und den sich daraus ergebenden Folgen für dessen Durchführung umfassend widmet. Die Chancen und Risiken im Zusammenhang mit einer Due Diligence werden besonders herausgearbeitet und mit den damit zusammenhängenden Folgen für die Durchführung einer Due Diligence verknüpft.[21]

Im ersten Abschnitt der Arbeit wird die Due Diligence – Prüfung an sich erläutert. Neben der Untersuchung des Begriffs, der Bedeutung sowie der verschiedenen Arten einer Due Diligence, wird der Ablauf von Unternehmenstransaktionen dargestellt. Diese können mittels eines Verhandlungsverfahrens oder in Form eines Bieterwettbewerbes durchgeführt werden. Innerhalb dieser Arten der Transaktionsverfahren kann in verschiedener Art und Weise einzelfallbezogen vorgegangen werden. Daraus folgende Auswirkungen für die Ausführung einer Due Diligence sind herauszuarbeiten.

Der zweite Abschnitt beschäftigt sich mit der aktienrechtlichen Zulässigkeit der Durchführung einer Due Diligence. Dabei wird, getrennt nach einer so genannten feindlichen und freundlichen Übernahme, erst auf das Bestehen etwaiger Ansprüche auf die Durchführung einer Due Diligence eingegangen. Anschließend wird untersucht, ob dem potentiellen Erwerber eine Due Diligence überhaupt gestatten werden darf. Dabei kommt der Frage nach dem zuständigen Organ innerhalb der Aktiengesellschaft aufgrund einer in der Literatur vorherrschenden, hier aber widerlegten Annahme, eine besondere Bedeutung zu.

---

[21] Da vor allem der Vorstand einer (börsennotierten) Aktiengesellschaft weitgehenden rechtlichen Bindungen hinsichtlich einer Offenlegung von Unternehmensinformationen unterliegt (in diesem Sinne auch Semler/Volhard-Dietzel, Arbeitshandbuch für Unternehmensübernahmen, Band 1, II. Teil, § 9, B., III., Rn. 71 ff.), soll mit dieser Arbeit speziell die aktienrechtliche Zulässigkeit einer Due Diligence behandelt werden; vgl. zu der besonderen Problematik einer Due Diligence bei Aktiengesellschaften Hopt-Hess/Fabritius, Vertrags- und Formularbuch, 1. Teil, HGB, IV., B., 1., Anmerkungen, 6., S. 647; auch Holzapfel/Pöllath, I, 3., f), aa), ccc), Rn. 17a sehen vor allem bei einer Transaktion von Anteilen einer Aktiengesellschaft Offenlegungsverbote seitens des Vorstandes, welche es zu konkretisieren gilt.

Daran anknüpfend, geht es um die materielle Zulässigkeit einer Due Diligence. Dabei wird zunächst die einer Offenlegung von Gesellschaftsinformationen grundsätzlich entgegenstehende aktienrechtliche Verschwiegenheitspflicht des Vorstandes nach § 93 Abs. 1 S. 2 AktG zu betrachten und deren uneingeschränkte Geltung im Allgemeinen sowie im Hinblick auf die Zulassung einer Due Diligence im Besonderen zu hinterfragen sein. Anschließend ist auf die daraus resultierenden Folgen für das Informationsrecht der Leitung einer Aktiengesellschaft sowie insbesondere auf die Auswirkungen für die aufzustellenden Sicherheitsvorkehrungen und auf deren Bedeutung für die Einhaltung des Schutzzweckes der aktienrechtlichen Verschwiegenheitspflicht und damit für die aktienrechtliche Zulässigkeit einer Due Diligence an sich, einzugehen. Im dritten Abschnitt werden die Ergebnisse der Untersuchung sodann zusammengefasst.

Anschließend werden im vierten Abschnitt die für die Entscheidung hinsichtlich der Zulassung und Durchführung einer Due Diligence relevanten Gesichtspunkte zu einer so genannten Checkliste zusammengetragen. Diese soll nicht, wie sonst in der vorhandenen Literatur üblich, die Vorgehensweise des potentiellen Erwerbers erleichtern.[22] Vielmehr soll den zuständigen Leitungsorganen einer teilweise oder ganz zum Verkauf stehenden Aktiengesellschaft ein Leitfaden für ein entsprechendes rechtmäßiges Handeln zur Verfügung gestellt werden, welcher zum einen die Kernpunkte der für sie aktienrechtlich notwendigen Verhaltensweisen und zum anderen die daraus resultierenden praktisch erforderlichen Vorkehrungen umfasst.[23]

---

[22] Siehe statt vieler die Checklisten bei Jansen, 6., S. 245 ff.; zum angloamerikanischen Bereich siehe exemplarisch die Checklisten bei Howson, Appendix A, S. 216 ff.

[23] Dieser Ansatz führt die aktuell diskutierten unternehmensorganisatorischen Risikobegrenzungsstrategien weiter. Siehe zu deren Zielrichtung, exemplarisch Hauschka, NJW 2004, S. 257, 259 ff.: „Jede Strategie zur Schadensprävention wird sich um die Begriffe Information, Risiko und Organisation zentrieren."

2. Teil: Einführung in die Due Diligence

A. Begriff, Bedeutung und Arten der Analyse

I. Der Begriff Due Diligence

1. Angloamerikanische Herkunft des Begriffes

Der Begriff Due Diligence stammt ursprünglich aus dem angloamerikanischen Rechtskreis[24] und bedeutet in der wörtlichen Übersetzung des englischen Begriffes „erforderliche, angemessene, gebührende Sorgfalt"[25]; er ist eine Verkürzung des Begriffs Due Diligence Investigation.[26] Damit bezeichnet der Begriff nicht nur eine Tätigkeit, sondern einen Verhaltensmaßstab. Im US-amerikanischen Recht steht die Due Diligence zum einen als Sorgfaltsmaßstab für die an der Transaktion beteiligten Personen (Verkäufer, Käufer und Berater),[27] zum anderen ist sie aber Folge des im dortigen Kaufrecht geltenden Grundsatzes „caveat emptor". Danach hat der Käufer selbst ein vertragliches Gewährleistungsrecht aufzustellen, wenn der Verkäufer für bestimmte Eigenschaften des betreffenden Objektes einstehen soll, weil der Verkäufer

---

[24] Siehe zur Herkunft aus dem US-amerikanischen Kapitalmarkt- und Anlegerschutzrecht umfassend Berens/Brauner/Strauch-Berens/Strauch, S. 6 ff.; Merkt, Internationaler Unternehmenskauf, A, II., Rn. 9 und Anhang, D., Rn. 854; Merkt, WiB 1996, S. 145; Loges, DB 1997, S. 965.

[25] Gabler Wirtschaftslexikon, Due Diligence, S. 786; siehe auch statt vieler Koch/Wegmann-Due Diligence, 1.1, S. 3.

[26] Dieser bezeichnet also eine mit gebotener Sorgfalt durchgeführte Untersuchung (Merkt, Internationaler Unternehmenskauf, Anhang, D, Rn. 854).

[27] Siehe einführend Haft, Chapter 3, § 3:1, S. 3-1 ff.; Wegen, WiB 1994, S. 291; vgl. dazu die sowohl den Mitgliedern des board of directors als auch den officers einer corporation (zum Begriff der corporation und seiner Übersetzung als `Aktiengesellschaft` oder `juristische Person`, siehe Löw, Allgemeiner Teil, 2. Abschnitt, § 7, I., S. 27) obliegenden bestimmten Sorgfaltspflicht (duty of care) bei der Erfüllung der ihnen obliegenden Aufgaben, Merkt, US-Gesellschaftsrecht, 2. Teil, X., 2., Rn. 672; Lajoux/Elson, Chapter 1, Legal Foundations, S. 3 ff.; Wegen, WiB 1994, S. 291; der Entlastungsbeweis der bei der Begebung von und dem Handel mit Wertpapieren befassten Parteien wird auch als Due Diligence- bzw. Reasonable Investigation-Defense bezeichnet. So Pernsteiner/Mittermair-Gintenreiter, Khinast-Sittenthaler, 4., S. 336; zum allgemeinen Vergleich des Rechts der Corporation in den USA mit dem deutschen Aktienrecht siehe Schleifenbaum, Mehrheitsmacht und Schutz der Beteiligung in den Aktienrechten der USA, 1. Hauptteil, § 1, S. 3 ff.

grundsätzlich nicht verpflichtet ist, den Käufer auf eventuelle Mängel des Kaufgegenstandes hinzuweisen.[28]

In den USA gibt es ebenso wie in Deutschland kein einheitliches Gesetz über den Schutz von Unternehmensgeheimnissen.[29] Das Due Diligence-Konzept ist ursprünglich im US-amerikanischen Kapitalmarkt- und Anlegerschutzrecht (securities laws) und im Zusammenhang mit der in diesen Normen begründeten Haftung von Rechtsanwälten, Wirtschaftsprüfern, Investmentbankern und sonstigen an der Begebung und dem Handel mit Wertpapieren involvierten Experten entstanden.[30] Die aus neun Gesetzen bestehende securities laws beinhalten unter anderem den Securities Act von 1933 und den Securities Exchange Act von 1934. Dabei regelt der Securities Act von 1933 die erstmalige Ausgabe von den securities, also Effekten, und dabei vor allem die Offenlegungs- und Anmeldegebote, sowie die Emissionsprospekthaftung. Der Securities Exchange Act von 1934 normiert den Handel mit bereits zugelassenen Wertpapieren, sowie Publizitätspflichten seitens bestimmter Unternehmen. Bei diesem Securities Exchange Act von 1934 ist für die vorliegende Untersuchung insbesondere auf die SEC Rule 10b und auf die in diesem Zusammenhang erlassene Verordnung Rule 10b-5 hinzuweisen, welche als Anspruchsgrundlage für Schadensersatzforderungen aufgrund irreführender (deceptive) Angaben oder manipulierendes (manipulative) Verhalten anlässlich einer Anteilsübertragung allgemein anerkannt ist; unfaires (unfair) Verhalten wird durch die Rule 10b-5 nicht verboten.[31] Bei diesem für den Käufer eröffneten Klagerecht aufgrund eines

---

[28] Siehe dazu Berens/Brauner/Strauch-Middelmann, S. 455 f.; Kersten/Bühling/ Formularbuch-Wolfsteiner, § 34, II., 2., Rn. 11; Merkt, WiB 1996, S. 145, 146; Loges, DB 1997, S. 965; zu den Unterschieden zwischen dem deutschen und dem US-amerikanischen Recht hinsichtlich eines Vertragsschlusses Elsing/van Alstine, II. Kapitel, A., 2., Rn. 182 ff.

[29] Daub, § 3, Teil B, S. 20 f.; es gibt jedoch den „Uniform Trade Secrets Act". Unter diesen werden bereits Informationen subsumiert, welche für ihren Inhaber deshalb besonders wertvoll sind, nur weil sie geheim sind. Neuartig müssen die Informationen nicht sein. Dieser Act stellt aber nur einen unverbindlichen Vorschlag zur Vereinheitlichung des Gesetzesrecht in den Bundesstaaten dar und ist nicht von allen Staaten übernommen worden. Siehe dazu Schramböck, Zweiter Teil, 1. Abschnitt, I., S. 83 ff.

[30] Zu den Besonderheiten der Durchführung einer Due Diligence in den USA siehe Turcon/ Zimmer, Kapitel II, C., S. 38 ff.; siehe den Überblick bei Semler/Volhard-Junius, Arbeitshandbuch für Unternehmensübernahmen, Band 1, IX. Teil, § 36, E., Rn. 44 ff.

[31] Zum Securities Exchange Act von 1934 siehe Merkt, US-Gesellschaftsrecht, 1. Teil, I., 3., f), Rn. 27 und 2. Teil, I., 2., b), Rn. 194 f.; Strotmann, Drittes Kapitel, I., S. 29 ff.; zur Rule 10b-5 siehe Haft, Chapter 5, § 5:13, S. 5-21 ff.; Merkt, US-Gesellschaftsrecht, 2. Teil, XII., 7., d), (1), (a), Rn. 1053; Reul, Erster Teil, 2. Kapitel, § 4, I., 2. a), S. 39 ff. bezeichnet die Rule 10b-5 als „Generalklausel zur Bekämpfung betrügerischen Verhaltens bei Wertpapiergeschäften"; Hüttermann, Teil 2, A., IV., S. 74 ff.; siehe auch Großfeld, Internationales Unternehmensrecht, § 7. I., 1., S. 63 f.

entsprechenden Verstoßes durch den Verkäufer zeigt sich jedoch, dass „beim `share-deal` praktisch keinerlei gesetzliche (Gewährleistungs-) Haftung in Bezug auf das `zugrunde liegende` Unternehmen vorgesehen ist. Der Verkäufer ist nur haftbar, soweit sich eine Haftung aus dem Vertrag oder jenen Angaben ergibt, die im Zusammenhang mit dem Kauf gemacht werden. Den vertraglichen Gewährleistungsbestimmungen und den Verkäuferangaben kommt also ganz zentrale Bedeutung zu. Umgekehrt muss sich die Verkäuferseite darüber im Klaren sein, dass alle ihre Angaben im Zusammenhang mit dem Kauf möglicherweise zur Haftung führen.[32] Diese besondere Phase im Rahmen einer Transaktion, also der Informationsfluss in der Form einer Wissensübertragung und einer Wissenserarbeitung wird allgemein als Due Diligence bezeichnet.[33]

Der Käufer hat also, wie sich aus dem genannten Grundsatz „caveat emptor" ergibt, selbst ein vertragliches Gewährleistungsrecht aufzustellen, wenn der Verkäufer für bestimmte Eigenschaften des betreffenden Objektes einstehen soll.[34] Dies setzt jedoch voraus, dass sich der Käufer über die aus seiner Interessenlage zu regelnden Punkte im Klaren ist. Diese Kenntnis wird meist durch eine Prüfung des Transaktionsobjektes erlangt. Somit beschreibt eine Due Diligence in diesem Zusammenhang eine mit einer bestimmten Funktion versehene Tätigkeit.[35] Der Begriff der Due Diligence wurde im Laufe der fortschreitenden und immer internationaler werdenden Transaktionen aus dem angloamerikanischen Rechtskreis auch von der deutschen Rechtspraxis übernommen.[36] Die Herkunft des Begriffs und die bestehende Dominanz der angloamerikanischen Rechtskultur bringt einige Vorteile mit sich,[37] verleitet aber

---

[32] Merkt, BB 1995, S. 1041, 1042; zur Sorgfaltseinrede (Due Diligence Defence) siehe Hopt/Rudolph/Baum-Becker, US-105, S. 861.

[33] Siehe dazu ausführlich Berens/Brauner/Strauch-Berens/Strauch, S. 5 ff.

[34] Zum Risiko und den verschiedenen Investitionen, welche ein Käufer anlässlich einer Transaktion tätigt, Caroll/Green, 1., S. 3.

[35] Krüger/Kalbfleisch, DStR 1999, S. 174; siehe zu den Bewertungsmöglichkeiten einer Gesellschaft als mögliches Zielobjekt Watson/Head-Chapter 11, 11.4, S. 313.

[36] Merkt, Grundsatz- und Praxisprobleme der Amerikanisierungstendenzen im Recht des Unternehmenskaufs, in: Festschrift für Sandrock, S. 657, 672, der hervorhebt, dass auch bei rein innerdeutschen Unternehmenskäufen ohne jeden Auslandsbezug eine Due Diligence immer häufiger durchgeführt werde; Pollanz, BB 1997, S. 1351, 1353; Merkt, Internationaler Unternehmenskauf, D., II, 5., a), Rn. 492 weist darauf hin, dass angesichts der Art und Weise der durchgeführten Untersuchungen auch von der Due Diligence Procedure gesprochen wird; vgl. auch die zu beobachtende Erwähnung des Begriffes in der allgemeinen deutschen Presse, statt vieler Demmer, Süddeutsche Zeitung, 29.06.2002, Erst prüfen, dann kaufen, Was ist eigentlich eine „Due Diligence"?.

[37] Merkt, Internationaler Unternehmenskauf, Anhang, B., Rn. 804 ff. sieht einen entscheidenden Wettbewerbsvorteil des Common Law darin, dass deren Verträge und Rechtsfiguren in der Praxis entstanden sind und nicht aufgrund dogmatischer

auch zu der vorbehaltlosen Übernahme von Gebräuchlichkeiten des common law,[38] welche (zumal für rein innerdeutsche Transaktionen) teilweise jedoch nicht erforderlich sind[39] oder sogar gegen aktienrechtliche Normen verstoßen und damit nach deutschem Recht unzulässig sein könnten.[40]

2. Definition

In der Literatur wird der Begriff Due Diligence nicht einheitlich definiert.[41] Im betriebswirtschaftlichen Schrifttum wird unter einer Due Diligence beispielsweise die sorgfältige Analyse und Bewertung eines Objektes im Hinblick auf eine beabsichtigte geschäftliche Transaktion verstanden mit dem Ziel, Risiken, aber auch Chancen, frühzeitig zu erkennen.[42] Es handle sich um eine bewusste und systematische Untersuchung der Chancen und Risiken während der laufenden Vertragsverhandlungen; so solle mit möglichst präzisen Analysen ermittelt werden, ob der Wert der in Frage stehenden Gesellschaft im Hinblick auf die Perspektiven der strategischen Ziele und der kostenreduzierenden Synergien zu erhöhen oder zu diskontieren sei.[43] Ein Auftrag zu einer Due Diligence habe eine Prüfung, Begutachtung und Beratung im Zusammenhang mit einem Unternehmenskauf zum Gegenstand; ein solches Mandat sei darauf ausgerichtet, das betreffende Transaktionsobjekt aus der Sicht des potentiellen Erwerbers im Hinblick auf betriebswirtschaftliche, rechtliche, steuerliche, umweltbedingte oder sonstige Risiken zu untersuchen und darauf basierend, ein entsprechendes Gutachten zu erstellen.[44]

In rechtlicher Hinsicht wird die Due Diligence auch als Bezeichnung für sämtliche Arbeiten verwendet, die im Vorfeld einer Unternehmenstransaktion bis zum

---

Erwägungen. Dies führe zu einer vereinfachten, über Ländergrenzen hinweg verständlichen Terminologie und Anwendung in der Praxis des internationalen Unternehmenskaufes.

[38] In den USA sind die Einzelstaaten dann rechtlich zuständig, wenn eine Bundeskompetenz fehlt. Für das Privatrecht ist dies der Fall, so dass somit jeder Staat sein eigenes common law hat. Zur Bedeutung des common law und zur Abgrenzung zum statutory law (dem Gesetzesrecht) siehe Löw, Allgemeiner Teil, 2. Abschnitt, § 8, I., B., S. 55 ff.

[39] Zum unnötigen Beiwerk von Vertragsentwürfen und speziell zum (für einen deutschen Mittelständler nicht erforderlichen und wenig nachvollziehbarem) Umfang von Anforderungslisten anlässlich einer Due Diligence Merkt, Internationaler Unternehmenskauf, Anhang, B., II, Rn. 831 ff.

[40] Siehe in die aktienrechtliche Problematik einführend Mertens, AG 1997, S. 541 f.

[41] Vgl. beispielhaft Wegmann/Koch, DStR 2000, S. 1027; Scott-Scott, S. 14.

[42] Scott-Scott, S. 14; Schwager, Das Wirtschaftsstudium 2002, S. 1531.

[43] Berens/Brauner/Strauch-Berens/Schmitting/Strauch, S. 80 ff.

[44] IDW Fachausschuss Recht, IDW-Fn 1998, S. 287.

Abschluss insgesamt zu leisten sind.[45] Versteht man darunter lediglich die rechtliche Prüfung einer Gesellschaft, die durch einen Erwerber oder durch eine andere Vertragspartei im Rahmen eines Unternehmenskaufs oder einer sonstigen Transaktion erfolgt,[46] so wird der Begriff enger ausgelegt. Man könnte die Prüfung auch als reine Plausibilitätsanalyse der Planungsrechnung oder als das gezielte Abarbeiten von bestimmten Prüfungskatalogen sehen.[47] Somit wird ersichtlich, dass der Begriff Due Diligence in rechtlicher Hinsicht jedenfalls keine explizite Bedeutung hat.[48]

Aus den genannten Auffassungen ergibt sich zunächst die grundsätzliche Unterscheidung, dass eine Due Diligence als phasenbezogen oder als den gesamten Prozess begleitend angesehen werden kann.[49] Die grundlegenden Divergenzen der vorhandenen Erläuterungen der wertausfüllungsbedürftigen Bezeichnung liegen also in der mit der Definition des Begriffs implizierten Reichweite einer solchen Prüfung. Der Wirkungsbereich einer Due Diligence hängt jedoch erheblich von dem betreffenden Einzelfall, den speziellen Bedürfnissen des Auftraggebers und den organisatorischen Möglichkeiten einer Prüfung ab.[50] Daraus ergibt sich, dass eine relativ offen formulierte Definition gewählt werden sollte, um die bestehenden Ansichten zu umfassen. Danach ist unter einer Due Diligence letztlich eine sorgfältige, detaillierte und systematische Erhebung sowie Analyse von zu bestimmenden Daten eines bestimmten Unternehmens anlässlich einer geschäftlichen Transaktion zu verstehen.[51]

II. Die Bedeutung einer Due Diligence

Die Bedeutung einer Due Diligence wird ansatzweise schon aus dem Zusammenhang zwischen dem erforderlichen Sorgfaltsmaßstab des Käufers und

---

[45] Merkt, BB 1995, S. 1041.
[46] Vgl. Harrer, DStR 1993, S. 1673; Wegen, WiB 1994, S. 291.
[47] Vgl. Wegmann/Koch, DStR 2000, S. 1027; die Durchführung einer Due Diligence kann also auch individuell vereinbart werden, beispielsweise im Hinblick auf Fragen der betrieblichen Altersversorgung wie bei Höfer/Küpper, DB 1997, S. 1317.
[48] Hölters-Semler, Teil VI, C, I, Rn. 29; siehe dazu statt vieler Merkt, Internationaler Unternehmenskauf, D., II, 5., Rn. 489, bei dem es heißt: „Die Due Diligence.....ist heute (zwar) fester Bestandteil der alltäglichen Arbeit von Unternehmensjuristen und unternehmensberatenden Anwälten. Andererseits ist die rechtliche Bedeutung der Due Diligence und der mit ihr verbundenen Offenlegung.....sowohl unter Fachjuristen als auch namentlich in der Rechtsprechung noch weitestgehend ungeklärt."
[49] Siehe Berens/Strauch (Eine empirische Untersuchung), S. 39.
[50] Vgl. Scott-Blöcher, S. 31.
[51] Vgl. zu den möglichen Definitionen des Begriffs Due Diligence Hölters-Semler, Teil VI, C, I, Rn. 29; Merkt, WiB 1996, S. 145; Kiethe, NZG 1999, S. 976, 977; Loges, DB 1997, S. 965; Krüger/Kalbfleisch, DStR 1999, S. 174; Niewiarra, II, 3., S. 46.

der Untersuchungstätigkeit deutlich. Die Due Diligence dient danach vor allem dem Käufer, der durch eine solche Prüfung erkennen kann, ob sich die der Transaktion zugrunde liegenden Vorstellungen (meist seine eigenen) vor der Due Diligence denen danach entsprechen oder ob eine gewisse Anpassung hinsichtlich der Vertragsmodalitäten bzw. im äußersten Fall sogar ein Unterbleiben der geplanten Transaktion erfolgen muss.[52] Auf den ersten Blick könnte man bei der Betrachtung der Käufer- bzw. Verkäuferinteressen an einer Due Diligence annehmen, dass der Käufer durch eine genaue Untersuchung des Objektes lediglich mögliche Minderungsgründe aufdecken und dann den Kaufpreis herabsetzen möchte. Dem Verkäufer könnte daran gelegen sein, so wenig Informationen wie möglich herauszugeben, um den Wert der Gesellschaft und damit auch den Kaufpreis hoch ansetzen zu können.[53] Unabhängig von diesem noch zu klärenden Interessengegensatz und der Frage, ob sich dieser wirklich als ein solches Spannungsverhältnis auswirkt, kann die Zielrichtung einer Due Diligence durchaus variieren, so dass es für das Vorliegen bestimmter Funktionen im Einzelfall auf das (bzw. die) betreffende(n) Motiv(e) ankommt.[54]

Im Allgemeinen werden die folgenden vier Aufgaben einer Due Diligence besonders hervorgehoben: die Risikoermittlung, die Wert- und Kaufpreisermittlung, die Bedeutung für das Gewährleistungsrecht und für die Beweissicherung.[55] Diese Aufgaben werden im Folgenden näher erläutert.

---

[52] Siehe zur Bedeutung der Due Diligence auch Treek, Die Offenbarung von Unternehmensgeheimnissen durch den Vorstand einer Aktiengesellschaft im Rahmen einer Due Diligence, in: Festschrift für Fikentscher, S. 434, 435, bei dem es heißt: „Seine praktische Bedeutung wird auch damit zusammenhängen, das Investmentbanker und Investoren heute Unternehmen und Beteiligungen häufig als Handelsobjekte betrachten: deren Fungibilität setzt möglichst genaue Kenntnisse der wertbildenden Faktoren voraus."; siehe auch Hagemann, 4.2.4, S. 147 ff., welcher die Durchführung einer Due Diligence wegen ihrer besonders großen Wichtigkeit für eine erfolgreiche Transaktion als „kritischen Erfolgsfaktor" bezeichnet.

[53] Vgl. Barthels, DStZ 1999, S. 73 f.; Merkt, BB 1995, S. 1041.

[54] Vgl. Berens/Brauner/Strauch-Berens/Strauch, S. 13 ff.

[55] Vgl. zu den möglichen Gegenständen einer Due Diligence exemplarisch Körber, NZG 2002, S. 263, 264; Pollanz, BB 1997, S. 1351, 1353 sieht eine Due Diligence als Anknüpfungspunkt für eine Komplexitätsreduktion zur Bewältigung erhöhter Prüferrisiken und diskutiert die Due Diligence als künftiges Instrument einer risikoorientierten Abschlussprüfung; bei der Durchführung einer Due Diligence im Vorfeld eines Börsenganges einer Aktiengesellschaft hat die Untersuchung insbesondere für die Prospekthaftung und für das Verhältnis von Emissionsbanken zum Emittenten bzw. Hauptaktionär Bedeutung. Siehe Beck`sches Handbuch der AG-Göckeler, 3. Abschnitt, § 22, B., I., 4., Rn. 137 ff.

1. Risikoermittlung

Vor Abschluss eines Vertrages besteht zwischen den Vertragspartnern meist zwangsläufig eine je nach den betreffenden Umständen mehr oder weniger ausgeprägte Informationsasymmetrie.[56] Der Käufer bezieht seine Informationen über das potentiell zu erwerbende Unternehmen (Zielunternehmen) zunächst meist nur aus öffentlich zugänglichen Quellen. Als öffentlich zugängliche Informationen kann man dabei neben den nach § 9 Abs. 1 HGB im Handelsregister[57] einsichtsfähigen Tatsachen insbesondere den gemäß der §§ 242, 264 ff. HGB zu veröffentlichen Jahresabschluss[58], die Veröffentlichung und Mitteilung kursbeeinflussender Tatsachen nach § 15 WpHG[59], sonstige freiwillig

---

[56] Siehe Berens/Brauner/Strauch-Berens/Strauch, S. 5; zum ungleichen Informationsstand von Vertragspartnern und zum Schutz vor Informationsdefiziten siehe Jickeli, 1. Teil, 2. Abschnitt, 5. Kapitel, I., B., S. 106 ff.

[57] Das Handelsregister ist dabei ein „vorzügliches Mittel der Publizität von Unternehmen und zielt auf Verkehrsschutz" (Baumbach/Hopt-Hopt, § 8, Rn. 1); zu den jahresabschlussbezogenen Publizitätspflichten einführend Heussen-Wegmann/Mayer, Teil 4, 19, III., Rn. 569 ff.; zum aus dieser Publizitätswirkung entspringenden öffentlichen Glauben des Handelsregisters und den damit zusammenhängenden Folgen für den Rechtsverkehr siehe statt vieler Canaris, Vertrauenshaftung, Besonderer Teil, Erstes Kapitel, Dritter Abschnitt, Erster Unterabschnitt, § 14, S. 151 ff.

[58] Dazu statt vieler Hohloch, C., II., 5., a), Rn. 397 ff.; vgl. zur bisherigen Praxis der Unternehmensberichterstattung und zu der Folge-Due Diligence als neuem Berichtsansatz Koch, DB 2003, S. 2608 ff.

[59] Diese so genannte Ad-hoc-Publizität soll eben gerade die Transparenz und damit die Funktionsfähigkeit der Finanzmärkte verbessern (BT-Drucks. 12/6679, Begründung des Gesetzesentwurfes der Bundesregierung zum Zweiten Finanzmarktförderungsgesetz, S. 48). Sie ergänzt somit die regelmäßige Publizität, welche durch die jährliche Rechnungslegung sowie die obligatorischen unterjährigen Zwischenberichterstattungen gekennzeichnet ist (siehe BT-Drucks. 10/4296, Begründung des Gesetzesentwurfes der Bundesregierung zum Börsenzulassungs-Gesetz, S. 16). Im Einzelnen ist der Konzern- bzw. Jahresabschluss gemäß § 325 HGB offen zu legen, d.h. die betreffenden Unterlagen sind beim Handelsregister einzureichen und deren Einreichung anschließend im Bundesanzeiger bekanntzumachen. Dazu führt MüKo/HGB-Fehrenbacher, § 325, Rn. 4 aus: „Von Anfang an war es ein Anliegen der Kommission, den Grundsatz der Publizität gemeinschaftsweit durchzusetzen. Die Offenlegung und Veröffentlichung der in § 325 Abs. 1 S. 1 und S. 3 beschriebenen Unterlagen machen die Rechnungslegung der verpflichteten Gesellschaften für die Allgemeinheit zugänglich. Ziel dieser externen Publizität ist es, den (aktuellen und potentiellen) Gläubigern, den Arbeitnehmern, deren Repräsentanten und der Allgemeinheit eine Informationsquelle zu verschaffen. Damit steht den Interessierten eine Möglichkeit zur Verfügung, sich über die Lage und Entwicklung der Gesellschaften ein Bild zu machen. Daneben werden einheitliche Grundlagen für eine kritische Betrachtung in Fachkreisen zur Verfügung gestellt."; des Weiteren sind Emittenten nach § 44 b BörsG verpflichtet, Zwischenberichte zu erstatten (vgl. deren Unterschiede und Ähnlichkeiten zum Jahresabschluss bei Schäfer-Harmann, § 44b, Rn. 5 ff.); zu

von der Gesellschaft veröffentlichte Berichte sowie die in Presseartikeln enthaltenen Unternehmensinformationen bezeichnen;[60] interne Firmenunterlagen sind ihm in der Regel nicht bekannt.[61] Das Vorliegen von bestimmten Tatsachen, die für den Erwerber eine völlig neue Basis für die notwendige Entscheidungsfindung darstellen und somit erhebliche Auswirkungen auf die vertragliche Gestaltung haben bzw. sogar zum völligen Abstandnehmen von der Transaktion führen könnten (so genannte „Deal Breaker"[62]), wären ihm ohne eine nähere Untersuchung des Kaufgegenstandes nicht bekannt. Mögliche Risikofaktoren in wirtschaftlicher, finanzieller, rechtlicher, steuerlicher oder sonstiger Hinsicht würden also bei der Vertragsgestaltung nicht berücksichtigt werden können. Somit ist offensichtlich, dass dieser Informationsstand für eine angemessene Entscheidungsgrundlage hinsichtlich der Sinnhaftigkeit eines eventuellen Unternehmenskaufs seitens des potentiellen Erwerbers nicht ausreicht.

Zwar besteht die Möglichkeit, auch auf der Basis dieser relativ lückenhaften Informationen einen Kaufvertrag über ein Unternehmen zu schließen. Um seinen Sorgfaltspflichten zu genügen, wäre es dann jedoch für das Leitungsorgan der kaufenden Gesellschaft erforderlich, eine entsprechend große Zahl von Gewährleistungsrechten bzw. Garantien vertraglich zu vereinbaren.[63] Anhand einer Untersuchung, die erst im Anschluss an den Vertragsschluss stattfinden würde, könnte man dann die Erfüllung bzw. Nichterfüllung der vereinbarten Umstände feststellen und entsprechend der vertraglichen Vereinbarung reagieren, also die jeweils zu erbringenden Leistungen nachträglich regulieren. Eine derartige retrospektive Anpassung der Transaktionsbedingungen an die tatsächlichen Umstände ist jedoch mit einigen praktischen Schwierigkeiten

---

weiteren veröffentlichungspflichtigen Tatsachen nach dem WpHG siehe Schäfer-Geibel, § 15, Rn. 9.

[60] Vgl. Beelitz, 4., S. 107, 116 ff.

[61] Zu den Offenlegungspflichten hinsichtlich der Kapitalmarktpublizität siehe ausführlich Merkt, Unternehmenspublizität, Zweiter Teil, 1. Kapitel, III., S. 140 ff.

[62] Knott/Mielke/Weidlich, Einführung, I., 2., b), aa), Rn. 11; vgl. zur Durchführung der Soll-Ist-Vergleiche im Allgemeinen und besonders zu den „Deal Breaker" mit diversen Beispielen Berens/Brauner-Strauch-Berens/Schmitting/Strauch, S. 80 ff. und insbesondere S. 86.

[63] Im Innenverhältnis des Erwerbers zur eigenen Gesellschaft lässt sich nämlich eine entsprechende Verpflichtung aus den §§ 76, 93 Abs. 1 S. 1 AktG ableiten. So Berens/Brauner/ Strauch-Fleischer/Körber, S. 236 f.; zu der Due Diligence und den daraus entstehenden Auswirkungen auf den Inhalt und den Umfang individualvertraglich vereinbarter Gewährleistungsregelungen siehe Schmitz, § 3, S. 28 ff.; vgl. Bamberger/Roth-Faust, § 453, Rn. 21 und 25 ff; zu den Beschaffenheitsgarantien im Sinne des § 443 BGB und der in diesem Zusammenhang bestehenden Bedeutung der Durchführung einer Due Diligence Seibt/Raschke/Reiche, NZG 2002, S. 256, 257.

behaftet, die nicht unterschätzt werden sollten. Bei einer Identifizierung vorhandener und vorher nicht offen gelegter Risiken kann es nämlich alsbald zu Streitigkeiten über die Auslegung der vereinbarten Bedingungen und Gewährleistungsrechten kommen. Solche Umstände können zwar theoretisch auch bei einem Unter-nehmenskaufvertrag auftreten, der erst nach Durchführung einer Due Diligence abgeschlossen wurde; sollte es jedoch zu derartig gravierenden Mängeln kommen, so dass der Käufer nach Kaufvertragsabschluss aufgrund der danach durchgeführten Due Diligence vom Vertrag zurücktreten will, so entstünden durch die Möglichkeit eines sich eventuell über mehrere Monate oder Jahre hinziehenden Rechtsstreites hinsichtlich der Frage des Eintritts der Rücktrittsbedingung, erhebliche Probleme für die Existenz der verkauften Gesellschaft.[64] Die Unsicherheit bezüglich der Wirksamkeit des vollzogenen Unternehmenskaufs könnte nicht ohne negative Auswirkungen auf das Tagesgeschäft bleiben und die Gesellschaft im äußersten Fall sogar in eine Existenzkrise führen. Daher besteht eine wesentliche Bedeutung der Due Diligence darin, den Kenntnisstand (vor allem des Käufers) zu verbessern und dadurch die Qualität der zu treffenden Entscheidungen zu erhöhen; dies gerade im Hinblick auf sonst unter Umständen, wie oben beschrieben, zeitlich nachfolgend auftretenden Schwierigkeiten.

Demnach ist die Prüfung der Unternehmensunterlagen hinsichtlich der Aufdeckung und der sich daran anschließenden Beurteilung von Risiken primäres Ziel bei einer Due Diligence.[65]

2. Wert-/Kaufpreisermittlung

Die Wert- bzw. Kaufpreisermittlung ist für den potentiellen Investor verständlicherweise von grundlegender Bedeutung. Dabei ist zu beachten, dass der ermittelte objektive Wert eines Unternehmens nicht zwangsläufig gleichzusetzen ist mit dem später vereinbarten Kaufpreis.[66] Der Unternehmenswert an sich stellt eine interessenunabhängige Größe dar, der letztlich erzielte Kaufpreis (subjektive Grenzpreis) hängt jedoch von mehreren durch die einzelfallbezogene Interessenlage des Verkäufers bzw. Käufers beeinflussten Kriterien, wie

---

[64] Vgl. zur Notwendigkeit einer gründlichen Prüfung vor diesem Hintergrund Berens/ Brauner/Strauch-Fritzsche, S. 366 f.; im übrigen ist ein Unternehmenskauf, im Gegensatz zur ein Dauerschuldverhältnis darstellenden Überlassung, als ein einmaliger und endgültiger Vorgang, nämlich der Übertragung des betreffenden Unternehmens, gedacht (Karsten Schmidt, Handelsrecht, § 6, II, 1, a), S. 142).

[65] Zum vorrangigen Ziel bzw. Schwerpunkt der Due Diligence siehe die Abbildung der Untersuchung von Berens/Strauch (Eine empirische Untersuchung), S. 52.

[66] Siehe Barthels, DStZ 1999, S. 73 f. („Price is what you pay. Value is what you get.)

beispielsweise von der vom Käufer eingeschätzten akquisitionsbedingten Wertsteigerung, ab.[67] Für die Ermittlung denkbarer Preise eines Unternehmens ist also die vorherige Unternehmensbewertung von grundlegender Bedeutung.[68] Somit analysiert eine Due Diligence an sich zunächst das Unternehmen selbst mit allen seinen Facetten, erst darauf basierend wird eine Wahrscheinlichkeitserwartung zukünftig möglicherweise zu erzielender Erträge erstellt.[69] Demnach ist der durch eine Due Diligence ermittelte Unternehmenswert Entscheidungsgrundlage und Argumentationsbasis für die Verhandlung eines Kaufpreises und daher auch eines der wesentlichen Ziele der Prüfung.

3. Gewährleistungsrecht

Die Funktion einer Due Diligence erschöpft sich nicht in der reinen Wertermittlung oder der Aufzeichnung der rechtlichen Verhältnisse des Zielunternehmens. Vielmehr hängt die individuelle Ausgestaltung des Gewährleistungskataloges des betreffenden Vertrages insbesondere von dem Ergebnis der vorherigen Risikoanalyse ab.[70] Zwischen dem Resultat der Due Diligence und dem Umfang der gewährleistungsrechtlichen Pflichten des Verkäufers besteht also eine Wechselwirkung.[71] Dies vor allem vor dem Hintergrund, dass die gewährleistungsrechtlichen Regelungen des BGB in der Vertragspraxis regelmäßig ausgeschlossen werden und die Ergebnisse der Durchführung einer Due Diligence für die Ausgestaltung der vertraglichen Vereinbarungen von Zusicherungen daher besonders wichtig sind.[72]

---

[67] Vgl. zur Grenzpreisbestimmung (Kaufpreisober- und Kaufpreisuntergrenzen für den Investor bzw. Verkäufer) im Rahmen des Unternehmenskaufs ausführlich Rappaport, S. 164 ff.

[68] Siehe zu den Aufgaben der Unternehmensbewertung statt vieler Bellinger/Vahl, 2.2, S. 32 ff.; siehe zu den Rechtsprinzipien der Unternehmensbewertung (Bewertung des Unternehmens als wirtschaftliche und rechtliche Einheit) Karsten Schmidt, Handelsrecht, § 4, II, 2, S. 70 ff.; siehe zu den verschiedenen betriebswirtschaftlichen Bewertungsmethoden im Akquisitionsprozess und speziell in Abgrenzung zur Due Diligence Scott-Blöcher, S. 35 ff.

[69] Berens/Brauner/Strauch-Berens/Strauch, S. 18.

[70] Siehe zur Gewährleistungsfunktion der Due Diligence umfassend Fleischer (Informationsasymmetrie), S. 821 ff. und S. 899 ff; vgl. zu den beim Unternehmenskauf möglicherweise auftretenden Leistungsstörungen Beisel/Klumpp, 16. Kapitel, II, Rn. 40 ff.

[71] Siehe dazu Jung, E., XV., a), S. 339 ff. und E., XVI.,d), S. 360 ff.; Krüger/Kalbfleisch, DStR 1999, S. 174, 175; zur Bedeutung der Kenntnis von bestimmten Umständen und dessen Auswirkungen auf den Unternehmenskauf bzw. auf die Gestaltung entsprechender Klauseln Rock, M&A Review 2002, S. 4 ff.

[72] Huber, AcP 202 (2002), S. 179, 211 ff.

4. Beweissicherung

Gerade im Hinblick auf die beschriebene gewährleistungsrechtliche Komponente einer Due Diligence erscheint es zur Vermeidung von späteren Auseinandersetzungen über den Zustand des Unternehmens zum Zeitpunkt der Vermögensübertragung (Closing[73]) wichtig zu sein, die wesentlichen wertbildenden Umstände beweiskräftig dokumentiert zu haben.[74] Anhand der Unterlagen lässt sich dann auch noch zu späteren Zeitpunkten feststellen, ob und wenn ja in welchem Umfang der Käufer über bestimmte Umstände vor Vertragsschluss informiert war.

III. Die Arten der Analyse

Aus den genannten verschiedenen Funktionen einer Due Diligence heraus ergibt sich, dass eine solche Prüfung, je nach Motiv für deren Durchführung, auch verschiedene Schwerpunkte setzen kann und im Hinblick auf ein interessengerechtes Ergebnis für den Einzelfall auch setzen sollte. Dabei kann man die Arten einer Due Diligence nicht nur nach deren inhaltlichem Schwerpunkt, sondern auch nach weiteren Einflussfaktoren unterscheiden; nämlich je nach Auftraggeber, der zeitlichen Durchführung einer solchen Untersuchung und dem Verfahren der Transaktion.[75]

1. Prüfungsrelevante Teilbereiche[76]

Die Darstellung der prüfungsrelevanten Teilbereiche einer Due Diligence wird in Hinblick auf deren Praxisrelevanz, also anhand der Häufigkeit einer solchen Prüfung der einzelnen Bereiche bei Akquisitionen deutscher Unternehmen, vorgenommen.[77]

---

[73] Zum Begriff Beisel/Klumpp, 9. Kapitel, X, 1., Rn. 101.

[74] Statt vieler Krüger/Kalbfleisch, DStR 1999, S. 174, 175.

[75] Vgl. Scott-Blöcher, S. 31 ff.

[76] Angesichts des Umstands, dass es sich bei der Beschreibung der verschiedenen Arten einer Due Diligence lediglich um eine Einleitung in den vorliegenden Themenkreis handelt, um später auf die speziellen aktienrechtlichen Problemstellungen einer Due Diligence ausführlich einzugehen, werden die einzelnen Teilbereiche einer Prüfung im Folgenden lediglich in ihren Grundzügen erläutert.

[77] Siehe zur empirischen Untersuchung der Verbreitungsgrade der Teilbereiche einer Due Diligence bei deutschen Akquisitionen im Zeitraum 1997 bis 2000 Berens/Strauch (Eine empirische Untersuchung), S. 62 ff; vgl. dazu die frühere empirische Untersuchung zum Verbreitungsgrad der Due Diligence bei deutschen Aktiengesellschaften aus dem Jahre 1999 von Marten/Köhler, Finanzbetrieb 1999, S. 337 ff.

a) Finanzwirtschaftliche und steuerliche Due Diligence (Financial & Tax)

Der bei einer Due Diligence am häufigsten vorkommende Teilbereich ist die finanzwirtschaftliche und steuerliche Due Diligence.[78] Der Schwerpunkt dieses Gebietes besteht in der Analyse der finanziellen und wirtschaftlichen Situation, deren Kenntnis für eine erfolgreiche Übernahme eine der wesentlichen Voraussetzungen darstellt.[79] Der Bereich der Tax Due Diligence umfasst sämtliche Handlungen, welche zur Analyse und Berücksichtigung der steuerlichen Chance und Risiken bei einem Unternehmenskauf erforderlich sind.[80]

Dabei kommt es auf die Prüfung der vergangenen und gegenwärtigen Ertragslage und insbesondere auf die zukünftig für ein rentables Wirtschaften noch zu erwartenden Liquiditätsbedarf des Zielunternehmens (im Hinblick auf das vom Erwerber noch zu investierende Kapital) an. Auch die Ergebnisse der Untersuchung der steuerlichen Risiken der Transaktion stellen demnach ein für die Ausgestaltung der Transaktion entscheidungserheblichen Parameter dar.[81]

b) Rechtliche Due Diligence (Legal)

Die rechtliche Due Diligence dient zum einen der Absicherung der wirtschaftlichen Grundlagen des Investments, zum anderen der Aufdeckung rechtlicher Risikopotentiale, wie Bestands- oder Haftungsrisiken in jeglicher Hinsicht.[82]

---

[78]   Eine empirische Untersuchung ergab, dass bei 94, 7 % aller befragten Unternehmen eine finanzwirtschaftliche Due Diligence durchgeführt wurde (Berens/Strauch (Eine empirische Untersuchung), S. 62).

[79]   Betriebswirtschaftlich exakt definiert stellt die finanzwirtschaftliche Due Diligence nur einen Teilbereich der Financial Due Diligence dar, nämlich die Analyse der Finanzlage des Unternehmens. Im Gegensatz dazu umfasst die Financial Due Diligence in der praktischen Anwendung auch die Untersuchung der wirtschaftlichen Lage des Objektes (siehe Picot-Pack, B, V, 5., b), S. 278 ff.; Ganzert/Kramer, WPg 1995, S. 576, 577 f.). Angesichts der Tatsache, dass die Begriffe Financial und finanzwirtschaftliche Due Diligence sowohl in der rechtswissenschaftlichen Literatur (vgl. Koch/Wegmann-Due Diligence, 3.6, S. 102 ff.), als auch in der praktischen Verwendung (vgl. dazu umfassend Berens/Brauner/Strauch-Brauner/Lescher, S. 328) meist synonym verwendet werden (andere Ansichten trennen die Bereiche in Financial und Commercial, siehe dazu Niewiarra, II, 3, a) und c), S. 50 ff. und Schmitz-Valckenberg, II., 2.3.4.1, S. 83), wird angesichts des Schwerpunktes dieser Arbeit vorliegend dieser Praxis gefolgt.

[80]   Dazu ausführlich Löffler, C, 2, S. 69 ff.

[81]   Vgl. zur steuerlichen Due Diligence (einschließlich der Unterscheidung zwischen endgültigen und temporären Steuereffekten), die auch als Basis zur steueroptimierten Strukturierung des Unternehmenskaufes dient Krüger/Kalbfleisch, DStR 1999, S. 174, 178.

[82]   Siehe zur rechtlichen Due Diligence statt vieler umfassend Krüger/Kalbfleisch, DStR 1999, S. 174, 176 ff.

Daher umfasst dieser Teilbereich der Prüfung zunächst den Nachweis der ordnungsgemäßen Gründung bzw. der aktuell rechtlich fehlerfreien Ausübung des Unternehmens. Dazu gehören neben den gesellschaftsvertraglichen und gesetzlich vorgeschriebenen Grundlagen, auch die vertraglich vereinbarten Strukturen der Geschäftstätigkeit und die verwaltungsrechtlichen Rahmenbedingungen.[83] Diese Informationen bilden die Grundlage der individuellen Ausgestaltung des Unternehmenskaufvertrages, vor allem im Hinblick auf den Umfang des zu vereinbarenden Gewährleistungsrechtes.[84] Auf das Bestehen einer Wechselwirkung zwischen dem Umfang einer durchgeführten Due Diligence und der Reichweite der gewährleistungsrechtlichten Pflichten des Verkäufers wurde bereits hingewiesen[85] und muss an späterer Stelle aufgrund der Wichtigkeit für eine erfolgreiche Transaktion besonders im Hinblick auf die Folgen für die Verkäuferseite noch näher eingegangen werden. Vorliegend bleibt festzustellen, dass die rechtliche Due Diligence, durch die Berücksichtigung der aus allen Teilgebieten der Gesamtprüfung rechtlich relevanten Informationen im Kaufvertrag, eine Art Querschnittsfunktion einnimmt.[86]

c) Strategische Due Diligence (Strategy)

Die strategische Due Diligence ist einer der in der Praxis am häufigsten verbreiteten Teilbereiche einer Unternehmensprüfung.[87] Dies liegt an der besonders hohen Misserfolgsquote von Unternehmensakquisitionen bei einem Unterlassen einer solchen Untersuchung.[88] Das Ziel einer strategischen Due Diligence besteht auf der einen Seite in der Erlangung von Informationen über die zukünftige Ertragskraft des betreffenden Zielunternehmens. Auf der anderen

---

[83] Vgl. zu den Schwerpunkten einer rechtlichen Prüfung des Zielunternehmens (interne und externe Rechtsstrukturen, sowie öffentlich-rechtliche Rahmenbedingungen) Berens/Brauner/Strauch-Fritzsche, S. 368 ff.

[84] Daher müssen die festgestellten Risiken in der praktischen Umsetzung der Ergebnisse einer rechtlichen Due Diligence nicht zwingend zur Ablehnung der Transaktion als solche führen. Diese kann im Wege entsprechender Zusicherungen an die Käuferseite aufgrund der ermittelten Unternehmensbeurteilung weiter verfolgt werden (es sei denn, es liegen derart erhebliche juristische Risiken vor, dass von einem Kauf ganz abgesehen werden muss). Vgl. zur Funktion der rechtlichen Due Diligence als so genannter „Korrekturfaktor" Berens/Brauner/Strauch-Fritzsche, S. 386.

[85] Siehe S. 38.

[86] Siehe Berens/Strauch (Eine empirische Untersuchung), S. 62; zur Berücksichtigung speziell von beihilferechtlichen Problemen und deren Analyse durch eine Due Diligence siehe Maier/Luke, DB 2003, S. 1207, 1210 f.

[87] Berens/Strauch (Eine empirische Untersuchung), S. 62.

[88] Vgl. die Untersuchung bei Siebenhaar/Zeller, S. 149 und die Ergebnisse weiterer Untersuchungen über die Erfolgswahrscheinlichkeit von Akquisitionen bei Frank, 5.1, S. 139 ff.

Seite sollen Synergiepotentiale erfasst und bewertet werden. Letztlich wird durch eine strategische Due Diligence das Wertsteigerungspotential des Akquisitiosvorhabens ermittelt.[89] Diese Kenntnisse wirken sich dann auf die Unternehmensplanung des zu kaufenden Unternehmens und damit letztlich auf die Entscheidung über die Transaktion an sich aus.[90]

d) Due Diligence hinsichtlich der Mitarbeiterpotentiale (Human Resources)

Das Gelingen einer Unternehmensakquisition hängt nicht nur von der Qualität, sondern auch von der Motivation der Mitarbeiter des zu erwerbenden Unternehmens ab.[91] Die Potentiale dieser Mitarbeiter werden in der Praxis jedoch nur selten vor der Durchführung der Transaktion bzw. oft auch nur unvollständig analysiert. Hauptsächlich werden lediglich die allgemeinen juristischen Rahmenbedingungen des Personalbestandes abgefragt, wie beispielsweise Funktion, Vertragsart mit der jeweiligen Vergütungsvereinbarung und die Dauer der Betriebszugehörigkeit, etc. Dies geschieht meist im Hinblick auf einen mit der Akquisition häufig verbundenen bzw. jedenfalls in Erwägung zu ziehenden Personalabbau. Der Bereich Personalwesen wird also im Rahmen einer rechtlichen und finanziellen Prüfung im Sinne einer Kosten- und Risikoanalyse bearbeitet.[92] Für eine erfolgreiche Transaktion sind jedoch die so genannten weichen Faktoren von erheblicher Bedeutung. Sowohl die Qualitäten des Führungspersonals und der sonstigen Mitarbeiter, als auch die allgemeine Loyalität und Identifikation des Personals mit dem Unternehmen und der betreffenden Transaktion selbst sind nämlich Faktoren, welche für den Unternehmenserfolg erheblich sein können.[93] Demnach hängt die Bewertung eines Unternehmens nicht zuletzt je nach Branche mehr oder weniger stark von der Mitarbeiterqualität ab. Eine eventuell eintretende Personalfluktuation würde den Unternehmenswert somit deutlich senken. In diesem Zusammenhang ist auch die wesentliche Rolle der Unternehmenskultur an sich für ein erfolgreiches Wirtschaften

---

[89] Ausführlich zur strategischen Due Diligence (mit Checkliste), Brühl, M&A Review 2002, S. 312, 314 ff.

[90] Vgl. zur Notwendigkeit einer strategischen Due Diligence Berens/Brauner/Strauch-Brauner/Grillo, S. 276 ff.; die Unterschiede der strategischen Ansichten eines industriellen Investors zwischen denen eines finanziellen oder spekulativen Investors werden angesichts des anders gearteten Schwerpunktes der vorliegenden Arbeit hier nicht dargelegt. Vgl. dazu Berens/Brauner/Strauch-Brauner/Grillo, S. 273 f.

[91] Zur Due Diligence der Belegschaftsstruktur eines Unternehmens Mitlacher/Faller, Personalwirtschaft 1/2003, S. 47 ff.; vgl. dazu Kittner, DB 1997, S. 2285.

[92] Siehe Berens/Brauner/Strauch-Aldering/von Hutten, S. 411 f.; zu den wesentlichen Prüfungspunkten auf diesem Gebiet siehe die Übersicht bei Dielmann, Personal 1997, S. 470, 471.

[93] Berens/Brauner/Strauch-Aldering/von Hutten, S. 411 f.

eines Unternehmens zu nennen. Darunter versteht man die Gesamtheit der Regeln und Wertvorstellungen, die das Verhalten aller Mitarbeiter und somit die innere Ordnung als auch das Erscheinungsbild des Unternehmens nach außen bestimmen.[94] Daher sollte die Ertragswertschätzung mittels einer Due Diligence hinsichtlich der Mitarbeiterpotentiale ausreichend im Prüfungskatalog berücksichtigt werden.

Dabei sind die datenschutzrechtlichen Geheimhaltungspflichten, die sich aus den §§ 27 ff. BDSG oder dem allgemeinen Persönlichkeitsrecht gemäß Art. 1 Abs. 1 und 2 Abs. 1 GG i.V.m. dem § 823 Abs. 1 BGB ergeben, besonders zu beachten. Daher wird es dem Erwerber im Rahmen einer Due Diligence meist nur gestattet sein, anonymisierte Übersichten bzw. Statistiken zu erhalten.[95]

e) Organisatorische Due Diligence (Organisation)

Sinn und Zweck einer organisatorischen Due Diligence ist es, die Organisation der Durchführung des operativen Geschäfts des Zielunternehmens auf dessen Rentabilität hin zu überprüfen. Dies bedeutet, dass das System der Gesellschaft auf seine Transparenz und Wirtschaftlichkeit hin untersucht wird, um so Aufschlüsse darüber zu erhalten, ob zeitnahe Entscheidungen der betreffenden Leitungsorgane durch ein effizientes Funktionieren und eine optimale Abstimmung der verschiedenen Abteilungen (wie Rechnungswesen und Controlling) unterstützt werden.[96]

f) Due Diligence bezüglich der Produktion/Technik (Production/Technical)

Die Durchführung einer Due Diligence bezüglich der Bereiche Produktion/ Technik hängt wesentlich von der Branche des Zielunternehmens ab. So findet eine solche Untersuchung überwiegend in der Elektrotechnik, in der Automobil- und in der Pharmaindustrie statt, in der Versicherungsbranche oder im Handel

---

[94] Vgl. zur Bedeutung der Unternehmenskultur (insbesondere den Aspekt der verhaltenssteuernden und damit den Unternehmenswert direkt beeinflussenden Funktion) Drepper, S. 31 ff.; siehe zu den Methoden der Unternehmenskulturuntersuchung und zur Analyse der kulturellen Due Diligence anhand eines Beispiels der Autoindustrie Scott-Scott, S. 176 ff.

[95] Vgl. zum Umgang mit Informationen über Mitarbeiter hinsichtlich des bestehenden Datenschutzes Diller/Deutsch, K&R 1998, S. 17.

[96] Siehe Wegmann/Koch, DStR 2000, S. 1027, 1029 f.

ist sie eher selten.[97] Dies zeigt, dass die Art und Weise der Durch-führung einer Due Diligence ganz wesentlich von den individuellen Umständen der betreffenden Transaktion abhängt.[98]

g) Umwelt - Due Diligence (Environmental)

Die Umwelt - Due Diligence soll zunächst, wie die anderen Teilbereiche der Unternehmensprüfung auch, Kostenrisiken und mögliche Haftungstatbestände aufzeigen. Darüber hinaus ist diese jedoch insbesondere zur Dokumentation des Ist - Zustandes erforderlich, d.h. alle umweltrelevanten Schwierigkeiten des betreffenden Standortes sollten umfassend angeführt werden, um so eine erst spätere und damit meist aufwendige Bestimmung von Verursachungs-zusammenhängen zu vermeiden.[99]

2. Einflussfaktoren auf die Prüfung

Die Art und Weise der Durchführung einer Due Diligence wird noch von weiteren Faktoren beeinflusst. So kommt es für die Zielrichtung jeder einzelnen Prüfung darauf an, wer der Auftraggeber derselben ist, zu welchem Zeitpunkt und in welcher Art und Weise die Untersuchung ausgeführt wird.[100]

---

[97] Siehe zum Verbreitungsgrad der Due Diligence hinsichtlich einzelner Bereiche bei einer branchenbezogenen Aufschlüsselung der betreffenden Prüfung Berens/Strauch (Eine empirische Untersuchung), S. 63 f.

[98] Vgl. dazu bereits die Ausführungen auf S. 44 ff.

[99] Siehe Krüger/Kalbfleisch, DStR 1999, S. 174, 176; Pföhler/Hermann, WPg 1997, S. 628 ff.; Engelhardt, WIB 1996, S. 299, 300; zu der Durchführung einer Umwelt-Due Diligence und zu der möglichen Einteilung in zwei besondere Phasen Berens/Brauner/Strauch-Betko/Reiml/Schubert, S. 434 ff.; vgl. Scott-König/Zorn, S. 141 ff.

[100] Anders Kiethe, NZG 1999, S. 976, 978, der ohne näher auf die betreffenden Möglichkeiten einzugehen, davon ausgeht, dass „Inhalt, Art und Umfang der Due Diligence...von der Art der beabsichtigten Transaktion...sowie der rechtlichen Form des Ziel-unternehmens...unabhängig ist"; dazu ist anzumerken, dass eine Due Diligence an sich zwar als ein „Prozess des kombinierten Einsatzes von Wissensübertragung seitens des Verkäufers sowie Wissenserarbeitung seitens des Käufers" (Berens/Brauner/Strauch-Brens/Strauch, S. 5) zu verstehen ist, welcher zur Überwindung von Informationsdefiziten durchgeführt und damit grundsätzlich „gleich" sein müsste; dabei wird jedoch übersehen, dass schon die unterschiedlichen, je nach Art der Transaktion beteiligten Personengruppen (Zweipersonenverhältnis bei einem Asset Deal gegenüber einem Dreipersonenverhältnis bei einem Share Deal; vgl. aber dazu einen Kauf über die Börse, bei welchem in der Regel nicht nur mit einem Verkäufer verhandelt wird, Hölters-van Kann, Teil VIII, A, I, Rn. 5) den Umfang bzw. den Zeitpunkt einer durchzuführenden Due Diligence erheblich beeinflussen können; vgl. zu den verschiedenen Motiven und denen sich aus der beabsichtigten

a) Auftraggeber

aa) Käufer

Im Allgemeinen wird die Due Diligence durch den Käufer veranlasst mit dem Ziel, sowohl Chancen als auch Risiken einer Transaktion herauszuarbeiten (Acquiror Due Diligence[101]). Die Durchführung einer solchen Prüfung ist für den potentiellen Käufer bei dessen Investitionsentscheidung von grundlegender Bedeutung.[102]

bb) Verkäufer

Der Verkäufer kann jedoch auch eine entsprechende Prüfung in Auftrag geben (Vendor Due Diligence[103]). In der Praxis einer Transaktionsentscheidung erscheint fraglich, in welchem Umfang eine solche vom Veräußerer initiierte Untersuchung für den Käufer wirklich vorteilhaft ist, insbesondere im Hinblick auf die Vertrauenswürdigkeit der Informationen. Letztlich kann eine derartige Vendor Due Diligence als alleinige Basis einer Investitionsentscheidung für den Erwerber, vor allem bezüglich seiner Informationspflichten vor einer entsprechenden Transaktion,[104] nicht genügen; diese kann lediglich ein Teil eines umfangreicheren Planungsprozesses des Käufers sein.[105]

Transaktion ergebenden Untersuchungsrichtungen statt vieler Caroll/Green, 2., S. 16 ff.; zu den Beteiligten an einer Transaktion Beelitz, 2., S. 107, 110 f.

[101] Auch Buy-Side Due Diligence genannt (Scott-Blöcher, S. 32).

[102] Siehe 35.

[103] Spill, DStR 1999, S. 1786; auch Sell-Side Due Diligence genannt, bei deren Durchführung meist ein unabhängig agierender Dritter eingeschaltet wird, damit die Prüfung auch vom Käufer als eine vertrauenswürdige und für eine Verkürzung des Transaktionsprozesses sinnvolle Untersuchung angesehen werden kann (Scott-Blöcher, S. 32); siehe zur Abgrenzung zur Reserve Due Diligence, bei der das Eigeninteresse des Veräußerers, gut vorbereitet in die Verhandlungen einzusteigen, im Vordergrund steht (daher handelt der Prüfer bei dieser vor allem im Verkäuferinteresse) Berens/Brauner/Strauch-Nawe/Nagel, S. 512 f.; zur Verbesserung der Verhandlungsposition des Verkäufers mittels einer Vendor Due Diligence Weiser, Finanz-Betrieb 2003, S. 593 ff.

[104] Vgl. zu den Informationspflichten des Erwerbers AG-Handbuch-Wittkopp/Schuback, 23/9.5.1, S. 1 f.

[105] Siehe ausführlich zur Vendor Due Diligence Berens/Brauner/Strauch-Nawe/Nagel, S. 511 ff. und insbesondere S. 518 f.

b) Zeitpunkt

Bei einer Einteilung der Art einer Due Diligence nach dessen zeitlicher Durchführung kann eine Unterscheidung in eine Prüfung vor bzw. nach Abschluss eines Unternehmenskaufvertrages nicht ausreichend sein.[106] Der Zeitpunkt der Durchführung einer Due Diligence im Verlauf eines Transaktionsprozesses kann nämlich in unterschiedlicher Ausprägung variieren. So kann eine solche Untersuchung (nur) zu einem festgelegten Zeitpunkt und in einem starren Rahmen durchgeführt werden (bzw. erlaubt sein). Meist werden jedoch, je länger und intensiver der Verkaufsprozess anhält, umso mehr und wichtigere Unternehmensinformationen für den Investor offen gelegt.[107] Eine Due Diligence fügt sich also, je nach Einzelfall, in den laufenden Verhandlungsprozess ein.[108]

c) Verfahren

Für die Frage der Durchführung einer Due Diligence kommt es zunächst darauf an, ob die betreffenden Informationen über die Gesellschaft im jeweils vorliegenden Fall zwecks einer Unternehmensbewertung überhaupt zur Verfügung gestellt werden können.[109] So kann eine Due Diligence bei den verschiedensten Unternehmenstransaktionen bedeutend sein;[110] letztlich kommt es für deren konkrete Anwendung im Einzelfall eben nicht nur auf den Zeitpunkt und den Auftraggeber der Untersuchung, sondern auch auf die betreffende, im Einzelfall angewandte rechtliche Art und Weise der Durchführung einer Due Diligence an.[111] So wird bei Unternehmensakquisitionen zwischen dem so genannten Share Deal und dem Asset Deal unterschieden.

---

[106] So aber Scott-Blöcher, S. 33 f. (Präakquisitorische- bzw. postakquisitorische Due Diligence).

[107] Als Due Diligence wird teilweise sogar der gesamte Prozess bezeichnet, welcher eine Transaktion typischerweise ausmacht; also von der eigenen (Markt-) Analyse des potentiellen Käufers, bis zur Integration der erworbenen Gesellschaft nach Vollzug der Transaktion. Siehe Berens/Brauner/Strauch- Berens/Strauch, S. 12.

[108] Zum Ablauf einer Unternehmenstransaktion und der darin eingebundenen Due Diligence in der Praxis siehe statt vieler den Due Diligence-Ansatz von Arthur D. Little bei Fink-Wilfert/Ziechmann, B.11, 2.3, S. 273 ff.; vgl. Stoffels, ZHR 165 (2001), S. 362, 367; Merkt, WiB 1996, S. 147; Kittner, DB 1997, S. 2286; Ganzert/Kramert, Die WPg 1995, S. 576, 577 ff.; Koesfeld/Timmreck, M&A Review 2004, S. 100, 102; zur Dauer einer Due Diligence siehe Berens/Brauner/Strauch-Berens, Schmitting, Strauch, S. 95 ff.

[109] Vgl. zur in diesem Zusammenhang bedeutsamen Frage der Bewertung der Zielgesellschaften Helbling, Rn. 128.2, S. 170 ff.

[110] Siehe 21.

[111] Schulze-Osterloh, S. 175, 176 f.; vgl. Dauner-Lieb/Thiessen, ZIP 2002, S. 108, 109 f.; mit der Einführung des Gesetzes zur Regelung von öffentlichen Angeboten zum Erwerb von

aa) Share Deal

Von einem Share Deal spricht man, wenn ein Unternehmen (ganz oder teilweise) durch die Übertragung der Gesellschaftsanteile seines Rechtsträgers veräußert wird.[112] Die betreffenden Mitgliedschaftsrechte an der Gesellschaft stellen bei einem Share Deal also den Kaufgegenstand dar.[113] Somit bestehen bei

---

Wertpapieren und Unternehmensübernahmen (WpÜG) vom 20.12.2001 (BGBl. 2001, Teil I, S. 3822 ff.), welches zum 01.01.2002 in Kraft getreten ist, sind in Deutschland erstmals allgemein verbindliche Regeln für freiwillige oder auf Grund einer Verpflichtung nach dem WpÜG erfolgende öffentliche Kauf- oder Tauschangebote für einen Erwerb von Wertpapieren einer Zielgesellschaft geschaffen worden (vgl. §§ 1, 2 WpÜG). Das WpÜG gilt danach verpflichtend aber nur für öffentliche Übernahmeangebote börsennotierter Aktiengesellschaften. Da über 90 % der in Deutschland bestehenden Aktiengesellschaften jedoch nicht börsennotiert sind (Hansen, AG 2002, R 75 f.), gilt das WpÜG für diese nicht zwingend. Der bisher bestehende so genannte Übernahmekodex galt nur durch eine entsprechende freiwillige Vereinbarung durch das jeweilige Unternehmen. Übernahmeangebote im Sinne des WpÜG sind solche Angebote, welche auf den Erwerb der Kontrolle der Zielgesellschaft, also gemäß § 29 Abs. 2 WpÜG auf das Halten von mindestens 30 Prozent der Stimmrechte, gerichtet sind. Die Einführung dieser Spezialvorschriften des WpÜG war „angesichts der wachsenden Anzahl und Bedeutung öffentlicher Angebote, insbesondere im Zusammenhang mit Übernahmen...erforderlich" (BT-Drucks. 14/7034, Begründung des Gesetzesentwurfes der Bundesregierung zum WpÜG, S. 1); vgl. Beisel/Klumpp, 18. Kapitel, 1, Rn. 3: „Das Recht des Unternehmenskaufs setzt sich aus vielen Rechtsgebieten zusammen. Kauf- und Arbeitsrecht, Gesellschafts- und Kartellrecht, Familien- und Erbrecht, Schadensrecht, Internationales Privatrecht und Steuerrecht sind ebenso zu beachten wie Grundsätze der Buchhaltung und der Bilanz. Die Beteiligten müssen sich in jedem Einzelfall eine eigene Rechtsordnung geben, die ihrer konkreten Zielsetzung angemessen ist. "; siehe auch Hopt, ZHR 166 (2002), S. 383 ff.; Emmerich/Habersack-Habersack, Einl., Rn. 27 und vor § 311, Rn. 10 ff.; Strotmann, Sechstes Kapitel, I., S. 125 ff.; eine europaweite Angleichung des Übernahmerechts ist trotz entsprechender jahrelanger Diskussionen bislang noch nicht durchgeführt worden. Zum Diskussionsstand Jennen, „Italien feilt an Lösung im Übernahmestreit", Financial Times Deutschland, 05. September 2003, S. 12. Ziel einer im Entwurf befindlichen EU-Übernahmerichtlinie ist es, "die nationalen Schutzwälle bei Übernahmen abzubauen und einheitliche Wettbewerbsbedingungen zu schaffen". Differenzen gibt es insbesondere bei der Frage der Abwehrinstrumente und der Pflicht zur Transparenz; zum Williams Act und den von der Securities and Exchange Commission (SEC) erlassenen Konkretisierungsregeln, welche in den USA das Recht der Übernahmeangebote regeln siehe Zimmer, 1. Teil, C., II., 1., b), (1.), S. 88 f.

[112] Picot (Unternehmenskauf und Restrukturierung), Teil I, V., 1, b), aa), Rn. 71; Jauernig-Chr. Berger, § 453, Rn. 12 und 16.

[113] Holzapfel/Pöllath, III, 1., Rn. 131; Beisel/Klumpp, 4. Kapitel, II, 1., Rn. 7 ff.; neben dem Verkauf durch den bzw. die Gesellschafter kommt auch der Verkauf eigener Aktien gemäß § 71 AktG in Betracht. Siehe zu dieser (meist als Abwehrmaßnahme gegen konkrete Übernahmeangebote eingesetzte) Vorgehensweise Hölters-van Kann, Teil VIII, E, I, 4., Rn. 115 ff. und Teil VIII, E, II, 1., Rn. 144 f.

einer solchen Transaktion Beziehungen zwischen dem Veräußerer, dem Erwerber und der Zielgesellschaft (target). Bei diesem Dreiecksverhältnis ist also zwischen diesen jeweiligen Rechtsbeziehungen zu unterscheiden und die Frage des Bestehens etwaiger Ansprüche jeweils einzeln zu klären.

Bei der Veräußerung eines Unternehmens mittels eines solchen Share Deals wird die Gesellschaft an sich nicht geändert, d.h. es findet keine Rechtsnachfolge statt. Da der Träger des betreffenden Unternehmens also die Gesellschaft bleibt, ist auch keine Übertragung der Aktiva und Passiva nötig, eine Transaktion durch einen Share Deal ist also relativ einfach strukturiert.[114] Besonders zu beachten sind jedoch die haftungsrechtlichen Aspekte einer solchen Unternehmenstransaktion; denn die Haftung für alle im Unternehmen begründeten und zukünftigen Verbindlichkeiten kann bei einem Inhaberwechsel nicht ausgeschlossen werden.[115] Das Unternehmen wird mit allen, auch nicht offen gelegten, Verbindlichkeiten übertragen. Daher ist den im Zusammenhang mit dem Kauf abgegebenen schuldrechtlichen Zusicherungen und Garantien hinsichtlich der den Anteilsverkauf betreffenden Gesellschaft eine erhebliche Bedeutung zuzumessen.[116] Auch die steuerlichen Auswirkungen einer Unternehmensakquisition stellen einen bedeutenden Entscheidungsparameter für die Durchführung einer bestimmten Transaktion dar. So wirkt sich in einkommensteuerlicher Hinsicht eine Veräußerung der Anteile mittels eines Share Deals für den Gesellschafter günstiger aus, als ein Verkauf der einzelnen Wirtschaftsgüter durch einen Asset Deal.[117]

---

[114] Berens/Brauner/Strauch-Berens/Mertes/Strauch, S. 27 f.; Liebs, E., I., Rn. 85; siehe die Muster eines Kauf- und Übertragungsvertrages über Aktien bei Happ-Groß, 5. Abschnitt, 5.01, S. 489 ff.

[115] Zu den Verbindlichkeiten der erworbenen Gesellschaft Jung, E., XVI., c), 2., S. 357 ff.

[116] Siehe zur Wechselwirkung von einer Due Diligence einerseits und Gewährleistungen bzw. Garantien andererseits ausführlich Gartzke, Teil 2, B, I, S. 106 ff.; Merkt, Internationaler Unternehmenskauf, D., II, 5., a), Rn. 498 ff. und insbesondere R. 502 ff.

[117] „Ziel des Erwerbers im Rahmen der steuerlichen Gestaltung des Unternehmenskaufs sind die Überführung des Kaufpreises in zukünftiges Abschreibungsvolumen, die steuerliche Absetzbarkeit der Finanzierungskosten bei fremdfinanziertem Unternehmenskauf sowie die Nutzung ggf. bestehender Verlustvorträge. Hinsichtlich der steuerlichen Behandlung des Anteilserwerbs und der –veräußerung muss unterschieden werden, ob die Anteile in Betriebs- oder Privatvermögen gehalten werden bzw. wurden und ob es sich um eine mehr als 1 %-ige Beteiligung im Sinne des § 17 Abs. 1 S. 1 EStG handelt." (Berens/Brauner/Strauch-Berens, Mertes, Strauch, S. 28 ff.) Im Gegensatz dazu stellt sich für den Erwerber der Kauf der einzelnen Wirtschaftsgüter in einkommenssteuerlicher Hinsicht im Wege eines Asset Deals als vorteilhafter dar: so gehen die Wirtschaftsgüter „direkt in das Betriebsvermögen des Erwerbers über und sind dort zu bilanzieren. Ergibt der Erwerbsvorgang eine positive (negative) Differenz zwischen dem Kaufpreis – nach Abzug von sofort abzugsfähigen Betriebsausgaben – und dem übernommenen Rein-vermögen, so wird diese durch Buchwertauf (ab-) stockung nach der so genannten Stufentheorie des BGH auf

Vor Inkrafttreten des Gesetzes zur Modernisierung des Schuldrechts vom 26.11.2001[118] wurde für die Anwendbarkeit der Sach- bzw. Rechtsmängel-gewährleistung darauf abgestellt, um welche Art von Unternehmenskauf (Share Deal oder Asset Deal) es sich im Einzelfall handelte.[119] Bei einem Anteilskauf hatte der Veräußerer gemäß § 437 BGB a.f. grundsätzlich nur für den recht-lichen Bestand der betreffenden Beteiligungen und damit nicht für den wirtschaftlichen Wert einzustehen. Unter der Voraussetzung einer bestimmten Höhe der transferierten Beteiligung[120] wurde der Rechtskauf dann jedoch wirtschaftlich als Kauf des gesamten Unternehmens gewertet und somit wie ein Sachkauf gemäß der §§ 459 ff. BGB a.f. analog behandelt.[121] Demnach war man bisher davon ausgegangen, dass bei einer Verkörperung des Mitglied-schaftsrechts in einem Wertpapier (hier: Aktie) dann neben dem Rechtskauf eben auch ein Sachkauf vorlag.[122]

Mit Einführung des Schuldrechtsmodernisierungsgesetzes ist eine derartige Abgrenzung jedoch nicht mehr notwendig. Denn nach § 433 Abs. 1 S. 2 BGB

---

die einzelnen Aktiva und Passiva bis zu ihren Teilwerten verteilt....In jedem Fall zielt die Buchwertaufstockung und die damit bewirkte in Zukunft höhere Abschreibung auf eine Erhöhung des Cash Flow und damit eine Finanzierung des Kaufpreises aus dem Objekt. Weiterhin kann das übernommene Vermögen direkt zur Besicherung der Fremdfinanzie-rung eingesetzt werden (z.B. durch Grundschulden Sicherungsübereignungen)." So Be-rens/Brauner/Strauch-Berens, Mertes, Strauch, S. 31 f. Zu den betreffenden Einzelheiten siehe die entsprechenden Ausführungen aaO; zu den steuer-lichen Grundlagen eines Un-ternehmenskaufs siehe auch Weigl, BB 2001, S. 2188 ff.

[118] Das so genannte Schuldrechtsmodernisierungsgesetz trat am 01.01.2002 in Kraft (BGBl. 2001, Teil 1, Nr. 61, S. 3138 ff).

[119] Siehe den Überblick bei Däubler, NJW 2001, S. 3729 ff.; Dauner-Lieb, DStR 2001, S. 1572 ff.; Henssler/von Westphalen-Muthers, § 311, Rn. 13; Amann/Brambring/Hertel, B., IV., 3., S. 145 f.; auch für die steuerrechtliche Behandlung war die genannte Abgrenzung entscheidend. Siehe dazu Koenen/Gohr, DB 1993, S. 2541, 2546.

[120] Diese Höhe der für die Anwendung der Regeln des Sachkaufs zu fordernden Beteiligung war streitig; nach der Rechtsprechung lag jedenfalls beim Erwerb von mehr als 90 % der Gesellschafteranteile ein Unternehmenskauf vor, entscheidend war bei dieser Wertung je-doch der Erwerb einer Kontrollmehrheit Siehe dazu BGHZ 138, 195, 204 f. (Urteil vom 25.03.1998 – VIII ZR 185/96); BGHZ 65, 246, 251 f. (Urteil vom 12.11.1975 – VIII ZR 142/74); die Literatur vertrat dagegen die Ansicht, dass bereits eine geringere Beteili-gungsquote für die Anwendung des Sachmängelrechts ausreichend sein sollte. Siehe exemplarisch Holzapfel/Pöllath, IV, 1., b), Rn. 401; Knott, NZG 2002, S. 249; Hommel-hoff, ZGR 1982, S. 366, 376 ff.

[121] Vgl. zu der bis zum 31.12.2001 geltenden Rechtslage hinsichtlich eines Unternehmens-kaufs Berens/Brauner/Strauch-Picot, S. 245 f.

[122] Zur entsprechenden Anwendung der § 459 ff. BGB a.f. und zu der Frage, ab welcher An-teilshöhe eine solche analoge Anwendung zuzulassen sei, siehe Staudinger-Honsell, § 459, Rn. 6 und Rn. 9 m.w.N.

n.F. hat der Verkäufer dem Käufer die Sache „frei von Sach- und Rechtsmängeln zu verschaffen", so dass die Lieferung einer mangelfreien Sache zum
Inhalt des Erfüllungsanspruchs des Käufers geworden ist.[123] Folglich sind nun
unabhängig davon, ob ein Rechts- oder ein Sachmangel vorliegt, das Kaufrecht
und die kaufrechtlichen Gewährleistungsansprüche anzuwenden.[124] Nach dem
durch das Schuldrechtsmodernisierungsgesetz neu geregeltem § 453 Abs. 1
BGB sind auf einen Kauf von Rechten und sonstigen Gegenständen die Vorschriften über den Kauf von Sachen schon de lege lata entsprechend anzuwenden. Somit können Unternehmen (als Sach- und Rechtsgesamtheit) als „sonstige
Gegenstände" im Sinne des § 453 Abs. 1 BGB subsumiert werden.[125]

bb) Asset Deal

Der Kauf eines Unternehmens (oder einzelner Bestandteile desselben) durch den
Erwerb der betreffenden einzelnen Wirtschaftsgüter und der immateriellen Vermögenswerte sowie den Eintritt in die durch die Gesellschaft begründeten

---

[123] Anders als vor Inkrafttreten des Schuldrechtsmodernisierungsgesetzes; zu diesem Zeitpunkt war die Sachmängelhaftung nämlich noch gesondert als Gewährleistungsanspruch
geregelt. Vgl. dazu Palandt-Putzo, § 433, Rn. 1 und zur Haftung für Sach- und Rechts-
mängel insgesamt siehe den Überblick vor § 433, Rn. 6 ff.; zu Share- und Asset Deals
nach bisherigem und neuem Schuldrecht Triebel/Hölzle, BB 2002, S. 521, 522 ff.; vgl. zur
allgemeinen Gewährleistungshaftung bei Unternehmensverkäufen nach dem neuen
Schuldrecht Gronstedt/Jörgens, ZIP 2002, S. 52 ff.

[124] Siehe zu dieser Gleichstellung von Sach- und Rechtskauf und damit zur (jetzt durch die
gesetzliche Formulierung „sonstige Gegenstände" klargestellten (BT-Drucks. 14/6040,
Begründung des Gesetzesentwurfes zum Schuldrechtsmodernisierungsgesetz, S. 242))
Anwendung von Kaufrecht auf den Unternehmenskauf Knott, NZG 2002, S. 249, 250;
siehe auch Gronstedt/Jörgens, ZIP 2002, S. 52, 53 und S. 55.

[125] Palandt-Putzo, § 453, Rn. 1 und insbesondere Rn. 7: „Unternehmen als Zusammenfassung
der persönlichen und sachlichen Mittel (Sach- und Rechtsgesamtheit) einschließlich der
zugehörigen Werte und Güter, nämlich Kundschaft, Ruf, Geschäftsgeheimnis, Firma,
Warenzeichen, Wettbewerbsrechte, know-how. Das alles ist im Zweifel mit dem Unternehmen verkauft." Beim Kauf eines Gesellschaftsanteils wird jedoch nur dann mangelfrei
übertragen, „wenn der Anteil die vereinbarte Größe hat und die vereinbarte Eigen-
schaft...Nicht gehaftet wird für den Verkehrswert des Anteils...und Mängel des von der
Gesellschaft betriebenen Unternehmens" (Rn. 23); zur Haftung nach neuem Recht bei
Share- und Asset Deal siehe Weitnauer, NJW 2002, S. 2511, 2512 ff.; "da § 433 auf den
Rechtskauf entsprechend anwendbar ist (§ 453 Abs. 1), gilt § 433 problemlos auch für den
Kauf einer Sach- und Rechtsgesamtheit", so Palandt-Putzo, § 433, Rn. 4; Hiddemann,
ZGR 1982, S. 435 f. und S. 438 f.; bei der gesetzlich normierten „entsprechenden Anwen-
dung" durch § 453 Abs. 1 BGB bleibt jedoch offen, ob sich die Norm lediglich auf die
Rechtsfolgenseite oder auch auf die Tatbestandsseite beziehen soll; dazu eingehend
Seibt/Reiche, DStR 2002, S. 1135, 1136 ff.; siehe auch Triebel/Hölzle, BB 2002, S. 521,
523; vgl. Gronstedt/Jörgens, ZIP 2002, S. 52, 55.

Verbindlichkeiten wird als Asset Deal bezeichnet.[126] Bei einem Asset Deal sind zwei Personen, Käufer und Verkäufer beteiligt. Verkäufer ist dabei die Gesellschaft, welcher die betreffenden Einzelvermögensgegenstände gehören.[127] Die materiellen und immateriellen Güter werden nach dem Abstraktionsprinzip entsprechend den das einzelne Wirtschaftsgut betreffenden Vorschriften veräußert (Singularsukzession).[128] Soll das gesamte Unternehmen veräußert werden und fällt dieser Vertrag nicht unter die Normen des UmwG, so ist einerseits an die dann notwendige Zustimmung der Gesellschafterversammlung nach § 179 a AktG zu denken[129] und hinsichtlich des genauen Umfangs der vom Unternehmenskauf betroffenen Güter andererseits der Unternehmensbegriff unzweifelhaft zu definieren. Bei einer solchen Festlegung sind die damit verbundenen haftungsrechtlichen Folgen unbedingt einzubeziehen.[130] Ein Unternehmen wird im Allgemeinen „als Gesamtheit von materiellen und immateriellen Rechtsgütern und Werten verstanden (werden), die in einer Organisation zusammengefasst und einem einheitlichen wirtschaftlichen Zweck dienstbar gemacht sind"[131]. Die Möglichkeit, Vermögenswerte und Verbindlichkeiten auszuwählen,

---

[126] Holzapfel/Pöllath, III, 1., Rn. 131; vgl. die Gegenüberstellung des Asset Deals mit dem Share Deal bei Hommelhoff, ZGR 1982, S. 366, 367 ff.; siehe auch Karsten Schmidt, Handelsrecht, § 6, II, 1., c), S. 143 ff.; Merkt, BB 1995, S. 1041 ff.; ein Asset Deal wird nicht vereinbart, wenn das Zielunternehmen zuvor in eine neue Gesellschaft eingebracht worden ist. Siehe dazu Liebs, D., Rn. 27 f. und E., I., Rn. 82.

[127] Die Anteilseigner der Gesellschaft sind an einem Asset Deal nur beteiligt, wenn eine solche Mitwirkung, beispielsweise durch einen Zustimmungsvorbehalt in der Satzung der Gesellschaft vorgesehen ist.

[128] Vom einheitlichen Verpflichtungsgeschäft zur Veräußerung des gesamten Unternehmens sind die einzelnen Erfüllungsgeschäfte zur Übertragung des Eigentums zu unterscheiden. Der Kauf von Sachen und Rechten wird also schuldrechtlich nach den §§ 433 ff. BGB durchgeführt, das bewegliche Vermögen wird gemäß der §§ 929 ff. BGB, Grundstücke werden gemäß der §§ 873 und 925 ff. BGB dinglich übertragen; Forderungen werden nach den Vorschriften der §§ 398 ff. BGB abgetreten und eine Firma wird nach den §§ 22 ff. HGB übertragen. Nach dem sachenrechtlichen Bestimmtheitsgrundsatz sind die einzelnen Vermögensgegenstände dabei genau zu bezeichnen. Siehe dazu BGH, Urteil vom 11.10.1967 – I b ZR 144/65 (Koblenz), in NJW 1968, S. 392 f.; MüKo/HGB-Lieb, § 25, Anh., Rn. 3 ff.; nach Walter, § 3, IV., 1., a), S. 96 können nur die Einzelgegenstände und nicht das Unternehmen als solches Gegenstand eines Unternehmenskaufvertrages sein; siehe zu den einzelnen Kaufgegenständen Beisel/Klumpp, 4. Kapitel, III, Rn. 16 ff.; Holzapfel/Pöllath, III, 1., Rn. 131 und Rn. 135; Mertens/Rehbinder, Art. 1/2 EKG, Rn. 23; siehe auch die Übersicht bei Klein-Blenkers, NZG 1999, S. 185, 186 ff.

[129] Zu diesem notwendigen Zustimmungserfordernis und zu dem des einzelstaatlichen Gesellschaftsrechts der USA für die Veräußerung von „all or substantially all of the assets" nach § 271 (a) Delaware General Corporation Law siehe Merkt, Internationaler Unternehmenskauf, C., III, 3., c), Rn. 379 ff.

[130] Siehe auch S. 40.

[131] Hölters-Hölters, Teil I, A., I., 1., Rn. 2.

wirkt sich vorteilhaft, die meist komplexere Vertragsgestaltung nachteilig auf einen Unternehmenskauf mittels eines Asset Deals aus.

Bis zum Inkrafttreten des Schuldrechtsmodernisierungsgesetzes am 01.01.2002 wurden auf den Unternehmenskauf die §§ 459 ff. BGB a.f. angewandt, wenn sich der Kauf einzelner Wirtschaftsgüter insgesamt als Kauf des gesamten Unternehmens darstellte.[132] Somit führte ein Mangel eines einzelnen Bestandteils lediglich dann zu einem Mangel des gesamten Unternehmens, wenn durch diesen Mangel die vertragliche oder gewöhnliche Tätigkeit des Unternehmens für den Erwerber im Ganzen entfiel und deshalb die wirtschaftliche Grundlage des Unternehmenskaufes erschüttert war.[133]

Mit Einführung des Schuldrechtsmodernisierungsgesetzes hat der Veräußerer dem Erwerber die Sache gemäß § 433 Abs. 1 S. 1 BGB „frei von Sach- und Rechtsmängeln zu verschaffen". Sollte die nach § 433 BGB erworbene Sache also nicht frei von Sachmängeln im Sinne des § 434 BGB sein, so kann der Käufer gemäß § 437 BGB bestimmte Rechte gegen den Verkäufer geltend machen. Bei einem Rechtsmangel im Sinne des § 435 BGB sind die Vorschriften über den Kauf von Sachen gemäß § 453 Abs. 1 BGB entsprechend anzuwenden.[134] Nach § 453 Abs. 2 BGB trägt der Verkäufer dabei die Kosten der Begründung und Übertragung des Rechts.

cc) Zwischenergebnis

Die beschriebenen Gewährleistungsrechte, welche vor Inkrafttreten des Schuldrechtsmodernisierungsgesetzes galten, wurden insbesondere wegen der gesetzlich vorgesehenen Rechtsfolgen und den damit verbundenen Unsicherheiten hinsichtlich der Einordnung des Unternehmenskaufes als Kauf des gesamten Unternehmens, als nicht interessengerecht für einen Unternehmenskauf in der Praxis angesehen.[135]

Nach dem Inkrafttreten des Schuldrechtsmodernisierungsgesetzes ist eine Abgrenzung hinsichtlich der Anwendung der jeweiligen Gewährleistungs-

---

[132] Dazu Staudinger-Honsell, § 459, Rn. 86 ff.

[133] Merkt, BB 1995, S. 1041, 1045.

[134] Vor Inkrafttreten des Schuldrechtsmodernisierungsgesetzes hat ein Rechtsmangel die Folgen der Nichterfüllung nach den §§ 437 – 441 BGB a.f. ausgelöst, heute wird ein Rechtsmangel dem Sachmangel im Hinblick auf die Rechtsfolgen gleichgestellt. Siehe Palandt-Putzo, § 453, Rn. 7; Gaul, ZHR 166 (2002), S. 35, 38 f.

[135] Siehe exemplarisch Triebel/Hölzle, BB 2002, S. 521, 522; vgl. zu den entstandenen „erheblichen Unsicherheiten" in der Praxis nur Merkt, BB 1995, S. 1041, 1044 f.

vorschriften nach den jeweiligen Kontrollmöglichkeiten nicht mehr notwendig; die Reform bewirkt also eine einheitliche Anwendung des kaufrechtlichen Gewährleistungsrechts.[136]

Dabei ist das Interesse an weitergehenden Informationen über die konkreten Verhältnisse der betreffenden Gesellschaft aber sowohl bei einer Transaktion im Wege des ganzen bzw. teilweisen Erwerbs der Anteile an der unternehmenstragenden Gesellschaft als auch durch eine Übernahme der Wirtschaftsgüter seitens des Käufers weiter hinreichend gegeben.[137]

Nachfolgend sollen die aktienrechtlichen Problemstellungen und deren Lösungsmöglichkeiten im Zusammenhang mit der Durchführung einer Due Diligence anlässlich eines Unternehmenskaufvertrages durch den Erwerb von Anteilen an einer Aktiengesellschaft näher dargestellt werden.

---

[136] Zur Frage, ob sich ein Verkäufer angesichts des § 444 BGB auf haftungsbegrenzende Vereinbarungen berufen kann, wenn er eine Garantie für die Beschaffenheit des Unternehmens übernommen hat, siehe Liebs, E., V., Rn. 108 ff.

[137] Bei Unternehmenskäufern besteht jedoch die Tendenz, die Zielgesellschaft im Wege eines Asset-Deals zu erwerben, um Risiken zu vermeiden. Siehe Liebs, E., I., Rn. 81; siehe dazu die Ausführungen zur Bedeutung einer Due Diligence auf S. 33 ff.; vgl. auch Stoffels, ZHR 165 (2001), S. 362, 364 f.; Musterverträge einer Unternehmensakquisation im Wege eines Share Deals bzw. eines Asset Deals sind bei Hopt-Hess/Fabritius, Vertrags- und Formularbuch, 1. Teil, HGB, IV., B., 6. ff. und 19. zu vergleichen.

B. Ablauf von Unternehmenstransaktionen

Unternehmenstransaktionen können unterschiedlich organisiert sein, d.h. die Art der Transaktion hängt wesentlich von dem Umstand ab, wie viele potentielle Investoren an dem Verfahren beteiligt sind und welches Verfahren die Beteiligten im Einzelfall einerseits grundsätzlich für am effektivsten, andererseits für rechtlich zulässig bzw. kaufmännisch erforderlich halten. In der Praxis ist entgegen verbreiteter Auffassungen in der Literatur[138] jedenfalls in Deutschland noch immer das Verhandlungsverfahren vorherrschend; das so genannte Auktionsverfahren wird im Gegensatz dazu relativ selten angewandt.[139]

I. Verhandlungsverfahren

Der Veräußerer kann mit einem (Exklusivverhandlung) oder mehreren potentiellen Käufern verhandeln.[140] Der generelle Ablauf solcher Verhandlungsverfahren ist zwar nicht vorgeschrieben,[141] wird aber in der praktischen Durchführung regelmäßig wie nachstehend ausgeführt.

1. Vertragsverhandlungen

Die Initiative zu der Aufnahme von Vertragsverhandlungen geht regelmäßig entweder vom Verkäufer oder vom potentiellen Investor aus.[142] Zumindest diejenige Partei, welche auf die andere mit entsprechenden Überlegungen zugeht, wird sich in unternehmensinternen Beratungen anhand der ihr zur Verfügung stehenden öffentlich zugänglichen Informationen hinsichtlich des möglichen

---

[138] Vgl. dazu beispielhaft Stoffels, ZHR 165 (2001), S. 362, 365.

[139] Vgl. zu den Arten der Transaktionsverfahren in Deutschland die Analyse von Berens/Strauch (Eine empirische Untersuchung), S. 51 f.; vgl. zur Einteilung der möglichen Verfahren in vier idealtypische Verkaufsformen Illenberger/Berlage, Die Bank 1991, S. 441 ff.

[140] Innerhalb der Menge der Transaktionen, die durch Verhandlungsverfahren abgewickelt werden, stellt das Exklusivverfahren dabei den überwiegenden Erwerbsweg dar (Berens/Strauch (Eine empirische Untersuchung), S. 51 f.).

[141] Siehe schon auf S. 21 ff.; die Ausgestaltung des Verhandlungs- und Verfahrensablaufs ist den Parteien im Sinne des Grundsatzes der Vertragsfreiheit selbst überlassen. Zur Vertragsfreiheit, welche die Abschluss- und Inhaltsfreiheit umfasst, als zentrales Element der Privatautonomie, siehe statt vieler Handkommentar/BGB-Schulze, vor §§ 311-319, Rn. 6.

[142] In der unternehmerischen Praxis geben oft Investmentbanker, Wirtschaftsprüfer, Rechtsanwälte oder sonstige Berater einer Partei letzteren den Anstoß zu entsprechenden Überlegungen. Zu den Mitarbeitern des Käuferunternehmens Berens/Brauner/Strauch-Berens/Hoffjan/Strauch, S. 140 f.

Partners schon einmal grundsätzlich über das Für und Wider der Durchführung einer solchen Transaktion auseinandergesetzt haben.[143] Nach einer solchen internen Vorab-Prüfung anhand der genannten Unterlagen wird die initiativ werdende Partei zum Ergebnis gekommen sein, dass der Erfolg einer tatsächlichen Durchführung eines solchen Geschäfts mittels Eintritts in Verhandlungen mit dem Zielunternehmen näher überprüft werden sollte. Bereits diese Aufnahme von Vertragsverhandlungen könnte unter Umständen ein vertragsähnliches Vertrauensverhältnis nach § 311 Abs. 2 i.V.m. den §§ 241 Abs. 2, 280 Abs. 1 BGB (culpa in contrahendo) begründen, so dass den betreffenden Parteien in einem solchen Fall der Sorgfaltsmaßstab von Schuldnern, Pflichten zur wechselseitigen Rücksichtnahme, Fürsorge und Loyalität oblägen.[144] Im Rahmen eines Unternehmenskaufs kommen dabei insbesondere die Pflicht zur redlichen Verhandlungsführung, die Geheimhaltungspflicht, ein Schadensersatzanspruch bei Verstoß gegen vorvertragliche Pflichten, die persönliche Haftung des Verhandlungsführers, sowie die Haftung für Testate und Gutachter in Betracht.[145]

2. Verhandlungsprotokolle (Memorandum of Understanding)

Wird während der Vertragsverhandlungen über bestimmte Bereiche eine Einigung zwischen den Vertragsparteien erzielt, so empfiehlt es sich, diesen Stand der Verhandlungen zu protokollieren, um diesbezügliche spätere Unsicherheiten zu vermeiden.[146] Der dabei bestehende rechtliche Bindungswille der Vertragspartner ist durch Auslegung aller Umstände aus der Sicht des Empfängerhorizontes gemäß der §§ 133, 157 BGB zu ermitteln. In der Regel kommen den Verhandlungsprotokollen dabei zwei Bedeutungen zu. Sie sollen zum einen das Vertrauen der jeweiligen Partei in den Abschlusswillen des anderen Vertragspartners stärken und so bei einem willkürlichen Abbruch der Vertragsverhandlungen Schadensersatzpflichten nach § 311 Abs. 2 i.V.m. den §§ 241 Abs. 2, 280 Abs. 1 BGB (culpa in contrahendo) begründen.[147] Die andere Funktion der Niederschrift des Verhandlungsstandes liegt in der Verhandlungstaktik; denn es ist nicht leicht zu begründen, warum man von einer bereits festgeschriebenen Position wieder abrücken möchte, um einen bestimmten Punkt

---

[143] Zu den öffentlich zugänglichen Informationen über eine Aktiengesellschaft siehe S. 35 f. Eine solche Vorab-Prüfung wird auch als so genannte Desk Due Diligence bezeichnet. Dazu Jansen, 5.3.3.5, S. 187; zu den eine Transaktion vorbereitenden Maßnahmen Rock/Ulsenheimer, M&A Review 2003, S. 372, 374 ff.

[144] Siehe statt vieler Picot (Unternehmenskauf und Restrukturierung), Teil I, IV, Rn. 32.

[145] Hölters-Semler, Teil VI, B, I, Rn. 9 ff.; zu den möglichen Verhandlungsstrategien siehe Junker/Kamanabrou, § 8, III., Rn. 422 ff.

[146] Picot (Unternehmenskauf und Restrukturierung), Teil I, IV, 2, Rn. 36.

[147] Siehe Picot (Unternehmenskauf und Restrukturierung), Teil I, IV, 2, Rn. 36.

neu zu verhandeln.[148] Diese so genannten Verhandlungsprotokolle bzw. Teil-vereinbarungen (Punktationen) legen also einzelne bereits verhandelte Punkte schriftlich nieder, sind aber, schon aufgrund der fehlenden Formanforderun-gen[149], im Zweifel rechtlich nicht bindend im Sinne des § 154 Abs. 1 S. 1 und S. 2 BGB.[150]

3. Absichtserklärung (Letter of Intent)

Unter einer Absichtserklärung versteht man eine meist einseitige Erklärung des Erwerbsinteressenten, in der dieser sein Vorhaben darlegt, die bezeichnete Transaktion bei Vorliegen mehrerer zu bestimmender Voraussetzungen durch-zuführen.[151] Eine solche Absichtserklärung beinhaltet in der Regel genau wie ein Verhandlungsprotokoll keine rechtliche Bindungswirkung hinsichtlich eines Vertragsabschlusses. Dies folgt bereits aus dem Umstand, dass in dieser Erklä-rung im Allgemeinen noch nicht alle wesentlichen vertraglichen Bedingungen der später beabsichtigten Transaktion festgelegt werden.[152] Das Bestehen eines entsprechenden Bindungswillens ist somit anhand der Ermittlung des Partei-willens gemäß der §§ 133, 157 BGB zu beurteilen. Demnach kann der so ge-nannte Letter of Intent individuell ausgestaltet werden. Im Allgemeinen erklärt dieser die Absicht, zu einem bestimmten rechtsgeschäftlichen Ergebnis, also der betreffenden Transaktion zu kommen.[153] Diese Absichtserklärung soll auch, wie

---

[148] Siehe Hölters-Semler, Teil VI, B, II, 1., Rn. 19.

[149] So gehören bei einem Unternehmenskauf meist Grundstücke zu dem verkauften Unter-nehmen dazu, so dass der gesamte (im Wege der Einzelrechtsnachfolge zu schließende) Vertrag nach § 313 BGB der notariellen Beurkundung bedarf. Die Übertragung von Gesellschaftsanteilen bedarf dagegen keiner besonderen Form. Siehe dazu Pelka, XVI, 2., a), Rn. 788 und XVI, 5., b), Rn. 796.

[150] Palandt-Heinrichs, § 154, Rn. 1.

[151] Siehe Hölters-Semler, Teil VI, B., II., 2., Rn. 20, der darauf hinweist, dass eine solche Erklärung auch von der Zielgesellschaft gegengezeichnet werden kann und dement-sprechend bereits zu diesem Zeitpunkt bestimmte weitere Vereinbarungen getroffen werden können. Davon zu unterscheiden sind die „Heads of Agreement", welche zwar einen Vertragsentwurf darstellen, aufgrund ihrer Funktion als Diskussionspapier jedoch ebenso wie ein Letter of Intent noch nicht als bindende Vertragsangebote zu werten sind.

[152] Lutter-Letter of Intent, § 5, S. 35 f.; so auch Palandt-Heinrichs, Einf. vor § 145, Rn. 18, welcher jedoch auf die (praxisrelevante) Auslegungsfunktion des Letter of Intent für den späteren Vertrag hinweist.

[153] Lutter-Letter of Intent, § 3, S. 19 ff.; Beisel/Klumpp, 1. Kapitel, VI, Rn. 66 ff.; MüKo/ BGB-Kramer, vor § 145, Rn. 41; Palandt-Heinrichs, Einf. vor § 145, Rn. 18; siehe zum wesentlichen Inhalt einer Absichtserklärung einen Überblick bei Berens/Brauner/Strauch-Berens/Mertes/Strauch, S. 58; vgl. zum ähnlichen und in den USA üblichen so genannten Offer for Employment das OLG München, Urteil vom 22.10.1999 – 21 U 3673/99, in BB 2000, S. 327 ff; zum Formerfordernis eines Letters of Intent und zum so genannten Side

schon die beschriebenen Verhandlungsprotokolle, verhandlungspsychologische Wirkungen erzielen.[154]

In der Absichtserklärung werden einzelne Bedingungen des weiteren Verfahrens in rechtlich verbindlicher Weise geregelt. So kann sich die Zusicherung der grundsätzlichen Kauf- bzw. Verkaufsbereitschaft, sowie eine Erklärung, dass keine Verhandlungen mit Dritten geführt werden, zu einer Verhaltensbindung entwickeln;[155] eine Abweichung von dieser Bindung kann dann zu einer Verhaltenshaftung führen.[156] Vor allem die Zugänglichmachung von Informationen über das Zielunternehmen zwecks einer Unternehmensbewertung wird in der Absichtserklärung vereinbart sowie in den überwiegenden Fällen auch eine Vertraulichkeitsvereinbarung abgeschlossen.[157] Der Umfang der zur Verfügung zu stellenden Daten und die genaue Ausgestaltung der Verschwiegenheitserklärung hängen von dem jeweiligen Einzelfall ab. Es kommt dabei zum einen insbesondere darauf an, ob der potentielle Erwerber in einem Wettbewerbsverhältnis mit dem Zielunternehmen steht und die Gefahr einer so genannten Ausspähung von wirtschaftlichen Daten gegeben ist.[158] Zum anderen hängt die Ausgestaltung der Absichtserklärung hinsichtlich der offen zu legenden Daten und des Umfangs der Vertraulichkeitsvereinbarung wesentlich von den Rechten und Pflichten der beteiligten Personen, insbesondere der Leitungsorgane der Zielgesellschaft, ab. Aus dem Letter of Intent ergibt sich, welche Punkte im Laufe der weiteren Verhandlungen noch einer Klärung bedürfen.

4. Due Diligence

Diese offenen Punkte sollen dann im Rahmen einer detaillierten Untersuchung der Zielgesellschaft, der Due Diligence, geklärt werden. Dabei ist zunächst darauf hinzuweisen, dass eine solche Analyse des Objekts der geplanten Transaktion nicht starr zu diesem und nicht nur zu diesem Zeitpunkt durchgeführt werden darf bzw. sollte. Es ist üblich und im Rahmen der durch die

---

Letter (welcher Aussagen oder Erläuterungen zur Auslegung einzelner Regelungen des Unternehmenskaufvertrages enthält) Wiesbrock, DB 2002, S. 2311, 2314 f.

[154] Siehe Holzapfel/Pöllath, I, 2., b), aa), Rn. 7a.

[155] Zur Ernstlichkeit der Verhandlungsabsichten Karsten Schmidt, Handelsrecht, § 20, I, 2, a); MüKo/BGB-Kramer, vor § 145, Rn. 41 ff.; vgl. Palandt-Heinrichs, Einf. vor § 145, Rn. 18.

[156] Siehe dazu BGH, Urteil vom 22.02.1989, VIII ZR 4/88, München, in WM 1989, S. 685 ff.; Lutter-Letter of Intent, § 10, III, S. 69 ff.; Stengel/Schloderer, NJW 1994, S. 158 f.

[157] Siehe Pöllath, Grundsätze ordnungsmäßigen Unternehmenskaufs, in: Festschrift für Bezzenberger, S. 549, 553 f.

[158] Hölters-Semler, Teil VI, B., I., 2., Rn 12 f. und Teil VI, B., III., 1., Rn. 53 f.

Durchführung einer Due Diligence beabsichtigten Ziele auch sinnvoll, die Due Diligence als fortschreitenden Prozess zu betrachten.[159]

Neben dem Zeitpunkt kommt es auch für die Zulässigkeit an sich und die Art und Weise der einzelnen Durchführung einer Due Diligence auf den jeweiligen Einzelfall an. So hängt der Grad der Geheimhaltung und damit die zu treffenden Sicherheitsmaßnahmen von der Wichtigkeit der offen zu legenden Informationen und der besonderen Umstände des Falles ab. Handelt es sich bei dem zu untersuchenden Unternehmen beispielsweise um einen Konkurrenten des potentiellen Käufers, so können offen gelegte Informationen bei einem eventuellen Scheitern der Transaktion später zum Nachteil des geprüften Unternehmens verwendet werden.[160] Handelt es sich beim potentiellen Käufer dagegen um einen strategischen Investor, so stellt sich die Situation hinsichtlich eines späteren Datenmissbrauch in der Regel anders dar. Im Hinblick auf die für die Durchführung einer Due Diligence erforderlichen Sicherungsmaßnahmen bedarf es also insbesondere der aktienrechtlichen Würdigung hinsichtlich der generellen Zulässigkeit einer Due Diligence sowie (im Falle einer entsprechenden Zulassung) einer Analyse der erforderlichen einzelfallbezogenen Maßnahmen einer durchzuführenden Due Diligence. Grundsätzlich sollte eine Due Diligence wie folgt ablaufen:

Zunächst wird (soweit noch nicht im Letter of Intent geregelt[161]) spätestens unmittelbar vor Beginn einer Due Diligence eine Vertraulichkeitsvereinbarung (Non-Disclosure Agreement / Confidentiality Agreement) hinsichtlich der offen zu legenden Informationen vereinbart.[162] Darin sollten sowohl ein

---

[159] Siehe S. 32.

[160] Vgl. zu der Geheimhaltungsfrage hier nur statt vieler Hölters-Hölters, Teil I, B., IV., (3), Rn. 126; vgl. dazu auch den Überblick hinsichtlich der Kriterien für die Festlegung des Umfangs einer Due Diligence bei Berens/Brauner/Strauch-Berens/Schmitting/Strauch, S. 98 ff.: „Der Umfang der Due Diligence ergibt sich aus der Anzahl und Größe der einbezogenen Untersuchungs- und Prüfungsgebiete sowie der Anzahl und Komplexität der auszuführende Tätigkeiten der Informationsbeschaffung und –auswertung zur Beurteilung der einzelnen Untersuchungs- und Prüfungsgebiete. Die Kosten und die Dauer der Due Diligence sind abhängig von ihrem Umfang sowie der Anzahl und der Qualifikation des eingesetzten Personals, bestehend aus Mitarbeitern des Käuferunternehmens und externen Sachverständigen. Restriktionen bei der Bestimmung der Dauer und damit...des Umfangs ergeben sich zum einen aus exogenen Faktoren...und zum anderen aus der Tatsache, dass die Durchführung einer Due Diligence...dem Wirtschaftlichkeitsprinzip unterliegt...Als exogene Einflussfaktoren...sollen solche Einflussfaktoren bezeichnet werden,...die bestimmen, ob und in welchem Umfang eine Due Diligence möglich ist."

[161] Vgl. S. 56 ff.

[162] Münchener Vertragshandbuch/Wirtschaftsrecht III-Chrocziel, I., 2, S. 17 ff.; siehe das Muster einer Vertraulichkeitsvereinbarung bei Stummel, VI., 4., c), S. 287 ff.; zu den

Vertraulichkeitsgebot, als auch ein (eventuell strafbewehrtes) Verwertungsverbot hinsichtlich sämtlicher betroffener Informationen festgelegt werden.[163] Eine solche Vertraulichkeitsvereinbarung wird meist durch die Aufstellung von Datenraum-Regeln (Rules of Data Room Procedure) durch die Verkäuferseite ergänzt, in welchem die Verhaltenspflichten der prüfenden Personen während der Durchführung der Due Diligence konkretisiert werden; d.h. die Regeln beinhalten die Modalitäten der Informationsdarstellung, eventuell bestehende Möglichkeiten einer weiteren Informationsbeschaffung (wie beispielsweise durch Managementgespräche), die zulässigen Möglichkeiten einer Verarbeitung der Informationen und den zukünftigen Verbleib der gewonnenen Erkenntnisse.[164]

Zur Gewährleistung eines reibungslosen praktischen Ablaufs der Untersuchung wird von der Zielgesellschaft bzw. von den mit der Durchführung der Transaktion oder nur der Due Diligence beauftragten Rechtsanwälten bzw. sonstigen Beratern ein so genannter Datenraum eingerichtet.[165] In diesen werden die für die Prüfung notwendigen Informationen eingestellt. Die Einhaltung der getroffenen Prüfungsmodalitäten einer Due Diligence wird während der gesamten Untersuchung von der Zielgesellschaft laufend überwacht. Der Ort dieses Datenraumes wird normalerweise außerhalb der Gebäude des Ziel-unternehmens eingerichtet, um die meist erforderliche Geheimhaltung der geplanten Transaktion zu wahren.[166]

Die Prüfer werden die in den Datenraum eingestellten Dokumente in der Regel anhand von vorher angefertigten so genannten Checklisten überprüfen. Dies sind im Allgemeinen Fragebögen, welche von der Käuferseite erstellt worden sind und die Prüfungsobjekte sowie die auszuführenden Prüfungshandlungen mehr oder weniger detailliert beschreiben.[167] Solche Checklisten dienen, unabhängig

---

verschiedenen Maßnahmen zur Risikobegrenzung Schroeder, DB 1997, S. 2161, 2163; vgl. Handbuch für junge Unternehmen-Moritz, Erster Teil, D., IV., 6., a), Rn. 540 f., S. 139.

[163] Siehe dazu nur Treek, Die Offenbarung von Unternehmensgeheimnissen durch den Vorstand einer Aktiengesellschaft im Rahmen einer Due Diligence, in: Festschrift für Fikentscher, S. 434, 444 f.

[164] Siehe Holzapfel/Pöllath, I, 3., c), Rn. 14.

[165] Zu den an einer Due Diligence (möglicherweise, je nach Einzelfall) beteiligten Personen, siehe den Überblick bei Jansen, 5.3.3.5, S. 188; Devine, S. 74 f.

[166] Scott-Scott, S. 23 f.; Hölters-Hölters, Teil I, B., IV., (3), Rn. 126 und Teil I, B., V., (4), Rn. 143.

[167] Die Erstellung und die entsprechende Arbeit mit Checklisten bringt (auch hinsichtlich eines weiteren vertiefenden Informationsaustausches mit der Zielgesellschaft) erhebliche Vorteile, wie die „Sicherheit, dass keine wesentlichen Aspekte übersehen werden, Zeitersparnis,...Erleichterung einer übersichtlichen Darstellung, Möglichkeit der ständigen

von deren genauem Inhalt oder Umfang, einem effektiven und effizienten Ver- und Ablauf des gesamten Verfahrens. Die Prüfung mündet dann in der Erstellung eines Due Diligence Berichtes (DD Report / Due Diligence Kompendium).[168] Dieser bildet den Abschluss der Due Diligence. Angesichts der unterschiedlichen Modalitäten, welche bei einer Due Diligence denkbar sind, kann ein solcher Report in Form und Umfang variieren.[169] So kann es sich um eine zusammenfassende Präsentation der durch beauftragte, externe Prüfer gewonnenen Ergebnisse bzw. um eine reine Darstellung der erlangten Handlungsmaxime handeln, es ist aber auch eine umfangreiche Aufstellung der genauen Unternehmensdaten, sowie der sich daraus ergebenden Folgerungen hinsichtlich des Zustandes der Gesellschaft denkbar.[170]

5. Vertragsabschluss

Nachdem der Investor die Due Diligence durchgeführt und immer noch Interesse an der Transaktion hat, wird der von einer Partei erstellte Vertrags-entwurf vorgelegt.[171] Bei einer Einigung hinsichtlich der Vertragsmodalitäten wird dann die Endfassung des Unternehmenskaufvertrages zwischen den Parteien vereinbart, dieser jeweils unterschrieben und mit der praktischen

---

Aktualisierung, Aufdeckung von Mängeln und Einengung von Problemkreisen" (Berens/Brauner/Strauch-Berens/Hoffjan/Strauch, S. 135), sie kann sich aber (insbesondere bei der Verwendung von standardisierten Checklisten) auch als nachteilig in Bezug auf Quantität und Qualität einer Due Diligence erweisen. Vgl. Scott-Scott, S. 19 f. Letztlich ist die Nützlichkeit und der erforderliche Umfang einer solchen Liste von einer entsprechenden Anpassung hinsichtlich des jeweiligen Einzelfalls abhängig; vgl. ange-sichts der vielfach in der Literatur anzufindenden unterschiedlichsten Übersichten zu ge-nerellen oder unternehmensspezifischen Checklisten beispielhaft das Muster einer (nach Teilbereichen untergliederten) Checkliste bei Berens/Brauner/Strauch, S. 589 ff., sowie die Beispiele für Due Diligence-Erfassungsbögen bei Merkt, Internationaler Unterneh-menskauf, Anhang, D., II, Rn. 866; zum Erwerb einer deutschen Gesellschaft siehe die Checkliste bei Wegen, WiB 1994, S. 291 ff., für Unternehmenskaufverträge sowie Gewährleistungen im Unternehmenskaufrecht siehe die Checklisten bei Wegen, WiB 1994, S. 532 ff.

[168] Bernet/Arndt, S. 149, 156.

[169] Hopt-Hess/Fabritius, Vertrags- und Formularbuch, 1. Teil, HGB, IV., B., 1., An-merkungen, 6., S. 647.

[170] Vgl. den möglichen Inhalt und Aufbau eines solchen Due Diligence Berichtes bei Be-rens/Brauner/Strauch-Berens/Hoffjan/Strauch, S. 166).

[171] Das Recht zur Erstellung des ersten Vertragsentwurfes ist in der Praxis äußert bedeutend; denn Änderungswünsche durch die andere Partei müssen jeweils einzelfallbezogen begründet werden und lassen auf bestimmte Positionen bzw. Verhandlungsstrategien schließen, auf die sich die andere Partei dann wiederum einstellen kann (verhandlungs-psychologisches Argument). Siehe dazu Hölters-Hölters, Teil I, B., VII., Rn. 160.

Umsetzung der Transaktion begonnen. Bricht eine Partei die Verhandlungen bis zum Zeitpunkt der Zeichnung (signing) bzw. der Unternehmensübertragung (closing) ab, werden die Verhandlungen, unabhängig von einer eventuellen Schadensersatzpflicht,[172] für gescheitert erklärt.[173]

II. Abwicklung der Transaktion in Form eines Bieterwettbewerbs (Controlled Auction)

Eine Unternehmensakquisition kann auch in Form eines Bieterwettbewerbes durchgeführt werden.[174] Bei diesem auch als Auktion (controlled auction) bezeichneten Verfahren befinden sich mehrere potentielle Investoren in konkurrierendem Wettstreit.[175] Dabei werden (meist von einer für die Abwicklung beauftragten Investmentbank oder einer Rechtsanwaltskanzlei) bestimmte Regeln für die Abwicklung der Transaktion aufgestellt, nach denen sich dann das weitere Verfahren richtet.[176] Die potentiellen Investoren werden dabei in einem stetig intensiver verlaufenden Bietungsverfahren an die eigentlichen Kaufverhandlungen (und damit auch an die internen Unternehmensdaten) herangeführt.[177] Neben der Sicherung eines geordneten Veräußerungsverfahrens[178]

---

[172] Üblicherweise werden hinsichtlich der durch eine Due Diligence entstehenden Kosten Vereinbarungen getroffen, nach welchen die Verteilung der Kosten geregelt wird. Zu diesen so genannten break-up-fee-Vereinbarungen Schulte, DStR 2000, S. 1437, 1442.

[173] Vgl. zu weiteren Möglichkeiten, eine Transaktion vorbereitende Vereinbarungen wie die Einräumung eines Optionsrechtes, den Abschluss eines Vorvertrages oder den Abschluss eines Rahmenvertrages zu treffen, zusammenfassend bei Hölters-Semler, Teil VI, B, III, Rn. 21 ff.

[174] Vgl. zu diesem überwiegend in den USA verbreiteten Verfahren Illenberger/Berlage, Die Bank 1991, S. 441, 443; Grenfell, S. 632; speziell zur geringen Anwendung dieses Auktionsverfahrens in Deutschland die Untersuchung von Berens/Strauch (Eine empirische Untersuchung), S. 51 f. (bedeutende und in der Öffentlichkeit viel diskutierte Ausnahme: Veräußerungsverfahren der Kirch Media GmbH & Co. KGaA im Rahmen eines Bieterverfahrens. Siehe beispielhaft für die große Menge an Berichten über diese Transaktion: Ott, Springer vorerst aus dem Rennen, Süddeutsche Zeitung, 07.08.2002).

[175] Weiser, Finanz-Betrieb 2003, S. 593, 595; Grenfell, S. 631.

[176] Vgl. die Aufstellung der an M&A-Transaktionen unter europäischer Beteiligung engagierten Investmentbanken bei Picot (Unternehmenskauf und Restrukturierung), Teil I, III, 2, b), aa), Rn. 12, Fn. 24.

[177] Siehe Picot (Unternehmenskauf und Restrukturierung), Teil I, III, 2, b), aa), Rn. 11; da die Kaufinteressenten bei einer solchen Auktion im Wettbewerb zueinander stehen, müssen sie sich den Bedingungen des Verkäufers (bzw. der von diesem beauftragten Investmentgesellschaft) unterwerfen, so dass deren Möglichkeiten, wesentliche Gesellschaftsinformationen zu erhalten, in der Regel begrenzter sind, als bei einem Verhandlungsverfahren. Siehe dazu Lucks, Harvard Business Manager 2002, S. 44, 50 f.

[178] Auch der Verkauf eines Unternehmens mittels eines Bieterwettbewerbs bietet jedoch keine vollständige Sicherheit für ein klares und vorhersehbares Verfahren; dieses kann näm-

bezweckt eine solche Controlled Auction, einen möglichst hohen Preis für das Transaktionsobjekt zu erzielen, meist ohne Berücksichtigung der jeweiligen Bieterpersönlichkeit.[179] Das Verfahren eines Bieterwettbewerbes lässt sich somit in bestimmte Stufen einteilen, welche nachfolgend erläutert werden:

1. Verkaufsprospekt (Information Memorandum / Offering Memorandum) an Auswahl möglicher Bieter (Long List)

Ein Bietungsverfahren bringt es aufgrund seines gestuften und vorher organisierten Ablaufs mit sich, dass seitens des Verkäufers gewisse Vorbereitungen notwendig sind, noch bevor die eigentlichen Verhandlungen mit potentiellen Investoren beginnen. So ist nach der internen Entscheidung für die Veräußerung eines bestimmten Unternehmensteils bzw. der gesamten Gesellschaft ein so genannter Verkaufsprospekt hinsichtlich des Zielobjektes zusammenzustellen.[180] Dieser beinhaltet zunächst allgemeine (meist öffentlich bekannte bzw. jedenfalls öffentlich zugängliche, also recherchierbare) Informationen über das betreffende Unternehmen. Darüber hinaus sollte dieses Information- bzw. Offering Memorandum aber auch Aussagen hinsichtlich der weiteren wirtschaftlichen Möglichkeiten der Firmenentwicklung enthalten.[181] Da Unterlagen zur Unternehmensplanung auf der einen Seite aus Wettbewerbsgründen streng vertraulich, aber auf der anderen Seite für eine Entscheidung bezüglich einer Transaktion von ausschlaggebender Bedeutung sind, wird der Verkaufsprospekt jedoch (noch) keine umfassenden Analysen zur Planung beinhalten. Üblich ist auch die Versendung eines anonymen Unternehmensprofils (blind

---

lich eine gewisse Eigendynamik entwickeln, wobei auch die Investoren zu den das Verfahren maßgeblich beeinflussenden Akteuren werden können (siehe dazu den Verlauf des Bieterverfahrens für die Kirch Media GmbH & Co. KGaA, bei der die Geschäfts-führung der Gesellschaft hinsichtlich der Durchführung der Transaktion aufgrund der benötigten Geldgeber unter erheblichem Zeitdruck stand. Dieses Verfahren wurde bereits zu Beginn als ein offenes Forum bezeichnet, bei dem alle Parteien untereinander in Kontakt waren, die Zusammensetzung der einzelnen Bieterkonsortien oft wechselte und über einen langen Zeitraum kein bindendes Angebot durch die potentiellen Investoren abgegeben wurde, in: Ott, Springer vorerst aus dem Rennen, Süddeutsche Zeitung, 07.08.2002).

[179] Vgl. Illenberger/Berlage, Die Bank 1991, S. 441, 443; Hölters-Semler, Teil I, B, V, Rn. 139.

[180] Picot (Unternehmenskauf und Restrukturierung), Teil I, III, 2, b), aa), Rn. 14.

[181] Siehe zur Erstellung eines solchen Verkaufsprospektes bzw. Informationsmemorandums Sinnecker, M&A Review 1995, S. 438 ff.; Wagner, DStR 2002, S. 958, 966.

profiles, teaser), um eine möglichst hohe Vertraulichkeit in diesem Stadium des Veräußerungsprozesses zu wahren.[182]

Vor der Aushändigung des eigentlichen Verkaufsprospektes an mögliche Bieter[183] und damit dem Beginn der Informationserteilung und des Bieterwettbewerbs, wird von diesen zur Überprüfung ihrer ernstlichen Kaufabsichten ein Bonitätsnachweis sowie die Unterzeichnung einer Vertraulichkeits- und Geheimhaltungsvereinbarung (Non-Disclosure-Agreement bzw. Confidentiality Agreement) verlangt.[184]

2. Nicht bindendes Angebot (Indicative Offer)

Nach der Übergabe des Verkaufsprospektes an die Interessenten obliegt es diesen, das Expose zu analysieren und hinsichtlich ihrer eigenen Strategien und Ziele abzugleichen, um so zu eruieren, ob sie weiterhin die Durchführung der betreffenden Transaktion anstreben. Ist dies der Fall, so sind die Interessenten gehalten, innerhalb einer festgesetzten Frist ein erstes unverbindliches Angebot für die Unternehmensakquisition abzugeben.[185] Neben der Nennung einer Kaufpreissumme sind in diesem Angebot bereits die groben Konzepte des Investors für den Fall einer Durchführung der Transaktion darzulegen, d.h. dessen Vorstellungen bezüglich der zukünftigen strategischen Ausrichtung des Unternehmens, der Eingliederung in die Gesellschaft bzw. das Beteiligungsportfolio des Erwerbers sowie dessen Vorhaben im Hinblick auf eine Weiterbeschäftigung der Belegschaft bzw. der Leitungsorgane des Zielunternehmens.[186] Dabei ist jedoch § 613 a BGB zu berücksichtigen, welcher die

---

[182] Weiser, Finanz-Betrieb 2003, S. 593, 595. Im Gegensatz dazu wird von einer offenen Auktion (full-blown/outright auction) gesprochen, wenn die Veräußerungsabsichten gleich öffentlich bekannt gegeben werden.

[183] Die Zusammenstellung der möglichen Bieter, welche das Verkaufsprospekt erhalten, wird in der Praxis als so genannte Long List bezeichnet. Siehe dazu Hagemann, 3.4.2., S. 92 ff.

[184] Die Erfüllung dieser Voraussetzungen ist für eine strukturierte und vor allem den Unternehmensinteressen der zu veräußernden Gesellschaft entsprechende Verkaufsphase unumgänglich. Ob diese Auktion öffentlich (durch eine allgemeine Veröffentlichung der beabsichtigten Veräußerung) oder kontrolliert (Verkäufer tritt selbst gezielt an mögliche Investoren heran) erfolgt, hat lediglich mit der ersten Kontaktaufnahme zu den möglichen Käufern und der damit zusammenhängenden Diskretion der Verkaufabsicht zu tun und beeinflusst nicht den weiteren Ablauf des Bietungsverfahrens (vgl. zu den einzelnen Verfahrensschritten Berens/Brauner/Strauch-Berens/Mertes/Strauch, S. 37).

[185] Sinnecker, M&A Review 1995, S. 438, welcher auch von einer "non binding offer" spricht; vgl. zu dieser Phase des Bieterverfahrens Illenberger/Berlage, Die Bank 1991, S. 441, 442 f.

[186] Wobei in dieser Phase der Transaktion ein möglicherweise geplanter so genannter Kahlschlag des Erwerbers von diesem wohl kaum offen gelegt wird. Insbesondere ist dieser zu

Entscheidungsfreiheit von Unternehmensverkäufer und –käufer erheblich ein-schränkt. Geht nämlich ein Betrieb oder Betriebsteil durch Rechtsgeschäft auf einen anderen Inhaber über, so tritt dieser nach § 613 a Abs. 1 S. 1 BGB grund-sätzlich in die Rechte und Pflichten aus den im Zeitpunkt des Übergangs beste-henden Arbeitsverhältnissen ein.[187]

3. Durchführung einer begrenzten Due Diligence durch eine begrenzte Auswahl der Bieter (Short List)

Diese, wenn auch nicht bindenden, Angebotsunterlagen sichtet der Veräußerer und trifft anhand der vorliegenden Unterlagen eine erste Vorauswahl der Investoren, die sich meist nach der Höhe der vorgeschlagenen Kaufpreissumme richtet (Erstellung einer so genannten Short List[188]).[189] Diesen ausgewählten Bietern werden weitere unternehmensinterne Informationen mittels Durchfüh-rung einer ersten, begrenzten Due Diligence offen gelegt.[190] Deren Einzelheiten

---

diesem Zeitpunkt im Interesse eines weiter planmäßig und vor allem zielführenden Verfahrens auf eine zweckdienliche Zusammenarbeit mit dem derzeitigen Management angewiesen. Vgl. Illenberger/Berlage, Die Bank 1991, S. 441, 442 f.

[187] Zu den Voraussetzungen eines solchen Betriebsübergangs ausführlich MüKo-Müller-Glöge, § 613 a, Rn. 14 ff. m.w.N.

[188] Dazu Hagemann, 3.4.2., S. 92 ff; die in der Praxis des Unternehmenskaufs verwendeten Begriffe sind meist keine rechtstechnisch festgelegten Bezeichnungen. Daher werden die in einer Vereinbarung zwischen verschiedenen Parteien gebrauchten Begriffe auch erst definiert. Somit kann es vorkommen, dass die hier genannten Bezeichnungen in einem an-deren Zusammenhang auch eine andere Bedeutung haben (vgl. dazu die Verwendung der Begriffe „Long List" und „Short List" im Zusammenhang mit einer so genannten kontrol-lierten Unternehmensauktion bei Illenberger/Berlage, Die Bank 1991, S. 441, 443 f.).

[189] Darüber hinaus versucht der Veräußerer während des gesamten Verhandlungsprozesses die seriösen, also solventen und wirklich an der Durchführung der Transaktion interessier-ten Bewerber, von denjenigen Interessenten zu trennen, welchen es nur auf einen Einblick in die Bücher, also internen Unternehmensunterlagen, ankommt, um die dadurch gewon-nenen Informationen zu wettbewerbswidrigen Zwecken auszunutzen. Kommt dieser Ver-dacht während des Verfahrens bei einem bestimmten Erwerber auf, so ist dieser aufgrund des einer weiteren Zugänglichmachung der Bücher entgegenstehenden Unternehmens-interesses umgehend vom Bieterwettbewerb auszuschließen. Siehe Berens/Brauner/ Strauch-Fleischer/Körber, S. 230; vgl. zur Geheimhaltungsfunktion der Informations-memoranden Sinnecker, M&A Review 1995, S. 438.

[190] Vgl. zur Durchführung der Due Diligence S. 57. Dabei ist anzumerken, dass die beschrie-benen einzelnen Verfahrensschritte nicht als statisch anzusehen sind. So kann es bei-spielsweise wegen der großen Menge an Datenmaterial bzw. weil der Veräußerer zu einer umfangreichen und aussagekräftigen Erstellung des Verkaufsprospektes aus Zeitgründen nicht in der Lage war, für die Abgabe der Indicative Offer notwendig sein, bereits zu die-sem Zeitpunkt eine erste Due Diligence durchzuführen. Letztlich kommt es sowohl für die

sowie die weiteren Details zu der folgenden Vorgehensweise werden den Vertretern der ausgewählten Interessenten vor Ort präsentiert (Kick Off Meeting[191]).

4. Abgabe eines Kaufangebotes (Binding Offer)

Nach der so beschriebenen begrenzten Due Diligence geben die Investoren eine anhand der ermittelten Unternehmensdaten korrigierte Fassung eines Kaufangebotes ab. Diese so genannte Binding Offer ist entgegen der vom Wortlaut nahe liegenden Bezeichnung rechtlich aber noch nicht bindend im Sinne der §§ 145 ff. BGB. Dies liegt zum einen an der zu diesem Zeitpunkt meist immer noch nicht ausreichenden Präzisierung des Kaufvertrages hinsichtlich dessen wesentlicher Bestandteile, zum anderen sind die nötigen Formerfordernisse des Vertrages regelmäßig noch nicht gegeben.[192]

5. Durchführung einer umfangreicheren Due Diligence durch zwei bis drei Bieter (Confirmatory Due Diligence)

Nach der Abgabe der Binding Offer werden im Allgemeinen nur noch zwei bis drei Bieter übrig sein.[193] Diese werden dann in ein weiteres detailliertes Bietungsverfahren einbezogen und dürfen eine umfangreichere Due Diligence tätigen (Confirmatory Due Diligence).[194] Ob dies die letzte Runde des Verfahrens darstellt oder ob noch weitere notwendig sind, entscheidet der Veräußerer bzw. die von ihm mit der Transaktion beauftragten Dritten.[195]

Abfolge der jeweiligen Verfahrensschritte als auch im Hinblick auf den Umfang der einzelnen Punkte auf den betreffenden Einzelfall an.

[191] Vgl. Picot-Picot, IV., 9., c), (2), S. 226.

[192] Ein Antrag im Sinne des § 145 BGB muss den Gegenstand und den Inhalt des dem Angebot zugrunde liegenden Vertrages so konkret bestimmen, dass die Annahme des Antrages durch ein „einfaches Ja" erfolgen kann (Palandt-Heinrichs, § 145, Rn. 1). Siehe zu den Formerfordernissen beim Unternehmenskauf im Allgemeinen Wiesbrock, DB 2002, S. 2311 ff.; zur missverständlichen Bezeichnung als Binding Offer Hölters-Hölters, Teil I, B, V., Rn. 144.

[193] Die anderen Interessenten wurden von dem Veräußerer wegen einer für die Gesellschaft im Vergleich zu den Mitbietern ungenügenden Offerte, wegen unzureichender Solidität des Angebotes oder mangelnder Seriosität der Bietergruppe ausgeschlossen bzw. sind aus dem Verfahren aus eigenem Antrieb ausgestiegen.

[194] Berens/Brauner/Strauch-Berens/Mertes/Strauch, S. 96 differenzieren den Akquisitionsablauf in „pre due diligence, pre acquisition due diligence I, pre acquisition due diligence II, post completion due diligence, und post acquisition due diligence".

[195] Im Sinne eines erfolgsversprechenden Abschlusses des Bieterwettbewerbs sollten bei diesen Überlegungen die Investoren wenigstens in die Weise in die genannte Entscheidungsfindung mit einbezogen werden, als dass diese deren Bedürfnisse nach einer

6. Unternehmenskaufvertrag mit einem Bieter und Festlegung des Übergangsstichtages (Closing)

Nach Abschluss der Due Diligence entscheidet der Verkäufer (unter Hinzuziehung seiner Berater), welcher von den möglichen Investoren derjenige ist, der innerhalb des Verfahrens das beste Angebot abgegeben hat bzw. für die Zukunftsfähigkeit des Unternehmens voraussichtlich die größten Chancen verspricht und daher möglichst Vertragspartner sein sollte.[196] Dann verhandeln diese beiden Parteien die letzten (noch offenen) Punkte und unterzeichnen nach einer entsprechenden Einigung den Unternehmenskaufvertrag. Jener enthält im Falle einer Singularsukzession im Allgemeinen jedoch lediglich eine schuldrechtliche Verpflichtung zur späteren Übertragung der Vermögensgegenstände.[197] Der Zeitpunkt des Übertragungsstichtages wird Closing (Vollzug) genannt.[198] Erst dann wird die Unternehmensübertragung zivilrechtlich, steuerlich und wirtschaftlich wirksam.[199]

Im Falle eines Unternehmenskaufes durch die Übertragung von Gesellschafteranteilen wechseln lediglich die Anteilseigner, dann ist dieser Zeitpunkt also nur für die Gewinnverteilung zwischen Veräußerer und Erwerber maßgebend.[200]

Beim Closing finden demnach alle rechtlichen und tatsächlichen Handlungen statt, die für den vereinbarten Rechtsübergang noch notwendig sind (abgesehen von weiteren zu vereinbarenden Nebenverpflichtungen, die zu einem späteren

---

erneuten bzw. zeitlich verlängerten Due Diligence jedenfalls artikulieren dürfen; entsprechen deren Bedürfnisse den Wünschen aller an dem Bieterwettbewerb beteiligten Konsortien und steht den geäußerten Anliegen auch das Unternehmensinteresse nicht entgegen, dürfte den Anfragen der potentiellen Investoren aus dem genannten Grund in der Regel entsprochen werden.

[196] Zu den Rechten und Pflichten des Verkäufers sowie den vom Vorstand zu berücksichtigenden Interessen siehe die ausführliche Darstellung im zweiten Abschnitt dieser Arbeit.

[197] Vgl. zur Übernahme dieser in der angloamerikanischen Praxis angewandten Übung Hölters-Semler, Teil I, B, V, Rn. 146.

[198] Vgl. zur Anwendung des „closing" als zentralen Abwicklungszeitpunkt bei einem Unternehmenskaufvertrag Beisel/Klumpp, 9. Kapitel, X, 1., Rn. 101; Hommelhoff, ZHR 150 (1986), S. 254, 265 f.

[199] Vgl. zu den einzelnen an diesem Stichtag vorzunehmenden Rechtshandlungen Holzapfel/Pöllath, I, 4., Rn. 18 ff. Für den Zeitraum zwischen Vertragsschluss und dem Übertragungsstichtag bedarf es einer abgestimmten Regelung für Geschäftsführungsmaßnahmen. Ein so genanntes rückwirkendes closing kann wirtschaftliche (Kostenabgrenzung) sowie steuerrechtliche Vorteile haben, ist aber rechtlich nicht möglich.

[200] Beisel/Klumpp, 9. Kapitel, X, 1., Rn. 102.

Zeitpunkt zu erbringen sind, wie beispielsweise eine Auskunftspflicht auch nach Übergabe[201]).[202]

III. Zwischenergebnis

Unternehmenstransaktionen können wie beschrieben durch ein Verhandlungs- oder mittels eines Bieter- bzw. Auktionsverfahrens abgewickelt werden. Innerhalb dieser Arten der Transaktionsverfahren kann in verschiedener Art und Weise einzelfallbezogen vorgegangen werden.

Entsprechend der bisherigen Ausführungen ist der Zeitpunkt der Durchführung einer Due Diligence weder zwingend vorgeschrieben, noch lässt sich ein bestimmter Termin als unbedingt vorteilhaft für die verschiedenen Abläufe von einzelnen Unternehmenstransaktionen allgemeingültig festlegen. Demnach stellt sich die Untersuchung des betreffenden Unternehmens mittels einer Due Diligence als gestuftes Verfahren dar, das an diversen Punkten während eines laufenden Veräußerungsprozesses erforderlich sein kann bzw. erbeten wird.[203] Der somit für eine substantiell förderliche Due Diligence vorzunehmende ganzheitliche Untersuchungsansatz stellt sich folglich als jeweils schrittweise zunehmender Informationsfluss dar.[204]

---

[201] Beisel/Klumpp, 18. Kapitel, 18., Rn.51.

[202] Dabei bleibt zu beachten, dass Rechtswirkungen (wie bei jedem anderen Vertrag auch) grundsätzlich nur von den einzelnen Rechtshandlungen ausgehen. Nur durch besondere vertragliche Vereinbarungen können sich zum Zeitpunkt des in der unternehmenskaufvertraglichen Praxis eingeführten closing besondere Rechtswirkungen ergeben. Siehe zur Möglichkeit der Einräumung einer aufschiebenden Bedingung nach § 158 BGB und einer Rückwirkung der Genehmigung nach § 184 BGB Beisel/Klumpp, 9. Kapitel, X, 1., Rn. 104; daher sollten die einzelnen Verfahrens- und Handlungsschritte, die bei Unternehmenstransaktionen durchzuführen sind, sehr detailliert und unmissverständlich im Kaufvertrag formuliert werden. Siehe zu den wesentlichen Punkten des closing im Ablauf eines Unternehmenskaufs den Überblick bei Merkt, Internationaler Unternehmenskauf, Anhang, I., Rn. 929.

[203] Siehe die Übersicht zur Integration der Due Diligence in den Akquisitionsprozess bei Rankine/Bomer/Stedman, S. XIV f.; vgl. Holzapfel/Pöllath, I, 3., f), cc), Rn. 17a; zu den unterschiedlichen Zielerreichungsgraden bei den Veräußerungsverfahren siehe Weiser, Finanz-Betrieb 2003, S. 593, 596.

[204] Siehe Stoffels, ZHR 165 (2001), S. 362, S. 366; nach Kranebitter, 1.3, S. 18 sollen in diesem Verfahren einer stufenweisen Offenlegung die wichtigsten Informationen der Gesellschaft als so genannte „Red File"-Unterlagen nur einem engsten Kreis von Personen zugänglich gemacht werden.

2. Abschnitt: Die aktienrechtliche Zulässigkeit der Durchführung einer Due Diligence

1. Teil: Die Due Diligence bei der feindlichen Übernahme

A. Problemstellung

Eine effiziente Due Diligence-Prüfung kann grundsätzlich, da für deren Durchführung die Offenlegung von internen und geheimhaltungsbedürftigen Daten des betreffenden Unternehmens notwendig ist, nur in Zusammenarbeit mit der Zielgesellschaft verwirklicht werden.[205] Es gibt jedoch auch Situationen, in denen die Leitungsorgane einer Gesellschaft einer Veräußerung entgegenstehen. Dies kann unternehmerische Gründe haben oder persönlich motiviert sein.[206] Solche so genannten feindlichen, weil mit der Leitung der Zielgesellschaft nicht abgestimmten,[207] Übernahmen (hostile takeovers) haben in den letzten Jahren zugenommen.[208] Sie können aus unterschiedlichen Motiven, nämlich operativen

---

[205] Siehe statt vieler (mit einem Vergleich zu der Lage bei einem öffentlichen Übernahmeangebot) Blättchen/Wegen-Nick, S. 88 und 94 f.

[206] Zu den daraus resultierenden Interessenkonflikten beim Vorstand einer Aktiengesellschaft Holzapfel/Pöllath, I, 3., f), cc), ddd), Rn. 17a; Werner, IV., S. 9 ff.; siehe auch Hahn, I, S. 1 ff., welcher auch die Eigentumsstruktur der deutschen Unternehmen als wesentlichen Grund für einen mangelnden Markt für Unternehmenskontrolle, der die Existenz von Unternehmen mit frei gehandelten Stimmrechtsanteilen voraussetze, ausmacht. So müssten die Anteile nicht nur frei verkäuflich sein, sondern auch die Kontrolle der betreffenden Gesellschaft bei ihrem Aufkauf sichern. Aufgrund der Eigentümerstruktur (wenige Aktiengesellschaften seien börsennotiert, eine große Anzahl der Gesellschaften sei konzerneingebunden, mehrheitlich in Familienbesitz oder mit zumindest einem Großaktionär verbunden) sei die Erzielung einer Kontrollmehrheit aber nur schwierig zu erreichen; zu den Eigentumsverhältnissen an den Gesellschaften, siehe die empirische Untersuchung von Vogel, III., 2., S. 72 ff.; vgl. Adams, AG 1989, S. 333 ff.; vgl. zum Wirtschaftsorganisationsrecht im Allgemeinen Fikentscher, 3. Teil, A., § 21, V., S. 119 ff.

[207] Becker, WiSt 1990, S. 218; Berens/Brauner/Strauch-Berens/Mertes/Strauch, S. 39; Geßler-AktG, § 76, Rn. 4, S. 4 ff.; Übernahmen, welche auf eine verbesserte Leitung der Zielgesellschaft gerichtet sind, können aber auch als externer Kontrollmechanismus für das Management aufgefasst werden (so genannter Markt für Unternehmenskontrolle). So Hahn, I, S. 1 f.; siehe dazu auch Wiese/Demisch, DB 2001, S. 849; in diesem Zusammenhang richtet sich Kritik gegen den Begriff einer "feindlichen" Übernahme. So seien die Anteilseigner die Eigentümer der Gesellschaft; daher könne nicht dem Vorstand oder Aufsichtsrat einer Aktiengesellschaft überlassen werden, ob eine geplante Übernahme als freundlich oder feindlich einzustufen sei, Lange, WM 2002, S. 1737, Fn. 5 und S. 1739; siehe in diesem Sinne auch Ebenroth/Daum, DB 1991, S. 1105 f.; Strotmann, Fünftes Kapitel, I., S. 94 ff. stellt bei der Einordnung einer Unternehmensübernahme als feindlich oder nicht (nach US-amerikanischem Recht), auf deren wirtschaftlichen Auswirkungen ab.

[208] Knoll, 1. Kapitel, A., I., S. 35; Vater, M&A Review 2002, S. 9; das erste feindliche Übernahmeangebot eines börsennotierten Unternehmens wurde im Jahre 1974 von der kanadi-

(Diversifikation auf neue Produkte und neue Märkte; meist langfristig orientierte Motive) oder rein finanziellen (Gewinnabschöpfung; meist kurz- oder mittelfristig orientierte Motive), stattfinden.[209] Der operative Investor (Gesellschaft im gleichen Marktsegment/corporate buyer) verfolgt mit der Akquisition strategische Ziele, wie der Ergänzung seines Beteiligungsportfolios, der Erzielung von Synergieeffekten, der Sicherung eines bestimmten Rohstoffes oder bestimmter Betriebsmittel, einer Lizenz oder der Ausschaltung eines Wettbewerbers.[210] Dem Finanzinvestor (financial buyer/Venture Capitalist) geht es insbesondere um die Vermehrung seines Kapitals durch eine meist zeitlich begrenzte Investition, die nach seiner Einschätzung auf einer Diskrepanz zwischen der momentanen Bewertung des Unternehmens und des wahren bzw. des in nächster Zeit erwarteten Unternehmenswertes beruht.[211]

---

schen Firma International Nickel für das US-Unternehmen ESB abgegeben (siehe Clark/Fischer, Pechineys Kampf gegen Alcan gewinnt an Härte, Financial Times Deutschland, 02. September 2003, S. 3).

[209] Siehe Becker, WiSt 1990, S. 218, 219 f.; Michalski, AG 1997, S. 152, 153; Peltzer, ZIP 1989, S. 69, 71; zum Ziel von Übernahmeangeboten Schneider/Burgard, DB 2001, S. 963: „Übernahmeangebote dienen...der Begründung beherrschenden Einflusses durch den Bieter auf ein bislang zumeist unabhängiges Unternehmen mit breitgestreutem Aktionärskreis. Ziel ist es, die Zielgesellschaft in einen Unterordnungskonzern als Tochtergesellschaft einzubeziehen und/oder sie zu zerschlagen. Übernahmeangebote zielen somit entweder auf eine Konzernierung und/oder auf eine Zerschlagung der bisher unabhängigen Zielgesellschaft und ihrer Tochterunternehmen.".

[210] Siehe Peltzer, ZIP 1989, S. 69, 71.

[211] Siehe Merkt, US-Gesellschaftsrecht, 2. Teil, XII., 8., b), (1), Rn. 1069, nach welchem es einem so genannten corporate raider (Gesellschaftsräuber) nur auf dessen Gewinn ankomme und der die Zielgesellschaft ggf. auch durch den Verkauf einzelner Bestandteile des Gesamtunternehmens verwerten wolle (bust-up takcover/Zerschlagung).

Eine feindliche Unternehmensübernahme ist anhand verschiedener, meist kumulativ angewandter, Methoden denkbar, nämlich durch den Erwerb von Aktienpaketen einzelner verkaufswilliger Aktionäre, durch den Kauf von Anteilen über die Börse (Strategie des so genannten „Creeping Takeover") oder durch ein öffentliches Übernahmeangebot (takeover bid / tender offer).[212]

Fraglich erscheint, ob der potentielle Erwerber bei einer solchen feindlichen Übernahme einen Anspruch auf Durchführung einer Due Diligence haben kann, welchen er auch gegen den Willen der Zielgesellschaft durchzusetzen vermag.

B. Anspruch des potentiellen Erwerbers auf Durchführung einer Due Diligence

Die Informationsansprüche eines Gesellschafters sind generell rechtsform-spezifisch geregelt,[213] d.h. aufgrund der unterschiedlichen rechtlichen Verhaltensstandards der Beteiligten, je nach Art der Gesellschaft, kommt es bei den entsprechenden Problemstellungen hinsichtlich der rechtlichen Anforderun-

---

[212] Siehe zum Unternehmenskauf über die Börse umfassend Hölters-van Kann, Teil VIII und zum öffentlichen Übernahmeangebot Berens/Brauner/Strauch-Berens/Mertes/ Strauch, S. 39 ff.; bei der Übernahme einer börsennotierten Gesellschaft sind die dafür geschaffenen Regelungen des Wertpapiererwerbs- und Übernahmegesetzes (WpÜG) einzuhalten, welches zum 01.01.2002 in Kraft getreten ist. Ziel des Gesetzes war es, allgemein verbindliche Regelungen für Unternehmensübernahmen aufzustellen, da der so genannte Übernahmekodex von den börsennotierten Gesellschaften nur unzureichend anerkannt wurde und ein „verlässlicher Rechtsrahmens" für die unmittelbar an Übernahmen Beteiligten und für die Akteure an den Finanzmärkten...(wie insbesondere für) die Arbeitnehmer und das Management...(und) für die Aktionäre" erforderlich war (BT-Drucks. 14/7034, Begründung des Gesetzesentwurfes der Bundesregierung zum WpÜG, S. 27); vgl. dazu die Bedeutung einer Due Diligence sowie deren Auswirkungen, wenn diese im Vorfeld einer Börseneinführung durchgeführt wird bei Schanz, § 8, I und IV; Koch/Wegmann-Börseneinführung, 6.3.14, S. 226 ff.; Banerjea, ZIP 2003, S. 1730 ff.; zur Pflicht der Durchführung einer Due Diligence seitens der Emissionsbank siehe Groß, §§ 45, 46, Rn. 49; zu der Prospekterstellung und Prospekthaftung und dem in diesem Zusammenhang maßgeblichen Sorgfaltsgrad (Due Diligence) bei der Erstellung siehe Hutter/Leppert, NJW 2002, S. 2208, 2211 f.; zu den Pflichten des Vorstands der Zielgesellschaft anlässlich eines Übernahmeangebotes, insbesondere zu der Pflicht, alle entsprechenden Inhaber von Wertpapieren bei der Informationsversorgung im Zusammenhang mit einem solchen Angebot gleich zu behandeln Kallmeyer, ZHR 161 (1997), S. 435, 445 f.; vgl. auch Merkt, ZHR 165 (2001), S. 224, 232 ff.; Maier-Reimer, ZHR 165 (2001), S. 258, 262 ff.; zur Bedeutung einer Due Diligence anlässlich eines Going Private siehe Richard/Weinheimer-Neumeuer/Fritzsche, Kapitel 2, I., 1., S. 49 ff.

[213] Karsten Schmidt, Gesellschaftsrecht, § 21, III, 1.; Karsten Schmidt-Informationsrechte in Gesellschaft und Verbänden, § 1, III., 2., S. 22 f. und § 3, S. 48 ff.; Götze, ZGR 1999, S. 205.

gen an eine Due Diligence grundsätzlich auf die Rechtsform des jeweiligen Zielunternehmens, vorliegend also auf die aktienrechtlichen Regelungen, an.

I. Unmittelbarer Anspruch des potentiellen Erwerbers aufgrund vertraglicher Beziehungen, eines vorvertraglichen Vertrauensverhältnisses oder gesetzlicher Regelungen

Bei einer feindlichen Übernahme wendet sich der Bieter unmittelbar an die Aktionäre.[214] Es bestehen sowohl im Hinblick auf die Zielgesellschaft als auch in Bezug auf deren Anteilseigner in der Regel keine vertraglichen Beziehungen, vorvertragliche Vertrauensverhältnisse oder gesetzliche Regelungen, aufgrund derer ein potentieller so genannter feindlicher Erwerber selbst einen unmittelbaren Anspruch auf Durchführung einer Due Diligence geltend machen könnte.[215]

II. Mittelbare Verwirklichung der Zulassung einer Due Diligence aufgrund eines Anspruches eines verkaufswilligen Anteilseigners

Neben der beschriebenen Konstellation kann sich die Sachlage auch so darstellen, dass die Leitungsorgane der Zielgesellschaft einer Transaktion zwar widerstreben, es sich aber einzelne verkaufswillige Anteilseigner mit größeren Aktienpaketen finden, durch welche das Interesse des Erwerbers gegenüber der Zielgesellschaft mittelbar geltend gemacht werden könnte.[216] In diesem Zusammenhang stellt sich die Frage, ob der betreffende Anteilseigner gegen die Gesellschaft einen Anspruch auf Zulassung einer Due Diligence haben könnte.

---

[214] Blättchen/Wegen-Götz, S. 72.

[215] Siehe statt vieler Semler/Volhard-Dietzel, Arbeitshandbuch für Unternehmensübernahmen, Band 1, II. Teil, § 9, B., III., 2., a), Rn. 73: „Ein Käufer, der nicht Aktionär der Zielgesellschaft ist, hat keinen eigenen Informationsanspruch gegenüber der Aktiengesellschaft"; zur Erforderlichkeit einer Gesellschafterstellung auch Wohlleben, § 5 I., 1., S. 57 ff. Derartige Auskunftsrechte könnten sich lediglich aus schon zeitlich vorher bestehenden Rechtsverhältnissen ergeben; siehe zu einem Erwerb über die Börse Hölters-van Kann, Teil VIII, A, I, Rn. 6.

[216] So auch Semler/Volhard-Dietzel, Arbeitshandbuch für Unternehmensübernahmen, Band 1, II. Teil, § 9, B., III., 2., a), Rn. 73: Der Käufer „hat nur die Möglichkeit, über einen verkaufsbereiten Aktionär an die gewünschten Informationen zu gelangen"; Münchener Handbuch-Wiesner, § 19, II., 2., Rn. 22; zu den unterschiedlichen Zwecken einer Beteiligung an einer Aktiengesellschaft (Klein- und Großaktionär) Klunzinger, 3. Kapitel, § 8, II., 5., S. 150.

1. Anspruch eines Gesellschafters gegen die Aktiengesellschaft auf Zulassung einer Due Diligence gemäß § 131 Abs. 1 S. 1 AktG

Ein Anspruch auf Zulassung einer Due Diligence könnte sich aus § 131 Abs. 1 S. 1 AktG ergeben, wonach jedem Aktionär ein Auskunftsrecht zusteht.[217] Dieses Informationsrecht der Anteilseigner stammt aus Art. 14 Abs. 1 S. 1 GG und ist ein wesentlicher Bestandteil des Mitgliedschaftsrechts.[218] Da Informationspflichten Schutzpflichten im Hinblick auf die Integrität der Rechtsgüter des anderen Teils sind,[219] hat die Auskunft nach § 131 Abs. 2 AktG den Grundsätzen einer gewissenhaften und getreuen Rechenschaft zu entsprechen.

Das Recht des Aktionärs auf bestimmte Informationen ist jedoch in § 131 Abs. 1 S. 1 AktG mit dessen Eigenschaft als Teilnehmer einer Hauptversammlung verknüpft, d.h. ein Anteilseigner hat ein entsprechendes Recht nur insoweit, als dieses zur sachgemäßen Beurteilung des Gegenstandes der Tagesordnung einer Hauptversammlung erforderlich ist.[220] Eine Auskunftserteilung außerhalb einer Hauptversammlung ist nicht zulässig.[221] Zudem muss die erwünschte Auskunft in einem konkreten Kontext zu einem bestimmten Tagesordnungspunkt der Hauptversammlung stehen.[222] Demnach kann ein Aktionär die Durchführung einer Due Diligence bzw. die Beantwortung einer (vorbereiteten) Due Diligence – (Käufer-) Checkliste zur Lage der Gesellschaft nur innerhalb einer Gesellschafterversammlung und nur im Hinblick auf eine sachgemäße Beurteilung des Gegenstandes der Tagesordnung fordern.

---

[217] Zur dogmatischen Einordnung des Auskunftsrechts ausführlich Grage, Zweiter Teil, S. 19 ff.; zu den hier nicht zielführenden kollektiven Informationsrechten der Aktionäre siehe Groß, AG 1997, S. 97, 100 ff.

[218] Seibt, II., 1., a), S. 42 m.w.N.

[219] Breidenbach, 3. Kapitel, § 5, I., 1., S. 11.

[220] Zu dieser Zweckbestimmung Karehnke, AG 1968, S. 280, 281; dies entspricht auch § 118 AktG, welcher die Ausübung von Verwaltungsrechten der Aktionäre grundsätzlich auf die Hauptversammlung konzentriert; zu den Kontroll- und Informationsrechten, welche einem Anteilseigner außerhalb der Hauptversammlung zustehen (Vermögensrechte und bestimmte Verwaltungsrechte) siehe Hüffer, § 118, Rn. 8.

[221] Großkommentar-Decher, § 131, Anm. 27; MüKo-Kubis, § 131, Rn. 23; vgl. Geßler/Hefermehl-Eckardt, § 131, Rn. 160 („...vom Sonderfall des § 132 Abs. 4 AktG abgesehen..."); Ebenroth, 1. Teil, 4. Kapitel, § 15, S. 96; vgl. BGHZ 122, 211, 236 f. (Urteil vom 22.04.1993 – I ZR 52/91, „Kollektion Holiday"), wonach den Aktionären „kein Anspruch auf Einsichtnahme in...(ein) zur Frage der Unternehmensbewertung eingeholte(s) Wirtschaftsprüfergutachten zu(steht)...Die Aktionäre haben nach § 131 Abs. 1 AktG grundsätzlich nur einen Anspruch auf Erteilung einer mündlichen Auskunft in der Hauptversammlung".

[222] Münchener Handbuch-Semler, 7. Kapitel, § 37, II., 1., a), Rn. 7; vgl. die Hinweise von Mutter, Auskunftsansprüche des Aktionärs, 1. Kapitel, I., S. 1.

Die Tagesordnung einer Hauptversammlung wird grundsätzlich gemäß § 124 Abs. 1 S. 1 AktG vom Vorstand vorgeschlagen und bekannt gemacht. Dabei muss diese kurzgefasste Zusammenstellung der Verhandlungsthemen die betreffenden Gegenstände einzeln bezeichnen und ordnen.[223] Eine gewünschte Offenlegung von Informationen mittels einer Due Diligence muss somit zunächst als Tagesordnungspunkt im Hinblick auf die Hauptversammlung nach § 131 Abs. 1 S. 1 AktG konkretisiert werden. In diesem Zusammenhang ist vorab darauf hinzuweisen, dass grundsätzlich auch eine Minderheit der Aktionäre eine Hauptversammlung nach § 122 Abs. 1 AktG einberufen und gemäß § 122 Abs. 2 AktG (auf einer ohnehin stattfindenden Hauptversammlung) einen Gegenstand als Tagesordnungspunkt bestimmen kann.[224] Die dafür jeweils erforderliche Mindestbeteiligung liegt nach § 122 Abs. 1 S. 1 AktG bei 5 % des Grundkapitals.[225] Bei diesen Minderheitenrechten sind jedoch immer die gesellschaftsrechtlichen Treubindungen zu beachten, welche zwischen einem Aktionär und der Aktiengesellschaft bestehen und die den Anteilseigner zur Rücksichtnahme auf die Unternehmensinteressen verpflichten.[226] So darf ein Aktionär seine Rechte nicht rechtsmissbräuchlich ausüben.[227] Ein Anteilseigner hat alles zu unterlassen, was sich nachteilig auf die Gesellschaft auswirken könnte.[228]

---

[223] Hüffer, § 124, Rn. 2.

[224] Vgl. in diesem Zusammenhang auch § 124 Abs. 3 S. 2, 2. Fall AktG, wonach die Vorschlagspflicht der Verwaltung hinsichtlich einer entsprechenden Beschlussfassung in Bezug auf ein Minderheitsverlangen entfällt.

[225] Nach § 122 Abs. 2 AktG steht das Recht auf Bekanntmachung zur Beschlussfassung auch einem Aktionär zu, dessen Aktienbesitz den Nennbetrag von 500.000 Euro erreicht. Der Gesetzesentwurf der Bundesregierung für ein Gesetz zur Unternehmensintegrität und Modernisierung des Anfechtungsrechts (UMAG) sieht jedoch eine Senkung der entsprechenden Schwellenwerte vor. So soll schon ein Aktienbesitz von 1 % des Grundkapitals oder ein Börsenwert von 100.000 Euro zur Geltendmachung der betreffenden Rechte ausreichen. Siehe dazu einführend Schütz, Frankfurter Allgemeine Zeitung vom 28.01.2004, S. 25, „Missbrauch im Aktienrecht soll eingedämmt werden".

[226] Statt vieler Piepenburg, Erster Abschnitt, III., 2., a), S. 37 f. und zur dogmatischen Herleitung des Treupflichtverhältnisses zwischen der Aktiengesellschaft und seinen Aktionären Piepenburg, Zweiter Abschnitt, B), III., 1., S. 113 ff.

[227] Siehe schon Kropff, Aktiengesetz 1965, Begründung RegE, § 122, S. 170; Henze, BB 1996, S. 489, 494 ff.; Groß, AG 1997, S. 97, 104 f.; Fillmann, Dritter Teil, I., 3., S. 101 ff.; so schon Geßler/Hefermehl-Eckardt, § 122, Rn. 29.

[228] Siehe zur Treuepflicht gegenüber der Gesellschaft Hüffer, § 53 a, Rn. 19 und zur illoyalen, weil grob eigennützigen Rechtsausübung aaO, § 131, Rn. 34 f.: „Wenn Hauptversammlung am Einberufungstag nach längstens zehn bis zwölf Stunden enden soll, können Aktionäre sie nicht für individuelle Informationsbedürfnisse monopolisieren. Die Rechte der Hauptversammlung als Organ und die Rechte der anderen Aktionäre setzen dem Grenzen."

Die hinsichtlich des Auskunftsrechts nach § 131 Abs. 1 S. 1 AktG gestellte Forderung nach Durchführung einer Due Diligence bzw. nach Beantwortung einer vorbereiteten Due Diligence – (Käufer-) Checkliste zur Lage der Gesellschaft stellt sich aus mehreren Gründen als nicht zulässig dar. Zum einen muss die Auskunft, damit diese für die sachgemäße Beurteilung des Gegenstandes der Tagesordnung als erforderlich anzusehen ist, in irgendeiner Form geeignet sein, das Abstimmungsverhalten des Anteilseigners zu beeinflussen.[229] Das Auskunftsverlangen im Hinblick auf Due Diligence-Informationen ist vom Aktionär aber nicht auf eine sinnvollen Ausübung seiner Rechte innerhalb der Hauptversammlung,[230] sondern zur Bewertung seines Gesellschaftsanteils und dessen anschließender Veräußerung gerichtet. Zum anderen ist ein solches Auskunftsverlangen aufgrund des in der Regel öffentlichen Charakters einer Hauptversammlung als nachteilig für die Gesellschaft anzusehen,[231] so dass der Vorstand die entsprechenden Auskünfte gemäß § 131 Abs. 3 AktG verweigern kann und im Unternehmensinteresse auch verweigern muss.[232] Dieser strenge Maßstab ist notwendig, um Schaden von der Gesellschaft abzuwenden, gilt aber nicht, wenn der Gesellschaft durch eine Auskunft offensichtlich keine Nachteile entstehen können.

Geht man davon aus, dass der allgemeine Einwand des Rechtsmissbrauchs grundsätzlich ebenso anwendbar ist,[233] so ist ein für die Gesellschaft nachteiliges Auskunftsverlangen eines Aktionärs auch als rechtsmissbräuchlich einzustufen.[234] Darüber hinaus würde auch keine Verpflichtung des Vorstands

---

[229] Schaaf, E., II., 3., e), bb), Rn. 635; Wellkamp, Aktionärsschutz, IV., 1., S. 44 und IV., 2.2., S. 46; nach Münchener Handbuch-Semler, 7. Kapitel, § 37, II., 1., a), Rn. 8 ist bei der entsprechenden Prüfung ein strenger Maßstab anzulegen, um einer „uferlosen Ausweitung von Auskunftsbegehren entgegenzuwirken" und Schaden von der Gesellschaft abzuwenden.

[230] Zum Sinn und Zweck des Auskunftsrechtes des Aktionärs nach § 131 AktG siehe Hüffer, § 131, Rn. 1.

[231] Eine Hauptversammlung ist zwar keine öffentliche Veranstaltung und an sich auch nicht presseöffentlich; im Zuge einer möglichst hohen Aufmerksamkeitserzeugung zur Steigerung des Aktienwertes wird die Anwesenheit der Presse bei Publikumsgesellschaften jedoch meist nicht nur gestattet, sondern regelrecht forciert. Zur Teilnahmeberechtigung an der Hauptversammlung Hüffer, § 118, Rn. 9 ff.

[232] In diesem Sinne auch Münchener Handbuch-Wiesner, 5. Kapitel, § 19, II., 2., Rn. 22; Henn, 2. Kapitel, § 4, Abschnitt 2, S. 39 f.; § 131 Abs. 3 S. 1 Nr. 1 AktG stellt dabei darauf ab, ob eine solche Gefahr objektiv vorliegt (Hüffer, § 131, Rn. 25).

[233] So die herrschende Meinung. Zusammenfassend Schaaf, E., II., 2., b), bb), (2), Rn. 559 ff. und E., II., 3., e), gg), Rn. 661.

[234] Berens/Brauner/Strauch-Fleischer/Körber, S. 222; Rödder/Hötzel/Mueller-Thuns, § 3, E., V., 4., b), Rn. 78; zur Anwendbarkeit des allgemeinen Rechtsprinzips von Treu und Glauben als Grenze des Auskunftsrechts, insbesondere der Fallgruppe einer gegenüber der Gesellschaft illoyalen und grob eigennützigen Rechtsausübung, siehe ausführlich Bälz,

bestehen, alle verlangten Urkunden und sonstige Dokumente während der Hauptversammlung zu belegen bzw. zu verlesen. In der Regel ist es ausreichend, wenn dessen wesentlicher Inhalt mitgeteilt wird.[235] Und dies jeweils nur hinsichtlich derjenigen Schriftstücke, welche zur sachgerechten Beurteilung eines Tagesordnungspunktes unbedingt erforderlich wären. Daher darf der Vorstand ein Due Diligence-Auskunftsverlangen eines Aktionärs aus den genannten Gründen nicht beantworten.

2. Zwischenergebnis

Ein Aktionär hat somit keinen Anspruch gegen die Aktiengesellschaft auf Durchführung einer Due Diligence bzw. auf Beantwortung einer vorbereiteten Due Diligence-Checkliste gemäß § 131 Abs. 1 S. 1 AktG.[236]

III. Zwischenergebnis

Es bestehen keine Frage-, Einsichts- oder Auskunftsrechte eines Aktionärs, welche diesem die gewünschten Unternehmensinformationen verschaffen könn-

---

6. Kapitel, § 20, S. 178 ff.; auch Meyer-Löwy, § 1, IV., 2., a), S. 19 macht deutlich, dass das Auskunftsrecht lediglich ein „Hilfsrecht zur Sicherung und Durchsetzung anderer Aktionärsrechte" darstellt. Es „dient der Ausübung weiterer Teilnahmerechte und verschafft damit dem Stimm-, Rede- und Antragsrecht Geltung"; Merkt, Internationaler Unternehmenskauf, Anhang, D., IV., Rn. 874: „Bei einer Aktiengesellschaft lässt sich die Bereitstellung von Informationen im Rahmen einer Due Diligence.....nicht von einem Auskunftsrecht des Gesellschafters herleiten"; vgl. in diesem Sinne auch Treek, Die Offenbarung von Unternehmensgeheimnissen durch den Vorstand einer Aktiengesellschaft im Rahmen einer Due Diligence, in: Festschrift für Fikentscher, S. 434, 453 f.

[235] Schaaf, E., II., 3., e), aa), Rn. 620 ff.

[236] § 131 Abs. 1 AktG wird als abschließende Regelung im Hinblick auf Informationsrechte des Aktionärs durch den Vorstand gesehen. Dazu beispielhaft Karsten Schmidt- Informationsrechte in Gesellschaften und Verbänden, § 3, I., 1., S. 48 („§ 131 AktG.....sollte.....als Konkretisierung und Begrenzung des mitgliedschaftlichen Grundrechts auf Information" verstanden werden); vgl. zum Büchereinsichtsrecht des Aktionärs (the right to inspect the books and records of the corporation) im amerikanischem Recht Löw, Besonderer Teil, 3. Abschnitt, § 11, S. 109 ff. Danach hat ein Aktionär dann ein Einsichtsrecht, wenn dessen Zweck in einer konkreten Beziehung zur Aktionärsstellung und den sich daraus ergebenden Rechten steht und wenn sich die Einsichtnahme für die Gesellschaft nicht nachteilig auswirkt. Als unzulässig (improper purposes) wird dabei die Erlangung von Dokumenten über die Entwicklungschancen der Gesellschaft und die Kenntnisnahme von Geschäftsgeheimnissen angesehen. Siehe aaO, Besonderer Teil, 3. Abschnitt, § 11, I., S. 113 m.w.N.; a.A. Krömker, NZG 2004, S. 418 ff., nach welchem ein Anteilseigner (zumindest bei einer so genannten unternehmerischen Beteiligung von 25 % des Grundkapitals) nach einem allgemeinen verbandsrechtlichen Prinzip einen Anspruch auf Durchführung einer Due Diligence habe.

ten.[237] Das individuelle Informationsrecht eines Aktionärs einer Aktiengesellschaft ist folglich beschränkt.[238]

Der potentielle Erwerber hat bei einer feindlichen Übernahme keinen Anspruch auf Durchführung einer Due Diligence und er ist bei seiner Investitionsentscheidung auf die öffentlich zugänglichen Informationen über das Zielunternehmen angewiesen.[239]

Dieses Ergebnis korrespondiert auch mit praktischen Erwägungen, denn eine Unternehmensprüfung ohne eine vertrauenswürdige Mitarbeit der betreffenden Verwaltungsorgane kann mit inhaltlichen Mängeln sowie zeitlichen Verzögerungen verbunden sein, die eine Übernahme dann unverhältnismäßig erschweren oder gar vereiteln können.[240]

Nach einigen Ansichten schließt der Umstand, dass einem feindlichen Investor kein Anspruch zusteht, zwar die grundsätzliche gesellschaftsrechtliche Zulässigkeit einer Due Diligence bei einer feindlichen Übernahme nicht aus.[241] Besteht

---

[237] Vgl. zu weiteren unter Umständen bestehenden Frage-, Einsichts- oder Auskunftsrechten eines Aktionärs Hüffer, § 131, Rn. 42 und Rn. 22; Karsten Schmidt-Informationsrechte in Gesellschaften und Verbänden, § 3, I., S. 48 ff.; Karsten Schmidt, Gesellschaftsrecht, § 21, III., 1., b), S. 626 f.; Lutter, ZIP 1997, S. 613, 616 f.; gelangt ein Aktionär (beispielsweise durch Informationen, welche innerhalb des Aufsichtsrates getätigt wurden) trotzdem an geheimhaltungsbedürftige Daten, so ist der Aktionär verpflichtet, entsprechend seiner aktienrechtlichen Treupflicht mit diesen umzugehen. Dazu Rödder/Hötzel/Mueller-Thuns, § 3, E., V., 4., c), Rn. 80; vgl. auch Sieben/Stein-Schreib, S. 80 f.; zur Entstehung der Treuepflicht des Aktionärs und zu dessen Anerkennung durch Rechtsprechung und Literatur siehe Stelzig, Viertes Kapitel, S. 50 ff. und Sechstes Kapitel, S. 104 ff.

[238] Das eingeschränkte Auskunftsrecht des Aktionärs ist für die Erlangung umfassender Informationen über die Gesellschaft mittels einer Due Diligence nicht geeignet. So auch Semler/Volhard-Dietzel, Arbeitshandbuch für Unternehmensübernahmen, Band 1, II. Teil, § 9, B., III., 2., a), Rn. 73; vgl. Schmidt-Informationsrechte in Gesellschaften und Verbänden, § 3, I., S. 48; Karsten Schmidt, Gesellschaftsrecht, § 21, III, 1., b), S. 626 und § 28, IV, 4., b), S. 849 ff.; Joussen, AG 2000, S. 241, 248 ff.; vgl. dazu das Informationsrecht eines Aktionärs in den USA. Maßgebend für einen solchen Anspruch ist dort der angemessene Zweck (proper purpose). Dieser ist dort schon gegeben, wenn ein Anteilseigner den Wert seiner Aktien feststellen möchte. Siehe dazu Witt, AG 2000, S. 257, 259 ff. m.w.N.

[239] So auch ausdrücklich Blättchen/Wegen-Nick, S. 94; siehe zu den öffentlich zugänglichen Informationen S. 35.

[240] Vgl. Götze, BB 1998, S. 2326, Fn. 3; Bihr, BB 1998, S. 1198, 1201; Schroeder, DB 1997, S. 2162, 2165.

[241] Eine Due Diligence solle in solchen Fällen lediglich nahezu ausgeschlossen sein. Siehe Müller, NJW 2000, S. 3452 f.; nach Schroeder, DB 1997, S. 2162, 2165 findet eine Due

aber wie beschrieben kein entsprechendes Recht eines feindlichen Erwerbers und sind die zuständigen Organe der Zielgesellschaft zu der Schlussfolgerung gekommen, dass die in Frage stehende Transaktion für das Unternehmen schädlich sein würde, so dürfen die betroffenen Gesellschaftsorgane, um ihrer gesellschaftsrechtlichen Sorgfalts- bzw. gerecht zu werden, eine Due Diligence unter derartigen Voraussetzungen gar nicht erst zulassen.[242]

Demnach hat der potentielle Erwerber bei einer feindlichen Übernahme keinen Anspruch auf Durchführung einer Due Diligence. Er ist bei seiner Investitionsentscheidung auf die öffentlich zugänglichen Informationen über die Zielgesellschaft angewiesen. Dies sind neben den nach § 9 Abs. 1 HGB im Handelsregister[243] einsichtsfähigen Tatsachen insbesondere der gemäß der §§ 242, 264 ff. HGB zu veröffentliche Jahresabschluss, die Veröffentlichung und Mitteilung kursbeeinflussender Tatsachen nach § 15 WpHG, sonstige freiwillig von der Gesellschaft veröffentlichte Berichte sowie die in Presseartikeln enthaltenen Unternehmensinformationen.[244]

C. Ergebnis

Der potentielle Erwerber hat bei einer feindlichen Übernahme sowohl gegen die Zielgesellschaft als auch gegen den Anteilsverkäufer keinen Anspruch auf Durchführung einer Due Diligence und ist somit bei seiner Investitionsentscheidung auf die öffentlich zugänglichen Informationen über das Zielunternehmen angewiesen.

Diligence „typischerweise...nur...außerhalb des amtlichen Börsenhandels statt"; in diesem Sinne auch Bihr, BB 1998, S. 1198, 1201: „Von der Natur der Sache...nur..., wenn die beabsichtigte Aktientransaktion außerhalb des Börsenhandels stattfinden soll."

[242] Vgl. dazu auch Berens/Brauner/Strauch-Berens/Mertes/Strauch, S. 39, nach denen „der potentielle Käufer im Rahmen eines Hostile Takeovers nicht die Möglichkeit der Durchführung einer Due Diligence" hat.

[243] Siehe Canaris, Vertrauenshaftung, Besonderer Teil, Erstes Kapitel, Dritter Abschnitt, Erster Unterabschnitt, § 14, S. 151 ff.

[244] Siehe zu den öffentlich zugänglichen Informationen S. 35.

2. Teil: Die Due Diligence bei der freundlichen Übernahme

Auch bei einer so genannten freundlichen Übernahme besteht grundsätzlich ein Spannungsverhältnis zwischen den Interessen des Erwerbers, denen der Zielgesellschaft und denen des veräußernden Gesellschafters.[245] Ob der potentielle Investor unter bestimmten Umständen einen Anspruch auf die Durchführung einer Due Diligence hat oder ob eine solche Prüfung entgegen der bisher üblichen Praxis gar nicht bzw. nur unter engen Voraussetzungen zugelassen werden darf, wird nachfolgend untersucht.

A. Anspruch des potentiellen Erwerbers gegen die Zielgesellschaft auf Durchführung einer Due Diligence

I. Anspruch des potentiellen Erwerbers gegen die Zielgesellschaft aufgrund vertraglicher Beziehungen, eines vorvertraglichen Vertrauensverhältnisses oder gesetzlicher Regelungen

Da ein Investor Aktien einer Gesellschaft im Rahmen eines Share Deals von den Anteilseignern erwirbt, besteht zwischen ihm und der Gesellschaft weder eine vertragliche Beziehung, ein vorvertragliches Vertrauensverhältnis, noch ein gesetzlicher Anspruch, aus dem sich etwaige Rechte hinsichtlich der Durchführung einer Due Diligence ergeben könnten.[246]

Ein gesetzlich begründeter Informationsanspruch bestünde nur nach Erwerb eines Anteils der Aktiengesellschaft gemäß § 131 AktG. Daher wäre zu überlegen, welche Möglichkeiten der Investor gegenüber der Gesellschaft hätte, wenn er zunächst einen kleinen Anteil ohne Durchführung einer Due Diligence erwirbt, um dann anschließend die Rechte eines Aktionärs selbst geltend zu machen. Die ursprünglich beabsichtigte Menge an Aktien könnte er erst zu einem späteren Zeitpunkt, nämlich nach einer zu seiner Zufriedenheit durchgeführten Untersuchung des Unternehmens, erwerben.

---

[245] Vgl. dazu S. 33.

[246] Statt vieler Berens/Brauner/Strauch-Fleischer/Körber, S. 222; Rödder/Hötzel/Mueller-Thuns, § 3, D., V., 1., Rn. 58; Wilde, ZGR 1998, S. 423, 460; siehe auch Götze, ZGR 1999, S. 202, 211 ff.; bestünde aber zwischen dem Interessenten und der Zielgesellschaft bereits vorher, also unabhängig von der Frage einer Transaktion, ein Rechtsverhältnis, so ist es durchaus denkbar, dass sich aus diesem etwaige Ansprüche ergeben könnten. Siehe dazu beispielsweise Schwerdtfeger/Kreuzer, BB 1998, S. 1801 ff.; Bremer, GmbHR 2000, S. 176.

Gegen eine solche Überlegung spricht, dass ein Aktionär keinen Anspruch gegen die Aktiengesellschaft auf Zulassung einer Due Diligence gemäß § 131 Abs. 1 S. 1 AktG hat. Zu denken wäre an eine Übernahme von einer wesentlichen Beteiligung an der Aktiengesellschaft. Eine an einer solchen quantitativ umfangreichen Transaktion interessierte Partei benötigt für eine solide Investitionsentscheidung möglichst umfassende Informationen über das potentielle Kaufobjekt, welche sie zur Beurteilung der Werthaltigkeit der Beteiligung befähigen.[247] Daher könnte man in Erwägung ziehen, einem solchen potentiellen Investor ein erheblicheres Interesse auf Untersuchung der Gesellschaft und damit eher einen Anspruch auf Durchführung einer Due Diligence zuzugestehen als einem Kleinanleger bzw. Minderheitenaktionär.[248] Dies würde auch durch die ansonsten möglicherweise bestehende Gefahr einer so genannten faktischen Vinkulierung unterstützt, welche die Verkehrsfähigkeit von Aktienanteilen unzulässig einschränken würde.[249]

Dagegen spricht jedoch, dass auch dem Privatinvestor bzw. demjenigen Anleger, der relativ gesehen eine nur geringe Beteiligung am Unternehmen anstrebt, an der Einsicht in Firmenunterlagen gelegen ist.[250] Im Hinblick auf die Quantität, würde ein eventueller Wertverlust gegenüber einem Großinvestor zwar kleiner ausfallen, die prozentuale Wertminderung fiele jedoch bei beiden Käufern gleich aus.

Da eine größere Investition also kein besonderes oder besonders umfangreiches Interesse an einer Unternehmensuntersuchung recht-fertigt und demnach kein objektiver Grund für eine Besserstellung eines wesentlichen Investors gegenüber

---

[247] Zur Ermittlung des Unternehmenswertes Betsch/Groh/Lohmann, Zweiter Teil, A., S. 179 ff.

[248] So richten sich die Rechte eines Aktionärs auch nach der Größe seines Anteils; der Umfang des Stimmrechts bestimmt sich in der Regel nach den Aktiennennbeträgen. Siehe Peter/Crezelius, C., C2, VII., 1., Rn. 809; zur grundsätzlichen Möglichkeit einer solchen Differenzierung Süßmann, AG 1999, S. 162, 168; vgl. zum Minderheitenschutz der Aktionäre und zu den geplanten gesetzlichen Änderungen hinsichtlich einer Stärkung der Rechte der Anteilseigner, Frankfurter Allgemeine Zeitung vom 20.02.2004, S. 11, Regierung stärkt Aktionärsrechte gegenüber dem Vorstand.

[249] Dazu ausführlich Krömker, Teil 2, C., II., 1., S. 92 ff., nach welchem ein „unternehmerisch beteiligter Großaktionär" einen Anspruch gegen die Gesellschaft auf Zulassung einer Due Diligence hat.

[250] Süßmann, AG 1999, S. 162, 168.

einem Kleinanleger ersichtlich ist, rechtfertigt auch der Kauf einer wesentlichen Beteiligung nicht die Erlangung besonderer Informationen.[251]

II. Zwischenergebnis

Ein potentieller Käufer hat gegen die Zielgesellschaft auch im Rahmen einer freundlichen Übernahme wegen fehlender vertraglicher, vorvertraglicher oder gesetzlicher Regelungen keinen Anspruch auf Durchführung einer Due Diligence.

---

[251] Peter/Crezelius, C., C2, V., 1., Rn. 791: „Kleinere Aktionäre sind…genauso zu behandeln wie der Gesellschaft nahe stehende (Groß-)Aktionäre."; MüKo-Hefermehl/Spindler, § 93, Rn. 54; zu den praktischen Sonderrechten, welche Großaktionäre zur Verfügung stehen, siehe Huppert, VI., (60), S. 54 ff.; Angersbach, S. 124 f., Teil 2, A, II, 1), b), (2) führt bei Vorliegen eines Beherrschungsvertrages die Möglichkeit eines Weisungsrecht nach § 308 AktG bezüglich der Zulassung einer Due Diligence auf. Aufgrund des Umstandes, dass das herrschende Unternehmen bei dessen Entscheidungen aber im Unternehmens-interesse des abhängigen Unternehmens handeln muss und somit zu keinem anderen Ergebnis als die betreffende Gesellschaft selbst kommen kann, verwirft Angersbach diese Möglichkeit.

B. Anspruch des potentiellen Erwerbers gegen den veräußernden Anteilseigner auf Durchführung einer Due Diligence

I. Vertragliche Auskunftsansprüche

Der potentielle Erwerber kann mit dem Anteilseigner Vereinbarungen über gewisse Auskunftsansprüche, beispielsweise in einem Letter of Intent,[252] getroffen haben. Diese können jedoch nur in dem Umfang realisiert werden, in welchem sie dem betreffenden Gesellschafter auch selbst zustehen.[253]

Die Anteilseigner einer Aktiengesellschaft können die Durchführung einer Due Diligence nicht erzwingen.[254] Daher kann der Gesellschafter dem potentiellen Erwerber lediglich seine Mitwirkung im Hinblick auf eine möglichst umfangreiche Informationsversorgung im Wege einer Due Diligence zusichern. Diese Zusicherung kann anhand der Beschaffung von allgemein zugänglichen Daten und insbesondere durch die Unterstützung innerhalb von dessen Einflussmöglichkeiten auf die Leitungsorgane der Gesellschaft,[255] eine positive Auswirkung hinsichtlich der Zulassung einer Due Diligence bewirken.

II. Ansprüche aus vorvertraglichem Vertrauensverhältnis

Aus einem vorvertraglichem Vertrauensverhältnis zwischen dem potentiellen Erwerber und dem möglichen Anteilsverkäufer ergeben sich nach dem Grundsatz von Treu und Glauben im Sinne des § 242 BGB verschiedene Nebenpflichten. Somit hat der Schuldner „den Leistungserfolg vorzubereiten, herbeizuführen und zu sichern"[256], um so seiner bestehenden umfassenden Treuepflicht, welche je nach Inhalt des betreffenden Schuldverhältnisses verschiedene Nebenpflichten begründen kann, gerecht zu werden.[257] Eine solche Nebenpflicht stellt auch die Auskunftspflicht dar, welche hier angesichts eines in Frage stehenden Anspruchs auf Offenlegung von Unternehmensinformationen in Betracht zu ziehen ist. Nach dieser Auskunftspflicht hat der Veräußerer den

---

[252] Vgl. die Ausführungen zum Letter of Intent und dessen Gestaltungsmöglichkeiten auf S. 56.

[253] Zum Verhältnis der Stärke des Informationsbedarfs zu einer entsprechenden Aufklärungspflicht siehe Breidenbach, 5. Kapitel, § 13, I., 3., S. 67 ff.

[254] Siehe S. 76; vgl. statt vieler Berens/Brauner/Strauch-Fleischer/Körber, S. 222; Merkt, Internationaler Unternehmenskauf, Anhang, D., IV., Rn. 874.

[255] Vgl. zum Informationsfluss außerhalb der aktienrechtlichen Normen Wilde, ZGR 1998, S. 423, 459 ff.

[256] Palandt-Heinrichs, § 242, Rn. 23.

[257] Vgl. BGHZ 129, 136, 142 ff. (Urteil vom 20.03.1995 – II ZR 205/94); zum Inhalt der Treupflicht beim Anteilsverkauf Ziemons/Jaeger, AG 1996, S. 358, 362 ff.

anderen Teil über solche Umstände zu informieren, hinsichtlich derer der andere Teil nach der im Verkehr herrschenden allgemeinen Verkehrsanschauung redlicherweise eine Aufklärung erwarten durfte.[258] Dieses so genannte Verschulden bei Vertragsverhandlungen (culpa in contrahendo) ist nunmehr gesetzlich kodifiziert, § 311 Abs. 2 i.V.m. den §§ 241 Abs. 2, 280 Abs. 1 BGB.[259] Unabhängig von der Frage, ob eine Due Diligence überhaupt zugelassen werden darf und ob die tatbestandlichen Voraussetzungen der genannten Rechtsgrundlage wirklich vorliegen, ist jedoch festzustellen, dass die Rechtsfolge eines solchen Anspruchs hier nicht zielführend sein kann. Folgt man der Ansicht, dass dieses Rechtsinstitut keinen klagbaren Auskunftsanspruch begründet, sondern lediglich einen zeitlich nachrangigen Schadensersatz-anspruch,[260] so kann es keinen Anspruch auf Zulassung einer Due Diligence zum Inhalt haben. Ist man der Auffassung, dass auch Schutzpflichten einklagbar sind,[261] so ist dies von der Natur der Sache her, ein Auskunftsanspruch innerhalb eines Transaktionsvorhabens lässt sich durch gerichtliche Hilfe nicht zeitnah und damit nicht effizient durchsetzen, praktisch nicht durchführbar.

Daher kann diese grundsätzlich bestehende vorvertragliche Auskunftspflicht letztlich keinen Anspruch auf Durchführung einer Due Diligence beinhalten. Das vorvertragliche Vertrauensverhältnis kann lediglich eine Rechtsgrundlage für möglicherweise später bestehende schadensersatzrechtliche Ansprüche sein.

III. Gesetzliche Ansprüche

Ein Auskunftsanspruch bei einem Unternehmenskauf ist gesetzlich nicht geregelt. Somit könnte sich ein entsprechender Anspruch lediglich aus einem

---

[258] Zu einem Informationsanspruch aus dem allgemeinen Auskunftsanspruch aus § 242 BGB siehe Wohlleben, 2. Teil, § 5, V., 4., S. 93 ff.

[259] Zur Entstehung dieses Rechtsinstituts siehe Palandt-Heinrichs, § 311, Rn. 11.

[260] Siehe Palandt-Heinrichs, § 242, Rn. 37 und § 311, Rn. 56 ff.; vgl. zur Notwendigkeit einer Vertragsstrafe mit Festsetzung eines Mindestbetrags Pöllath, Grundsätze ordnungs-mäßigen Unternehmenskaufs, in: Festschrift für Bezzenberger, S. 549, 553 f.

[261] Siehe statt vieler MüKo-Emmerich, § 311, Rn. 233 ff.

bereits bestehenden Rechtsverhältnis zwischen dem Interessenten und dem Anteilsverkäufer ergeben und ist somit nicht als allgemeingültig anzusehen.[262]

IV. Zwischenergebnis

Ein Kaufinteressent hat somit im Rahmen einer freundlichen Übernahme auch gegen den Anteilsverkäufer keinen Anspruch auf Durchführung einer Due Diligence.

C. Ergebnis

Ein potentieller Käufer eines Anteils an einer Aktiengesellschaft hat in keinem Falle einen Anspruch auf Durchführung einer Due Diligence. Bei seiner Investitionsentscheidung ist er auf die öffentlich zugänglichen Informationen über die Aktiengesellschaft angewiesen. Eine Due Diligence kann ansonsten nur in Zusammenarbeit mit der Zielgesellschaft verwirklicht werden.

---

[262] Zu einer gesetzlichen Auskunftspflicht aus Treu und Glauben aus einem bereits bestehenden Rechtsverhältnis siehe Angersbach, Teil 2, B, 1), S. 133 ff. Danach kann es einen solchen Anspruch nur „in bestimmten Ausnahmesituationen ...geben...Der Inhalt eines solchen Due Diligence-Anspruchs (ergibt sich) aus der konkreten Rechtsbeziehung der Parteien im Einzelfall."

3. Teil: Die aktienrechtliche Zulässigkeit einer Due Diligence

Abgesehen von der Frage eines Anspruchs des potentiellen Erwerbers auf Durchführung einer Due Diligence erscheint es fraglich, ob ein Organ einer Aktiengesellschaft dem potentiellen Erwerber eine Due Diligence aktienrechtlich überhaupt gestatten darf. Bei Bejahung dieser Frage, geht es anschließend um die aktienrechtlich zulässige Art und Weise der Durchführung einer Due Diligence.

A. Formelle Zulässigkeitsprüfung einer Due Diligence

I. Zuständigkeit

Zunächst ist zu klären, welches Organ einer Aktiengesellschaft für eine Entscheidung über eine Auskunftserteilung bzw. Auskunftsverweigerung zuständig ist. Vorausgesetzt, dass eine Due Diligence überhaupt zugelassen werden darf, kommen hierfür in der dreigliedrig organisierten Aktiengesellschaft der Vorstand, der Aufsichtsrat oder die Hauptversammlung in Betracht.

1. Vorstand

Der Vorstand ist zuständig die bezeichnete Entscheidung zu treffen, wenn dieser die entsprechende Entscheidungskompetenz aufweist. § 76 Abs. 1 AktG weist dem Vorstand als Kollegialorgan die Leitungsaufgabe der Aktiengesellschaft zu. Durch diese Kompetenzzuweisung einer eigenverantwortlichen Leitung der Gesellschaft an den Vorstand, werden die Hauptversammlung und der Aufsichtsrat von dieser Funktion ausgeschlossen.[263] Daher ist zu untersuchen, ob eine Entscheidung über die Zulassung einer Due Diligence von dieser Leitungsaufgabe umfasst wird und damit der Vorstand das für diese Aufgabe zuständige Organ ist.

---

[263] Diese Kompetenzzuweisung zwischen den Organen der Gesellschaft ist zwingend (Münchener Handbuch-Wiesner, § 19, Rn. 18); siehe auch Münchener Handbuch-Wiesner, § 19, Rn. 12; Hüffer, § 76, Rn. 2.; Kraft/Kreutz, K., IV., S. 332 ff.; vgl. das Schaubild zur Organisation innerhalb einer Aktiengesellschaft bei Führich, Teil 2, 8. Kapitel, § 35, II., 2., Schaubild 74, S. 382; zur historischen Entwicklung der inneren Organisation des Vorstandes siehe Dose, 1. Teil, § 3, S. 5 ff.; zum Wesen einer Aktiengesellschaft im Allgemeinen Roth, II., C., § 16, 1., a), S. 203 f.

Zur Klärung dieser Frage müssen die weiteren Vorschriften, welche die Verfassung der Aktiengesellschaft betreffen, herangezogen werden.[264] Neben der Leitung der Gesellschaft gemäß § 76 Abs. 1 AktG geht § 77 AktG davon aus, dass dem Vorstand ferner die Befugnis zur Geschäftsführung zusteht. Unter einer Geschäftsführung versteht man dabei jede tatsächliche oder rechtsgeschäftliche Tätigkeit für eine Aktiengesellschaft im Unterschied zur durch die Leitungsmacht beschriebenen Führungsfunktion des Vorstands.[265] Zur näheren Differenzierung zwischen der Leitung und einer Geschäftsführung für die Aktiengesellschaft werden mangels klarer Unterscheidungszeichen typologische Betrachtungsweisen in Verbindung mit betriebswirtschaftlichen Gedanken herangezogen, wobei die rechtliche Bestimmung der Leitung als unverzichtbarer Kern der Vorstandsfunktion erhalten bleiben muss.[266] Diese umfasst die allgemeine Unternehmenspolitik sowie diejenigen Maßnahmen, welche zu deren Durchsetzung erforderlich sind, wie beispielsweise die Kontrolle der internen Führungsgrundsätze inklusive der Auswahl des Führungspersonals.[267] Der genaue Umfang der Vorstandsaufgaben lässt sich nicht exakt definieren.[268] Es obliegt daher dem Vorstand, Ziel und Zweck der Aktiengesellschaft eigenverantwortlich zu verwirklichen.[269] Somit ist die Unternehmensplanung ein dem Vorstand als Führungsentscheidung zugewiesener Bereich.[270]

Zur Ausrichtung und Strategie des Unternehmens könnte eigentlich auch das Inbetrachtziehen eines Verkaufs des Unternehmens bzw. Teile dessen und damit auch die Entscheidung über eine Auskunftserteilung bzw. Auskunftsverweigerung gegenüber einem potentiellen Erwerber in Form einer Due Diligence gehören. Dafür spricht, dass bei der Prüfung hinsichtlich der Zulassung einer Due Diligence die daraus für das Unternehmen entstehenden Vorteile mit den damit verbundenen Risiken gründlich abgewogen werden müssen. Folglich hängt die weitere geschäftliche Entwicklung des Unternehmens meist wesentlich von dieser Entscheidung bzw. von den damit zusammenhängenden Folgen ab. In Anbetracht dieser für die Unternehmens-

---

[264] Zu den eine Entscheidungskompetenz begründenden Normen innerhalb einer Aktiengesellschaft siehe statt vieler Hüffer/Gesellschaftsrecht, § 30, S. 282 ff.

[265] Hüffer, § 76, Rn. 1 und 7 f.; zum Umfang der Geschäftsführungsaufgaben des Vorstands siehe Karsten Schmidt, Gesellschaftsrecht, § 28, II, 1., b), S. 806.

[266] Statt vieler Kölner Komm-Mertens, § 76, Rn. 9; Hüffer § 76, Rn. 8; anders Semler, Leitung und Überwachung der Aktiengesellschaft, 1. Teil, § 1, I., Rn. 6 – dieser geht davon aus, dass Leitung und Geschäftsführung synonym sind.

[267] Münchener Handbuch-Wiesner, § 19, Rn. 13; Kölner Komm-Mertens, § 76, Rn. 4; Semler, Leitung und Überwachung der Aktiengesellschaft, 1. Teil, § 1, III., A., Rn. 11 f.

[268] Siehe Karsten Schmidt, Gesellschaftsrecht, § 7, I, 3., b) und § 28, II, 1., b).

[269] Siehe Flume, ZGR 1978, S. 678, 695.

[270] Siehe dazu ausführlich Semler, ZGR 1983, S. 1, 12 f.; Kallmeyer, ZGR 1993, S. 104, 108 ff.; Lutter, AG 1991, S. 249, 250 f.

entwicklung bedeutenden Tatsache könnte die Entscheidung über die Zulassung einer Due Diligence als Leitungsaufgabe einzuordnen sein und damit in den Kompetenzbereich des Vorstands fallen.[271] Zu diesem Ergebnis kommt man erst recht, wenn man annimmt, dass diese Entscheidung bereits zur laufenden Geschäftsführung gehört.[272] Geht es jedoch um die Veräußerung des einzigen Unternehmens der Aktiengesellschaft und würde sich diese dadurch in eine Vermögensverwaltungsgesellschaft verwandeln, so würde es sich in einem solchen Fall um eine Gegenstandsänderung handeln, welche der Hauptversammlung obläge. Demnach kommt es beim Verkauf eines von mehreren Betrieben auf die Bedeutung des betreffenden Betriebes für das Gesamtunternehmen an.[273] Das Verhandeln mit dem Erwerbsinteressenten im Fall eines asset deals an sich kann jedoch als Angelegenheit der Unternehmensleitung aufgefasst werden.

Hinzu kommt, dass der Vorstand die Unternehmensleitung auch grundsätzlich unter eigener Verantwortung ausübt, d.h. frei von jeglichen Weisungen anderer Organe oder direkten Instruktionen von Aktionären.[274] Diese Unabhängigkeit der Leitung einer Aktiengesellschaft durch dessen Vorstand ist durch die funktionale Abgrenzung der Organe innerhalb der Gesellschaft begründet und

---

[271] Siehe zur vorbehaltlosen Annahme einer Zuständigkeit des Vorstands hinsichtlich einer Einwilligung in eine Due Diligence Fleischer/Kalss, Erster Teil, § 3, III., 7., d), S. 101 f.; siehe auch Kölner Komm-Mertens, § 116, Rn. 42 f., (welcher das Due Diligence-Verfahren zwar nicht wörtlich nennt, aber umschreibt) wo es heißt: „Kenndaten des Unternehmens muss der Vorstand beispielsweise einem potentiellen Käufer oder Fusionspartner jedenfalls dann zugänglich machen können, wenn ernstliche Verhandlungen angebahnt sind und der Verhandlungsfortschritt dies verlangt."; nach Geßler/Hefermehl-Fuhrmann, § 404, Rn. 10 werde ein Geheimnis nicht „unbefugt" im Sinne des § 404 Abs. 1 AktG offenbart, wenn die Zustimmung oder Einwilligung des dazu berechtigten Organs vorliege. Sei der Vorstand, der Aufsichtsrat oder das zuständige Vorstandsmitglied mit einer Offenbarung eines Geheimnisses an einen Unbefugten einverstanden, so sei die Handlung demnach befugt; Körber, NZG 2002, S. 263, 268; Treek, Die Offenbarung von Unternehmensgeheimnissen durch den Vorstand einer Aktiengesellschaft im Rahmen einer Due Diligence, in: Festschrift für Fikentscher, S. 434, 442; Berens/Brauner/Strauch-Fleischer/Körber, S. 225 f.; Hölters-Semler, Teil VI, C, IV, 2., Rn. 61 f.; Müller, NJW 2000, S. 3452 f.; Roschmann/Frey, AG 1996, S. 449 f.; Mertens, AG 1997, S. 541, 542 f.; siehe auch Gartzke, Teil 2, A., II., 2., S. 74 ff., welcher die Möglichkeit einer Zuständigkeit des Aufsichtsrates (bzw. der Hauptversammlung) nicht einmal in Erwägung zieht.

[272] So MüKo-Hefermehl/Spindler, § 93, Rn. 64.

[273] Siehe den Fall „Holzmüller", S. 139 ff.

[274] Siehe Kölner Komm-Mertens, § 76, Rn. 42, wonach der Vorstand außerhalb seiner Pflicht zur Unterstützung der Kontrolltätigkeit des Aufsichtsrats, von den anderen Organen der Gesellschaft weisungsunabhängig ist; Münchener Handbuch-Wiesner, § 19, Rn. 18 ff.

gewährleistet, dass jedes Organ grundsätzlich seine ihm durch die gesetzlichen Normen zugewiesenen Aufgaben selbst wahrzunehmen hat.[275]

Da die Gesellschaftsorgane untereinander jedoch nicht hierarchisch geordnet sind, sondern die Organstruktur innerhalb einer Aktiengesellschaft auf eine Machtbalance abzielt,[276] ist im Folgenden zu untersuchen, ob in der vorliegenden Frage nicht doch anstatt des Vorstandes der Aufsichtsrat bzw. die Hauptversammlung entscheidungskompetent sind oder ob eine Mitwirkung eines der genannten Gesellschaftsorgane aktienrechtlich geboten erscheint.

2. Aufsichtsrat

Die Hauptaufgaben des Aufsichtsrats sind die Bestellung und die Abberufung von Vorstandsmitgliedern nach § 84 AktG, die gerichtliche und außergerichtliche Vertretung der Gesellschaft gegenüber deren Vorstandsmitgliedern nach § 112 AktG sowie die laufende Überwachung der Geschäftsführung gemäß § 111 Abs. 1 AktG.[277] Diese Aufgaben sind durch seine überwachende Tätigkeiten gegenüber der Unternehmensleitung geprägt.[278] Aufgrund der Pflicht des Vorstandes zur Geschäftsführung gemäß der §§ 76 Abs. 1 und 77 Abs. 1 AktG, bildet diese den Überwachungsgegenstand des Aufsichtsrates.[279] Mit der Entstehung der Vorschrift argumentierend, wird dieser jedoch auf Leitungsaufgaben des Vorstands begrenzt.[280] Insgesamt soll durch die Norm § 111 AktG die Überwachungsfunktion des Aufsichtsrates hervorgehoben werden, um gleichzeitig die Kompetenzen gegenüber dem Vorstand und der Hauptversammlung

---

[275] MüKo-Hefermehl/Spindler, § 76, Rn. 21; Henn, Handbuch des Aktienrechts, 5. Kapitel, Rn. 526.

[276] Hüffer, § 76, Rn. 4.

[277] Zu den weiteren Einwirkungsmöglichkeiten eines Aufsichtsrats, wie Stellungnahmen und Beanstandungen, Erlass einer Geschäftsordnung für den Vorstand, Einberufung einer Hauptversammlung nach § 111 Abs. 3 AktG, gerichtlichen Klagen, sowie den gesetzlich vorgesehenen Handlungsmöglichkeiten im Rahmen der Prüfung von Jahresabschluss und Abhängigkeitsbericht gemäß der §§ 171 Abs. 2, 172 Abs. 1, 173 Abs. 1 und 314 Abs. 2 AktG, siehe Lutter/Krieger, § 3, IV., Rn. 100 ff.

[278] Karsten Schmidt, Gesellschaftsrecht, § 28, III, 1., a); zu den allgemeinen Grundsätzen ordnungsgemäßer Kontrolle durch den Aufsichtsrat Theisen, AG 1995, S. 193, 200 ff.; zur historischen Entwicklung des Aufsichtsrates siehe Brandmüller, A., I., S. 17 ff.

[279] Hüffer, § 111, Rn. 2; von Nussbaum, Erster Teil, § 2, A., S. 36 f.

[280] Nach § 246 Abs. 1 S. 1 HGB a.F. (bis 1937) sollte die Überwachung der Geschäftsführung nämlich „in allen Zweigen der Verwaltung" erfolgen. Siehe Ritter, Handelsgesetzbuch, § 246; siehe auch Lutter/Krieger, § 3, IV, 3., b), Rn. 112; Münchener Handbuch-Hoffmann-Becking, § 29, Rn. 22 f.; nach MüKo-Semler/Spindler, vor § 76, Rn. 70 hat der Aufsichtsrat „alles zu überwachen, was der Vorstand im Rahmen seiner gesetzlichen Leitungsaufgabe zu leisten hat".

abzugrenzen.[281] Dabei erscheint zunächst im Grundsatz deutlich, dass der Aufsichtsrat den Vorstand eben nur überwachen und nicht Aufgaben wie beispielsweise die Entscheidung zur Offenbarung von Firmeninterna vollständig abnehmen darf.[282] Daran anschließend erscheint fraglich, ob der Aufsichtsrat als Überwachungsorgan für die Entscheidung bezüglich der Zulassung einer Due Diligence überhaupt zuständig sein darf. Dies vorausgesetzt, ist danach zu untersuchen, in welcher Art und Weise der Aufsichtsrat seine Überwachungspflicht wahrzunehmen hat.

a) Bestehen einer Überwachungspflicht hinsichtlich der Zulassung einer Due Diligence

Der Zeitpunkt der Überwachungspflicht des Aufsichtsrates bezieht sich jedenfalls mittels einer vergangenheitsbezogenen Kontrolle auf vom Vorstand bereits begonnene bzw. schon abgeschlossene Handlungen.[283] Diese Kontrolle erstreckt sich nach § 171 Abs. 1 S. 1 AktG auf die Prüfung des Jahresabschlusses, des Lageberichtes und des Gewinnverwendungsvorschlages, sowie auf Prüfungsmaßnahmen, die sich aus § 111 Abs. 2 AktG oder aus der Vorlage der Berichte im Sinne des § 90 Abs. 1 AktG ergeben können. Dabei richtet sich die Überwachung neben der Rechtmäßigkeit, auch auf die Ordnungsgemäßheit, Zweckmäßigkeit und Wirtschaftlichkeit der Geschäftsführung.[284] Vorliegend interessiert insbesondere die Überwachung der Rechtspflichten des Vorstands, die Geschäftsführung zweckmäßig und wirtschaftlich zu führen, d.h., dass der Vorstand für den Bestand der Gesellschaft und für dessen dauerhafte

---

[281] Hüffer, § 111, Rn. 1 ff.; Münchener Handbuch-Wiesner, § 19, I., 1., Rn. 1 f. und § 19, II., 2., Rn. 18; Kölner Komm-Mertens, § 76, Rn. 40 f. und § 111, Rn. 7 und Rn. 11 f.; zur Zuständigkeitsabgrenzung hinsichtlich des Erlasses einer Geschäftsordnung siehe MüKo-Hefermehl/Spindler, § 77, Rn. 40 ff.

[282] Zur Abgrenzung der Aufgaben des Vorstandes von denen des Aufsichtsrates Treek, Die Offenbarung von Unternehmensgeheimnissen durch den Vorstand einer Aktiengesellschaft im Rahmen einer Due Diligence, in: Festschrift für Fikentscher, S. 434, 442; siehe auch Säcker, C., I., 1., S. 45: „Der Aufsichtsrat ist kein neben dem oder gegen den Vorstand agierendes, duales Mitgeschäftsführungsorgan.....Das Recht zur Leitung, Führung und Organisation des Unternehmens ist gemäß den Vorschriften der §§ 76 bis 78 AktG allein und ausschließlich dem Vorstand der Aktiengesellschaft anvertraut." zur Überwachung der Führungsleistung im Konzern siehe Lutter/Holding-Handbuch-Semler, II., 3., D 32, S. 172 ff.

[283] Hüffer, § 111, Rn. 4 ff.

[284] Siehe Semler, Leitung und Überwachung der Aktiengesellschaft, 3. Teil, II., B., Rn. 183 ff.; Münchener Handbuch-Hoffmann-Becking, § 29, Rn. 26; Lutter/Krieger, § 3, II, 2., Rn. 71 ff.; Wellkamp, Teil 1, B., I., 1., S. 23 f.

Rentabilität zu sorgen hat,[285] und dass die Einhaltung dieser Verpflichtung vom Aufsichtsrat zu überwachen ist. Fraglich erscheint dabei, ob bereits die Zulassung einer Due Diligence für die künftige wirtschaftliche Entwicklung einen derartigen Einfluss hat, dass der Aufsichtsrat eine solche Zulassung zu überwachen hat. Bei einem Unternehmensverkauf, sowohl im Rahmen eines Verhandlungsverfahrens als auch durch einen Bieterwettbewerb, werden den potentiellen Investoren grundsätzlich geheimhaltungsbedürftige Daten jedenfalls zur Einsicht offen gelegt. Diese Zugänglichmachung von internen Unternehmensinformationen kann aufgrund ihrer tatsächlichen und wegen ihrer möglichen Auswirkungen auf die künftige Unternehmensentwicklung also nur als Führungsentscheidung bezeichnet werden.[286] Daher hat der Aufsichtsrat jedenfalls im Grundsatz die Pflicht, die Entscheidung über eine Zulassung einer Due Diligence zu überwachen.[287]

b) Art und Weise der notwendigen Überwachungspflicht

Der Aufsichtsrat ist also hinsichtlich der dargestellten Offenlegung von internen Informationen überwachungspflichtig. Nun zu prüfen, in welcher Art und Weise der Aufsichtsrat seine Überwachungspflicht wahrnehmen muss.

Dabei ist zunächst darauf hinzuweisen, dass der Aufsichtsrat grundsätzlich keine Oberleitung der Gesellschaft innehat,[288] d.h. es ist und kann aufgrund der beschriebenen Verfassung einer Aktiengesellschaft[289] nicht die Aufgabe des Aufsichtsrats sein, Ermessensentscheidungen des Vorstands an sich zu ziehen und so selbst die unternehmerische Leitungsmacht auszuüben. Dies widerspräche der überwachenden Funktion eines Aufsichtsrates innerhalb einer Aktiengesellschaft.

---

[285] Vgl. statt vieler Hüffer, § 76, Rn. 13 f. und 15 sowie § 111, Rn. 6.

[286] Vgl. zur Verfassung und gewollten strukturellen Machtbalance innerhalb einer Aktiengesellschaft S. 85 ff.

[287] Nach AG-Handbuch-Wittkopp/Schuback, 23/9.6.1, S. 2 soll der Vorstand einer Aktiengesellschaft unabhängig vom Bestehen etwaiger Bestimmungen innerhalb der Gesellschaftssatzung erst nach einem Beschluss des Aufsichtsrates, die Durchführung einer Due Diligence zulassen; die Überwachungsaufgabe des Aufsichtsrates umfasst auch die Pflicht, den Vorstand in übergeordneter Unternehmensführung zu überwachen. Siehe BGH, Urteil vom 25.03.1991, in AG 1991, S. 312; Balser/Bokelmann/Ott/Piorreck-Bokelmann, IV, 2, Rn. 277; dagegen Peters, IV., 1., b), aa), S. 95 f., welcher den Vorstand als allein zuständig ansieht und die Überwachungspflicht des Aufsichtsrates gar nicht in Erwägung zieht.

[288] Kölner Komm-Mertens, § 111, Rn. 25.

[289] Vgl. S. 85 ff.

Die Überwachung hat neben der Entscheidungsunterstützung und Verhaltens-beeinflussung auch eine Prophylaxefunktion.[290] Bereits bei der Ankündigung der Überwachung kann das Verhalten des Handlungssträgers beeinflusst und so bereits im Vorwege eine der Gesellschaft nachteilige Handlung abgewendet werden. Eine Überwachung kann also nur dann wirklich sinnvoll sein, wenn sie nach Möglichkeit bereits verhindert, dass es überhaupt zu nicht ordnungs-gemäßen Handlungen der Geschäftsführung kommt. Dies ist in bestimmten Fallkonstellationen nur durch eine präventive Kontrolle erreichbar.[291] Der Aufsichtsrat kann durch eine solche Teilhabe an der Leitungsaufgabe des Vorstands auf die künftige Geschäftspolitik der Gesellschaft Einfluss nehmen. Dies stützt sich insbesondere auf die Berichtspflicht des Vorstandes und das damit korrelierende Informationsrecht des Aufsichtsrates nach § 90 Abs. 1 Nr. 1 AktG[292] sowie auf die möglichen Zustimmungsvorbehalte gemäß § 111 Abs. 4 S. 2 AktG. Aber nur im Rahmen dessen ist im Hinblick auf das Delegationsverbot zu Lasten des Aufsichtsrats nach § 111 Abs. 4 S. 1 AktG eine Mitwirkung des Aufsichtsrats an der Leitung der Aktiengesellschaft möglich.[293]

Daher erscheint im Zusammenhang mit der hier zu behandelnden Thematik fraglich, ob der Aufsichtsrat die Entscheidung über eine Zulassung einer Due Diligence im Sinne des § 111 Abs. 4 S. 2 AktG von seiner Zustimmung abhängig machen kann.

---

[290] Säcker, C., I., 1., S. 45: „Die Schaffung zustimmungsbedürftiger Geschäftsarten gemäß § 111 Abs. 4 S. 2 AktG ist.....nicht ein Akt der Mitgeschäftsführung, sondern ein Akt der Präventivkontrolle des Vorstandes bei solchen Geschäftsarten, bei denen eine ex post-Kontrolle zum Zwecke der Schadensabwehr vom Unternehmen zu spät käme."; siehe auch Friedl, Teil 2, Abschnitt 4.3.2, S. 263.

[291] Siehe BGHZ 114, 127, 129 f. (Urteil vom 25.03.1991 – II ZR 188/89); 135, 244, 255 (Urteil vom 21.04.1997 – II ZR 175/95, „ARAG / Garmenbeck"), wo es heißt, dass der Aufsichtsrat „die unternehmerische Tätigkeit des Vorstands im Sinne einer präventiven Kontrolle begleitend mitgestaltet."; Bleicher/Leberl/Paul, C., II., 1.1.2.1, S. 62, welche eine „Verlagerung auf die ex ante Komponente einer präsituativen Überwachung" fordern; Hoffmann/Preu, 1. Kapitel, I., Rn. 105; Götz, AG 1995, S. 337, 350 f.; Lutter/Krieger, § 2, V, 2., Rn. 75; Hommelhoff/Hopt/Werder –Oetker, S. 263 ff.; vgl. auch Raiser/Veil, § 15, Rn. 2 („Der Schwerpunkt liegt auf der vorbeugenden Kontrolle."); siehe zu den gesetzlich vorgesehenen Instrumentarien der Überwachung Lutter/Krieger, § 3, IV, Rn. 100; Semler, Die Überwachungsaufgabe des Aufsichtsrats, 2. Teil, VI., B., 1., S. 98.

[292] Hüffer, § 90, Rn. 1; Großkommentar, 3. Auflage-Meyer-Landrut, § 90, Einl.

[293] Henn, Handbuch des Aktienrechts, § 18, Abschnitt 3, Rn. 571. Der Aufsichtsrat hat im Rahmen des § 111 AktG die Möglichkeit, bestimmte Geschäfte zu verhindern; die Vornahme bestimmter Geschäfte kann er aber nicht erzwingen, siehe Gawrisch, 1. Kapitel, B., III., 1., S. 15: „Der Zustimmungsvorbehalt.....ist.....als Vetorecht des Aufsichtsrates zu charakterisieren."; Lippert, 1. Teil, § 2, II., 2., S. 42 f.; vgl. mit einem Muster eines Zustimmungskataloges Happ-Happ, 8. Abschnitt, 8.01, § 8, S. 648 und 9. Abschnitt, 9.01, Anmerkungen, 2, S. 776 f.

aa) Zustimmungsvorbehalt nach § 111 Abs. 4 S. 2 AktG

Die Möglichkeit der Anordnung eines Zustimmungsvorbehaltes nach § 111 Abs. 4 S. 2 AktG ist einmal durch die Gesetzessystematik begrenzt und kann außerdem nur bei Vorliegen der tatbestandlichen Voraussetzungen der Rechtsnorm wahrgenommen werden.

(1) Das Spannungsverhältnis zwischen der Überwachungsfunktion des Aufsichtsrats und einem erlaubten Eingriff in die Geschäftsführung des Vorstands als Grenze der zulässigen Anordnung eines Zustimmungsvorbehaltes

Grundsätzlich hat der Aufsichtsrat die Geschäftsführung des Vorstands lediglich zu überwachen, d.h. ihm selbst können gemäß des § 111 Abs. 4 S. 1 AktG Maßnahmen der Geschäftsführung nicht übertragen werden. Dies ergibt sich bereits aus der Organstruktur einer Aktiengesellschaft.[294] Die Zuständigkeit bzw. Beteiligung des Aufsichtsrates wird daher zur Erteilung der Einwilligung für die Durchführung einer Due Diligence auch teilweise gänzlich abgelehnt.[295] Dieser Grundsatz der reinen Kontrollfunktion des Aufsichtsrats wird, um eine für eine effiziente Überwachung auch notwendige präventive Überwachung der Geschäftsführung durch den Aufsichtsrat zu ermöglichen, durch die Regelung des § 111 Abs. 4 S. 2 AktG jedoch relativiert.[296] Danach ist in der Satzung oder durch den Aufsichtsrat einer Aktiengesellschaft vorzusehen, dass bestimmte Arten von Geschäften ausschließlich mit Zustimmung des Aufsichtsrats vorgenommen werden dürfen. Eine Ablehnung wirkt dann wie ein Veto.[297] Dadurch kann der Aufsichtsrat auch eigene unternehmerische Vorstellungen hinsichtlich der künftigen Ausrichtung der Gesellschaft zur Geltung bringen.[298] Das

---

[294] Vgl. S. 85 ff. und S. 88 ff.

[295] Roschmann/Frey, AG 1996, S. 449, 451; Körber, NZG 2002, S. 263, 268; Müller, NJW 2000, S. 3452 f.; Mertens, AG 1997, S. 541, 542 f.; Gartzke, Teil 2, A., II., 2., S. 74 ff. zieht diese Möglichkeit nicht einmal in Betracht.

[296] Vgl. die ausdrückliche Feststellung des BGH, dass sich die Überwachung nicht nur auf eine ex post - Kontrolle, sondern auch auf eine simultane und ex ante - Überwachung, also eine entscheidungsbegleitende bzw. antizipierende Überwachung erstreckt, bei BGH, Urteil vom 25.3.1991 - II ZR 188/89, in: AG 1991, S. 312 f.

[297] Lutter/Krieger, § 3, IV, 3., Rn. 103; vgl. zum Recht des Aufsichtsrates, einen Zustimmungskatalog aufzustellen Heller, § 2, D., II., 7., b), S. 65 ff.

[298] Siehe Kölner Komm-Mertens, § 111, Rn. 28 f., der darauf hinweist, dass ein völliges Fernhalten des Aufsichtsrates von unternehmenspolitischen Entscheidungen auch gar nicht im Sinne des Gesetzgebers war. Dies beweise allein die Berichtspflicht des Vorstands über die Unternehmenspolitik im allgemeinen und über ungewöhnliche Rechtsgeschäfte im besonderen gemäß § 90 Abs. 1 AktG; vgl. zur Notwendigkeit einer Zustimmungspflicht des Aufsichtsrates auch bei strategisch relevanten Einzelmaßnahmen,

Aufsichtssystem des Aktienrechts wird demzufolge von einem gesetzlich prinzipiell vorgesehenen Spannungsverhältnis zwischen der eigentlichen Funktion des Aufsichtsrats innerhalb der Gesellschaft, nämlich der Überwachung, und seinem zulässigen Eingriff in die Geschäftsführung des Vorstands geprägt.[299] Infolgedessen darf der Aufsichtsrat von seiner Möglichkeit, einen Zustimmungsvorbehalt vorzusehen, nicht in einem derartigen Umfang Gebrauch machen, dass er die Geschäftsführung als solche an sich zieht und selbst entgegen des § 76 Abs. 1 AktG die eigenverantwortliche Leitung der Gesellschaft ausübt.[300] Insoweit muss er die Grenzen seiner organschaftlichen Entscheidungskompetenz innerhalb einer Aktiengesellschaft, die angesichts des beschriebenen Spannungsverhältnisses nicht immer eindeutig zu bestimmen sind, wahren. Letztlich kommt es stets auf die Bewertung einer Handlung im Einzelfall an. Eine mitwirkende Geschäftstätigkeit darf der Aufsichtsrat gemäß § 111 Abs. 4 S. 2 AktG ausüben, eine eigenständige Geschäftsführung ist diesem nach § 111 Abs. 4 S. 1 AktG verwehrt.

Angesichts dieser Gegebenheiten soll nun geprüft werden, ob sich eine Due Diligence überhaupt für einen solchen Zustimmungsvorbehalt eignet.

(2) Due Diligence als Geschäft im Sinne des § 111 Abs. 4 S. 2 AktG

(a) Vorliegen des Bestimmtheitsgrundsatzes der Norm

Um eine Due Diligence als eine bestimmte Art von Geschäft im Sinne des § 111 Abs. 4 S. 2 AktG einzuordnen, bedarf es zunächst der Erfüllung des Bestimmtheitsgrundsatzes, d.h. kennzeichnend bei der Charakterisierung einer Maßnahme als ein solches Geschäft muss es sein, dass dieses nach seinem

---

die über die allgemeine Unternehmensplanung hinausgehen Steinmann/Klaus, AG 1987, S. 29, 33; zur Unternehmensplanung im Aufsichtsrat auch Kropff, NZG 1998, S. 613, 617: Der Aufsichtsrat will „mit seinem Zustimmungsvorbehalt zur Planung sicherstellen, dass in den grundsätzlichen Fragen der Unternehmensführung zwischen Vorstand und Aufsichtsrat Einklang besteht und Auffassungsunterschiede möglichst frühzeitig erkannt und ausdiskutiert werden. Der Aufsichtsrat erhält Gelegenheit und ist aber auch gezwungen, sich aktiv am Zielbildungsprozess des Unternehmens zu beteiligen."; Wellkamp, Teil 2, Einleitung, S. 118; die Einführung und Ausgestaltung eines Zustimmungskataloges ist dabei unabhängig von der jeweiligen Struktur der Aufbauorganisation der Aktiengesellschaft, siehe Schönbrod, Teil 2, 2. Abschnitt, § 4, b), S. 131.

[299] Siehe statt vieler Semler/Schenck-Kropff, Arbeitshandbuch für Aufsichtsratsmitglieder, § 8, II., 5., a), Rn. 38.

[300] Siehe Kölner Komm-Mertens, § 111, Rn. 66; vgl. dazu die Frage der Erforderlichkeit einer Zustimmung des Aufsichtsrates bei Abschluss von Unternehmensverträgen, MüKo-Altmeppen, § 293, Rn. 10 f.

Konkretisierungsgrad bestimmten Geschäftsarten vergleichbar ist. Nur einzelne Geschäftsarten dürfen zustimmungspflichtig gemacht werden.[301] Dabei muss es sich jedenfalls um wesentliche und bedeutsame Geschäfte handeln.[302] Eine generalklauselartige Formulierung (beispielsweise „alle wesentlichen Geschäfte") wäre aber mit dem für die Rechtsnorm notwendigen Bestimmtheitserfordernis im Allgemeinen unverträglich.[303] Die vorbeugende Anordnung kann also nur für unbestimmt viele Einzelgeschäfte einer bezeichneten Art vor-genommen werden.[304] Dies soll aber lediglich die Tätigkeit des Vorstands insofern erleichtern, als dass ihm diejenigen Geschäfte, die er dem Aufsichtsrat zwecks Zustimmung vorzulegen hat, gleich erkennen kann. Somit stellt dieses Bestimmtheitserfordernis keine eigentliche Grenze der Befugnis zur Aufstellung von Zustimmungsvorbehalten dar.[305] Die Zulassung von Due Diligence – Prüfungen mit der damit ermöglichten Informationsversorgung von potentiellen Investoren ist eine spezifizierte Art von besonderen Geschäften, welche in der Praxis des Unternehmenskaufs als übliche Untersuchungen anlässlich einer Unternehmensprüfung und damit als konkrete Maßnahmen allgemein erkennbar sind.[306] Somit ist eine Due Diligence als Geschäft im Sinne des § 111 Abs. 4 S. 2 AktG einzuordnen.

(b) Einhaltung der Grenze der zulässigen Anordnung eines Zustimmungsvorbehaltes

Die Anordnung eines Zustimmungsvorbehaltes einer Maßnahme als Geschäft im Sinne des § 111 Abs. 4 S. 2 AktG ist angesichts des bestehenden Spannungsverhältnisses zwischen der Überwachungsfunktion des Aufsichtsrates und einem erlaubten Eingriff in die Geschäftsführung des Vorstands nur begrenzt möglich.[307]

(aa) Due Diligence als gewöhnliches Geschäft

Der Begriff „Geschäft" im Sinne des § 111 Abs. 4 S. 2 AktG korrespondiert mit dem Begriff „Maßnahmen der Geschäftsführung" des Absatzes 4, Satz 1 der

---

[301] Raiser/Veil, § 15, Rn. 9 f.; Hüffer, § 111, Rn. 18.
[302] AG-Handbuch-Wojtek/Dröge, 9/5.4.7, S. 19.
[303] Siehe statt vieler Hüffer, § 111, Rn. 18.
[304] Münchener Handbuch-Hoffmann-Becking, 6. Kapitel, § 29, II, 2., d), Rn. 39.
[305] Götz, ZGR 1990, S. 633, 640.
[306] Lediglich die Reichweite einer Due Diligence – Prüfung kann variieren. Zum Begriff und der Verbreitung der Due Diligence S. 29 ff.
[307] Siehe S. 92 ff.

Norm.[308] Als bestimmte Arten von Geschäften im Sinne der Norm können nicht nur Rechtsgeschäfte, sondern an sich alle unternehmensinternen Maßnahmen wie insbesondere Investitions- und Organisationsentscheidungen angesehen werden.[309] Aufgrund der einzuhaltenden Organkompetenzen innerhalb der aktienrechtlichen Verfassung, also aus § 76 Abs. 1 AktG i.V.m. dem Zusammenwirken der §§ 111 Abs. 4 S. 2, 90 Abs. 1 Nr. 4 und 90 Abs. 2 Nr. 4 AktG, ergibt sich, dass nur solche Geschäfte einer Zustimmungspflicht unterworfen werden können, die nach Umfang, Gegenstand, Bedeutung oder Risiko für eine Gesellschaft aus dem gewöhnlichen Geschäftsbetrieb besonders herausragen und von spezifischer unternehmerischer Bedeutung sind.[310] Denn ansonsten würde der Aufsichtsrat unzulässig in die Entscheidungskompetenz des Vorstandes eingreifen und der gesetzlich vorgegebene Organstruktur der Aktiengesellschaft zuwider handeln.[311]

Würde die Zulassung einer Due Diligence als solches gewöhnliches Geschäft bezeichnet werden, so wäre ein darauf bezogener Zustimmungsvorbehalt also nicht zulässig. Angesichts der großen Zahl der heute im Wirtschaftsverkehr allgemein vorgenommenen Due Diligence – Untersuchungen und der damit einhergehenden üblichen Praxis einer entsprechenden Anwendung bei Transaktionen,[312] könnte man die Due Diligence jedenfalls bei Aktiengesellschaften mit einer gewissen Betriebgröße als Vorgehensweise bezeichnen, die im geregelten Rahmen einer notwendigen Unternehmenstätigkeit vorkommt. Die Entscheidung über die Zulassung einer Due Diligence wäre dann jedoch als

---

[308] von Rechenberg, BB 1990, S. 1356, 1358.

[309] Kölner Komm-Mertens, § 111, Rn. 61; zur Einbindung des Aufsichtsrats in die Unternehmensplanung Bleicher/Leberl/Paul, C., II., 1.1.2.2, S. 64.

[310] Vgl. Kölner Komm-Mertens, § 111, Rn. 61 und Rn. 67 f.; Münchener Handbuch-Hoffmann-Becking, 6. Kapitel, § 29, II, 2., d), Rn. 37 ff. und explizit Rn. 39; Lutter/Krieger, § 3, II, 1., Rn. 65; Heller, § 2, D., II., 7., b), bb), S. 67 f.: „Der Schluss, die eigenverantwortliche Leitung der Gesellschaft durch den Vorstand als unvereinbar mit solchen Zustimmungsvorbehalten zu erklären, die sich auf Geschäfte erstrecken, welche für die Rentabilität oder Liquidität der Gesellschaft nicht von erheblicher Bedeutung sind, ist deshalb gerechtfertigt, weil der Gesetzgeber diesen Geschäften eine herausragende Bedeutung beigemessen hat, denn gemäß § 90 Abs. 2 Nr. 4 AktG sind diese Berichte möglichst so rechtzeitig zu erstatten, dass der Aufsichtsrat vor Vornahme der Geschäfte Gelegenheit hat, zu ihnen Stellung zu nehmen, und die Berichterstattung nach § 90 Abs. 1 Nr. 4 AktG dabei so detailliert sein muss, dass sich der Aufsichtsrat ein zuverlässiges Bild über Art und Umfang des Geschäfts sowie über die mit ihm verbundenen Risiken machen kann. Somit erhält der Aufsichtsrat bei Beachtung dieser dem Vorstand auferlegten Berichtspflichten grundsätzlich Kenntnis von allen „Außengeschäften", die er zum Gegenstand eines Zustimmungsvorbehaltes zu machen berechtigt wäre."

[311] Vgl. dazu schon die obigen Ausführungen zur Balance der Organstruktur einer Aktiengesellschaft auf S. 92 ff.

[312] Berens/Strauch (Eine empirische Untersuchung), S. 41 ff.

gewöhnliches Geschäft zu bezeichnen und als durch den Aufsichtsrat nicht als zustimmungsfähig zu kennzeichnen.

(bb) Due Diligence als Geschäft von erheblicher Bedeutung

Die bei der Frage der Grenze zulässiger Zustimmungsvorbehalte maßgebliche Norm ist § 76 Abs. 1 AktG.[313] Mit der dort genannten eigenverantwortlichen Leitung der Gesellschaft durch den Vorstand sind solche Zustimmungsvorbehalte unvereinbar, die sich auf Geschäfte erstrecken, welche für die Rentabilität oder Liquidität des Unternehmens nicht von erheblicher Bedeutung sind.[314] Dies stützt sich auch auf die Berichtspflicht des Vorstands gemäß § 90 Abs. 1 Nr. 4 AktG. Danach hat der Vorstand dem Aufsichtsrat über Geschäfte zu berichten, die für die Rentabilität oder Liquidität der Gesellschaft von erheblicher Bedeutung sein können.

Einer entsprechenden Prüfung bezüglich einer Due Diligence bedarf es also erst, wenn man von der Annahme ausgehen kann, dass auch Geschäfte mit erheblicher Bedeutung von der Mitwirkung des Aufsichtsrates abhängen können. Dazu gilt es nun, unter Würdigung der in Betracht kommenden Gesichtspunkte, Stellung zu nehmen.

(cc) Stellungnahme

Die vorausschauende Beratung des Vorstandes durch den Aufsichtsrat ist nach allgemeiner Ansicht Teil der gesetzlich bestimmten Überwachungsaufgabe.[315] Dabei wird das Abstellen auf ungewöhnliche Geschäfte oder solche von erheblicher Bedeutung für die Annahme der Zulässigkeit eines Zustimmungsvorbehalts im Schrifttum jedoch nicht immer als Alternative voneinander getrennt, sondern miteinander vermengt.[316] Dies spricht dafür, dass allgemein

---

[313] Lutter/Krieger, § 3, IV, 3., b), Rn. 112.

[314] Siehe Götz, ZGR 1990, S. 633, 641.

[315] Zur präventiven Kontrolle von Einzelgeschäften BGHZ 124, 111, 126 ff. (Urteil vom 15.11.1993 – II ZR 235/92); LG Stuttgart, Urteil vom 29.10.1999 – 4 KfH O 80/98 in: AG 2000, S. 237 ff.: „Bei der einem Aufsichtsrat obliegenden präventiven.....Überwachungspflicht hat dieser die Sorgfalt anzuwenden, die zur ordentlichen und gewissenhaften Erfüllung dieser Pflicht, orientiert am Unternehmensinteresse, erforderlich ist.....Der Aufsichtsrat muss im Rahmen seiner Treuepflicht jeden erkennbaren Schaden von der Gesellschaft abwenden."; Kölner Komm-Mertens, § 111, Rn. 34; Henze, BB 2000, S. 209, 214; Kau/Kukat, BB 2000, S. 1045, 1048; Wirth/RWS-Forum, S. 99, 116.

[316] So auch im Münchener Handbuch-Hoffmann-Becking, 6. Kapitel, § 29, II, 2., d), Rn. 39, bei dem es heißt: „...wird allgemein angenommen, dass der Zustimmungsvorbehalt nicht

davon ausgegangen wird, dass sowohl ungewöhnliche als auch bedeutende Geschäfte der Zustimmung des Aufsichtsrates unterworfen werden können. Dies entspräche auch dem Regelungszweck des § 111 AktG bzw. der Organstruktur innerhalb einer Aktiengesellschaft an sich, in der die unternehmerische Mitbeteiligung und Mitverantwortung des Aufsichtsrates festlegt ist.[317]

Die in § 90 Abs. 1 Nr. 4 AktG genannte Berichtspflicht nennt ausdrücklich auch Geschäfte „von erheblicher Bedeutung", so dass man daraus folgern könnte, dass es in einem solchen Fall dem Aufsichtsrat gestattet sein muss, auch solche Geschäfte für die Rentabilität oder Liquidität der Gesellschaft von dessen Zustimmung im Sinne des § 111 Abs. 4 S. 2 AktG abhängig zu machen, die noch zur gewöhnlichen Geschäftstätigkeit des Vorstands zählen.[318]

Danach könnte man unter Umständen auch die Entscheidung über die Zulassung einer Due Diligence als ein solches erhebliches und somit möglicherweise zustimmungsbedürftiges Geschäft einordnen.

Daher ist nun vorerst die Frage zu klären, ob eine Due Diligence nur als vorbereitende Handlung für wichtige, aber eigentlich erst später zu treffende Entscheidungen einzuordnen ist, oder ob schon die Entscheidung über die Zulassung der Prüfung als solche als erhebliche Handlung, nämlich Führungsaufgabe des Vorstands und damit durch den Aufsichtsrat als zustimmungspflichtig zu kennzeichnen ist.

((1)) Rein vorbereitende Handlung innerhalb eines Planungsprozesses

Man könnte die Entscheidung über eine Zulassung einer Due Diligence als rein vorbereitende Handlung innerhalb eines laufenden Planungsprozesses des Vorstands ansehen. Planungsprozesse, also laufende Verfahren vor der Umsetzungsreife, können aber ebenso wenig wie die Aufnahme und Führung von Verhandlungen mit Dritten an die Zustimmung des Aufsichtsrates gebunden

---

für Maßnahmen des gewöhnlichen Geschäftsbetriebs, sondern nur für nach Umfang, Gegenstand oder Risiko bedeutsame Geschäfte angeordnet werden darf."; Albers, Teil I, 2.3.1, S. 35 und Teil II, 4.1.3, S. 59 hält Zustimmungsvorbehalte bereits für Geschäfte von „besonderer Tragweite" für angemessen, um ein Ungleichgewicht zwischen dem Risikogehalt eines Geschäftes und der Kontrolle durch den Aufsichtsrat zu vermeiden.

[317] Vgl. zur Funktion des Aufsichtsrates statt vieler Kölner Komm-Mertens, § 111, Rn. 25 ff. und oben auf S. 88 ff.

[318] Vgl. dazu (dies ohne Begründung befürwortend) Götz, ZGR 1990, S. 633, 641.

werden, denn dies widerspräche der Entscheidungsprärogative des Vorstands in Geschäftsführungsfragen.[319]

Mit der Durchführung einer Due Diligence, so könnte man argumentieren, werde noch keine Vorentscheidung hinsichtlich einer bestimmten Transaktion oder sonstigen Unternehmensplanung beschlossen.[320] Eine Due Diligence sei somit als eine lediglich der Vorbereitung für eine spätere Entscheidung hinsichtlich der Durchführung einer bestimmten Transaktion dienende Maßnahme zu betrachten. Zudem wäre die Schaffung eines entsprechenden Zustimmungsvorbehaltes in einem solch frühen Stadium mit höheren Geheimhaltungsrisiken behaftet, die einem Erfolg der vorgesehenen Transaktion nicht unbedingt förderlich sein dürften.[321] Diesen Gesichtspunkten folgend, wäre eine Due Diligence nicht als Geschäft im Sinne des § 111 Abs. 4 S. 2 AktG anzusehen, somit auch nicht der Anordnung eines Zustimmungsvorbehaltes fähig und mithin der Vorstand in der hier zu behandelnden Frage allein entscheidungskompetent.[322] Davon unberührt bliebe die weiter bestehende nachträgliche Kontrollfunktion des Aufsichtsrates. Fraglich erscheint, ob dieser Folgerung nicht andere gewichtige Gesichtspunkte widersprechen.

((2)) Risikobehafteter Beginn der Umsetzung von Maßnahmen aufgrund unternehmenspolitischer Zielsetzungen

Der eben genannten Ansicht ist zwar zuzugeben, dass eine Due Diligence anfänglich scheinbar wirklich einen rein vorbereitenden Charakter hat, dabei wird jedoch übersehen, dass mit der Zulassung einer Due Diligence eben keineswegs ein noch gar nicht umsetzungsreifer Planungsprozess beginnt. Im Gegenteil: Zunächst bedarf es bereits vor Beginn einer solchen Prüfung zur

---

[319] Siehe exemplarisch Kölner Komm-Mertens, § 111, Rn. 61.

[320] Vgl. die eine Transaktion vorbereitenden Funktionen einer Due Diligence auf S. 33 ff.

[321] Siehe zu der verbreiteten Befürchtung, dass sich die Arbeitnehmervertreter im Aufsichtsrat als Geheimhaltungsrisiko darstellen können Henn, Handbuch des Aktienrechts, § 19, Abschnitt 8, Rn. 681 ff.; Theisen, III., 2., c., ce., S. 55; zu den bei Aufsichtsräten möglicherweise bestehenden Interessenkonflikten, siehe ausführlich Mutter, 3. Teil, A., S. 65 ff.; vgl. die ablehnende Haltung zu einem Zustimmungserfordernis bei M&A-Transaktionen bei Sieger/Hasselbach, BB 2000, S. 625, 627.

[322] In diesem Sinne die ganz überwiegende Meinung in der Literatur. Siehe dazu insbesondere Treek, Die Offenbarung von Unternehmensgeheimnissen durch den Vorstand einer Aktiengesellschaft im Rahmen einer Due Diligence, in: Festschrift für Fikentscher, S. 434, 442 f.; Lutter, Information und Vertraulichkeit im Aufsichtsrat, 2. Teil, § 13, II., 2., S. 132 ff.; vgl. Geßler/Hefermehl-Geßler, § 111, Rn. 66: „Unzulässig ist es..., die Zustimmung für alle Geschäfte anzuordnen, die den laufenden oder gewöhnlichen Geschäftsbetrieb der Gesellschaft übersteigen."

Erreichung einer effizienten und ordnungsgemäß durchzuführenden Due Diligence weitreichender Vorbereitungen sowohl seitens des Käufers, als auch seitens des Verkäufers.[323] Ferner ist der Zeitpunkt der Durchführung einer Due Diligence nicht von vornherein statisch und dessen Beginn dazu wohlmöglich noch zu einer sehr frühen Zeit festgelegt. Eine solche Prüfung ist ein laufender Prozess, geprägt von einem stetig wachsenden Informationsbedarf und einer damit einhergehenden, wachsenden Informationsversorgung.[324] Eine Due Diligence ist also so eng an die Veräußerung von Unternehmensbeteiligungen verbunden, dass deren Durchführung wie der Beteiligungsverkauf selbst zustimmungspflichtig sein kann.[325] Zudem birgt die Durchführung einer Due Diligence aufgrund der mit der Untersuchung verbundenen Möglichkeit der Ausnutzung der erlangten unternehmensinternen Informationen das erhebliche Risiko einer für die Gesellschaft irgendwie gearteten Form der nachteiligen Verwendung.[326] Auch die empirisch bewiesene hohe Wahrscheinlichkeit des Scheiterns einer geplanten Transaktion[327] zeigt, dass diese Möglichkeit nicht allein durch den Hinweis auf die mit einem Gelingen des Geschäfts verbundenen Chancen für das Unternehmen folgenlos abgetan werden kann.[328] Aufgrund der bestehenden zahlreichen Möglichkeiten der Ausgestaltung einer Due Diligence, z.B. zu welchem Zeitpunkt und mit welcher Intensität eine solche Untersuchung durchgeführt werden soll, ist der jeweils bestehende Charakter der betreffenden Due Diligence sowie die mit der Prüfung jeweils verbundene Risikohöhe unterschiedlich zu bewerten.

Somit bleibt zunächst festzuhalten, dass eine Due Diligence nicht per se als eine lediglich erste unbedeutende Anbahnung zu Verhandlungen mit Dritten oder als klare Planungsmaßnahme mit eindeutig unternehmensstrategischer Zielsetzung zu charakterisieren ist.

Von dieser Feststellung ausgehend, ist bei der Bewertung einer Due Diligence als Geschäft im Sinne des § 111 Abs. 4 S. 2 AktG das Zusammenwirken

---

[323] Vgl. die Beschreibung des Ablaufs einer Unternehmenstransaktion, sowohl im Wege des Verhandlungsverfahrens als auch mittels eines Bieterverfahrens auf den S. 54 ff.

[324] Vgl. S. 46 ff.

[325] Hirte, Transparenz- und Publizitätsgesetz, 3. Kapitel, IV, 5., Rn. 45 ff. und explizit Rn. 49.

[326] Siehe S. 57 ff.

[327] Siehe dazu ausführlich Schneider/Burgard, DB 2001, S. 963, 964; siehe auch die Untersuchung von der Unternehmensberatung Bain & Company, in: Frankfurter Allgemeine Zeitung vom 20.12.1999, S. 31, „Im Kreditgewerbe werden Fusionen nicht selten überstürzt, Mangelnde Due Diligence, Spannungen in der Übergangsphase".

[328] Vgl. dazu einerseits das an einer Transaktion auch vorhandene Interesse des Zielunternehmens bei Stoffels, ZHR 165 (2001), S. 362, 368; andererseits die Darstellung der gescheiterten Transaktionen bei Schneider/Burgard, DB 2001, S. 963, 964.

der §§ 90 Abs. 1 Nr. 4 und 111 Abs. 1 AktG in die Analyse mit einzubeziehen. Nach § 90 Abs. 1 Nr. 4 AktG hat der Vorstand dem Aufsichtsrat über Geschäfte zu berichten, „die für die Rentabilität oder Liquidität der Gesellschaft von erheblicher Bedeutung sein können". Demnach verlangt die Norm nicht, dass die erhebliche Bedeutung des Geschäfts für die Gesellschaft mit Sicherheit eintreffen wird.[329]

Im Hinblick auf den Zeitpunkt der Berichtspflicht von einem solchen Geschäft ist die rechtzeitige Kenntnisnahme durch den Aufsichtsrat maßgebend.[330] Bei Beteiligungs- oder Unternehmensverkäufen muss der Aufsichtsrat über die wesentlichen geschäftlichen Entscheidungen also so frühzeitig informiert bzw. in die Beratungen involviert werden, dass er in die Lage versetzt wird, das beabsichtigte Geschäft auf seine Vereinbarkeit mit dem Gesellschaftsinteresse zu überprüfen.[331] Gremienvorbehalte innerhalb einer Gesellschaft, wie die Zustimmungspflicht des Aufsichtsrats, werden bei Unternehmenskaufverträgen „oft" vorgesehen.[332] Und dies kann der Aufsichtsrat aufgrund seiner Kontrollfunktion auch in den Fällen, in denen es nicht um den Vorwurf oder die Abstellung eines pflichtwidrigen Verhaltens geht.[333] Da bei der Durchführung einer Due Diligence jedenfalls die Möglichkeit des Eintritts von erheblichen Konsequenzen für die Gesellschaft besteht und der Aufsichtsrat nur bei Mitwirkung an der Entscheidung über die Zulassung einer Due Diligence rechtzeitig über ein solches Geschäft informiert wird, muss diese Entscheidung somit als solche von „erheblicher Bedeutung" im Sinne des § 90 Abs. 1 Nr. 4 AktG bezeichnet werden. Eine derartige Berichterstattungspflicht des Vorstandes ist nicht nur auf solche Geschäfte beschränkt, welche ohnehin der Zustimmung des Aufsichtsrates gemäß § 111 Abs. 4 S. 2 AktG bedürfen;[334] der Tatbestand des § 90 Abs. 1 Nr. 4 AktG ist also umfassender als der des § 111 Abs. 4 S. 2 AktG.[335]

---

[329] Siehe auch Kölner Komm-Mertens, § 90, Rn. 37.

[330] Der Aufsichtsrat muss also dazu imstande sein, vor der Vornahme der betreffenden Geschäfte, zu diesen Stellung zu nehmen. Siehe Kölner Komm-Mertens, § 90, Rn. 37; MüKo-Hefermehl/Spindler, § 90, Rn. 27; vgl. dazu Götz, ZGR 1990, S. 633, 637 ff.

[331] Kölner Komm-Mertens, § 90, Rn. 38; MüKo-Hefermehl/Spindler, § 90, Rn. 26; vgl. Lutter/Krieger, § 3, IV, 3., d), Rn. 118 f.; siehe zur Verpflichtung zur Festlegung von Zustimmungsvorbehalten insbesondere unter dem zeitlichen Aspekt (Rechtzeitigkeit der Information des Aufsichtsrates durch den Vorstand) Götz, ZGR 1990, S. 633, 637 ff.

[332] Liebs, E., VI., Rn. 120.

[333] Vgl. Kölner Komm-Mertens, § 111, Rn. 31; Münchener Handbuch-Hoffmann-Becking, 6. Kapitel, § 29, II, 2., b), Rn. 32.

[334] So ausdrücklich Nirk/Reuter/Bächle-Nirk, F, I, 9., b), aa), Rn. 744.

[335] Dies ist angesichts des Gesetzeszwecks der jeweiligen Norm auch sinnvoll. So hat der Aufsichtsrat bei § 90 Abs. 1 Nr. 4 AktG nur die Möglichkeit der Stellungnahme zu einem Geschäft, bei § 111 Abs. 4 S. 2 AktG kann er durch die Verweigerung seiner Zustimmung

Demnach kann aufgrund der beschriebenen großen unternehmenspolitischen Bedeutung, welche mit der Zulassung einer Due Diligence für die Planung der Gesellschaft verbunden sein kann und dem Vorliegen des Bestimmtheitserfordernisses schon die Entscheidung über die Zulassung der Prüfung als solche als erhebliche Handlung, nämlich Führungsaufgabe des Vorstands und damit durch den Aufsichtsrat als zustimmungsfähig bezeichnet werden.[336] Eine Due Diligence kann also als Geschäft im Sinne des § 111 Abs. 4 S. 2 AktG angesehen werden.[337]

((3)) Zwischenergebnis

Die Entscheidung über die Zulassung einer Due Diligence kann somit ein Geschäft im Sinne des § 111 Abs. 4 S. 2 AktG sein. In einem solchen Fall könnte dieses durch die Satzung oder den Aufsichtsrat der Aktiengesellschaft unter einen Zustimmungsvorbehalt gestellt werden.

Zwar hat die Satzung oder der Aufsichtsrat nach § 111 Abs. 4 S. 2 AktG einen Zustimmungskatalog zu bestimmen. Welche Geschäfte für zustimmungs-

---

zu einem bestimmten Geschäft, dessen Durchführung ganz verhindern (soweit der Vorstand nicht von seiner Möglichkeit des § 111 Abs. 4 S. 3 AktG Gebrauch macht).

[336] Vgl. zur Möglichkeit der Einführung von Zustimmungsvorbehalten bei Beteiligungs- und Unternehmensverkäufen und zur Notwendigkeit der entsprechenden rechtzeitigen Information des Aufsichtsrats Lutter/Krieger, § 3, IV, 3., d), Rn. 118 f. Am aaO unter Rn. 119 wird in diesem Zusammenhang zwar ausdrücklich die angesichts einer derartigen Transaktion heutzutage übliche Durchführung einer Due Diligence genannt, dabei wird aber lediglich die Verpflichtung des Aufsichtsrates des potentiellen Käufers (!) festgelegt, sich über die Risiken (auch durch Anordnung eines Zustimmungsvorbehaltes) zu informieren, die die Geschäftsleitung der eigenen Gesellschaft bereit ist, einzugehen. Auf die besondere Gefährlichkeit einer Due Diligence für den potentiellen Verkäufer und eine damit zu fordernde Anordnung eines Zustimmungsvorbehalts im Sinne des § 111 Abs. 4 S. 2 AktG für Due Diligence – Prüfungen an sich, wird jedoch nicht eingegangen; vgl. zur (hier nach dem Gesagten unerheblichen) streitigen Frage, ob reine Tagesgeschäfte einer Zustimmungspflicht unterworfen werden können, Lutter, AG 1991, S. 249, 254.

[337] Dafür spricht auch der Umstand, dass besonders Maßnahmen vorausschauender Planung von der Betriebswirtschaftslehre als besonders geeignet für Zustimmungsvorbehalte angesehen werden. So Lutter/Krieger, § 3, IV, 3., b), Rn. 111; in diesem Sinne im Ergebnis auch Roth/Schoneweg, NZG 2004, S. 206, 208; damit kommt es auf die streitige Möglichkeit, einen Zustimmungsvorbehalt auch für Einzelmaßnahmen zu begründen, bei der Entscheidung über die Zulassung einer Due Diligence nicht mehr an (siehe dazu statt vieler Hüffer, § 111, Rn. 18 a.E.).

pflichtig zu erklären sind, steht jedoch grundsätzlich im pflichtgemäßen Ermessen des Aufsichtsrats.[338]

(3) Vom Vetorecht zur Verpflichtung - Ermessensreduktion hinsichtlich der Bindung des Vorstandshandelns an Zustimmung des Aufsichtsrates bei Entscheidung über Zulassung einer Due Diligence

Der Aufsichtsrat hat bei seiner Entscheidung im Sinne des § 111 Abs. 4 S. 2 AktG ein unternehmerisches Ermessen, welches hinsichtlich seines Inhaltes und seiner Grenzen vom Aktiengesetz nicht konkretisiert wird.[339] Daher muss zur Konkretisierung der Rechtsmäßigkeit einer Ermessensentscheidung des Aufsichtsrates auf Ermessensgrundsätze außerhalb des Aktiengesetzes zurückgegriffen werden.[340]

In der verwaltungsrechtlichen Ermessenslehre enthält § 40 VwVfG eine gesetzliche Regelung, welche sich mit Inhalt und Grenzen einer Ermessensentscheidung befasst. Danach muss eine Ermessensentscheidung pflichtgemäß getroffen werden, d.h. sie hat sich am Zweck der Ermächtigung zu orientieren und darf die gesetzlichen Grenzen für die Ausübung des Ermessens nicht überschreiten, also keine Ermessensfehler beinhalten. Die Regelung des § 40 VwVfG ist als Ausdruck eines allgemeinen Rechtsgedankens auch außerhalb von Verwaltungsverfahren anzuwenden und somit auch auf Ermessensentscheidungen des Aufsichtsrates anwendbar.[341]

---

[338] BGHZ 124, S. 111, 127 (Urteil vom 15.11.1993 – II ZR 235/92); Münchener Handbuch-Hoffmann-Becking, 6. Kapitel, § 29, II, 2., d), Rn. 39; Lutter/Krieger, § 3, IV, 3., a), Rn. 106.

[339] MüKo-Semler, § 111, Rn. 411 f.; Lutter/Krieger, § 3, IV, 3., a), Rn. 106.

[340] Statt vieler Hoerdemann, 2. Kapitel, II., 3., S. 25.

[341] Zur Übertragbarkeit der verwaltungsrechtlichen Ermessenslehre auf Aufsichtsratsbeschlüsse siehe Hoerdemann, 4. Kapitel, II., 1., S. 94: „Trotz unterschiedlicher Zielrichtung der für behördliche Entscheidungen einerseits und Aufsichtsratsentscheidungen andererseits maßgeblichen Normen (ist davon auszugehen), dass das beiden Entscheidungsträgern gesetzlich eingeräumte Ermessen in seinem inhaltlichen Kern und seiner Begrenztheit wesensgleich ist." Entscheidungen des Aufsichtsrates haben sich also „am Zweck der jeweiligen Ermächtigung (letztlich am Unternehmensinteresse) zu orientieren und dürfen nicht gegen Rechtsnormen...oder gegen andere Rechtssätze...verstoßen"; zum Ausdruck eines allgemeinen Rechtsgedankens durch § 40 VwVfG und deren Übertragbarkeit auch auf das Gesellschaftsrecht Stelkens/Bonk/Sachs-Sachs, § 40 VwVfG, Rn. 47 ff. und insbesondere Rn. 50; zum unternehmerischen Ermessen und seinen rechtlichen Grenzen Gawrisch, 4. Kapitel, A., II., 3., S. 129 ff.; Heermann, ZIP 1998, S. 761, 762 f.; a.A. Henze, in Wirth/RWS-Forum (Bericht), S. 123, 130, nach welchem die Grundsätze der Ermessenslehre reines Verwaltungsrecht und somit zur Beurteilung kapitalgesellschaftsrechtlicher Fragen weniger geeignet sind.

Ein an sich, wie bei der Entscheidung über den Inhalt des Zustimmungs-kataloges im Sinne des § 111 Abs. 4 S. 2 AktG, bestehendes Ermessen kann sich aber auch reduzieren. Eine solche Ermessensreduktion kann dann vorliegen, wenn entweder aufgrund besonderer Vorschriften oder wegen der besonderen Umstände des Einzelfalles, nur noch eine einzige Wahlmöglichkeit verbleibt; das Ermessen reduziert sich in einem solchen Fall auf Null.[342]

Im Folgenden ist zu untersuchen, ob das Ermessen des Aufsichtsrates hinsicht-lich der Bindung des Vorstandshandelns an dessen Zustimmung bei der Entscheidung über die Zulassung einer Due Diligence möglicherweise ebenso eingeschränkt ist.[343] Fraglich ist in diesem Zusammenhang zunächst, unter welchen Voraussetzungen eine solche Ermessensreduzierung vorliegen kann.

(a) Ermessensreduzierung auf Null bei gesetzeswidrigem Vorgehen des Vorstandes

Man könnte die Ansicht vertreten, dass eine solche Ermessensreduktion dann erforderlich ist, wenn Maßnahmen des Vorstands von erheblicher Bedeutung für das Unternehmen anstehen, deren nachträgliche Kontrolle die Gesellschaft vor schwerwiegenden Nachteilen nicht bewahren würde.[344] Eine solche Pflicht des Aufsichtsrates zur Einführung von Zustimmungsvorbehalten kann lediglich für anlassbezogene Fälle zu befürworten[345] oder eine weitergehende Verpflichtung sein, welcher mittels Aufstellung von entsprechenden Katalogvorbehalten

---

[342] Zu einer solchen Ermessensschrumpfung siehe statt vieler Stelkens/Bonk/Sachs-Sachs, § 40 VwVfG, Rn. 56.

[343] Vgl. zur grundsätzlich bestehenden Möglichkeit, dass sich das Ermessen des Aufsichtsra-tes zu einer Pflicht verdichten kann, einen Zustimmungsvorbehalt aufzustellen Lutter/Krieger, § 3, IV, 3., a), Rn. 106; Peltzer, NZG 2002, S. 10, 15; Brandes, WM 1994, S. 2177, 2182 f.; Steinbeck, S. 148 f., wo es heißt: „Das Vetorecht des Aufsichtsrats zeigt....., dass es nach dem Willen des Gesetzgebers ebenfalls zur Überwachungsaufgabe des Aufsichtsrats gehört, gewisse Geschäfte letztinstanzlich zu kontrollieren und sie – soweit erforderlich – noch vor ihrem Abschluss zu verhindern."; vgl. zur genannten Ermessensreduzierung die einen solchen Fall ebenso bejahende Stellungnahme des Deutschen Anwaltvereins (Handelsrechtsausschuss) zum Referentenentwurf eines Transparenz- und Publizitätsgesetzes in: NZG 2002, S. 115, 117).

[344] Siehe Boujong, AG 1995, S. 203, 205 f.; Schön, JZ 1994, S. 684, 685 f.; von Rechenberg, BB 1990, S. 1356, 1360 ff.; Heller, § 2, D., II., 7., b), bb), S. 69: „Diese Geschäfte sind dadurch charakterisiert, dass sie wegen ihrer breitflächigen und nachhaltigen Auswirkun-gen nur schwer korrigiert werden können."; Dreher, ZHR 158 (1994), S. 614, 634 ff. betont, dass die Möglichkeit einer Ermessensreduzierung nur bei solchen Konstellationen zulässig sein könne, in welchen nur eine einzige Entscheidung vertretbar erscheine. Derartige Fälle seien „jedoch äußerst selten"; Brandes, WM 1994, S. 2177, 2182 f.

[345] Schön, JZ 1994, S. 684, 685 f.

nachgekommen wird.[346] Da es bei der vorliegenden Prüfung der Ermessensreduktion um die konkrete Maßnahme der Due Diligence geht, kommt es hier jedoch darauf an, ob der betreffende Einzelfall zustimmungspflichtig ist.

Eine Ermessensreduktion kann bestehen, wenn der Aufsichtsrat eine gesetzeswidrige Geschäftsführungsmaßnahme des Vorstands nur noch durch die Anordnung eines Zustimmungsvorbehaltes verhindern kann.[347] Es muss also ein schlechthin und eindeutig unvertretbares Vorstandshandeln zu befürchten sein.[348] Läge ein derartiger Sachverhalt vor, so wäre ein dem entgegenstehender, also ablehnender Beschluss hinsichtlich eines Zustimmungsvorbehalts, nach seinem Inhalt als gesetzeswidrig und damit nichtig anzusehen.[349] Dabei dürfte keine andere Möglichkeit bestehen, als diejenige, dass der Aufsichtsrat seiner kontrollierenden Funktion wirksam nur durch die Anordnung eines Zustimmungsvorbehalts nachkommen kann.[350]

Somit ist fraglich, ob im Falle des Fehlens einer Bindung des Vorstands an die Zustimmung des Aufsichtsrats hinsichtlich der Entscheidung über die Zulassung einer Due Diligence, ein gesetzwidriges Handeln des Vorstands droht. Dafür müsste die Zulassung einer Due Diligence durch den Vorstand per se gesetzwidrig im Sinne der §§ 93 Abs. 1 S. 2, 404 Abs. 1 AktG sein.

Die Durchführung einer Due Diligence und die sich daran möglicherweise anschließende Transaktion kann für die Gesellschaft angesichts der damit unter Umständen verbundenen verbesserten wirtschaftlichen Situation jedoch als sehr positiv zu bewerten sein. So werden manche wirtschaftlich sehr schwache

---

[346] Boujong, AG 1995, S. 203, 206.

[347] BGHZ 124, S. 111, 127 (Urteil vom 15.11.1993 – II ZR 235/92); LG Bielefeld („Balsam-Urteil"), ZIP 2000, S. 20, 25; Karsten Schmidt, Gesellschaftsrecht, § 28, V, 1., a); Münchener Handbuch-Hoffmann-Becking, 6. Kapitel, § 29, II, 2., d), Rn. 39; Boujong, AG 1995, S. 203, 206; Kübler, Teil II, 5. Kapitel, § 15, III, 4., a), aa); Westermann, ZIP 2000, S. 25, 27.

[348] Siehe Hüffer, § 111, Rn. 17; Berrar, DB 2001, S. 2181, 2182; Schroeder, DB 1997, S. 2161, 2163 („In besonderen Ausnahmefällen wird dem Vorstand aufgrund begründeter Anhaltspunkte keine andere Entscheidung bleiben, als die Due Diligence abzulehnen. Dies wird etwa der Fall sein, wenn die Untersagung des Aktienerwerbs durch die Kartellbehörden offenkundig ist, der Aktienerwerb durch einen Mitbewerber offensichtlich der Verdrängung des Unternehmens vom Markt dient oder eine hochgradig kreditfinanzierte Übernahme zur Zerschlagung wesentlicher Teile des Unternehmens führen wird.")

[349] BGHZ 124, S. 111, 127 (Urteil vom 15.11.1993 – II ZR 235/92).

[350] So BGHZ 124, S. 111, 127 (Urteil vom 15.11.1993 – II ZR 235/92); vgl. zur bedeutenden Differenzierung der präventiven (Anordnung eines Zustimmungsvorbehalts) von den nachträglichen (Informationsrechte, Sonderprüfung, Abberufung des Vorstands) Kontrollmöglichkeiten bei Wirth/RWS-Forum, S. 99, 113.

Unternehmen nur durch eine Übernahme durch eine andere wirtschaftlich potente (-re) Gesellschaft vor der ansonsten drohenden Insolvenz bewahrt. Demnach sind die Folgen der Durchführung einer Due Diligence nicht von vornherein eindeutig zu bestimmen. Aufgrund dieser mangelnden Voraussehbarkeit der Auswirkungen einer Due Diligence kann somit nicht davon gesprochen werden, dass bei einem Verzicht des Aufsichtsrats auf die Anordnung eines Zustimmungsvorbehalts ein schlechthin und eindeutig unvertretbares Vorstandshandeln zu befürchten ist.

Die Durchführung von Untersuchungen im Rahmen einer Due Diligence anlässlich von geplanten oder durchzuführenden Transaktionen ist im modernen Wirtschaftsleben durchaus als üblich anzusehen.[351] Zwar werden die für eine Zulassung einer Due Diligence notwendigen Voraussetzungen unterschiedlich beurteilt;[352] dass solche Prüfungen aber im Grundsatz, eben unter Einhaltung von gewissen Erfordernissen und unter bestimmten Voraussetzungen, nicht per se dem Unternehmensinteresse einer Gesellschaft entgegenstehen und daher zumindest unter Umständen auch zulässig sein können, ist ersichtlich.[353] Wenn die Zulassung einer Due Diligence aber auch rechtlich zulässig sein kann, so liegt kein schlechthin und eindeutig unvertretbares Vorstandshandeln vor, wenn der Aufsichtsrat an der betreffenden Entscheidung nicht beteiligt ist.

Danach ist das Ermessen des Aufsichtsrates hinsichtlich der Bindung des Vorstandshandelns an dessen Zustimmung bei der Entscheidung über die Zulassung einer Due Diligence jedenfalls unter dem Gesichtspunkt eines gesetzeswidrigen Vorgehens des Vorstandes nicht reduziert.

(b) Ermessensreduzierung auf Null bei Gefahr der Risikoverwirklichung für die Zielgesellschaft

Eine Due Diligence muss nicht zwingend negative Auswirkungen auf diejenige Gesellschaft haben, deren Verhältnisse untersucht werden. Daher stellt sich die Frage einer Bewertung des dennoch bestehenden Risikopotentials für die Gesellschaft.[354] Dabei muss geprüft werden, ob die mangelnde Voraussehbarkeit der Auswirkungen einer Due Diligence die Eingehung eines bestimmten Risikopotentials für die Entwicklung bzw. im Extremfall sogar das Bestehen der

---

[351] Siehe S. 21 ff.
[352] Siehe statt vieler Mertens, AG 1997, S. 541 f.
[353] Vgl. 21 ff.
[354] Eine Ermessensreduzierung umfasst nämlich nicht nur gesetzeswidrige, sondern auch satzungswidrige und zweckwidrige Handlungen des Vorstands. Siehe Wellkamp, Teil 3, B., I., 4.2, S. 168 f.

Gesellschaft an sich aktienrechtlich rechtfertigen kann. Zunächst ist dabei die Art und Höhe des möglichen Risikos für die Gesellschaft zu ermitteln, im Anschluss daran sollte auf die Wahrscheinlichkeit eines tatsächlichen Schadenseintritts abgestellt werden.

Maßgebend sind demnach zunächst die möglichen Risiken, die eine Due Diligence beinhaltet. Wie bei der Beschreibung des Unternehmensverkaufs sowohl im Rahmen eines Verhandlungsverfahrens als auch durch einen Bieterwettbewerb deutlich geworden ist, werden den potentiellen Investoren grundsätzlich geheimhaltungsbedürftige Daten (wenn auch nur stufenweise) offen gelegt. Da sich diese Interessenten jedoch zum Zeitpunkt der Offenlegung der internen Informationen meist noch nicht rechtlich an die betreffende Transaktion gebunden haben,[355] besteht bis zur endgültigen Unterzeichnung des Vertrages immer die Möglichkeit eines Scheiterns des Rechtsgeschäfts. In einem solchen Fall sind die internen Daten aber bereits aus dem Unternehmen an die nun nicht mehr an der Transaktion interessierten Partei gelangt. Auch wenn die Vertreter der zu untersuchenden Gesellschaft in der Regel davon ausgehen, diesen möglicherweise eintretenden Informationsfluss nach außen durch Vertraulichkeitsvereinbarungen und Datenraum-Regeln von vornherein auszuschließen, so sind die mit diesem Vorhaben zusammenhängenden erheblichen Schwierigkeiten bei deren praktischer Durchsetzung nicht zu unterschätzen.[356] Selbst bei uneingeschränkter Durchführung der bereits genannten Vorsichtsmaßnahmen zur Sicherung der betreffenden Informationen, werden die erhaltenen Informationen notwendigerweise durch die Prüfer verarbeitet und sind jedenfalls in dieser verarbeiteten Form beim Prüfer enthalten. Auch die Rückgabe bzw. Vernichtung der bis zum Zeitpunkt des Abbruchs der Due Diligence verwendeten bzw. angefertigten Dokumente kann letztlich keine uneingeschränkte Sicherheit vor einem entsprechenden Datenmissbrauch gewährleisten. Sind die Unternehmensinformationen, ob in schon verarbeiteter Form oder rein geistig, erst einmal aus dem Datenraum herausgelangt, so kann die Zielgesellschaft in der Unternehmenspraxis, wenn überhaupt, nur äußerst schwer eine solche verbotene Informationsgewinnung der Prüfer bzw. des Erwerbsinteressenten nachweisen. Außerdem nimmt das bestehende Risikopotential exponentiell zur Länge des

---

[355] Siehe 46 ff. und S. 56 ff.

[356] Siehe statt vieler Hölters-Hölters, Teil I, A, III., 2., Rn. 35: „Die Frage der Geheimhaltung wesentlicher Daten des Veräußerungsobjektes sowie der Veräußerungsabsicht als solcher ist.....eines der wesentlichen Anliegen des Veräußerers. Bei Bekannt werden der Veräußerungsabsicht und späterer Nichtverwirklichung kann das Unternehmen bei Lieferanten und Kunden in Misskredit geraten. Zu früh preisgegebene Daten können etwa dem Mitkonkurrenten als Kaufinteressent, der ohne ernsthafte Absicht mit dem Gespräch begann, gefährliche Einblicke in das Unternehmen geben."; vgl. auch S. 57 ff.

Fortgangs der Due Diligence und der damit zusammenhängenden Steigerung des Informationsflusses zu.[357]

Dies bedeutet nicht, dass mit der Durchführung einer Due Diligence im Falle eines Abbruchs der Transaktion zwangsläufig eine Ausnutzung der dabei erlangten Informationen einhergeht. Angesichts der großen Anzahl derjenigen Prüfungen, die nicht zum Abschluss eines Vertrages führen, sondern aus unterschiedlichen Gründen abgebrochen werden,[358] ist die Möglichkeit einer Verwendung der Informationen zum eigenen Vorteil relativ groß. In Anbetracht der gerade in wirtschaftlich schwierigen Zeiten gegebenen Versuchung, diese Daten auch zu verwenden, ist die zu prognostizierende Wahrscheinlichkeit der Ausnutzung der erlangten Informationen ebenfalls als ziemlich hoch einzustufen.[359] Besonders aufgrund der mit der Eingehung dieses bestimmten Risikos verbundenen Folgen für die Entwicklung bzw. im Extremfall sogar das Bestehen der Gesellschaft ist daher die Notwendigkeit des Bestehens der genannten stringenten Voraussetzung für eine Ermessensreduzierung (nur wenn ein „schlechthin und eindeutig unvertretbares Vorstandshandeln zu befürchten" ist[360]) in Zweifel zu ziehen. Der Frage, ob die mangelnde Voraussehbarkeit der Auswirkungen einer zugelassenen Due Diligence die Eingehung des relativ hohen Risikopotentials für die Gesellschaft rechtfertigt, ist daher vertieft nachzugehen.

(c) Gesetzgeberische Stärkung der Position des Aufsichtsrates

Durch die gesetzgeberischen Neuregelungen der jüngsten Zeit wurde die Position des Aufsichtsrates innerhalb der Aktiengesellschaft beträchtlich gestärkt.[361] Daher sind in Bezug auf die Frage, ob das Ermessen des

---

[357] Vgl. zum Zusammenhang von Ablauf einer Due Diligence und Informationsbedürfnis bzw. Informationsversorgung die S. 46 ff.

[358] Siehe S. 94 ff.

[359] Vor allem, weil Unternehmen durch moderne Formen der Wirtschaftsspionage erhebliche Nachteile entstehen, welche nicht nur die betreffenden Gesellschaft selbst, sondern auch den Wirtschaftsablauf an sich treffen. Dabei ist eine Due Diligence für die unrechtmäßige Gewinnung solcher Vorteile gegenüber der Zielgesellschaft in der Praxis aufgrund der bestehenden Missbrauchsmöglichkeiten der offen gelegten Informationen äußerst geeignet. Siehe dazu Münchener Vertragshandbuch/Wirtschaftsrecht I-Günther, III., 2., Anmerkungen, B., 5., (2), S. 246; siehe zum Schutz gegen Industriespionage im Allgemeinen Gaul, D., II., S. 18 ff.

[360] Siehe Hüffer, § 111, Rn. 17; Berrar, DB 2001, S. 2181, 2182.

[361] Dieser Umstand ist auch eine Reaktion der Unternehmenszusammenbrüche der letzten Jahre und der damit einhergehenden Kritik an der Funktionalität der Aufsichtsräte innerhalb einer Aktiengesellschaft. Siehe Krawinkel, 1. Kapitel, C., S. 26 ff.; nach Thümmel,

Aufsichtsrates hinsichtlich der Bindung des Vorstandshandelns an dessen Zustimmung bei der Entscheidung über die Zulassung einer Due Diligence möglicherweise eingeschränkt ist, sowohl das Gesetz zur Kontrolle und Transparenz in Unternehmen (KonTraG) als auch das Gesetz zur weiteren Reform des Aktien- und Bilanzrechts, zu Transparenz und Publizität (TransPuG) in die entsprechenden Erwägungen einzubeziehen.

(aa) Einfluss des Gesetzes zur Kontrolle und Transparenz in Unternehmen (KonTraG) auf die Position des Aufsichtsrates

Ausgehend von der seit einigen Jahren geführten Debatte über das etwaige Erfordernis neuer Regelungen bezüglich der so genannten Corporate Governance sind bereits einige gesetzgeberische Änderungen vollzogen worden bzw. weiterhin in der Diskussion.[362] Der Begriff der Corporate Governance soll dabei diejenigen Führungsgrundsätze bezeichnen, die für eine verantwortliche, auf eine langfristige Wertschöpfung zielende Unternehmensleitung, Unternehmenskontrolle und Transparenz gelten sollen.[363] Das KonTraG, das aufgrund offenkundiger Mängel im deutschen, monoistischen Aufsichtsratssystem geschaffen wurde,[364] sollte durch eine behutsame Erneuerung des bereits vorhandenen Rechts die Überwachung innerhalb der Aktiengesellschaft effizient gestalten.[365] So wurde beispielsweise durch die Erweiterung des Rechte- und Pflichtenrahmens des Vorstandes (dieser muss nun nach § 91 Abs. 2 AktG ein so genanntes Risikomanagement einführen) die Pflicht des Aufsichtsrats zur

---

AG 2004, S. 83, 84 ff. erhöht sich durch diese Veränderung des rechtlichen Umfeldes zwar auch die Gefahr von unternehmerischen Fehlentscheidungen, eine solche Gefahr gehe jedoch mit den notwendig gewordenen gesetzlichen Regelungen einher und sei hinzunehmen; vgl. allgemein zur Entwicklung der Rechte und Pflichten des Aufsichtsrates innerhalb einer Aktiengesellschaft mit den fortschreitende Änderungen der gesetzlichen Regelungen, insbesondere der Erweiterung von dessen Überwachungsaufgaben, Lutter/Krieger, § 4, I, 2., Rn. 132 ff.

[362] Siehe zur Entwicklung der Corporate Governance Diskussion in Deutschland statt vieler Dörner/Menold/Pfitzer/Oser-Seibert, S. 43 ff.

[363] Zum Begriff der Corporate Governance und seiner Historie Hopt/Unternehmenskontrolle, S. 7 ff.; MüKo-Semler/Spindler, vor § 76, Rn. 219 verstehen unter Corporate Governance die „Funktionsweise der Leitungsorgane einer Aktiengesellschaft"; siehe zur Einführung in die Thematik Corporate Governance statt vieler Karsten Schmidt, Gesellschaftsrecht, § 26, II, 3., b); zu den grundlegenden Zielen eines Corporate Governance-Systems siehe Berrar, B., II., S. 26 ff.

[364] Die zu den (pressewirksamen) Vorgängen bei Balsam, Holzmann, Metallgesellschaft, Schneider und anderen führten, vgl. Claußen, DB 1998, S. 177 ff.

[365] Lutter/Krieger, § 2, I, Rn. 51 f.; zu rechtsvergleichenden Aspekten hinsichtlich der Corporate Governance, insbesondere in den USA, beispielhaft Baums/Buxbaum/Hopt-Buxbaum, Part One, Chapter One, S. 3 ff.

Überwachung desselben ebenso, nämlich gerade hinsichtlich dieser Aufgabe, erweitert.[366] Zudem wurde die Tätigkeit der Abschlussprüfer auf die Unterstützung des Aufsichtsrates ausgelegt.[367] Durch diese verschiedenen gesetzgeberischen Maßnahmen wurde das Gesamtsystem der Unternehmenskontrolle gestärkt und die funktionale Position des Aufsichtsrats verbessert.[368] Diese Entwicklung könnte dafür sprechen, bestimmte Entscheidungen hinsichtlich der Unternehmensplanung an die Zustimmung des Aufsichtsrates zu binden.[369]

(bb) Einfluss des Gesetzes zur weiteren Reform des Aktien- und Bilanzrechts, zu Transparenz und Publizität (TransPuG) auf die Position des Aufsichtsrates

Der Gesetzgeber hat im Zusammenhang mit der weiter fortschreitenden Debatte zur Corporate Governance das Gesetz zur weiteren Reform des Aktien- und Bilanzrechts, zu Transparenz und Publizität (TransPuG) erlassen.[370] Dadurch wurde die bisher fakultativ bestehende Möglichkeit zur Anordnung eines Zustimmungsvorbehalts zu einer zwingend bestehenden Pflicht. Nach dem neugefassten § 111 Abs. 4 S. 2 AktG „hat" die Satzung oder der Aufsichtsrat zu bestimmen, dass bestimmte Arten von Geschäften nur mit seiner Zustimmung

---

[366] Lange/Wall-Picot, § 1, A., II, 2., b), cc), Rn. 65 f. und Lange/Wall-Kindler/Pahlke, § 1, C., II., Rn. 192 ff.; Hueck/Windbichler, 3. Abschnitt, § 24, IV., 1., Rn. 27: „Gegen Mängel der Geschäftsführung hat er (der Aufsichtsrat) einzuschreiten. Dazu gehören für die AG schädliche Geschäfte sowie solche, die ein allzu großes Risiko mit sich bringen, oder Mängel in der Risikoüberwachung."; vgl. zum § 91 AktG a.F. die Ausführungen bei Adler/Düring/Schmaltz, § 91, Rn. 15.

[367] Siehe dazu BT-Drucks. 13/9712, Begründung des Gesetzesentwurfes der Bundesregierung zum KonTraG, S. 16. Dies wurde unter anderem dadurch umgesetzt, dass gemäß §§ 111 Abs. 2 S. 3 AktG die Zuständigkeit für die Erteilung des Prüfungsauftrages für den Jahresabschluss gemäß § 290 HGB dem Aufsichtsrat übertragen wurde. Diesen Jahresabschluss, sowie den Lagebericht und den Vorschlag für die Verwendung des Bilanzgewinns hat der Aufsichtsrat nach § 171 Abs. 1 S. 1 AktG zu prüfen.

[368] Siehe zu den Auswirkungen des KonTraG auf die Rechte und Pflichten des Aufsichtsrates Lange/Wall-Picot, § 1, II, 2., b), Rn. 58 ff.; Albers, Teil IV, 7.2, S. 196 ff.; Hommelhoff/Mattheus, AG 1998, S. 249, 252 ff.

[369] Kropff, NZG 1998, S. 613, 618 führt dazu aus: Die Tendenz des KonTraG „dringt auf eine Verstärkung der Aufsichtsratskontrolle. Und zwar...auf eine Kontrolle, die nicht nur retrospektiv sein dürfe, sondern sich gerade auch in die Zukunft richten müsse."; nach Berrar, G, I., 4., b), S. 163 f. wird der Aufsichtsrat durch die Änderungen mit Inkrafttreten des KonTraG „augenscheinlich und unvermeidlich in die Geschäftsführung involviert". Dies sei aber, auch im Rahmen der zustimmungspflichtigen Geschäfte, vom Gesetzgeber gewollt und somit müsse die Anzahl der zustimmungspflichtigen Geschäfte, vor allem hinsichtlich der Unternehmensplanung, erhöht werden.

[370] BGBl. 2002, I, S. 2681. Siehe dazu BT-Drucks. 14/8769, Begründung des Gesetzesentwurfes der Bundesregierung zum TransPuG, S. 10 ff.

vorgenommen werden dürfen. Durch diese Neuregelung wurde eine effiziente präventive Überwachung durch den Aufsichtsrat ermöglicht und dessen Position innerhalb einer Aktiengesellschaft somit verstärkt.[371] Durch die Änderung von S. 2 des § 111 Abs. 4 AktG „kann" der Aufsichtsrat nicht mehr zustimmungspflichtige Geschäfte bestimmen, er „hat" dieses zu tun und ist damit „gezwungen..., sich seine(r) Verantwortung für die Gesellschaft in ihrer konkreten Ausprägung bewusst zu machen"[372]. Zwar besteht jetzt die Pflicht, überhaupt einen Katalog zustimmungsbedürftiger Geschäfte aufzustellen; welche Handlungen einem Zustimmungsvorbehalt unterfallen sollen, lässt der Gesetzgeber jedoch weiterhin offen. Jedenfalls soll es nicht ausreichend sein, nur pro forma einen Katalog mit besonders seltenen oder abwegigen Geschäften aufzustellen.[373] Daher stellt sich, nachdem die Möglichkeit einer Aufnahme der Entscheidung über die Zulassung einer Due Diligence in den gemäß § 111 Abs. 4 S. 2 AktG vorgeschriebenen Katalog bereits grundsätzlich bejaht wurde,[374] im Hinblick auf die hier genannte gesetzgeberische Neuerung nun die Frage einer entsprechenden Pflicht.

Die von der Bundesregierung eingesetzte Kommission „Corporate Governance, Unternehmensführung, Unternehmenskontrolle, Modernisierung des Aktienrechts" hatte die Aufgabe, wesentliche gesetzliche Vorschriften zur Unternehmensleitung und Unternehmensüberwachung börsennotierter Gesellschaften zusammenzufassen, in Form von Empfehlungen anerkannte Verhaltensstandards zu formulieren sowie den Gesellschaften Anregungen für eine gute und verantwortungsvolle Unternehmensführung und Unternehmensüberwachung zu geben.[375] Die aus dieser Tätigkeit resultierenden Corporate Governance-Grundsätze wurden von der Kommission durch so genannte Empfehlungen dargelegt und der Bundesregierung mit der Bitte, um eine möglichst umgehende Umsetzung vorgelegt.[376] Diese setzte dafür die Kommission „Deutscher Corporate Governance Kodex" ein. Diese Kommission formulierte den Corporate Governance Kodex, welcher international und national anerkannte Standards guter und verantwortungsvoller Unternehmensführung enthält.[377] Diese sind für

---

[371] Siehe zur Stellung des Aufsichtsrates innerhalb einer Aktiengesellschaft nach den durch das Transparenz- und Publizitätsgesetz erfolgten Änderungen Götz, NZG 2002, S. 599 ff.

[372] Hirte, Transparenz- und Publizitätsgesetz, 1. Kapitel, II, 3., b), aa), Rn. 49.

[373] Ihrig/Wagner, BB 2002, S. 789, 794.

[374] Siehe S. 101 f.

[375] Baums/Regierungskommission, A., S. 1 f. und C., S. 6 f.; siehe dazu auch Hommelhoff/ Hopt/Werder-Lutter, S. 740.

[376] Baums/Regierungskommission, C., S. 7. Die Empfehlungen werden aaO bei D., S. 21 ff. zusammengefasst.

[377] Siehe dazu die 1. Präambel des Deutschen Corporate Governance Kodexes (abgedruckt in AG 2002, S. 236 ff.); zum Corporate Governance Kodex siehe Seibert, NZG 2002, S. 608,

den Vorstand bindend, soweit die Gesellschaft die Grundsätze durch eine Entsprechenserklärung anerkannt hat. Nach § 161 AktG sind der Vorstand und der Aufsichtsrat einer börsennotierten Gesellschaft verpflichtet, entweder die festgelegten Grundsätze einzuhalten oder über deren Nichteinhaltung zu berichten („comply or explain"). [378]

Nach § 111 Abs. 4 S. 2 AktG hat der Aufsichtsrat oder die Satzung einer jeden Aktiengesellschaft zu bestimmen, dass bestimmte Arten von Geschäften nur mit seiner Zustimmung vorgenommen werden dürfen. Der Gesetzgeber hat die Konkretisierung des zwingend einzuführenden Zustimmungskataloges den Bestimmungen des Corporate Governance Kodexes überlassen. Der Kodex sieht in Ziffer 3.3 einen Zustimmungsvorbehalt „für Geschäfte von grundlegender Bedeutung vor", wozu alle „Entscheidungen oder Maßnahmen (gehören sollen), die die Vermögens-, Finanz- oder Ertragslage des Unternehmens grundlegend verändern". Etwas anders beschreibt die Begründung des Entwurfs zum Transparenz- und Publizitätsgesetz der Bundesregierung die Geschäfte von grundlegender Bedeutung. Danach sind dies solche Vorgänge, die nach den Planungen oder Erwartungen die Ertragsaussichten der Gesellschaft oder ihre Risikoexposition grundlegend verändern und damit eine existentielle Bedeutung für das künftige Schicksal der Gesellschaft haben. [379]

Vergleicht man diese beiden Konkretisierungen miteinander, so erscheint deutlich, dass die Regierungsbegründung durch das Erfordernis einer zu erwartenden existentiellen Bedeutung für die Gesellschaft die Anforderungen an die einzubeziehenden Geschäfte hinsichtlich deren Eintritt niedriger als der Corporate Governance Kodex setzt; denn es sind ja durchaus Geschäfte vorstellbar, die zwar einen herausragenden Einfluss auf die Ertragsaussichten der

---

610, aaO wird auch auf die geäußerten Einwände des Bundesrates innerhalb des Gesetzgebungsverfahrens eingegangen. Die Offenlassung des Inhalts des künftig zwingend einzuführenden Kataloges wird mit der für die praktische Umsetzung der Regelung erforderlichen Flexibilität begründet.

[378] Zur Rechtsnatur des Kodex, welcher eine unmittelbare Wirkung nur im Falle einer entsprechenden Aufnahme der Regelungen in der Satzung, in den Anstellungsverträgen mit den Mitgliedern des Vorstands oder in den Geschäftsordnungen der Gesellschaft entfaltet, siehe Dörner/Menold/Pfitzer/Oser-Lutter, S. 78 f.; nach Lutter ist dabei die Erklärung nach § 161 AktG besonders hervorzuheben, weil nach dieser „die Empfehlungen des Kodex.....(bereits) best practice sind". Somit entsprechen die Regelungen im Zweifel den Grundsätzen ordnungsgemäßer Geschäftsführung bzw. Überwachung im Sinne der §§ 93, 116 AktG; vgl. zu den Vorschlägen der Regierungskommission hinsichtlich des § 111 Abs. 4 AktG im Rahmen der Diskussion über die Gestaltung der Corporate Governance Berrar, DB 2001, S. 2181, 2183 ff.

[379] BT-Drucks. 14/8769, Begründung des Gesetzesentwurfes der Bundesregierung zum TransPuG, S. 17.

Gesellschaft oder ihre Risikoexposition haben, aber bei ihrem Fehlschlagen noch nicht zwangsläufig die Existenz derselben bedrohen bzw. überhaupt keine erheblichen nachteiligen Folgen für die Gesellschaft haben.[380]

Der Sinn und Zweck der Änderung des § 111 Abs. 4 S. 2 AktG bestand darin, die präventive Kontrolle der Geschäftsführung durch den Aufsichtsrat zu erleichtern, um damit die Stellung des Aufsichtsrates innerhalb einer Aktiengesellschaft zu verstärken.[381] Ferner betont sowohl die Regierungsbegründung zum TransPuG[382] als auch die Regierungskommission[383] die Bedeutsamkeit der rechtzeitigen Einbindung des Aufsichtsrats in Entscheidungen über die Ertragsaussichten der Gesellschaft oder deren Risikoexposition durch grundlegend verändernde Geschäfte. Daher könnte man die Ansicht vertreten, den Begriff eines „Geschäfts von grundlegender Bedeutung" im Sinne einer für die Zukunft der Gesellschaft so genannten herausragenden Bedeutung zu interpretieren, ohne dass mit diesem geschäftlichen Vorgang die Gefährdung der Gesellschaft an sich verbunden zu sein braucht.[384] Demnach muss der Katalog jedenfalls alle Geschäftsarten nennen, welche für die Gesellschaft von grundlegender, also herausragender Bedeutung sind;[385] Geschäfte, die im Sinne des § 90 Abs. 1 Nr. 4 AktG für die Rentabilität oder Liquidität der Gesellschaft von erheblicher, aber nicht grundlegender Bedeutung sind, können zwar, müssen aber nicht von der Zustimmung des Aufsichtsrates abhängig gemacht werden.[386]

Dem folgend ist nun zu prüfen, ob die Zulassung einer Due Diligence ein Geschäft von grundlegender Bedeutung im Sinne der Ziffer 3.3 des Corporate Governance Kodexes ist. Dafür müsste die Vornahme einer Due Diligence Auswirkungen haben, welche die Vermögens-, Finanz- und Ertragslage des Unternehmens grundlegend verändern. Die Folgen der Durchführung einer Due

---

[380] Vgl. Götz, NZG 2002, S. 599, 602 f.

[381] BT-Drucks. 14/8769, Begründung des Gesetzesentwurfes der Bundesregierung zum TransPuG, S. 17 f.

[382] BT-Drucks. 14/8769, Begründung des Gesetzesentwurfes der Bundesregierung zum TransPuG, S. 17.

[383] Baums/Regierungskommission, D., Zweites Kapitel, II., 3., Rn. 34, S. 75 ff.

[384] So Götz, NZG 2002, S. 599, 602 f.

[385] Siehe dazu den Beispielskatalog von zustimmungsbedürftigen Geschäften bei Ringleb/Kremer/Lutter/v.Werder (Kodex-Kommentar)-Lutter, 2. Teil, 3., III., 3., Rn. 257.

[386] Götz, NZG 2002, S. 599, 602 f., welcher den in der Regierungsbegründung genannten Begriff `existentiell` „im Sinne einer für das künftige Schicksal der Gesellschaft `herausragenden` Bedeutung" interpretieren möchte und betont, dass mit dem geschäftlichen Vorgang eine Gefährdung des Unternehmens gerade nicht verbunden zu sein braucht. „Nur so lässt sich der Zweck der Änderung des § 111 Abs. 4 S. 2 AktG, nämlich einer Verstärkung der präventiven Kontrolle der Geschäftsführung durch den Aufsichtsrat, erreichen."

Diligence sind jedoch nicht von vornherein eindeutig zu bestimmen.[387] Es besteht zwar die Möglichkeit von entsprechenden für die Gesellschaft herausragenden negativen Auswirkungen, dies ist jedoch keineswegs die Regel; ansonsten würden und dürften derartige Prüfungen ja auch gar nicht zugelassen werden. Die Ziffer 3.3. des Kodexes setzt aber voraus, dass eine solche grundlegende Veränderung sicher eintritt.[388] Somit fällt die Entscheidung über die Zulassung einer Due Diligence vom Wortlaut der Ziffer 3.3. des Deutschen Corporate Governance Kodexes gesehen, nicht unter einen zwingenden Zustimmungsvorbehalt nach § 111 Abs. 4 S. 2 AktG.

(d) Zwischenergebnis

Da durch die Zulassung einer Due Diligence kein per se gesetzeswidriges Handeln des Vorstands im Sinne der der §§ 93 Abs. 1 S. 2, 404 Abs. 1 AktG droht und auch die gesetzliche Neuregelung des § 111 Abs. 4 S. 2 AktG i.V.m. der Ziffer 3.3. des Deutschen Corporate Governance Kodexes die zwingende Anordnung eines Zustimmungsvorbehaltes anlässlich einer Unternehmensprüfung nicht vorsieht, ist insoweit das Ermessen des Aufsichtsrates hinsichtlich der Bindung des Vorstandshandelns an dessen Zustimmung bei der Entscheidung über die Zulassung einer Due Diligence nicht reduziert.

(e) Stellungnahme zur Ermessensreduktion hinsichtlich der Bindung des Vorstandshandelns an Zustimmung des Aufsichtsrats bei Entscheidung über Zulassung einer Due Diligence

Fraglich erscheint, ob dem eben herausgearbeiteten Zwischenergebnis nicht doch gewichtige Gründe entgegenstehen, die das Ermessen des Aufsichtsrates hinsichtlich der Bindung des Vorstandshandelns an dessen Zustimmung bei der Entscheidung über die Zulassung einer Due Diligence reduzieren.

(aa) Sinn und Zweck der Neuregelung gegenüber Kriterium „Maßnahmen, die die Vermögens, Finanz- und Ertragslage des Unternehmens grundlegend verändern"

Nach der Prüfung anhand des Wortlautes des TransPuG und des Deutschen Corporate Governance Kodexes ist die bestehende Fragestellung nun mittels

---

[387] Vgl. S. 57 ff.
[388] Damit setzt sie die Formulierung fort, die schon im Gesetzentwurf der Bundesregierung verwendet wird, BT-Drucks. 14/8769, Begründung des Gesetzesentwurfes der Bundesregierung zum TransPuG, S. 17 („grundlegend verändern").

einer Bewertung des Sinns und Zwecks der gesetzgeberischen Neuregelungen zu beurteilen. Dabei ist nach möglichen, in der Praxis auftauchenden und der Bedeutung der Neuregelung entgegenstehenden Auswirkungen des (zur Konkretisierung des TransPuG in der Ziffer 3.3 des Corporate Governance Kodexes enthaltenden) Kriteriums „Maßnahmen, die die Vermögens-, Finanz- und Ertragslage des Unternehmens grundlegend verändern", zu suchen.

Zunächst soll angesichts des im Corporate Governance Kodex genannten Kriteriums der Ertragslage, die dafür maßgebliche Personengruppe und der Zeitpunkt einer solchen Einschätzung näher betrachtet werden.

Dem Vorstand einer Aktiengesellschaft wird in der Regel daran gelegen sein, die in Frage stehende Maßnahme derart positiv einzuschätzen, dass jene unterhalb der für einen Zustimmungsvorbehalt entscheidenden Grenze liegt.[389] Nur so kann der Vorstand ohne eine (präventive) Mitwirkung des Aufsichtsrates eine bestimmte Entscheidung hinsichtlich eines Geschäfts von grundlegender Bedeutung treffen und so inhaltlich ändernde bzw. den Vorgang zeitlich streckende Diskussionen durch diesen bzw. mit diesem vermeiden. Dem könnte man zwar die drohende Haftung des Vorstands bei Verletzung der Sorgfaltspflicht eines ordentlichen und gewissenhaften Geschäftsleiters nach dem § 93 AktG i.V.m. dem § 404 AktG entgegenhalten; ein Vorliegen der tatbestandsmäßigen Pflichtverletzung hängt jedoch auch vom Zeitpunkt der betreffenden Handlung ab.[390] Dabei kommt es auf eine klare Abgrenzung der allgemeinen Sorgfaltspflicht von bloßen Fehlschlägen bzw. Irrtümern an.[391] Nach Ziffer 3.8 des Corporate Governance Kodexes haben die Leitungsorgane bei ihren Handlungen die Regeln ordnungsgemäßer Unternehmensführung zu beachten. Dadurch wird deutlich, dass der Kodex nicht abschließend ist und die allgemein anerkannten Leitungs- und Überwachungsprinzipien als Leitlinien einer professionellen Unternehmensführung einzubeziehen sind.[392] Wenn ein Leitungsfehler des Vorstands überhaupt vorliegt, so muss dieser zur Erfüllung der Haftungsvoraussetzung im Zeitpunkt der Entscheidung, aus der sich die spätere Haftung ergeben soll, objektiv evident gewesen sein oder das Fehlverhalten hätte sich für den Vorstand oder das einzelne Vorstandsmitglied aus

[389] Vgl. Berrar, DB 2001, S. 2181, 2185.

[390] Siehe explizit zur Möglichkeit eines Absicherungsverhaltens zur Vermeidung von Haftungsrisiken die (diesen Fall verneinende) BT-Drucks. 14/8769, Begründung des Gesetzesentwurfes der Bundesregierung zum TransPuG, S. 17 f.

[391] Hüffer, § 93, Rn. 3 f. und 13 a.

[392] Ringleb/Kremer/Lutter/v.Werder (Kodex-Kommentar) -von Werder, 2. Teil, 3.8, XIII., 1., Rn. 327 und zu den Regeln ordnungsgemäßer Unternehmensführung aaO, 2. Teil, 3.8, XIII., 1., Rn. 328 m.w.N.

anderen Gründen aufdrängen müssen.[393] In einem solchen Fall braucht der Vorstand den Aufsichtsrat jedoch sicher nicht um dessen Zustimmung zu erfragen; denn dann hat er diese Maßnahmen gemäß § 93 Abs. 1 S. 1 AktG sowieso zu unterlassen. Bei einer ex ante als negativ einzuschätzenden Maßnahme hat der Vorstand diese also zu unterlassen und bei einer ex ante als positiv prognostizierten Handlung wird keine Zustimmung gebraucht, um die Richtigkeit der Vorstandshandlung festzustellen. Demnach greift das Argument einer dem Vorstand drohenden Haftung in dieser Hinsicht nicht ein.

Ob Entscheidungen oder Maßnahmen die Vermögens-, Finanz- und Ertragslage des Unternehmens im Sinne des Kodexes grundlegend verändern, hängt einerseits von der inhaltlichen Konkretisierung dieses Merkmals und andererseits vom Zeitpunkt der betreffenden Prognose ab. Gesellschaftsrechtliche Maßnahmen sollen dabei grundlegenden Einfluss auf die Vermögens- und Ertragslage der Gesellschaft haben und daher unter die Ziffer 3.3. des Kodexes zu subsumieren sein.[394] Zudem wird hervorgehoben, dass es Handlungen gibt, welche die Ertragslage des Unternehmens zwar nicht verändern, aber die unternehmerische Ausrichtung vollständig neu ordnen, wie beispielsweise die Aufnahme oder Aufgabe von bestimmten Geschäftszweigen und Produktionsarten.[395] Solche Entscheidungen könnten jedoch nicht als Geschäfte von grundlegender Bedeutung einzuordnen seien; dies widerspräche aber dem Willen des Gesetzgebers. Um diese Umstände, welche aufgrund der genannten Einflüsse und deren Auswirkungen entstehen, abzuwenden, wäre es entsprechend der gesetzgeberischen Intention der Neuregelung (Stärkung der Aufsichtsratsposition durch Einbindung in grundlegende Entscheidungen und die damit verbundene Einforderung einer aktiveren Rolle des Aufsichtsrats[396]) wohl sinnvoller, nicht nur auf eine grundlegende Veränderung der faktischen Ertragslage abzustellen, sondern schon auf die Möglichkeit einer solchen Änderung.[397] Dies würde zum einen die subjektive Beeinflussbarkeit der Auslegung des Kodexes minimieren und zum anderen diejenigen Fälle erfassen, in denen die Auswirkungen der betreffenden Entscheidung stark schwankend sind bzw. sein

---

[393] Siehe Hüffer, § 93, Rn. 13 a.

[394] Statt vieler Hucke/Ammann, 2. Kapitel, 2.3, S. 45.

[395] Vgl. dazu die Bedenken hinsichtlich des ursprünglich von der Regierungskommission als § 111 Abs. 4 S. 3 AktG vorgeschlagenen Kriteriums der Ertragsaussichten und zur Anlehnung an Theorien zur Corporate Finance (wonach sich Entscheidungen und deren Folgen für die Gesellschaft konkret berechnen lassen) bei Berrar, DB 2001, S. 2181, 2185.

[396] BT-Drucks. 14/8769, Begründung des Gesetzesentwurfes der Bundesregierung zum TransPuG, S. 17.

[397] Vgl. in diesem Zusammenhang auch die getätigten Einwände zum von der Regierungskommission ursprünglich vorgeschlagenen Kriterium der Ertragsaussichten bei Berrar, DB 2001, S. 2181, 2184 ff.

können. Damit einhergehende Unsicherheiten bei der Einordnung eines Geschäftes als zustimmungspflichtig und damit verbundene Auslegungs-schwierigkeiten des Kodexes können nämlich zu Problemstellungen in der praktischen Umsetzung der Neuregelung führen und damit auf die gesetz-geberische Intention geradezu kontraproduktiv wirken.

Somit bleibt festzuhalten, dass im Hinblick auf die Auslegung des Kriteriums „Maßnahmen, die die Vermögens-, Finanz- und Ertragslage des Unternehmens grundlegend verändern" in der beschriebenen Art und Weise, die praktische Umsetzung des Sinns und Zwecks der gesetzgeberischen Neuregelungen zumindest erschwert wird.[398]

(bb) Position des Aufsichtsrats aufgrund der bisherigen Erfahrungen
in der Praxis

Nach diesen Bedenken in Bezug auf die Ansicht, dass das Ermessen des Aufsichtsrates hinsichtlich der Bindung des Vorstandshandelns an dessen Zustimmung bei der Entscheidung über die Zulassung einer Due Diligence nicht reduziert wird, ist das Zusammenwirken von Vorstand und Aufsichtsrat sowie deren Effizienz anhand der bisherigen Erfahrungen zu beurteilen, um daraus weitere Schlussfolgerungen für die zu bearbeitende Fragestellung zu ziehen.

Zunächst ist ausgehend vom bestehenden Spannungsverhältnis zwischen der dem Vorstand gemäß § 76 Abs. 1 AktG zugewiesenen Leitungsaufgabe der Aktiengesellschaft und dem nach § 111 AktG zulässigen Eingriff in die Geschäftsführung durch den Aufsichtsrat,[399] eine sich verändernde Position des Aufsichtsrats innerhalb der Aktiengesellschaft festzustellen. Zunehmend wird dessen Hervorhebung innerhalb der Organstruktur gefordert.[400] Dies wird rein äußerlich von der großen Anzahl der Unternehmenskrisen und der damit

---

[398] Siehe zum Auseinanderfallen von der eigentlichen Intention des Gesetzentwurfs und dem Wortlaut wegen des offenen und unbestimmten Gegenstands der zustimmungsbedürftigen Geschäfte, die Empfehlungen der Ausschüsse zum Entwurf eines Gesetzes zur weiteren Reform des Aktien- und Bilanzrechts, zu Transparenz und Publizität (Transparenz- und Publizitätsgesetz), BR-Drucks. 109/1/02, S. 5 f.

[399] Vgl. zu dem in einer Aktiengesellschaft bestehenden Konfliktbereich S. 92 ff.; zur Verfassung einer Aktiengesellschaft und der Frage, wer „die wirklich Entscheidenden" sind Maiberg, § 3, II, Rn. 229, S. 228; siehe ferner die Ausführungen zu der so genannten gestaltenden Überwachung des Vorstand durch den Aufsichtsrat bei Henze, BB 2000, S. 209, 214.

[400] Zum entsprechenden gesetzgeberischen Willen siehe S. 107 ff.; dies wird durch einen gro-ßen Teil des Schrifttums gestützt, dazu exemplarisch Knigge, WM 2002, S. 1729, 1731.

zusammenhängenden Insolvenzen abgeleitet.[401] Die sich so deutlich zeigenden Schwächen der Unternehmensverfassung in Deutschland liegen, bezogen auf eine erfolgreiche Corporate Governance, insbesondere in der mangelnden Kontrolle des Vorstands durch den Aufsichtsrat und der insgesamt fehlenden Transparenz von Entscheidungen innerhalb einer Aktiengesellschaft.[402] Dies gründet sich auch darauf, dass in der Praxis viele Aufsichtsräte von der Möglichkeit eines Zustimmungsvorbehalts nur sehr zurückhaltend Gebrauch machen.[403] Jenes liegt wiederum wohl zum großen Teil an der in Deutschland bestehenden Mitbestimmung und an den dadurch im Aufsichtsrat vertretenen Arbeitnehmern.[404] Um deren Einfluss auf wichtige Fragen der operativen Geschäftsführung auszuschließen, werden nämlich bestehende Zustimmungskataloge eingeschränkt oder gestrichen und neue Kataloge im Allgemeinen nicht eingeführt.[405] Zudem nimmt die Wirksamkeit der Überwachung der Geschäftsführung durch den Aufsichtsrat in der Regel mit der Größe des Unternehmens ohnehin ab.[406]

Dies wird jedoch der gesetzlich durch den Aufsichtsrat vorgesehenen Überwachungspflicht keinesfalls gerecht; der Vorbehaltskatalog sollte eine angemessene Mitwirkung des Aufsichtsrats je nach den spezifischen Verhältnissen der Gesellschaft sicherstellen.[407] Gerade angesichts der in der Praxis bestehenden

---

[401] Siehe zum weiteren Anstieg der Unternehmensinsolvenzen den Artikel „Unvermindert stark rollt Pleitewelle durch Europa", welcher sich auf die Untersuchungen der Wirtschaftsauskunftsdatei Creditreform stützt, in: Handelsblatt, 04.02.2004, S. 12; vgl. auch BT-Drucks. 14/8769, Begründung des Gesetzesentwurfes der Bundesregierung zum TransPuG, S. 10, wo es heißt: „Einzelne Unternehmenskrisen waren...Anlass für die weiteren Bemühungen der Bundesregierung um eine Verbesserung des deutschen Corporate Governance-Systems."

[402] Vgl. zur Entwicklung des deutschen Kapitalmarkts und zu den offensichtlichen Mängeln in der bisher bei einigen Unternehmen immer noch üblichen Corporate Governance die Ausführungen bei Schiessl, AG 2002, S. 593 f.

[403] Dazu Münchener Handbuch-Hoffmann-Becking, 6. Kapitel, § 29, II., 2., d), Rn. 38.

[404] Vgl. Ulmer, ZHR 166 (2002), S. 150, 180 f.

[405] Vgl. zu den umfassenden Auswirkungen der Mitbestimmung auf die praktische Vorgehensweise innerhalb der Unternehmen, in denen der gesetzlich gewollte Einfluss der Arbeitnehmervertreter zum großen Teil vereitelt wird, die Ausführungen bei Henn, Handbuch des Aktienrechts, § 19, Abschnitt 8, Rn. 681 ff.; Theisen, III., 2., c., ce., S. 55.

[406] Semler, Rechtsvorgabe und Realität der Organzusammenarbeit in der Aktiengesellschaft, in: Festschrift für Lutter, S. 721, 730 f.; MüKo-Semler/Spindler, vor § 76, Rn. 240 f. bezeichnen die Aufteilung der Leitungs- und Kontrollfunktion auf Vorstand und Aufsichtsrat als „anders als es der Vorstellung des Gesetzgebers entspricht". Durch die Möglichkeit, ein Mitglied des Vorstandes nicht wieder zu bestellen (siehe § 84 AktG), ergäben sich jedoch tatsächliche Einflussmöglichkeiten des Aufsichtsrats, welche in der Unternehmenspraxis auch genutzt würden.

[407] Statt vieler Ihrig/Wagner, BB 2002, S. 789, 794.

Befürchtung einer Verletzung der Verschwiegenheitspflicht durch die Arbeitnehmervertreter im Aufsichtsrat und der damit vielfach einhergehenden negativen Auswirkungen auf die (Kompetenzordnung der) Gesellschaft, sollte die Funktion des Aufsichtsrats in der Verfassung einer Aktiengesellschaft sowie das Verhältnis der Arbeitgeber-, sowie Arbeitnehmervertreter im Aufsichtsrat selbst, besser und vor allem praxisnäher festgelegt werden.[408] Jedenfalls darf das beschriebene Problem nicht dazu führen, dass die Rolle des Aufsichtsrats in seiner Funktion als Kontrollorgan deswegen (zumindest in der Praxis) entwertet wird; im Gegenteil: der Aufsichtsrat und das deutsche Aufsichtsratssystem an sich müssen angesichts der bestehenden Missstände gestärkt werden, um die Funktionsfähigkeit des Aufsichtsrates sicherzustellen und zu optimieren.[409]

In diesem Zusammenhang wird deshalb sogar über § 111 Abs. 4 S. 2 AktG hinaus die Einführung eines gesetzlich zwingenden Zustimmungsvorbehalts für die Unternehmensplanung im Allgemeinen gefordert.[410] Diese Möglichkeit bzw. deren Notwendigkeit wird zwar sehr unterschiedlich gesehen;[411] bei der Entscheidung über die Zulassung einer Due Diligence geht es jedoch nicht abstrakt

---

[408] Siehe zum Problem der Verschwiegenheitspflicht im Aufsichtsrat statt vieler Karsten Schmidt, Gesellschaftsrecht, § 28, III, 1., c); Scheffler, AG 1995, S. 207, 209 f.

[409] Vgl. dazu den Gesetzentwurf der Bundesregierung, BT-Drucks. 14/8769, Begründung des Gesetzesentwurfes der Bundesregierung zum TransPuG, S. 17 f.; Peltzer, NZG 2002, S. 593, 594. Die Stärkung der Stellung des Aufsichtsrats entspricht auch der Tendenz in der Unternehmenswirklichkeit. Die Anteilseigner bringen sich immer häufiger und intensiv in Entscheidungsprozesse ein, wenn es um die Ausrichtung des Unternehmens und um entsprechende Maßnahmen geht; zum Verhältnis zwischen dem Vorstand und dem Aufsichtsrat in der Unternehmenspraxis siehe Schmid/Jenkins, WestLB-Eigner misstrauen Vorstand, Financial Times Deutschland, 05. September 2003, S. 17.

[410] Feddersen/Hommelhoff/Schneider-Dreher, II., S. 49 ff.; dies liegt auch aus dem Grund nahe, da die Unternehmensplanung „weniger eine Vorausschau der zu erwartenden Entwicklung als vor allem eine Darstellung der Auswirkungen bestimmter Vorhaben" (MüKo-Semler/Spindler, vor § 76, Rn. 62) ist und damit der Überwachung vom Aufsichtsrat unterworfen ist; Meyer-Lohmann, B., 2.1.2, S. 46; vgl. zu den zwingend einzuführenden Zustimmungsvorbehalten durch Ermessensreduktion und zu den in diesem Zusammenhang möglicherweise vorkommenden verschiedenen Varianten des Vorstandshandelns Boujong, AG 1995, S. 203, 205 f.

[411] Diese Möglichkeit bejahend Semler/Schenck-Kropff, Arbeitshandbuch für Aufsichtsratsmitglieder, § 8, II., 4., b), Rn. 28; vgl. zu den Schranken der Befugnisse des Aufsichtsrates aus § 111 Abs. 4 S. 2 AktG und zu den Auswirkungen von Zustimmungsvorbehalten, welche dem Prinzip der eigenverantwortlichen Leitung der Gesellschaft durch den Vorstand widersprechen, Götz, ZGR 1990, S. 633, 640 ff., insbesondere S. 642; Siehe auch Hüffer, § 111, Rn. 18. Nach diesem ist es nicht zulässig, „dass Mehrjahresplanungen ganz oder ausschnittsweise an (die) Zustimmung (des Aufsichtsrates) gebunden werden. Mit (dem) Bestimmtheitserfordernis unvereinbar wäre auch (eine) Generalklausel (`alle wesentlichen Geschäfte')."

um die allgemeine Unternehmensplanung, sondern um eine konkrete Planungsmaßnahme. Zudem umfasst die Unternehmensplanung mehrere Stufen, nämlich
die generelle Zielplanung, die strategische Planung und die operative Planung.[412]
Da der Aufsichtsrat auch die operative Planung zu überwachen hat, dies jedoch
aufgrund der zeitlichen Begrenztheit meist nur präventiv möglich ist,[413]
erscheint die aufgeworfene Frage hier nicht entscheidungsrelevant; jedenfalls
verdeutlicht sie die Neigung einiger Autoren, dem Aufsichtsrat tendenziell mehr
(Kontroll-) Rechte zuzusprechen.[414] Somit sind diesem die weiteren Aufgaben
eines so genannten mit-unternehmerischen, beratenden und mit-entscheidenden
Unternehmensorgans zugekommen.[415] Angesichts der beschriebenen Mängel
und der notwendigen Verbesserungen in der Unternehmensführung wäre also
eine grundsätzliche Neuausrichtung des Aufsichtsrates wünschenswert. Ob
durch eine gestaltende Überwachung bzw. eine Präventivkontrolle – strategisch
bedeutsame Entscheidungen bedürfen der Zustimmung des Aufsichtsrates, denn
dieser hat sich planerisch mit der Zukunft des Unternehmens auseinander-
zusetzen.[416]

In Anbetracht dieser sich verändernden Position des Aufsichtsrates ist somit eine
allgemeine Tendenz zur engeren Verzahnung von Vorstand und Aufsichtsrat
innerhalb der Entscheidungen und die Neigung einer damit einhergehenden
Erhöhung der Anzahl der zustimmungspflichtigen Geschäfte im Sinne des
§ 111 Abs. 4 S. 2 AktG vorzunehmen, zu beobachten.[417]

---

[412] Fuhr, 3.1.2, S. 78.

[413] In diesem Sinne auch Fuhr, 3.3.1.1.1, S. 97 ff.

[414] So auch Strunk/Kolaschnik/Hansen/Jehn/Wessel, II., 3., S. 39 f.; vgl. zu den Schwachstellen im geltenden System von Corporate Governance Lutter, ZGR 2001, S. 224, 227 ff.;
zu den Lücken speziell hinsichtlich der Funktion des Aufsichtsrats siehe exemplarisch
Lutter ZHR 159 (1995), S. 287, 294 ff.; Lutter, NJW 1995, S. 1133 f.; zur besonderen
Wichtigkeit eines Zustimmungskataloges zur präventiven Überwachung des Vorstandes
siehe Schiessl, AG 2002, S. 593, 596 f.; siehe auch Heller, § 2, D., II., 6., b), dd), S. 60 f.,
der die Möglichkeit, wichtige Geschäfte an die Zustimmung des Aufsichtsrates zu binden,
aufgrund der damit einhergehenden wesentlichen Erhöhung der Überwachungsqualität des
Aufsichtsrates befürwortet; Kropff, NZG 1998, S. 613, 618: „Unter Gesichtspunkten der
Corporate Governance spricht viel dafür, dass der Aufsichtsrat in der Regel verpflichtet
ist, den Zustimmungskatalog als Instrument zur frühzeitigen Abklärung der geschäftspolitischen Vorstellungen zu nutzen. Für die gute Entwicklung der Gesellschaft ist die
frühzeitige Harmonisierung dieser Vorstellungen existenziell wichtig...Dieser Verantwortung darf sich der Aufsichtsrat nicht entziehen."

[415] Lutter/Krieger, § 2, V, Rn. 56 ff.

[416] Servatius, AG 1995, S. 223, 224.

[417] Vgl. zur neueren Entwicklung hinsichtlich zustimmungspflichtiger Geschäfte exemplarisch Berrar, DB 2001, S. 2181 ff.; Strunk/Kolaschnik/Hansen/Jehn/Wessel, II., 3., S. 39 f.

Der Aufsichtsrat sollte verpflichtet sein, sich bei besonders wichtigen Angelegenheiten eine Veto-Position zu eröffnen.[418] Daher sollte der Zustimmungskatalog eine angemessene Mitwirkung des Aufsichtsrates, je nach den spezifischen Verhältnissen der Gesellschaft, sicherstellen.[419] Dabei ist hinsichtlich der konkreten Ausprägung des Kataloges auf die Effizienz und Aktualität der Entscheidungen, welche für die Vermögens-, Finanz- und Ertragslage des Unternehmens bedeutend und damit zustimmungspflichtig sind, besonderen Wert zu legen.[420]

(cc) Auswirkung der Haftungsfrage auf Abwägung, eine Due Diligence zustimmungspflichtig zu machen oder nicht

Ein weiteres Kriterium, das man für die in Frage stehende Abwägung heranziehen könnte, stellt die Auswirkung der Haftungsfrage dar. Die Haftung der Aufsichtsratsmitglieder für mangelnde Sorgfalt regelt § 116 AktG i.V.m. § 93 AktG. Dabei bestimmt der § 116 AktG, dass der Regelungsgegenstand und Regelungszweck der Haftung des Aufsichtsrates ebenso zu bestimmen ist, wie für § 93 AktG als Parallelnorm in Bezug auf die Vorstandsmitglieder.[421] § 93 Abs. 1 S. 1 AktG umschreibt dabei die allgemeinen Sorgfalts- und Treuepflicht, § 93 Abs. 1 S. 2 AktG hebt die Verschwiegenheitspflicht besonders hervor.[422]

Unterlässt es der Aufsichtsrat, die Zulassung einer Due Diligence unter Zustimmungsvorbehalt zu stellen, und ist im Falle eintretender nachteiliger Auswirkungen dieser Prüfung fraglich, ob der Aufsichtsrat die gebührende Sorgfalt eines ordentlichen und gewissenhaften Geschäftsleiters angewandt hat[423], so trifft diesen dafür die Beweislast gemäß § 116 AktG i.V.m. § 93 Abs. 2 S. 2 AktG. Dadurch wird von der ansonsten geltenden Regelung,

---

[418] Lutter/Krieger, § 3, IV., 3., a), Rn. 106, Fn. 4.

[419] Ihrig/Wagner, BB 2002, S. 789, 794.

[420] Scheffler, AG 1995, S. 207, 211.

[421] Hüffer, § 116, Rn. 1; Henn, Handbuch des Aktienrechts, § 19, Abschnitt 8, Rn. 680: „Der Unterschied zwischen den beiden Kategorien der Verantwortlichkeit (zwischen derjenigen des § 93 AktG und derjenigen des § 116 AktG) liegt ausschließlich im Tatsächlichen, d.h. in der Gestaltung und im Umfang der Sorgfaltspflicht."; Thümmel, B., 2. Kapitel, I., 4., c), aa), Rn. 146 betont, dass insbesondere bei Übernahmensituationen „jedes Auflösen von Interessenkollisionslagen zu Lasten der Gesellschaft und zugunsten des Unternehmensleiters (oder eines Dritten) pflichtwidrig" ist.

[422] Statt vieler Großkommentar-Hopt, § 93, Anm. 72.

[423] Siehe zur Möglichkeit der Herleitung eines Überwachungsverschuldens des Aufsichtsrats aufgrund eines nicht dem Zustimmungsvorbehalt unterworfenen Geschäfts Kölner Komm-Mertens., § 111, Rn. 79.

nämlich dass jeder die Voraussetzungen der ihm günstigen Norm zu beweisen hat, abgewichen.[424]

Durch die für eine effizientere Unternehmensüberwachung geschaffene Änderung des § 111 Abs. 4 S. 2 AktG schreibt der Gesetzgeber eine stärkere Involvierung des Aufsichtsrates vor.[425] Daher wird aufgrund dieser durch die gesetzliche Neuregelung geschaffenen Tendenz einer intensiveren Rolle des Aufsichtsrates innerhalb einer Aktiengesellschaft, das Risiko einer Haftung bei ungenügender Festlegung von Zustimmungsvorbehalten deutlich erhöht.[426] Ist einem Aufsichtsrat weder durch die Gesellschaftssatzung oder seine Geschäftsordnung, noch durch diejenige des Vorstandes, ein Katalog von zustimmungspflichtigen Geschäften zugeordnet, so handelt das Überwachungsorgan gesetzes- und damit sorgfaltswidrig im Sinne des § 93 Abs. 1 S. 1 AktG.[427] Der Aufsichtsrat muss nunmehr bei allen wesentlichen Entscheidungen des Vorstandes prüfen, ob ein Zustimmungsvorbehalt im Einzelfall oder sogar generell für eine bestimmte Art von Geschäften vorliegt.[428]

Die Ergänzung des § 116 AktG durch das TransPuG (Abs. 2 betont nun, dass „die Aufsichtsratsmitglieder insbesondere zur Verschwiegenheit über erhaltene vertrauliche Berichte und vertrauliche Beratungen verpflichtet" sind) hebt die besondere Bedeutung der Beachtung der Vertraulichkeit für die Funktionsfähigkeit des Aufsichtssystem innerhalb einer Aktiengesellschaft hervor;[429]

---

[424] Hüffer, § 93, Rn. 16.

[425] Vgl. statt vieler Schiessl, AG 2002, S. 593, 596 f.

[426] Ihrig/Wagner, BB 2002, S. 789, 794; Wirth/RWS-Forum, S. 99, 102; vgl. zu der eine Schadensersatz auslösende Pflichtwidrigkeit eines Verstoßes gegen § 111 Abs. 4 S. 2 AktG Lutter/Krieger, § 3, IV, 3., a), Rn. 106; Berrar, DB 2001, S. 2181, 2184; vgl. zum beträchtlichen Risiko der Durchsetzung einer Organhaftung auch das erhöhte Haftungsrisiko des Vorstandes, insbesondere durch die Erleichterung des Klageerzwingungsverfahrens nach § 147 AktG und die „ARAG/Garmenbeck"-Entscheidung des BGH (BGHZ 135, 244 ff., Urteil vom 21.04.1997 – II ZR 175/95); Wirth/RWS-Forum führt dazu aus: „Das ARAG-Urteil führt auf der Ebene des Aufsichtsrates eindeutig zu einer Haftungsverschärfung, da es im Bereich der Überwachungtätigkeit den Aufsichtsrat beim Vorliegen bestimmter Umstände zum Handeln zwingt, und zwar ohne ein Ermessen." (S. 99, 110); Ihlas, F., I., S. 324 („...für die Organmitglieder nicht abschätzbaren Existenzrisiko.").

[427] Theisen, III., 2., c., ce., S. 55.

[428] Theisen, III., 2., c., ce., S. 57: „Die neue Verpflichtung kehrt das schlichte Unterlassen einer solchen Zustimmungsauflage zu einer generellen aktiven ...Überprüfungspflicht der potenziellen Zustimmungswürdig- und pflichtigkeit."

[429] Wobei der Aufsichtsrat auch schon vor dieser gesetzlichen Ergänzung des § 116 AktG dem Unternehmensinteresse nach den §§ 116, 93 AktG verpflichtet war. Siehe statt vieler Reuter, ZHR 144 (1980), S. 493, 499; siehe auch Beck'sches Formularbuch-Hoffmann-Becking, X. 18, § 3, S. 1586.

gleichzeitig wird in diesem Zusammenhang sogar das Strafmass für die unbefugte Offenbarung von Geheimnissen der Gesellschaft in § 404 AktG erhöht.[430] Eine solche Haftung wird insbesondere bei Unternehmenszusammenbrüchen praktisch.[431] Diese Überlegungen könnte man auch als Indiz innerhalb der Abwägung, eine Due Diligence zustimmungspflichtig zu machen oder nicht, heranziehen. Die neue Regelung der verschärften Überwachungspflicht mittels eines zwingenden Zustimmungskataloges sowie das erhöhte Haftungsrisiko des Aufsichtsrates im Falle des Unterlassens einer entsprechenden Aufstellung spricht für die Annahme, dass die Entscheidung über die Zulassung einer Due Diligence zustimmungspflichtig im Sinne des § 111 Abs. 4 S. 2 AktG ist.

(dd) Rechtsvergleich mit den entsprechenden Regelungen in den USA

Die Tatsache, dass die in der deutschen (M&A-) Praxis überwiegend verwandten Regelungen bzw. Begrifflichkeiten, wie auch diejenige der Due Diligence,[432] meist aus dem US-amerikanischen Geschäftskreis stammen,[433] spricht dafür, hinsichtlich der Entscheidungskompetenz über die Zulassung einer Due Diligence einen entsprechenden Vergleich mit den dortigen Regelungen anzustellen.[434]

Der für Firmenfusionen und Firmenübernahmen größte Markt weltweit ist derjenige der USA.[435] In dem dort bestehenden bord-Modell gibt es keine etablierte Form der Mitbestimmung und somit auch keine Vertreter der Arbeitnehmer im board. Innerhalb einer Gesellschaft (corporation) werden die Aufgaben des Managements und der Kontrolle in der Regel zwischen den Gesellschaftern (shareholders), den leitenden Angestellten (executive officers) und dem board of

---

[430] BT-Drucks. 14/8769, Begründung des Gesetzesentwurfes der Bundesregierung zum TransPuG, S. 18 („Zwischen Information und Vertraulichkeit besteht ein unlösbarer Zusammenhang...Es bedarf daher einer besonderen Hervorhebung der für die Funktionsfähigkeit des Aufsichtsrats elementaren Verpflichtung zur Verschwiegenheit in § 116 AktG selbst."); siehe Geßler-AktG, § 404 AktG, Rn. 20.

[431] Karsten Schmidt, Gesellschaftsrecht, § 28, III, 1., d) („...gerade in diesen Fällen ein kaum noch versicherbares Risiko.").

[432] Zur Herkunft der Due Diligence aus dem angloamerikanischen Rechtskreis siehe S. 29 ff.

[433] Vgl. exemplarisch Merkt, Internationaler Unternehmenskauf, Anhang, B., Rn. 804 ff.; zu den weiteren Begriffen und Formen der Unternehmensübernahme in den USA Elsner, zfbf 1986, S. 317, 321 ff.; zum Verhältnis von Fallrecht und Gesetzesrecht in den USA siehe Assmann/Bungert-Bungert, I. Teil, 1. Kapitel, C., I., S. 42 ff.

[434] Vgl. dazu die Zielsetzung des WpÜG, BT-Drucks. 14/7034, Begründung des Gesetzesentwurfes der Bundesregierung zum WpÜG, S. 28.

[435] Siehe zum weltweiten Unternehmensmarkt Picot-Picot, S. 3 ff.

directors, welcher lediglich die Unternehmensoberleitung übernimmt, verteilt. Sowohl die grundlegenden bzw. außergewöhnlichen Entscheidungen als auch die wesentlichen Kontrollaufgaben sind dabei bei den Gesellschaftern vorbehalten. Die Festlegung der Geschäfts- und Unternehmenspolitik, sowie die Bestellung der leitenden Angestellten obliegt dem board of directors. Das Tagesgeschäft selbst wird von den leitenden Angestellten geleitet, welche die Entscheidungen des board of directors innerhalb dessen umsetzen sollen.[436] Die Kontrolle der Geschäftsführung wird dabei faktisch von Ausschüssen ausgeübt, in welchen die leitenden Angestellten keinen Sitz und dementsprechend auch keine Stimmberechtigung haben.[437] Das US-Gesellschaftsrecht enthält aber keine Bestimmung, die vorsieht, dass die directors unabhängig sein müssen und nicht dem Management der Gesellschaft angehören dürfen.[438] Somit besteht in den USA aufgrund einer möglichen und oftmals praktizierten Personenidentität von board- und Management-Mitgliedern ein System der Einheit von Leitungs- und Kontrollorgan.[439] Aufgrund der damit verbundenen Schwierigkeiten wird das System der Kompetenzverteilung innerhalb einer Aktiengesellschaft zwischen Vorstand, Aufsichtsrat und Hauptversammlung im Hinblick auf eine effektive Unternehmenskontrolle in der Regel als zweckmäßiger angesehen.[440]

---

[436] Zur Grundstruktur einer corporation (statutory scheme) in den USA, in welchem das Gesellschaftsrecht nicht Bundesrecht ist, sondern von jedem einzelnen Bundesstaat selbst geregelt wird, und den davon möglichen Abweichungen Merkt, US-Gesellschaftsrecht, 2. Teil, VII., 1., Rn. 482 ff.; Feddersen/Hommelhoff/Schneider-Hess, S. 11 ff. und - Buxbaum, S. 71 ff.; zur allgemeinen Personalauswahl für den Aufsichtsrat bzw. den board of directors siehe Mackensen, E., IV., 7., a., (1), (aa), S. 259 f.

[437] Münchener Handbuch-Wiesner, 5. Kapitel, § 19, I., 1., a), Rn. 4.

[438] Feddersen/Hommelhoff/Schneider-Hess, S. 11.

[439] Zu den Gründen und den damit verbundenen Folgen ausführlich Feddersen/Hommelhoff/ Schneider-Hess, S. 15 ff.; Schmidt, Corporate Governance, Kapitel 3, 3.3.1, a), S. 77 f., zur Kompetenzverteilung hinsichtlich eines Kontrollwechsels einer Kapitalgesellschaft in den USA (zwischen Bundesrecht und einzelstaatlichen Regelungen) siehe Lüttmann, 3. Kapitel, § 8, I., S. 83 ff.; zur Überwachungsaufgabe des boards ausführlich Bleicher/ Leberl/Paul, D., II., S. 145 ff.; zur Corporate Governance in den USA Weston/ Mitchell/ Mulherin, Part VI, Chapter 20, S. 563 f.; Brealey/Myers, Part X, Chapter 34, 34.4, S. 981 f.; vgl. zu den möglichen Informationsquellen bei einer beabsichtigten Transaktion in den USA Rädler/Pöllath-Rudden/Burger, Kapitel IV, II., 2., S. 142 ff.

[440] Jedenfalls in Deutschland. Siehe Hopt/Unternehmenskontrolle, S. 9 ff.; zu den Vor- und Nachteilen des Vereinigungs- und des Trennungsmodells siehe Martens, Kapitel II, 5.4, S. 32 f.; das duale und monistische System gegenüberstellend, MüKo-Semler/Spindler, vor § 76, Rn. 221 f.; Hommelhoff/Hopt/Werder-Böckli, S. 204 ff.; zu den Risiken bei einer Unternehmensübernahme in den USA siehe Elsner, zfbf 1986, S. 317 ff.; siehe aber auch Baums/Unternehmensführung und Unternehmenskontrolle, S. 31, 33, welcher darauf hinweist, dass die Regierungskommission Corporate Governance während dessen Beratungen erwogen hatte, eine so genannte Optionslösung (Wahlfreiheit zwischen dem Board- oder Verwaltungsmodell und dem Vorstands-Aufsichtsratsmodell) für Deutschland

Ein entsprechend der Regelungen in den USA bestehendes Bedürfnis nach einem die gesetzlichen Normen ergänzenden Verhaltenskodex bestand daher nicht.[441] Ein solcher Kodex wurde aber nicht zuletzt als vertrauensbildende Maßnahme gegenüber internationalen Investoren dennoch eingeführt.

Der „Deutsche Corporate Governance Kodex" enthält international und national bewährte und anerkannte Verhaltensregelungen verantwortungsvoller Unternehmensführung.[442] In diesem Zusammenhang wird sichtbar, dass sich das international weit verbreitete System eines einheitlichen Leitungs- und Überwachungsorgans und das duale Führungssystem, wie etwa in Deutschland, wegen der intensiven Zusammenarbeit von Vorstand und Aufsichtsrat in der Praxis immer mehr aufeinander zu bewegen.[443] Dies wird bereits durch die 1999 von der Organisation für wirtschaftliche Zusammenarbeit und Entwicklung veröffentlichten Grundsätze der Corporate Governance deutlich. In diesen Grundsätzen der Unternehmensführung und Unternehmenskontrolle für die Welt wird der Begriff „Board" mit dem des „Aufsichtsrates" gleichgesetzt.[444] Dessen Pflichten sollen nach Abschnitt V der OECD-Grundsätze der Corporate Governance neben der strategischen Ausrichtung des Unternehmens insbesondere in

---

zu empfehlen; zur Notwendigkeit einer Verbesserung der Corporate Governance in den USA siehe Cromme/Corporate Governance Report 2003-Atkins, S. 37 ff.

[441] Eisenhardt, 9. Kapitel, § 34, III., Rn. 481a und 9. Kapitel, § 39, I., Rn. 547.

[442] 1. Präambel des „Deutscher Corporate Governance Kodex".

[443] 1. Präambel des „Deutscher Corporate Governance Kodex"; Berrar, DB 2001, S. 2181, 2186; vgl. aber andererseits die gerade herrschende entgegengesetzte Tendenz in den USA aufgrund der dortigen Unternehmenszusammenbrüche. In diesem Zusammenhang werden nämlich Forderungen nach einer klaren Trennung der Ämter von CEO und Chairman und damit eine Annäherung an das beispielsweise in Deutschland praktizierte dualistische System der Unternehmensführung mit den getrennten Organen Vorstand und Aufsichtsrat erhoben. Siehe Oldag, Andreas, Wie mächtig darf ein CEO sein?, Süddeutsche Zeitung, 16.01.2003, S. 17.; zur historischen Entwicklung der organisatorischen Stellung des Aufsichtsrates im Kompetenzsystem der deutschen Aktiengesellschaft im Vergleich zum Verhältnis des boards zum Management nach dem amerikanischen Korporationsrecht siehe Dreyer, Erster Teil, 1. Kapitel, B., II., b), S. 23 ff.; Hopt/Wymeersch, Comparative Corporate Governance-Kaplan, S. 195 ff. vergleicht die Corporate Governance Deutschlands mit derjenigen der USA und stellt die Vorteile des US-amerikanischen Systems heraus; vgl. Ringleb/Kremer/Lutter/v.Werder (Kodex-Kommentar)-von Werder, 2. Teil, 3., I., 1., Rn. 236.

[444] OECD-Grundsätze der Corporate Governance, abgedruckt in: AG 1999, S. 340, 342, Einleitung; vgl. dazu auch die Vorbemerkungen von Seibert zu den OECD-Grundsätzen der Corporate Governance, in: AG 1999, S. 337, 338, nach welchem eine „Gleichsetzung des angloamerikanischen `Board` mit dem `Aufsichtsrat` nach dem Verständnis unseres Aktienrechts praktisch nahtlos möglich war".

der effektiven Überwachung der Geschäftsführung liegen.[445] Dazu gehören einige Schlüsselfunktionen wie die Überprüfung und Kontrolle der wichtigsten Investitionen, Akquisitionen und Veräußerungen, die Verfolgung und Regelung potentieller Interessenkonflikte zwischen Vorstand, Aufsichtsrat und Aktionären und insbesondere ein den Pflichten angemessener, zeitnaher Zugang zu exakten und relevanten Informationen; eine solche rechtzeitige Informationsversorgung des Aufsichtsrates ist als Grundlage für ordnungsgemäße Entscheidungen des Aufsichtsrates unabdingbar.[446] Die Verpflichtung des Board zur Unternehmensausrichtung und zur Bestimmung der Unternehmensstrategie legt im Zusammenhang mit der eben beschriebenen Gleichsetzung des Board mit dem Aufsichtsrat nahe, dass der Aufsichtsrat in Deutschland, um seiner gesetzlich vorgesehenen Funktion innerhalb der Aktiengesellschaft nachzukommen, mittels eines Zustimmungsvorbehalts ebenso bestimmte Geschäfte (mit-) regeln darf bzw. in bestimmten Fällen sogar muss, obwohl diese nicht der wörtlichen Auslegung des Deutschen Corporate Governance Kodexes entsprechen.[447]

(ee) Abwägung hinsichtlich der Ermessensreduktion

In dem zweistufigen System der Verwaltung einer Aktiengesellschaft hat zunächst jedes Organ seine gesetzlich bestimmten eigenen Aufgaben, welche grundsätzlich auch nicht durch ein anderes Organ wahrgenommen werden können. Ein Merkmal dessen ist die Entscheidungsprärogative des Vorstands in Geschäftsführungsangelegenheiten, sowie die Funktion des Aufsichtsrates als Kontrollorgan der Gesellschaft.[448] Grundsätzlich ist es also nicht die Aufgabe des Aufsichtsrates, der Unternehmenspolitik des Vorstandes eine andere

---

[445] OECD-Grundsätze der Corporate Governance, abgedruckt in: AG 1999, S. 340, 343, Teil 1, V.; dazu Hopt/Wymeersch, Capital markets and company law-Nobel, Chapter 9, S. 199 ff.

[446] Siehe Anmerkungen zu den OECD-Grundsätzen der Corporate Governance, in: AG 1999, S. 340, 348 ff., Teil 2, V.

[447] Zur Forderung einer weiteren Ausdehnung der zustimmungspflichtigen Geschäfte siehe die Darstellung bei Berrar, DB 2001, S. 2181, 2182 f. m.w.N.; ein Vergleich des Boards in Großbritannien mit dem Aufsichtsrat in Deutschland offenbart, dass das Board in Großbritannien in der Überwachungstätigkeit effektiver sein soll als in Deutschland. Dies wird in diesem Kontext mit den mit der paritätischen Mitbestimmung in deutschen Aufsichtsraten zusammenhängenden Schwierigkeiten in Verbindung gebracht. Siehe Ulmer, ZHR 166 (2002), S. 150, 180 f.; Davies, ZGR 2001, S. 268, 293.

[448] Siehe exemplarisch Kölner Komm-Mertens, § 111, Rn. 61; vgl. auch S. 92 ff.; auch Semler/Schenck-Kropff, Arbeitshandbuch für Aufsichtsratsmitglieder, § 8, II., 4., c), Rn. 36 weist auf die Gefahr hin, dass der Kreis von zustimmungspflichtigen Geschäften zum einen das Tagesgeschäft erfasst und zum anderen die Verhandlungsposition des Vorstands aufgrund der zeitlichen Verzögerungen schwächt.

Geschäftspolitik entgegenzusetzen.[449] Der Aufsichtsrat hat also keine leitende, sondern lediglich eine kontrollierende Aufgabe innerhalb einer Aktiengesellschaft.[450] Man könnte daraus den Schluss ziehen, dass der Vorstand sogar berechtigt sei, dem Aufsichtsrat Informationen vorzuenthalten, wenn diese dem Unternehmensinteresse in irgendeiner Form widersprächen.[451] Somit könne man der Ansicht sein, dass eine für die Zulassungsentscheidung hinsichtlich einer Offenbarung von Unternehmensinformationen notwendige Abwägungsentscheidung überhaupt nicht vom Aufsichtsrat getroffen werden kann[452] und demnach die verwaltungsrechtlichen Grundsätze einer Ermessensreduktion auf Null im Hinblick auf das unternehmerische Ermessen des Überwachungsorgans einer Aktiengesellschaft auch nicht übertragen werden können.[453]

Die Struktur innerhalb einer Aktiengesellschaft mit den jeweiligen Verhältnissen der verschiedenen Organe wurde jedoch bereits als System der Gewaltenverzahnung und Gewaltenkontrolle beschrieben.[454] Dies bedeutet, dass die Zuständigkeiten der betreffenden Organe zwar an sich funktional voneinander getrennt sind, aber gesetzlich gewollte Aufgabenübertragungen bzw. Verknüpfungen der Organe existieren, die auf eine Machtbalance innerhalb der

---

[449] „Wo unterschiedliche unternehmerische Beurteilungen darüber möglich sind, ob und wann im geschäftspolitischen Interesse der Gesellschaft die Vertraulichkeit einer Information aufgegeben werden sollte, ist in erster Linie die Entscheidung des Vorstandes maßgeblich." (Kölner Komm-Mertens, § 116, Rn. 47); auch Reuter, ZHR 144 (1980), S. 493, 506 betont, dass grundsätzlich „nur der Vorstand.....zur aktiven Unternehmenspolitik berufen" ist; siehe auch Semler, ZGR 1983, S. 12 f.; Steinmann/Klaus, AG 1987, S. 29, 33.

[450] Daher kommt Schlömer, S. 89 f. und S. 201 zu dem Schluss, dass der Aufsichtsrat selbst in einer Krisensituation der Aktiengesellschaft nicht „übermäßig" Zustimmungsvorbehalte bestimmen darf; zumal zustimmungspflichtige Geschäfte den „weitestgehenden Eingriff in die Leitungsautonomie des Vorstands" darstellten.

[451] Lutter, Information und Vertraulichkeit im Aufsichtsrat, § 2, II., 3., S. 31 f.

[452] So Angersbach, Teil 2, A, II, 2), d), S. 128, der an anderer Stelle (Teil 2, A, I, 1), a), bb), S. 93) die Frage einer Zuständigkeit des Aufsichtsrates mit der Bemerkung, dass „dieser (der zustimmende Beschluss) im Normalfall gerade nicht notwendig" sei, ablehnt; von Rechenberg, BB 1990, S. 1356, 1361ff. gibt zu Bedenken, dass der Aufsichtsrat durch die Verweigerung seiner Zustimmung letztlich über die Zielvorgaben der Gesellschaft entscheidet. Dies sei aber nicht mit der Wertung des § 76 Abs. 1 AktG vereinbar. Dies führe jedoch nicht zu einem gänzlichen Ausschluss des Aufsichtsrats; vielmehr bleibe dieser für diejenigen Maßnahmen der Unternehmensplanung zustimmungspflichtig, für welche es sich um „vom Vorstand in eigener Kompetenz ausgearbeiteten, verabschiedeten und durchzuführenden Unternehmenspläne" handele; ohne weitere Erörterungen ausschließlich auf die Kompetenz des Vorstandes stellt Wurl-Berens/Strauch, S. 155 ab.

[453] Nirk, in Festschrift für Boujong, S. 393, 407.

[454] Zum Verhältnis des Vorstands zum Aufsichtsrat innerhalb einer Aktiengesellschaft siehe S. 92 ff.

Verfassung der Aktiengesellschaft abzielen.[455] Der Vorstand hat nicht die Kompetenz, die Gesellschaft vor scheinbar befürchteten negativen Auswirkungen durch den Aufsichtsrat zu bewahren und diesen daher über bestimmte Vorgänge nicht zu informieren; im Gegenteil, der Vorstand wird durch den Aufsichtsrat kontrolliert.[456] Der Aufsichtsrat hat nicht nur die Rechtmäßigkeit, sondern auch die Zweckmäßigkeit der betreffenden Vorstandshandlung zu prüfen.[457] Als Sachwalter der Eigentümerinteressen obliegt es ihm, sowohl die organisatorischen und planerischen, als auch die wirtschaftlichen Grundlagen für die Erreichung und Verfolgung der Unternehmensziele sicherzustellen.[458] Bei der letztlich für die Organzuständigkeit maßgebenden Qualifizierung einer Entscheidung kommt es auf die betreffende Einzelmaßnahme und deren Einordnung im Organsystem der Aktiengesellschaft an.

Auszugehen ist dabei von der Feststellung, dass eine Due Diligence nicht Beiwerk innerhalb der Aufnahme bzw. Führung von Verhandlungen, sondern Kernstück einer Transaktion ist.[459] Diese besonders hervorzuhebende Bedeutung der Zulassung einer Due Diligence wird in der Praxis vielfach unterschätzt. Daher wird einer Untersuchung der eigenen Firmenunterlagen ohne eine vorherige ausführliche Analyse nicht nur der Gewinn- sondern auch der Risikopotentiale oftmals voreilig stattgegeben; dies geschieht zudem vielfach ohne ausreichenden Schutz vor einem Missbrauch der internen Informationen.[460] Dies erscheint insbesondere vor dem Hintergrund, dass eine Due Diligence meist „im Interesse und auf Kosten des Käufers durchgeführt wird"[461], besonders fragwürdig. Bei dieser von der Aussicht auf Gewinnerzielung und im Laufe des so genannten Fusionsfiebers der 90er Jahre angetriebenen Freigabe der Firmendaten kann es für das zu untersuchende Unternehmen äußerst negative Folgen haben, sollte das eigentliche Ziel der zugelassenen Due Diligence, nämlich die Durchführung

---

[455] Siehe statt vieler Henn, Handbuch des Aktienrechts, 5. Kapitel, Rn. 523 ff.; Hüffer, § 76, Rn. 1 ff.

[456] Reuter, ZHR 144 (1980), S. 493, 495, nach welchem ein „präventives Einschreiten (des Vorstandes) gegen den Aufsichtsrat" nicht in der aktienrechtlichen Zuständigkeitsordnung begründet ist.

[457] Gollnick, § 3, II., 2., c), dd), S. 77 ff. m.w.N.

[458] Statt vieler AG-Handbuch-Wojtek, 9/1.1, S. 2.

[459] Vgl. zur Bedeutung einer Due Diligence S. 33 ff. und zu dessen Inhalt S. 57 ff.

[460] Siehe dazu die Ausführungen bei Wirth/RWS-Forum, S. 99, 121: „Viele unternehmerische Fehlentscheidungen, die zu schweren Schäden der Gesellschaft führen, beruhen schlicht und einfach darauf, dass es an der sorgfältigen Vorbereitung, der genauen Analyse aller möglichen Umstände und Fakten, gefehlt hat. Die wirtschaftliche Tragweite unternehmerischer Entscheidungen dürfte in den letzten Jahren durch die Vielzahl von großen Unternehmensakquisitionen, Zusammenschlüssen, Verkäufen und Spaltungen enorm gestiegen sein."

[461] Gaul, ZHR 166 (2002), S. 35, 64; siehe auch Sigle/Zinger, NZG 2003, S. 301, 306.

einer bestimmten Transaktion, aus irgendwelchen Gründen nicht eintreten.[462] Wurden nur unzureichende Sicherungsmaßnahmen festgelegt, so kann sich die Aussicht auf Gewinnerzielung ins Gegenteil, nämlich zu nachteiligen Folgen bis hin zu einer Existenzkrise wandeln. Zwar wird das Bestehen dieser Möglichkeit im Allgemeinen nicht abgestritten und eine Ermessensreduktion zugebilligt, wenn die Transaktion offensichtlich der Marktverdrängung durch den Konkurrenten dient, oder wenn mit sehr hoher Wahrscheinlichkeit die getrennte Veräußerung einzelner Unternehmensteile und damit die so genannte Zerschlagung des gesamten Unternehmens an sich droht. Eine Due Diligence müsste dann verweigert werden; das Vorliegen einer solch eindeutigen Situation ist jedoch selten.[463] Vor allem, weil sich die Frage, ob und in welchem Umfang ein Zustimmungsgeschäft festgelegt werden soll, nach einer ex ante-Beurteilung richtet.[464] Später eintretende unerwartende Entwicklungen wirken sich daher nicht haftungsbegründend aus. Der zeitlich nachfolgende Eintritt von negativen Auswirkungen ist aber ex ante sehr schwierig zu erkennen. Stellt sich eine Situation dann erst ex post als eine solche heraus, bei der eigentlich die Zustimmung zur Due Diligence hätte verweigert werden müssen, so sind die daraus resultierenden negativen Folgen sind dann jedoch nicht mehr zu verhindern.

Daher haben die zuständigen Organe einer Aktiengesellschaft zum einen die sich aus der betreffenden Transaktion ergebenden Vor- und Nachteile hinreichend genau gegeneinander abzuwägen und sich zum anderen auch einer entsprechenden Wahrscheinlichkeitsrechnung zu stellen; denn nur eine sorgfältig ermittelte Entscheidungsgrundlage entspricht der nach § 93 Abs. 1 S. 2 AktG bestehenden Sorgfaltspflicht des Vorstands einer Aktiengesellschaft und lässt erkennen, welche Folgen einer Entscheidung ex ante zu erwarten waren und welche nicht.[465]

---

[462] Vgl. beispielhaft den Fall einer (vermuteten) Verschaffung eines Wettbewerbsvorteils aufgrund Einsicht in die Bücher des Unternehmens bei der geplanten und noch gescheiterten Übernahme der KirchMedia GmbH & Co. KGaA (bzw. Teilen von dieser) durch die Bauer Verlagsgruppe. Siehe dazu Ott, Pest und Cholera, Süddeutsche Zeitung, 16.01.2003, S. 15; zum so genannten Fusionsfieber und den grundlegenden Kriterien zum M&A-Management siehe Picot-Picot, A., I., 3., S. 16 ff.

[463] Zudem müsste bewiesen werden, dass die Entscheidung des Vorstandes evident falsch war (Berens/Brauner/Strauch-Fleischer/Körber, S. 227 f.); siehe auch Schroeder, DB 1997, S. 2161, 2163.

[464] Hirte, Transparenz- und Publizitätsgesetz, 1. Kapitel, II, 3., b), aa), Rn. 50.

[465] BGHZ 135, 244, 253 f. (Urteil vom 21.04.1997 – II ZR 175/95, „ARAG / Garmenbeck"); Wirth/RWS-Forum, S. 99, 121; zur Erforderlichkeit einer besonders sorgfältigen Prüfung der Geheimhaltungspflicht der Vorstandsmitglieder (schon wegen der ansonsten drohenden Strafbarkeit nach § 404 AktG) Münchener Handbuch-Wiesner, 5. Kapitel, § 19, II., 2., Rn. 22.

Die Wahrscheinlichkeit des Scheiterns einer geplanten Transaktion ist derart groß, dass mit dieser Situation fortwährend des laufenden Verfahrens gerechnet werden muss.[466] Somit hat eine Aktiengesellschaft, welche plant, Informationen offen zu legen, grundsätzlich von dieser Möglichkeit auszugehen bzw. diese jedenfalls in ihre Entscheidungsfindung mit einzubeziehen. Neben den einzelnen rechtlichen und praktischen Vorkehrungen einer Prüfung hat daher schon die Entscheidung über die Zulassung einer Due Diligence an sich, die zur Verfügung stehenden Sicherungsmöglichkeiten zu beinhalten und festzulegen,[467] wobei eine solche in der zukunftsorientierten Überwachung des Vorstandes durch den Aufsichtsrat mittels der Anordnung eines Zustimmungsvorbehaltes gemäß § 111 Abs. 4 S. 2 AktG besteht.[468]

Für einen zwingend erforderlichen Zustimmungsvorbehalt spricht auch die allgemeine Tendenz in Gesetzgebung und Literatur, die Anzahl zustimmungspflichtiger Geschäfte zu erhöhen;[469] in der Unternehmenspraxis wird dies derzeit

---

[466] Schneider/Burgard, DB 2001, S. 963, 964.

[467] Siehe zur stetig steigenden Bedeutung der sorgfältigen Ermittlung der Entscheidungsgrundlagen und zu den damit einhergehenden gestiegenen Anforderungen an die Verhaltenspflichten der Verwaltungsorgane einer Gesellschaft insbesondere beim Unternehmenskauf Wirth/RWS-Forum, S. 99, 121; vgl. die entsprechende Forderung von Lutter, GmbHR 2000, S. 301, 306.

[468] Zur überwachenden und beratenden Leistung des Aufsichtsrats, sowie insbesondere zur zukunftsorientierten Überwachungsfunktion des Aufsichtsrats siehe Theisen, AG 1995, S. 193, 199; zum Umfang der Information des Aufsichtsrats Lutter, AG 1991, S. 249, 253 („Jedes Mehr ist fraglos erlaubt."). Siehe auch Lutter/Krieger, § 3, IV, 3., b), Rn. 111 („...Maßnahmen vorausschauender Planung (werden) von der Betriebswirtschaftslehre als besonders geeignet für Zustimmungsvorbehalte...angesehen."); auch Rock/Friederich, M&A Review 2003, S. 230 betonen die Wichtigkeit einer rechtzeitigen Früherkennung von Risiken; nach Semler/Schenck-Kropff, Arbeitshandbuch für Aufsichtsratsmitglieder, § 8, II., 5., c), Rn. 42 ist die Anordnung eines Zustimmungsvorbehalts geboten, wenn die Vornahme besonders riskanter oder möglicherweise nachteiliger (auch Einzel-)Geschäfte zu erwarten ist.

[469] Siehe exemplarisch Berrar, DB 2001, S. 2181 ff.; Strunk/Kolaschnik/Hansen/Jehn/Wessel, II., 3., S. 39 f.; Knigge, WM 2002, S. 1729, 1731: Die gesetzliche Neuregelung durch das TransPuG bezweckt, den „Aufsichtsrat im Interesse einer effizienten Wahrnehmung seiner Überwachungsaufgabe wesentlich stärker als vorher in grundlegende Unternehmensentscheidungen" einzubinden, damit er „in Zukunft insgesamt eine aktivere Rolle im Unternehmen" spielt als vorher. So auch Claußen/Bröcker, DB 2002, S. 1199, 1202: „Es ist also eine aktive Rolle des Aufsichtsrates gefordert."; eine stärkere vorbeugende Überwachung fordern auch schon Bleicher/Leberl/Paul, bei C., II., 1.1.2.1, S. 62 und bei C., V., 2., S. 114 f., wo es heißt: „Das Verhältnis von Aufsichtsrat und Vorstand, das der Gesetzgeber in seinem Verfassungsanspruch im Sinn gehabt haben mag, lässt sich vielleicht mit der Gegenmacht-Position des englischen Ausdrucks von erstrebten „Checks and Balances" am besten umschreiben...Der Wunsch nach einer weiter verbesserten Zusammenarbeit ist...deutlich: Weniger das Formale des Einwirkens als vielmehr der Einfluss

zwar vor allem aufgrund der Mitbestimmung und der erheblichen Größe der Aufsichtsräte (beides berge nicht unerhebliche Schwierigkeiten hinsichtlich der Einhaltung der bestehenden Verschwiegenheitsverpflichtungen) nicht für erforderlich bzw. zweckmäßig gehalten.[470] Aufgrund dieser fehlenden Bereitschaft, Zustimmungskataloge zu erweitern,[471] ist es zur Durchsetzung einer

---

auf die Mitgestaltung der Inhalte...Inhaltliche Partizipation bedeutet...den Weg zu beschreiten von der Aufsicht über eine ex post-Überwachung zu einer...ex ante-Überwachung."; so auch schon Baums/Regierungskommission, D., Zweites Kapitel, II., 3., Rn. 34, S. 77; nach Roth, AG 2004, S. 1, 4 f. ist in einem gewissen Umfang eine gemeinsame Oberleitung der Aktiengesellschaft durch Vorstand und Aufsichtsrat möglich.

[470] Siehe zu den Gründen mangelnder Bereitschaft, bestimmte Geschäfte zustimmungspflichtig zu machen, den Überblick zum Hauptproblem, nämlich der Frage der stringenten Einhaltung der Verschwiegenheitsverpflichtung durch die Mitglieder des Aufsichtsrates, bei Karsten Schmidt, Gesellschaftsrecht, § 28, III, 1., c); die Frage der Verschwiegenheit des Aufsichtsrates basiert ursprünglich auf denjenigen Gegebenheiten, die sich auf die Tatsache stützen, dass die allgemeine Verschwiegenheitpflicht des Vorstands nicht gegenüber dem Aufsichtsrat gilt und aus der Natur der Sache heraus (namentlich einer effektiven Unternehmensführung , einschließlich einer entsprechenden Unternehmenskontrolle) auch nicht gelten kann. Siehe BGHZ 135, S. 48, 56 (Urteil vom 06.03.1997 – II ZB 4/96); in diesem Sinne auch schon BGHZ 20, S. 239, 246 (Urteil vom 26.03.1956 – II ZR 57/55), wo es heißt, dass „das Verhältnis zwischen Vorstand und Aufsichtsrat...auf gegenseitigem Vertrauen (beruht). Die Vorstandsmitglieder einer Aktiengesellschaft sind dem Aufsichtsrat gegenüber zu unbedingter Offenheit verpflichtet. Ein Zuwiderhandeln gegen diese Pflicht ist ein Grund, der zur Entziehung des Vertrauens und zur Abberufung aus dem Vorstandsamt berechtigt."; Hüffer, § 90, Rn. 3 und § 93, Rn. 8; siehe zu den in der Praxis teilweise durchgeführten Umgehungen des gesetzlichen Systems der paritätischen Mitbestimmung und zur Notwendigkeit der Thematisierung solcher Defizite in der Überwachungstätigkeit mitbestimmter Aufsichtsräte auch Ulmer, ZHR 166 (2002), S. 150, 180 f.; zur Ausnutzung der durch die Aufsichtsratstätigkeit erlangten Informationen anhand des Beispiels von den zahlreichen Aufsichtsratssitzen der so genannten „Bankenvorstände" siehe Schander/Posten, ZIP 1997, S. 1534, 1636; siehe zur Verschwiegenheitspflicht des Aufsichtsrats und zu der Überschreitung von dessen Kompetenzen Reuter, ZHR 144 (1980), S. 493, 497 f., wo es u.a. heißt: „Das Recht zur Freigabe des Geheimnisses ist nur die notwendige Kehrseite des Rechts, es zu bestimmen." Und die „Kompetenz zur positiven Definition des Gesellschaftsinteresses" liege nun einmal beim Vorstand; Säcker, NJW 1986, S. 803, 804 ff. sieht in einer Mitteilung an Dritte hinsichtlich der Lage der Gesellschaft grundsätzlich noch keinen Verstoß gegen §§ 116, 93 Abs. 1 S. 2 AktG (erst bei einer Schadensentstehung); zumal nach seiner Ansicht „die von § 93 Abs. 1 S. 2 AktG erfassten Tatsachen grundsätzlich dem verfassungsrechtlichen Schutz von Art. 5 Abs. 1 GG" unterfallen. Diese Ansicht einschränkend Reuter, ZHR 144 (1980), S. 493, 505 f.; das Problem der Verschwiegenheit von Aufsichtsratsmitgliedern dagegen abschwächend Bernhardt-Corporate Governance, II., 9., S. 128.

[471] Vgl. Schiessl, AG 2002, S. 593, 597; Hüffer, § 111, Rn. 17; vgl. zu den Auswirkungen einer fehlenden effektiven Unternehmensüberwachung im Wirtschaftsverkehr Wieland-

effektiveren Unternehmensüberwachung und damit auch zur Umsetzung des gesetzgeberischen Willens erst recht notwendig, für die bestehenden Schwachstellen Abhilfe zu schaffen. Der Aufsichtsrat einer Aktiengesellschaft muss bereits sich nur „anbahnende gefährdende Entwicklungen"[472] erkennen und diesen entsprechend vorbeugen. Aufgrund der Tatsache, dass zustimmungspflichtige Handlungen nicht gesetzlich konkretisiert werden sollen,[473] ist die Anordnung eines entsprechenden Zustimmungsvorbehalts durch den Aufsichtsrat aufgrund einer entsprechenden Ermessensreduktion daher als notwenig anzusehen. Jedenfalls darf man zufolge der Ansicht, dass das System der mitbestimmten Aufsichtsräte in der Praxis nicht sinnvoll und effektiv umgesetzt erscheint, den Aufsichtsrat nicht als ohnehin arbeitsunfähig und als in der Praxis zu umgehen betrachten;[474] dies widerspräche dem Aufsichtssystem der Aufsichtsräte an sich und damit den bestehenden gesetzgeberischen Bestimmungen.[475] Der Ansatz muss genau umgekehrt erfolgen: Gerade weil die Ausgestaltung der Aufsichtsräte dringend reformbedürftig ist, erscheint eine Argumentation, welche einen funktionierenden Aufsichtsrat in der Verfassung einer Aktiengesellschaft vollständig verhindert, als destruktiv und als eine

---

Blöse, GmbHR 2002, R 277, R 278; Bernhardt, ZHR 159 (1995), S. 310, 313; zur Arbeitsweise des Aufsichtsrates in der Praxis siehe Bleicher/Studie, H., 1., S. 61 ff.

[472] So MüKo-Semler/Spindler, vor § 76, Rn. 105; nach Schmidt, Corporate Governance, Kapitel 3, 3.2.3.2.1, S. 70 werden die bestehenden Normen nicht effizient umgesetzt oder sie erweisen sich als „in der Praxis...untauglich", so dass die Überwachungsfunktion des Aufsichtsrats einer Kodifizierung bedarf.

[473] BT-Drucks. 14/8769, Begründung des Gesetzesentwurfes der Bundesregierung zum TransPuG, S. 17.

[474] So aber statt vieler Duden, Gleichbehandlung bei Auskünften an Aktionäre, in: Festschrift für von Caemmerer, S. 499, 512: „...im Aufsichtsrat (ist) eine solche Informationsweitergabe (Indiskretionen der Aufsichtsratsmitglieder gegenüber ihren Aktionären) von vornherein entweder geradezu erwünscht...oder (liegt) doch im bedingten Vorsatz des informierenden Vorstandes."

[475] Nach Säcker, A., S. 14 f. ist der nach dem Mitbestimmungsgesetz gewählte Aufsichtsrat notwendigerweise an den Unternehmensgeheimnissen zu beteiligen; Reuter, ZHR 144 (1980), S. 493, 502 formuliert unter Hinweis auf die Ausführungen von Säcker: „Nicht Arbeiterkontrolle heißt die Devise des geltenden Mitbestimmungsrechts, sondern Integration des Arbeitnehmerstandpunktes in eine marktwirtschaftlich bestimmte Unternehmensordnung."; vgl. Karsten Schmidt, Gesellschaftsrecht, § 28, III, 1., c); siehe zur Notwendigkeit von weiteren Modernisierungen im Rahmen der Corporate Governance Karsten Schmidt, Gesellschaftsrecht, § 26, II, 3., a) und b); Wilde, ZGR 1998, S. 423, 430 ff.; Berrar, DB 2001, S. 2181, 2185; der Aufsichtsrat ist rechtlich kein Vertreter von Gruppeninteressen. Dies gilt insbesondere für die Geheimhaltung von Unternehmensgeheimnissen. Siehe dazu Hopt, ZGR 1993, S. 534, 565; zudem hat ein Aufsichtsratsmitglied im Falle eines Interessenkonfliktes sein Amt niederzulegen. Siehe dazu Ulmer, NJW 1980, S. 1603, 1605 ff.; Schander/Posten, ZIP 1997, S. 1534, 1536 f.; Werner, ZHR 145 (1981), S. 252, 265 f.

Verdrängung der bestehenden Probleme im dualistischen System von Vorstand und Aufsichtsrat. Auch die vielfach praktizierte Verlagerung der Unternehmensentscheidungen in gesonderte so genannte Vorbesprechungen mit Mitgliedern des Vorstands widerspricht der Aufsichtsfunktion des Aufsichtsrats und der erforderlichen Transparenz.[476] Die Anordnung zustimmungspflichtiger Geschäfte ist schließlich hinter der personalpolitischen Kompetenz des Aufsichtsrats deren wichtigste Aufgabe und damit zentrales Merkmal des deutschen Corporate Governance-Systems.[477] Die Präventivkontrolle der Aktiengesellschaft durch den Aufsichtsrat ist institutionell zu verbessern.[478] Dafür hat der Aufsichtsrat ein internes Überwachungssystem einzurichten.[479]

---

[476] Mit der durch das KonTraG erweiterten Transparenz innerhalb der Aktiengesellschaften werden die Voraussetzungen für eine effizientere Kontrolle der Unternehmen zum einen durch die Finanzmärkte und zum anderen durch die eigenen Organe der Gesellschaft geschaffen. Siehe Dörner/Menold/Pfitzer/Oser-Seibert, S. 243; zur Verlagerung von Entscheidungen des Aufsichtsrates, beispielsweise durch Vorgespräche, an denen nur einzelne Mitglieder des Aufsichtsrates beteiligt sind, siehe Langner, 2. Teil, II., 3., a), (3), S. 114; in diesem Sinne schon ausdrücklich das Handbuch des Aufsichtsrats-Saage, 7. Kapitel, A., II., Rn. 724, wo es heißt, dass der Erwerb von Beteiligungen und besonders von ganzen Unternehmen das „selektierende Relais einer Geschäftsführungsaufsicht vor.....(deren) Verwirklichung" zu passieren hat.

[477] Oechsler, Der Aufsichtsrat 2004, S. 5.

[478] Feddersen/Hommelhoff/Schneider-Lambsdorff, S. 223: „Kataloge, die zustimmungspflichtige Geschäfte definieren, sind für eine ordnungsgemäße Überwachung des Vorstands unerlässlich. Nur so kann der Aufsichtsrat in die Entscheidung über besonders umfangreiche oder risikoreiche Geschäfte eingebunden werden."; in diesem Sinne auch Baums/Regierungskommission, D., Zweites Kapitel, II., 3., Rn. 34, S. 79; Bleicher/Studie, H., 2., S. 65 f. Nach dieser Untersuchung über die Arbeitsweise deutscher Aufsichtsräte ist eine ex-ante-Mitwirkung der Aufsichtsräte im Hinblick auf deren gesetzlichen Auftrag und deren Effektivität zu fordern. Diese Auffassung habe sich aber erst im Laufe der letzten Jahre durchgesetzt. Die betreffende Entwicklung kann man sehr anschaulich bei den folgenden entsprechenden Ausführungen eines Werkes zum Aufsichtsratsrecht beobachten. So wird bei Hoffmann, 2. Auflage, 3. Kapitel, I., 1., Rn. 301 sogar noch davon gesprochen, dass sich „die Bedeutung des Zustimmungskatalogs weitgehend überlebt" hat. Diese Ansicht wird bei Hoffmann, 3. Auflage, 3. Kapitel, I., 1., Rn. 300 dann relativiert („Die zustimmungspflichtigen Geschäfte oder Vorbehaltsgeschäfte.....haben in den großen Gesellschaften meist an Bedeutung verloren"). Bei Hoffmann/Preu, 4. Auflage / 5. Auflage, 3. Kapitel, I., 1., Rn. 301 wird schließlich die „Renaissance der Zustimmungsvorbehalte" anerkannt; siehe auch Götz, AG 1995, S. 337, 350 f.; in diesem Sinne auch schon Becker, 3.2, S. 40 ff., welcher betont, dass § 111 Abs. 2 S. 1 AktG den „grundsätzlichen Anspruch des Aufsichtsrates (begründet), sämtliche Informationen, die der Vorstand besitzt, ebenfalls zu besitzen". Es müsse eine „aufsichtsratsorientierte Informationskonzeption" erstellt werden.

[479] Löbbe, 1. Kapitel, § 2, III, 1., a), S. 35; vgl. dazu das durch § 91 Abs. 2 AktG notwendige Überwachungssystem , welches vom Vorstand der Aktiengesellschaft einzurichten ist.

Nach Abwägung dieser Gesichtspunkte und zur Sicherung der Rechte und Aufgaben des Aufsichtsrats kann man demzufolge von der Notwendigkeit einer der verwaltungsrechtlichen Ermessenslehre entsprechenden Ermessensreduzierung auf Null ausgehen. Der Aufsichtsrat ist also nicht nur dafür zuständig, sondern auch dazu verpflichtet, eine Entscheidung über die Zulassung einer Due Diligence von seiner Zustimmung im Sinne des § 111 Abs. 4 S. 2 AktG abhängig zu machen.[480]

Dies entspricht auch der allgemein anerkannten Tatsache, dass die Teilhabe an der Leitungsaufgabe des Vorstands zwar nicht in eine eigene Geschäftsführung

---

Dies soll im Sinne einer unternehmensinternen Kontrolle unter anderem die Zuweisung eindeutiger Zuständigkeiten sichern (MüKo-Hefermehl/Spindler, § 91, Rn. 21).

[480] Nur eine solche Ermessensreduktion genügt m.E. im vorliegenden Falle angesichts des ansonsten mit an Sicherheit grenzender Wahrscheinlichkeit nicht mehr zu vermeidenden Eintritts von Nachteilen in der praktischen Umsetzung der Feststellung des BGH, dass die Beratung des Vorstands in übergeordneten Fragen der Unternehmensführung Bestandteil der Überwachungspflicht ist (BGHZ 114, 127, Urteil vom 25.03.1991 – II ZR 188/89); siehe im Ergebnis genauso Ziemons, AG 1999, S. 492, 494 und 500, die wohl ebenso (Wortlaut auf S. 500 im Hinblick auf S. 494 aber zweifelhaft) einen einstimmigen Vorstands- und Aufsichtsratsbeschluss (letzteres jedoch ohne weitere Begründung und ohne Beschreibung des dafür durchzuführenden Verfahrens) fordert; Holzapfel/Pöllath, I, 3., e), Rn. 16 und I, 3., f), aa), ccc), Rn. 17a empfehlen jedenfalls die Zustimmung zur Due Diligence durch Beschlüsse des (Gesamt-)Vorstands und des Aufsichtsrates. Auch sollten diese zur Begrenzung des bei der Durchführung einer Due Diligence entstehenden Haftungsrisikos möglichst einstimmig gefasst werden. Die Ausgestaltung des dafür erforderlichen genauen Verfahrensablauf lassen Holzapfel/Pöllath aber ebenso wie Ziemons offen.; siehe genauso Beisel/Klumpp, 2. Kapitel, IV, 2., c), Rn. 17; Bihr, BB 1998, S. 1198, 1200 betont, dass sich der Vorstand und der Aufsichtsrat einer Aktiengesellschaft zusammen hinsichtlich der Entscheidung über die Zulassung einer Due Diligence beraten sollten. Auch Bihr lässt das dafür erforderliche Verfahren jedoch offen („Der Vorstand wird deshalb – gemeinsam mit seinen Aufsichtsgremien – sehr sorgfältig zu prüfen haben, ob die Chancen des Anteilsübergangs an den Interessenten die möglichen Risiken aufgrund der Offenlegung sensibler Daten überwiegen. Ergibt sich aufgrund dieser Prüfung, dass der Anteilserwerb durch den Dritten vorteilhaft für die Gesellschaft ist, darf der Vorstand der Due Diligence zustimmen."); lediglich die „theoretische Möglichkeit" eines Zustimmungsvorbehaltes des Aufsichtsrats nach § 111 Abs. 4 S. 2 AktG hinsichtlich der Offenbarung von Betriebs- oder Geschäftsgeheimnissen bejahen Roschmann/Frey, AG 1996, S. 449, 451; Beck`sches Handbuch der AG-Göckeler, 3. Abschnitt, § 22, B., I., 6., Rn. 161 („ggf. unter Mitwirkung des Aufsichtsrates"); nach Körber, NZG 2002, S. 263, 270 ist eine Ermessensreduzierung, welche zur zwingenden Verweigerung einer Due Diligence führen muss, aus bestimmten Gründen („wenn das Scheitern des Unternehmenskaufs...evident ist, wenn der Erwerb durch einen Konkurrenten offensichtlich der Verdrängung vom Markt dient oder wenn mit hoher Wahrscheinlichkeit zu erwarten ist, dass eine hochgradig kreditfinanzierte Übernahme zur Zerschlagung wesentlicher Unternehmensteile führen wird") geboten.

umschlagen darf, sich diese aber unter besonderen Umständen bis zu einer vorübergehenden Unternehmensführung mit Gestaltungscharakter steigern kann.[481] Dies bedeutet, dass sich dann das Recht des Aufsichtsrats, Geschäfte von seiner Zustimmung abhängig zu machen, nicht als bloße Geschäftsführungszuständigkeit, sondern als Funktion seiner innerhalb der Verfassung der Aktiengesellschaft erforderlichen Kontrollaufgaben darstellt.[482] Die jeweiligen Rechte bzw. Pflichten des Aufsichtsrats hängen dann von den betreffenden Umständen im Einzelfall ab, es liegt eine so genannte abgestufte Überwachungspflicht vor.[483] Auch unternehmenspolitisch erscheint es angesichts der bestehenden Schwierigkeiten in der praktischen Umsetzung der Überwachungsfunktion des Aufsichtsrats sinnvoll, diesen über § 111 Abs. 4 S. 2 AktG ausdrücklich in die Unternehmensverantwortung einzubeziehen und den gesetzlich vorgeschriebenen Katalog entsprechend auszurichten.[484]

---

[481] Karsten Schmidt, Gesellschaftsrecht, § 28, III, 1., d); Hüffer, § 111, Rn. 7; Henze, BB 2000, S. 209, 214; nach Semler/Schenck-Kropff, Arbeitshandbuch für Aufsichtsratsmitglieder, § 8, II., 2., d), Rn. 14 wird die Neuregelung des § 111 Abs. 4 S. 2 AktG den zustimmungspflichtigen Geschäften und damit der vorbeugenden Überwachungstätigkeit des Aufsichtsrats eine wesentlich größere Bedeutung verschaffen.

[482] So OLG Hamburg, Urteil vom 29.9.1995, 11 U 20/95, in: WM 1995, S. 2188, 2190; Kölner Komm-Mertens, § 111, Rn. 66; Steinbeck, S. 149: „Auf den Zustimmungsvorbehalt darf der Aufsichtsrat deshalb rechtmäßigerweise nur verzichten, wenn auch ohne seine Anordnung sichergestellt ist, dass der Aufsichtsrat rechtzeitig von diesen Entscheidungen Kenntnis erhält und der Vorstand darüber hinaus freiwillig auf Bedenken des Aufsichtsrats eingeht."; MüKo-Semler, § 111, Rn. 371 ff.; vgl. dazu die Vorauflage bei Geßler/Hefermehl-Geßler, § 111, Rn. 62.

[483] Semler, AG 1983, S. 141 ff.; Semler, Leitung und Überwachung der Aktiengesellschaft, 3. Teil, § 6, V., Rn. 231 ff.; Hüffer, § 111, Rn. 7; Ihrig/Wagner, BB 2002, S. 789, 794; Lutter/Krieger, § 3, IV, 3., Rn. 104 („Damit können die Hauptversammlung (Satzung) oder der Aufsichtsrat selbst nach wie vor den speziellen Bedürfnissen und Besonderheiten je ihrer Gesellschaft Rechnung tragen. Das ist vom Gesetzgeber und vom Kodex so gewollt."); MüKo-Semler, § 111, Rn. 19 ff.; siehe schon Geßler/Hefermehl-Geßler, § 111, Rn. 25 f., nach welchem die Überwachungspflicht des Aufsichtsrats „hauptsächlich vorbeugenden Charakter" hat; vgl. zur Notwendigkeit einer Präventivkontrolle von Einzelgeschäften durch die Anordnung eines Zustimmungsvorbehaltes auch Wirth/RWS-Forum, S. 99, 116, bei dem es heißt, dass das unternehmerische Ermessen des Aufsichtsrates „sich jedoch aufgrund der außergewöhnlichen Risiken und Umstände auf Null reduzieren (kann). Der Aufsichtsrat muss seinen Einfluss geltend machen, um solche Geschäfte notfalls durch einen Ad-hoc Zustimmungsvorbehalt zu verhindern."; Heller, § 2, D., II., 6., b), dd), S. 60 f.; Goerdeler, WPg 1982, S. 33, 34.

[484] Siehe Raiser/Veil, § 15, I, 3., Rn. 10; Semler/Schenck-Kropff, Arbeitshandbuch für Aufsichtsratsmitglieder, § 8, II., 7., b), Rn. 68 betonen die Verpflichtung des Aufsichtsrats, zu überprüfen, ob der Eintritt nachteiliger Folgen oder der Existenzbedrohung der Gesellschaft bevorsteht und diesen möglichen Auswirkungen entgegenzuwirken.

(ff) Zwischenergebnis

Somit ist das grundsätzlich bestehende Ermessen des Aufsichtsrates hinsichtlich der Bindung des Vorstandshandelns an dessen Zustimmung im Sinne des § 111 Abs. 4 S. 2 AktG bei der Entscheidung über die Zulassung einer Due Diligence auf Null reduziert.

Der Aufsichtsrat ist nicht nur dafür zuständig, sondern auch dazu verpflichtet, eine Entscheidung des Vorstands über die Zulassung einer Due Diligence von seiner Zustimmung im Sinne des § 111 Abs. 4 S. 2 AktG abhängig zu machen.[485]

Ein solcher Zustimmungsvorbehalt nach § 111 Abs. 4 S. 2 AktG kann in der Satzung, der Geschäftsordnung des Aufsichtsrates oder in der Geschäftsordnung des Vorstandes geregelt werden.[486] Zweckmäßig erscheint es, den Katalog zustimmungspflichtiger Geschäfte unmittelbar in der Geschäftsordnung des Vorstandes zu regeln;[487] zudem wäre eine Änderung der Satzung mit erheblichen Zeitverlusten und einem relativ hohen Aufwand (hinsichtlich der Organisation und den Mehrheitserfordernissen auf einer Hauptversammlung, vgl. die §§ 179 ff. AktG) verbunden.[488] Unter Umständen kann es in zeitlicher Hinsicht effizienter sein, den Vorbehalt durch einen (Ad hoc-) Beschluss des Gesamtaufsichtsrates zu begründen.[489]

---

[485] Für diese einer effektiven Überwachung des Unternehmens dienende Maßnahme, kann der Vorstand dem Aufsichtsrat auch keine Vorgaben machen. Vgl. zu den Zuständigkeiten und deren Abgrenzungen innerhalb einer Aktiengesellschaft (anlässlich der Entsprechenserklärung des § 161 AktG) auch Ulmer, ZHR 166 (2002), S. 150, 173 ff.

[486] Lutter/Krieger, § 3, IV., 3., a), Rn. 107; eine Geschäftsordnung für den Aufsichtsrat ist zwar nicht gesetzlich vorgesehen, wird in der Unternehmenspraxis jedoch meist geregelt und vom Deutschen Corporate Governance Kodex in Ziffer 5.1.3 auch empfohlen; nach der empirischen Untersuchung von Vogel, III., 4., f), bb), S. 107 sind die Zustimmungskataloge in 33 % der Aktiengesellschaften in den Geschäftsordnungen der Vorstände (teilweise auch in den Geschäftsordnungen der Aufsichtsräte) durch die Aufsichtsräte geregelt. In 23 % der Fälle ergänzen sich im Hinblick auf die zustimmungspflichtigen Geschäfte die Satzung und die Geschäftsordnung der Gesellschaft. In 44 % der Aktiengesellschaften werden die betreffenden Geschäfte in der Satzung geregelt.

[487] Dann wäre der Zustimmungskatalog bei demjenigen Organ geregelt, für den dieser auch bestimmt ist. Dies empfehlend, MüKo-Semler, § 111, Rn. 404.

[488] So Knigge, WM 2002, S. 1729, 1733 und 1737.

[489] MüKo-Semler, § 111, Rn. 407 ff.; Hucke/Ammann, 2. Kapitel, 2.3, S. 45; vgl. Knigge, WM 2002, S. 1729, 1733.

(4) Nachträgliche Zustimmung des Aufsichtsrats bei eilbedürftigen Geschäften

Angesichts des zwingend bestehenden Zustimmungsvorbehalts gemäß § 111 Abs. 4 S. 2 AktG bei der Entscheidung über die Zulassung einer Due Diligence stellt sich nun die Frage, ob die Eilbedürftigkeit des jeweiligen Geschäfts auf das Bestehen eines Zustimmungsvorbehalts Einfluss hat und in welcher Art und Weise sich dies ggf. auswirkt.

Man könnte die Ansicht vertreten, dass die vorherige Zustimmungspflicht der Zulassung einer Due Diligence jedenfalls bei eilbedürftigen Geschäften auf das zu untersuchende Unternehmen nachteilige Auswirkungen haben könnte. So wird die vorherige Einbeziehung des Aufsichtsrats mit dem Hinweis abgelehnt, dass ansonsten die relativ kurzen Zeitspannen, die für derartige Transaktions-entscheidungen gelten sollten, nicht eingehalten werden könnten; ein potentieller Käufer würde möglichst schnell einen umfangreichen Einblick in die Firmenunterlagen erhalten wollen und ansonsten wohlmöglich von dem Geschäft Abstand nehmen.[490] Damit würden erhebliche Chancen für das Unternehmen, die mit einer Due Diligence verbunden sein könnten, entfallen. Deshalb solle die im Sinne des § 111 Abs. 4 S. 2 AktG eigentlich vorgesehene Abfolge des zustimmenden Beschlusses des Aufsichtsrates und der Durch-führung der Due Diligence umgekehrt werden.

Diese Meinung vernachlässigt jedoch das (auch mit der Zustimmungs-pflichtigkeit herzustellende) Gleichgewicht der Organe innerhalb der Gesellschaft. Eine solche Genehmigung würde nämlich auf eine lediglich infor-mative Überwachung hinauslaufen und damit dem System der Verfassung einer Aktiengesellschaft widersprechen.[491] Ferner sollte man zum einen die relativ hohe Wahrscheinlichkeit des Scheiterns eines geplanten Geschäfts trotz (oder gerade wegen) Durchführung einer Due Diligence beachten.[492] Zum anderen sind Unternehmen nicht beliebig austauschbar und nicht in einer beliebig großen Zahl in der gerade benötigten Art und Weise vorhanden und dann auch noch zu erwerben; hat ein Investor also ein begründetes und ernsthaftes Interesse an einem bestimmten Unternehmen, so wird er von der möglichen Transaktion nicht wegen einer relativ geringen zeitlichen Verzögerung gleich wieder Abstand nehmen. Somit spricht auch die Sicherung vor nicht ernsthaft bzw.

---

[490] Zur Möglichkeit einer (nachträglichen) Genehmigung bei eilbedürftigen Geschäften siehe Kölner Komm-Mertens, § 111, Rn. 64 und Rn. 80 ff.; MüKo-Semler, § 111, Rn. 436 ff.; Großkommentar, 3. Auflage, Meyer-Landrut, § 111, Anm. 16; Hoffmann/Preu, 1. Kapitel, I., Rn. 305.1.

[491] Siehe Hüffer, § 111, Rn. 20.

[492] Vgl. S. 105 ff.

sogar in wettbewerbsfeindlicher Absicht getätigten Interessenbekundungen für die Einhaltung der gesetzlich vorgesehenen Abfolge der Organbeschlüsse.

Befindet sich das mögliche Transaktionsobjekt jedoch in einer wirtschaftlich sehr negativen Lage und besteht daher eine für das Bestehen der Firma existentielle Krise, so wird die sofortige Einsichtsmöglichkeit durch einen potentiellen Erwerber angenommen. Denn gerade in einer Krise eines Unternehmens wird angesichts der großen Bedeutung der zu treffenden Entscheidungen aus einer begleitenden Überwachung durch den Aufsichtsrat eine solche von gestaltender Tragweite.[493] Dies spricht aber gerade gegen die Alleinzuständigkeit des Vorstands; besonders in wirtschaftlich schwierigen Situationen sollte der Aufsichtsrat in die anstehenden Beratungen eng mit einbezogen werden bzw. wie beschrieben sogar gestaltend tätig werden. Dies entspricht seiner Funktion in der Aktiengesellschaft und auch der in der Regierungsbegründung zum TransPuG, sowie in der Regierungskommission geforderten rechtzeitigen Einbindung des Aufsichtsrats in Entscheidungen über die Ertragsaussichten der Gesellschaft oder deren Risikoexposition durch grundlegend verändernde Geschäfte.[494]

Zudem bietet § 108 Abs. 4 AktG die Möglichkeit einer vereinfachten Beschlussfassung des Aufsichtsrats. Ein Beschluss ist nämlich auch ohne eine Sitzung des Aufsichtsrats möglich; es genügt eine schriftliche, fernmündliche oder ansonsten vergleichbare Form.[495] Daher ist auch unter diesem Gesichtspunkt eine alleinige Zuständigkeit des Vorstands nicht zu begründen.

Erwägenswert ist bei einer offensichtlich keinen Aufschub duldenden Entscheidung, dass in der Satzung oder in dem die Zustimmungspflichtigkeit bestimmenden Aufsichtsratsbeschluss bestimmt wird, dass der Vorstand nach vorheriger Zustimmung des Aufsichtsratsvorsitzenden (lediglich) vorläufig handeln darf;[496] dies aber nur unter der Voraussetzung einer sofortigen Einberufung des gesamten Aufsichtsrats und dessen dann folgenden definitiven Entscheidung.[497] Eine solche Vorgehensweise kann bei manchen zustimmungspflichtigen Entscheidungen praktikabel und ohne negative Folgen sein. Dennoch bleibt die Frage der Einschätzung eines so genannten eilbedürftigen Geschäftes offen. Schon anlässlich dieser Definition müsste aufgrund der grundlegenden Bedeutung der Organkompetenzen und um Umgehungsversuche zu vermeiden,

---

[493] Karsten Schmidt, Gesellschaftsrecht, § 28, III, 1., d).

[494] BT-Drucks. 14/8769, Begründung des Gesetzesentwurfes der Bundesregierung zum TransPuG, S. 17 f.

[495] Zu den einzelnen Möglichkeiten MüKo-Semler, § 108, Rn. 185 ff.; Hüffer, § 108, Rn. 16.

[496] Kölner Komm-Mertens, § 111, Rn. 81.

[497] Siehe Peus, Kapitel III, § 20, IV., 6., b), (4), S. 393.

nämlich eine eingehende Prüfung des betreffenden Falles vorgenommen werden. Der Sinn einer vorherigen Zustimmung des Aufsichtsrats als ein Akt vorweggenommener Kontrolle kann ansonsten so, dazu noch ohne eine genaue Definition des wertausfüllungsbedürftigen Begriffs, sehr leicht umgangen werden.[498] Somit bleibt die Eilbedürftigkeit eines Geschäfts, jedenfalls bei Vorliegen einer Entscheidung über die Zulassung einer Due Diligence, für den vorherigen Zustimmungsvorbehalt unerheblich.

Demnach hat die vorherige Zustimmungspflicht des Aufsichtsrats hinsichtlich der Zulassung einer Due Diligence auch bei eilbedürftigen Geschäften auf das zu untersuchende Unternehmen keine nachteiligen Auswirkungen und die Eilbedürftigkeit der betreffenden Entscheidung hat auf das Bestehen eines Zustimmungsvorbehalts keinen Einfluss.

bb) Ergebnis

Das grundsätzlich bestehende Ermessen des Aufsichtsrates hinsichtlich der Bindung des Vorstandshandelns an dessen Zustimmung im Sinne des § 111 Abs. 4 S. 2 AktG ist bei der Entscheidung über die Zulassung einer Due Diligence auf Null reduziert. Daher ist der Aufsichtsrat dazu verpflichtet, eine Entscheidung des Vorstands über die Zulassung einer Due Diligence von seiner vorherigen Zustimmung im Sinne des § 111 Abs. 4 S. 2 AktG abhängig zu machen.

Der Zustimmungsvorbehalt nach § 111 Abs. 4 S. 2 AktG kann in der Satzung, der Geschäftsordnung des Aufsichtsrates oder in der Geschäftsordnung des Vorstandes geregelt werden. Dieser Zustimmungsvorbehalt hat also Satzungsqualität und ist in die Statuten einer Aktiengesellschaft aufzunehmen.

3. Hauptversammlung

Nun ist zu prüfen, ob sich das bisher gefundene Ergebnis aufgrund einer Entscheidungszuständigkeit der Hauptversammlung noch ändert.

a) Zuständigkeit im Sinne des § 119 AktG

Die Hauptversammlung ist gemäß § 119 Abs. 1 AktG in den im Gesetz und in der Satzung ausdrücklich bestimmten Fällen für eine bestimmte Maßnahme

---

[498] Vgl. Höhn, GmbHR 1994, S. 604, 606.

zuständig.[499] Außerhalb dieser enumerativ festgelegten Bestimmungen gibt es keine Zuweisungsnorm an die Hauptversammlung.[500] Aufgrund der gemäß § 23 Abs. 5 AktG zwingenden gesetzlichen Kompetenzordnung kann auch die Satzung keine weiteren Zuständigkeiten begründen.[501] Da hinsichtlich der Entscheidung über die Zulassung einer Due Diligence keine entsprechende Zuweisung an die Hauptversammlung besteht, ist diese danach auch nicht für eine solche Handlung zuständig.

b) Ungeschriebene Zuständigkeit der Hauptversammlung

Fraglich erscheint, ob hier eine ungeschriebene Kompetenz der Hauptversammlung vorliegen könnte. Diese würde dazu führen, dass der Vorstand die grundsätzlich in seinem Ermessen stehende Möglichkeit, über Fragen der Geschäftsführung eine Hauptversammlung nach § 119 Abs. 2 AktG einzuberufen, zwingend durchzuführen hätte (Ermessensreduzierung auf Null). Eine derartige ungeschriebene Zuständigkeit der Hauptversammlung liegt bei so genannten schwerwiegenden Maßnahmen vor; und zwar dann, wenn in so erheblicher Art und Weise in die Mitgliedsrechte der Aktionäre und deren im Anteilseigentum verkörperten Vermögensinteresse eingegriffen wird, dass der Vorstand nicht annehmen kann, er dürfe eine solche Entscheidung selbst treffen, ohne die Hauptversammlung daran zu beteiligen.[502] Letztlich geht es dabei um den (Kompetenz-) Schutz der Aktionäre.[503]

Die Durchführung einer Due Diligence beinhaltet die Einsicht in Firmenunterlagen und greift daher nicht unmittelbar in die Vermögensinteressen der Aktionäre ein. Vom Bundesgerichtshof ist jedoch entschieden worden, dass auch strukturändernde Maßnahmen auf der Ebene der Aktionäre zu einer Befassungskompetenz der Hauptversammlung führen.[504] Maßgeblich ist also die

---

[499] Vgl. die Übersicht der Zuständigkeiten der Hauptversammlung bei Henn, Handbuch des Aktienrechts, § 20, Abschnitt 1, Rn. 689 f.

[500] Henn, Handbuch des Aktienrechts, § 20, Abschnitt 1, Rn. 688.

[501] Karsten Schmidt, Gesellschaftsrecht, § 28, V, 2.; Hüffer, § 119, Rn. 10; so schon Loock, 2. Teil, C, VI, S. 57 f.; Hüffer, § 23, Rn. 34.

[502] BGHZ 83, 122, 131 (Urteil vom 25.02.1982 – II ZR 174/80, „Holzmüller").

[503] Siehe dazu und zum „Holzmüller"-Urteil an sich statt vieler Karsten Schmidt, Gesellschaftsrecht, § 28, V, 2., b); Grunewald, 2. Teil, C, 2., g), Rn. 102 ff.; zur Einschränkung der Ermessensfreiheit des Vorstands auch Semler, BB 1983, S. 1566, 1570 ff.; vgl. Wollburg/Gehling, Umgestaltung des Konzerns – Wer entscheidet über die Veräußerung von Beteiligungen einer Aktiengesellschaft?, in: Festschrift für Lieberknecht, S. 133, 140 ff.

[504] BGH-Urteil vom 25.11.2002 – II ZR 133/01, in: ZIP 2003, S. 387 ff. In diesem so genannten „Macroton"-Urteil hat der BGH festgestellt, dass die Beantragung eines

Fragestellung, ob die Handlung im Einzelfall eine reine Geschäftsführungs-maßnahme oder eine strukturändernde Maßnahme darstellt. Eine Due Diligence kann zu mittelbar nachteiligen Auswirkungen für die Gesellschaft führen.[505] Insbesondere bei einer Veräußerung des gesamten Geschäftsbetriebes im Sinne des § 179 a AktG soll die vorherige Zustimmung der Hauptversammlung bereits für die Entscheidung über die Zulassung einer entsprechenden Due Diligence notwendig sein, es sei denn, es läge ein so genanntes überragendes Gesellschaftsinteresse vor, welches eine Offenlegung gebiete.[506] Daher könnte man zu der Ansicht gelangen, dass die Leitung der Zielgesellschaft dem Interessenten unmittelbar nur Informationen erteilen darf, wenn sie dazu durch einen entsprechenden Beschluss der Gesellschafter ermächtigt worden ist.[507]

Eine solche Entscheidung durch die Hauptversammlung wäre jedoch mit der Herausgabe der Informationen an die einzelnen Aktionäre verbunden. Aufgrund des aktienrechtlichen Gleichbehandlungsgrundsatzes gemäß § 53 a AktG könne man auch nicht zwischen Groß- und Kleinaktionären unterscheiden,[508] alle müssten dieselben Informationen bezüglich des geplanten Geschäfts vorgelegt bekommen. Ob eine derartige Vorlage dann allerdings überhaupt im Interesse der Aktionäre ist, kann bezweifelt werden. Denn unabhängig von der Frage, ob Aktionäre rechtlich zur Verschwiegenheit hinsichtlich der in der Haupt-versammlung behandelten Themen verpflichtet sind oder nicht,[509] gilt in der

---

vollständigen Widerrufs einer Börsenzulassung der Zustimmung der Hauptversammlung bedarf. Außerdem muss den Außenstehenden Aktionären ein angemessenes Angebot für deren Anteile an der Gesellschaft gemacht werden. Diese Entscheidung führt im Übrigen dazu, dass aufgrund der nun bei einem Widerruf der Börsenzulassung notwendigen Entscheidung der Hauptversammlung ein förmliches Delisting wegen des Anfechtungs-risikos eines jeden einzelnen Aktionärs praktisch nicht mehr stattfindet. Die Börsen-zulassung wird daher durch gesellschaftsrechtliche Maßnahmen beendet (so genanntes „Cold Delisting"); dadurch erledigt sich die Börsenzulassung (Verschmelzung) oder deren Voraussetzungen fallen weg (formwechselnde Umwandlung, Eingliederung, Squeeze-out).

[505] Vgl. zu den mit der Zulassung einer Due Diligence verbundenen Gefahren ausführlich S. 105 ff.

[506] Siehe zur notwendigen Zustimmung der Hauptversammlung als Wirksamkeitserfordernis Ziemons, AG 1999, S. 492, 495; siehe dazu auch Beisel/Klumpp, 8. Kapitel, VI., 2., Rn. 69 ff.; Liebs, E., VI., Rn. 125.

[507] Münchener Vertragshandbuch/Wirtschaftsrecht I-Günther, III., 2., Anmerkungen, B., 5., (2), S. 245 f.

[508] Die Anteilseigner werden durch das Gleichbehandlungsgebot davor geschützt, dass ein Teil der Aktionäre hinter einen anderen Teil zurückgesetzt wird. Siehe Hüffer, § 53, Rn. 4.

[509] Für eine aus dem Rechtsgedanken der Treuepflicht bzw. dem aus § 242 BGB zu ent-nehmendem Verbot des Rechtsmissbrauchs hergeleiteten Verpflichtung der Aktionäre, über Betriebs- und Geschäftsgeheimnisse, die sie in der Hauptversammlung erfahren haben, Stillschweigen zu bewahren, siehe von Stebut, 3. Teil, § 7, II., 1., S. 96; gegen eine

Praxis die Erkenntnis, dass eine derartige Verpflichtung einerseits bereits mit der Aufgabe der Gesellschafterstellung (also mit dem bloßen Verkauf der betreffenden Aktien) endet[510] und andererseits sowieso nicht durchsetzbar wäre. Denn im Gegensatz zum Aufsichtsrat (deren Mitglieder gemäß der §§ 93 Abs. 1 S. 2 i.V.m. 116 AktG ja derselben Schweigepflicht unterliegen wie der Vorstand) kann davon ausgegangen werden, dass der Hauptversammlung vorgelegte Informationen sofort an die Öffentlichkeit gelangen.[511]

Somit würde der Beweggrund für die Herbeiführung eines Beschlusses der Hauptversammlung, nämlich die mit der Zulassung einer Due Diligence entstehenden Gefahren näher zu beleuchten, um diesen zu entgehen, ins Gegenteil verkehrt. Es müssten der Hauptversammlung als deren Entscheidungsgrundlage verschiedene geheimhaltungsbedürftige Informationen (wie beispielsweise der aktuelle Verhandlungsstand, mögliche Konditionen der Transaktion, Daten des potentiellen Investors und vor allem geheimhaltungsbedürftige Informationen über die (Ziel-) Gesellschaft selbst) vorgelegt werden;[512] deren (vorzeitige) Veröffentlichung würde aufgrund der damit zusammenhängenden Folgen höchstwahrscheinlich zu einem frühen Scheitern der geplanten Transaktion führen und hätte in Bezug auf die Offenlegung der Gesellschaftsinformationen wohl auch Nachteile hinsichtlich der zukünftigen Wettbewerbsfähigkeit zur Folge.

---

entsprechende rechtliche Verpflichtung der Aktionäre Linker/Zinger, NZG 2002, S. 497, 498.

[510] Und damit weniger stark ausgeprägt ist, als die Verschwiegenheitspflicht der Organmitglieder, die auch noch nachträglichen Pflichten unterliegen. Siehe Kölner Komm-Mertens, § 93, Rn. 84; von Stebut, 3. Teil, § 7, II., 1., S. 96.

[511] Eine Hauptversammlung ist zwar keine öffentliche Veranstaltung und an sich auch nicht presseöffentlich. Im Zuge einer möglichst hohen Aufmerksamkeitserzeugung zur Steigerung des Aktienwertes wird die Anwesenheit der Presse jedoch meist nicht nur gestattet, sondern regelrecht forciert; siehe zur Teilnahmeberechtigung an der Hauptversammlung Hüffer, § 118, Rn. 9 ff. Ein Übriges trägt dazu die teilweise erhebliche Anzahl von Aktionären bei Publikumsgesellschaften bei. Treek, Die Offenbarung von Unternehmensgeheimnissen durch den Vorstand einer Aktiengesellschaft im Rahmen einer Due Diligence, in: Festschrift für Fikentscher, bringt es kurz auf den Punkt: „eine solche Bekanntgabe steht der Mitteilung der betreffenden Informationen an eine nicht überschaubare Öffentlichkeit praktisch gleich." (S. 434, 446); Merkt, Unternehmenspublizität, Vierter Teil, Erstes Kapitel, I., 4., S. 262; vgl. ferner Vossel, § 3, A., I., S. 43 f.; Duden, Gleichbehandlung bei Auskünften an Aktionäre, in: Festschrift für von Caemmerer, S. 499, 501.

[512] Die Antwort auf die Frage, ob die in der Hauptversammlung vertretenen Aktionäre überhaupt den für eine solche Transaktionsentscheidung erforderlichen Kenntnisstand vorweisen könnten, bleibt hier einmal offen; vgl. dazu Großkommentar, 3. Auflage-Barz, § 119, Anm. 7; Grunewald, 2. Teil, C, 2., g), Rn. 104.

Darüber hinaus muss der Vorstand die betreffende Entscheidung der Hauptversammlung bereits in Form eines ausformulierten Antrages vorlegen,[513] so dass der eigentliche Abwägungsvorgang schon vom Vorstand erarbeitet werden muss und von der Hauptversammlung nur noch nachvollzogen werden muss.[514] Demnach kann die Hauptversammlung allein in dieser Frage also schon faktisch gar nicht zuständig sein. Lehnt die Hauptversammlung eine Beschlussfassung ab, so muss der Vorstand selbst über die betreffende Fragestellung entscheiden.[515] Zudem trägt die Einberufungsfrist nach § 123 Abs. 1 AktG von mindestens einem Monat und der dafür maßgebliche Fristbeginn auch nicht gerade zu einer schnellen und flexiblen Handhabung bei.[516]

Letztlich kann die Zulassung einer Due Diligence auch nicht der Zustimmung der Hauptversammlung unterliegen, weil die Zulassung lediglich die Art und Weise der Verwirklichung des Unternehmensinteresses und nicht das

---

[513] Hüffer, § 119, Rn. 14.

[514] Westermann, ZGR 1984, S. 352, 363 ff.; Heinsius, ZGR 1984, S. 383, 393 ff.; Martens, ZHR 147 (1983), S. 377, 384 ff.

[515] Henn, Handbuch des Aktienrechts, § 20, Abschnitt 1, Rn. 694.

[516] Der Fristbeginn richtet sich gemäß § 121 Abs. 3 S. 1 AktG nach der Bekanntgabe der Einberufung in den Gesellschaftsblättern. Verstöße gegen die in diesem Zusammenhang bestehenden Voraussetzungen führen gemäß § 241 Nr. 1 AktG grundsätzlich zur Nichtigkeit von Hauptversammlungsbeschlüssen. Die Regelung des § 121 Abs. 6 AktG befreit zwar von der zwingenden Einhaltung der betreffenden Vorschriften, aber das Vorliegen der bestimmten Bedingungen, nämlich Vollversammlung und kein Widerspruch auch nur eines Aktionärs, ist einerseits wohl als relativ unwahrscheinlich anzusehen, andererseits ändert es nichts am Problem der fehlenden Verschwiegenheitsverpflichtung der Aktionäre bezüglich auf der Hauptversammlung erlangter Informationen. Dass die Haupt-versammlung im Rahmen einer Due Diligence nicht in die dafür maßgeblichen Ent-scheidungsabläufe involviert werden darf, folgt auch daraus, dass man anerkanntermaßen die sich aus der Norm des § 131 Abs. 4 AktG ergebenden Auswirkungen für einen erfolgsversprechenden Verlauf einer Due Diligence unbedingt vermeiden sollte. Siehe Großkommentar-Hopt, § 93, Anm. 213; Treek, S. 434, 445 ff.; werden nämlich einem Aktionär wegen seiner Eigenschaft als Aktionär außerhalb der Hauptversammlung bestimmte Auskünfte gegeben, so sind diese Informationen jedem anderen Aktionär auf dessen Verlangen ebenfalls herauszugeben. Angesichts der damit verbundenen und bereits beschriebenen Gefahren muss somit durch die Leitungsorgane der Gesellschaft sicher-gestellt werden, dass durch eine eventuelle Informationsweitergabe an einen potentiellen Investor nicht die Auskunftspflicht nach § 131 Abs. 4 AktG begründet wird und der Vorstand dann in der Hauptversammlung die betreffenden vertraulichen Informationen den Aktionären auch nicht zur Verfügung stellen muss; Stoffels, ZHR 165 (2001), S. 362, 369 lässt die Erforderlichkeit eines zustimmenden Beschlusses der Hauptversammlung offen, indem er darauf verweist, dass die Frage der Zulassung bzw. der Durchführung einer Due Diligence „üblicherweise" nicht Gegenstand einer Hauptversammlung sind. Siehe zu den mit der Einberufung der Hauptversammlung zusammenhängenden Neuerungen aufgrund des TransPuG und des Deutschen Corporate Governance Kodexes Noack, DB 2002, S. 620 ff.

Investment der Aktionäre betrifft. Der wirtschaftliche Zusammenhang mit einer Grundlagenentscheidung ändert nichts daran, dass die Zulassung der Due Diligence nicht selbst die Grundlagenentscheidung ist.

Angesichts der beschriebenen Umstände ist eine Entscheidungskompetenz hinsichtlich der Zulassung einer Due Diligence nicht im Vermögensinteresse der Aktionäre, so dass die Voraussetzungen einer ungeschriebenen Zuständigkeit der Hauptversammlung im Sinne des § 119 Abs. 2 AktG nicht gegeben.

c) Zwischenergebnis

Für eine Entscheidung über eine Auskunftserteilung bzw. Auskunftsverweigerung gegenüber einem potentiellen Investor anlässlich einer Due Diligence ist die Hauptversammlung nicht zuständig.[517]

4. Ergebnis

In der Aktiengesellschaft fällt die Entscheidung über die Zulassung einer Due Diligence grundsätzlich in die Zuständigkeit des Vorstandes nach § 76 Abs. 1 AktG.

Der Aufsichtsrat ist aber dazu verpflichtet, eine Entscheidung des Vorstands über die Zulassung einer Due Diligence von seiner vorherigen Zustimmung im Sinne des § 111 Abs. 4 S. 2 AktG abhängig zu machen. Dies kann der Aufsichtsrat in seiner Geschäftsordnung oder in der Geschäftsordnung des Vorstandes regeln.[518]

---

[517] Unabhängig von der grundsätzlich fehlenden Zuständigkeit der Hauptversammlung in Fragen der Geschäftsführung, kann jedoch der Vorstand eine entsprechende Entscheidung von der Hauptversammlung nach § 111 Abs. 4 S. 3 AktG verlangen. Die verweigerte Zustimmung des Aufsichtsrates kann also durch einen Hauptversammlungsbeschluss ersetzt werden. Dabei ist gemäß § 111 Abs. 4 S. 4 AktG eine qualifizierte Stimmenmehrheit von drei Vierteln notwendig, deren Größe gemäß § 111 Abs. 4 S. 5 AktG zwingend ist. Diese Ersetzung der Zustimmung des Aufsichtsrats ist jedoch aus den auf S. 127, Fn. 507 genannten Gründen kaum praktikabel. Siehe auch Kölner Komm-Mertens, § 111, Rn. 85; vgl. Raiser/Veil, § 15, I, 3., Rn. 8; vgl. im Gegensatz dazu die Frage der Notwendigkeit eines Hauptversammlungsbeschlusses bei einer Due Diligence anlässlich einer Börseneinführung einer Aktiengesellschaft bei Schanz, § 8, IV, 2., Rn. 36.

[518] Soweit die Kompetenz für die Geschäftsordnung des Vorstandes dem Aufsichtsrat im Sinne des § 77 Abs. 2 S. 1 AktG zugewiesen wurde.

Somit steht die Entscheidung des Vorstandes einer Aktiengesellschaft über die Zulassung einer Due Diligence unter dem Zustimmungsvorbehalt des Aufsichtsrates im Sinne des § 111 Abs. 4 S. 2 AktG.[519]

Macht der Satzungsgeber von der durch das Vorliegen des § 111 Abs. 4 S. 2 AktG bestehenden Möglichkeit der Einführung eines Zustimmungsvorbehaltes Gebrauch, so ist der Aufsichtsrat daran gebunden; er kann diesen nicht selbst abschaffen (nur durch entsprechende Satzungsänderung zulässig) oder durch eine vorherige pauschale Zustimmung zu den betreffenden Geschäften umgehen.[520] Ist ein solches Zustimmungserfordernis nicht in der Satzung der Aktiengesellschaft vorgesehen, so hat der Aufsichtsrat dieses gemäß § 111 Abs. 4 S. 2 AktG selbst einzuführen.[521]

II. Verfahren

Für das zur Entscheidung über eine Zulassung einer Due Diligence notwendige Verfahren ist nun die dafür erforderliche interne Willensbildung innerhalb der beiden beteiligten Organe, dem Vorstand und dem Aufsichtsrat, zu klären.

1. Beschluss des Vorstands

In Anbetracht der besonders herausragenden Bedeutung der betreffenden Entscheidung für die Aktiengesellschaft ist die Notwendigkeit eines Beschlusses

---

[519] Dadurch wird jedoch zum einen die im Außenverhältnis unbeschränkte Vertretungsmacht des Vorstands nach § 82 Abs. 1 AktG nicht tangiert, zum anderen schließt gemäß § 93 Abs. 4 S. 2 AktG eine Billigung des betreffenden Geschäfts durch den Aufsichtsrat die Haftung des Vorstands nicht aus. Der Vorstand selbst ist auch nach Erteilung der Zustimmung durch den Aufsichtsrat nicht dazu verpflichtet, dass Geschäft tatsächlich vorzunehmen. Siehe Matthießen, 3. Abschnitt, § 11, III., 1., b), bb), S. 304 f. Angesichts der bei einer (geplanten) Unternehmenstransaktion auftretenden hohen Summen, wird der Vorstand das Risiko eines „Alleinganges" im Hinblick auf eine möglicherweise erhebliche Haftungssumme wohl kaum eingehen. Meinungsverschiedenheiten zwischen Vorstand und Aufsichtsrat über die Wirksamkeit eines Zustimmungsvorbehaltes können zum Gegenstand einer Feststellungsklage gemacht werden; dabei sind beide Organe als parteifähig anzusehen, Götz, ZGR 1990, S. 633, 642.

[520] Lutter/Krieger, § 3, IV, 3., c), Rn. 115; MüKo-Semler, § 111, Rn. 442.

[521] § 111 Abs. 4 S. 2 AktG gibt zwar keine Rangordnung zwischen der Bestimmung durch die Satzung oder den Aufsichtsrat vor. Tatsächlich ist der Aufsichtsrat, falls die Satzung keine zustimmungspflichtige Geschäfte beinhaltet, jedoch verpflichtet, die gesetzlich vorgeschriebenen Zustimmungsvorbehalte zu bestimmen. Siehe statt vieler MüKo-Semler, § 111, Rn. 411.

des Gesamtvorstandes an sich evident.[522] Nur die für die Due Diligence-Entscheidung erforderliche Mehrheit bleibt noch offen. Nach § 77 Abs. 1 AktG gilt für einen mehrgliedrigen Vorstand grundsätzlich das Prinzip der Gesamtgeschäftsführung, d.h. für einen Beschluss bedarf es einer Willensübereinstimmung sämtlicher Vorstandsmitglieder (Kollegialprinzip).[523]

Fraglich erscheint, ob in dem Falle, in dem in der Satzung oder Geschäftsordnung der Gesellschaft eine Mehrheitsentscheidung im Sinne des § 77 Abs. 1 S. 2 AktG bzw. eine Zuweisung bestimmter Aufgaben an einzelne Vorstandsmitglieder vorgesehen ist[524], eine solche auch für eine Entscheidung über die Freigabe von eigentlich geheimen Gesellschaftsmaterialien gelten darf.

a) Notwendige Mehrheiten für den Beschluss des Vorstands

Zunächst bleiben bei der folgenden Prüfung diejenigen Handlungen, welche gesetzlich dem Vorstand als Gesamtorgan zugewiesen sind, einer Mehrheitsentscheidung vorenthalten.[525] Da die Zulassung einer Einsicht in geheim-

---

[522] Besonders angesichts der Tatsache, dass es sich dabei um eine Handlung entgegen den Bestimmungen des § 93 Abs. 1 S. 2 AktG handelt, sowie aufgrund des Umstands, dass es sich bei den Daten, welche durch die Zulassung einer Due Diligence offen gelegt werden, um Informationen handeln kann, deren Offenbarung für die Zielgesellschaft von existentieller Bedeutung sein könnte; siehe auch explizit zum Beschluss der Durchführung einer Due Diligence Berens/Brauner/Strauch-Fleischer/Körber, S.226 („Angesichts der erheblichen Bedeutung der Geheimhaltungsinteressen der Gesellschaft und dem regelmäßig die Ressortgrenzen sprengenden Umfang einer Due Diligence ist ein Beschluss des Gesamtvorstandes nicht nur empfehlenswert, sondern erforderlich."); siehe in diesem Sinne auch Müller, NJW 2000, S. 3452, 3455; Ziemons, AG 1999, S. 492, 494; Roschmann/Frey, 1996, S. 449, 452; Körber, NZG 2002, S. 263, 268; Rozijn, NZG 2001, S. 494, 497; siehe allgemein zur Erforderlichkeit eines Beschlusses des Gesamtvorstandes bei für die Gesellschaft wesentlichen Geschäften Kölner Komm-Mertens, § 93, Rn. 77 und insbesondere Rn. 82; MüKo-Hefermehl/Spindler, § 93, Rn. 50; zurückhaltender äußert sich Schroeder, DB 1997, S. 2161, 2162; Hüffer, § 93, Rn. 8 („Vorstandsbeschluss ist jedenfalls empfehlenswert."); a. A. MüKo-Hefermehl/Spindler, § 93, Rn. 64, nach welchem grundsätzlich bereits ein einzelnes Vorstandsmitglied über eine Offenbarung von Informationen („im Rahmen seines Geschäftsbereichs") entscheiden kann, „es sei denn, dass das Geheimnis von entscheidende Bedeutung für die Gesellschaft ist". Aufgrund dieses für die Praxis aus ex-ante Sicht schwierig zu entscheidenden Kriteriums, stellt sich diese Ansicht als wenig praktikabel dar.

[523] Hüffer, § 77, Rn. 2.

[524] Vgl. zu den möglichen verschiedenen Varianten der Abweichung von der gesetzlich vorgesehenen Gesamtgeschäftsführung mit Einstimmigkeitserfordernis Hüffer, § 77, Rn. 10.

[525] Zu diesen Entscheidungen, welche zwingend vom Gesamtvorstand getroffen werden müssen, Kölner Komm-Mertens, § 77, Rn. 19; siehe einen Überblick der betreffenden Mindestzuständigkeiten bei Hüffer, § 76, Rn. 8 und § 77, Rn. 17.

haltungsbedürftige Unterlagen nicht ausdrücklich dazu gehört, kommt es dabei auf die dafür erforderliche Mehrheit an.

aa) Meinungsstand

Man könnte die Auffassung vertreten, dass der über die Zulässigkeit einer Due Diligence entscheidende Vorstandsbeschluss einstimmig ausfallen muss. Dies folge daraus, dass eine innerhalb des Vorstandes selbst einheitliche Meinungslage schon ein starkes Indiz für eine ordnungsgemäße Entscheidung, also für das Vorliegen des dafür erforderlichen unternehmerischen Interesses sei.[526]

Dem wird entgegnet, dass das bei der Entscheidungsfindung grundsätzlich bestehende Ermessen einen Raum für andere Meinungen ja gerade zulässt. In diesem Zusammenhang könne ein Abstimmungsverhalten nicht als Indiz für dessen Richtigkeit gewertet werden; die Quantität der Befürworter sage nichts über die Qualität einer Maßnahme aus.[527] Daher solle in diesem Fall auch eine Mehrheitsentscheidung als Merkmal mehrheitlicher Willensbildung möglich sein.[528] Dafür spräche auch der Zweck der Einführung eines Mehrheitsbeschlusses, nämlich eine größere Flexibilität und Zeitersparnis im Gegensatz zum Einstimmigkeitsprinzip.[529]

bb) Stellungnahme

Grundsätzlich ist der durch die nach § 77 Abs. 2 AktG betreffenden Organe manifestierte Wille, in der Satzung oder Geschäftsordnung der Gesellschaft eine Mehrheitsentscheidung im Sinne des § 77 Abs. 1 S. 2 AktG vorzusehen, bei jeder dieser Maßnahme folgenden Entscheidung zu beachten.

Es erscheint nur zweifelhaft, ob angesichts der Tragweite einer Zulassung einer Due Diligence, das Genügen einer bloßen Mehrheitsentscheidung angemessen ist. Bei einer solchen Entscheidung werden nämlich nicht nur möglicherweise erheblich ausfallende Nachteile für die Gesellschaft in Kauf genommen, der

---

[526] Meincke, WM 1998, S. 749, 751; Ziemons, AG 1999, S. 492, 494; auch auf die Indizwirkung des Vorstandsbeschlusses abstellend, jedoch die erforderliche Mehrheit desselben offen lassend, Rozijn, NZG 2001, S. 494, 497; siehe auch Fleischer/Kalss, Erster Teil, § 3, III., 7., d), S. 101, welche einen einstimmig zu fassenden Beschluss des Gesamtvorstandes fordern, dessen Erfordernis jedoch nicht begründen.

[527] Linker/Zinger, NZG 2002, S. 497, 498.

[528] So Stoffels, ZHR 165 (2001), S. 362, 376, Fn. 62; Müller, NJW 2000, S. 3452, 3455; Schroeder, DB 1997, S. 2161, 2163.

[529] Vgl. MüKo-Hefermehl/Spindler, § 77, Rn. 12.

Vorstand handelt grundsätzlich auch noch im Widerspruch zum Wortlaut des § 93 Abs. 1 S. 2 AktG. Zudem ist die Ansicht vertretbar, dass ein Abweichen von einer eigentlich vorgesehenen Mehrheitsentscheidung erforderlich ist, wenn ansonsten „negativ folgenschwere Auswirkungen" durch die betreffende Handlung zu erwarten sind; dies soll insbesondere bei der Offenlegung von geheimhaltungsbedürftigen Informationen gegeben sein.[530] Diese Gefahr ist vorliegend gegeben,[531] so dass zumindest eine qualifizierte Mehrheitsentscheidung verlangt werden sollte. Bevor man jedoch qualifizierte Mehrheiten von beispielsweise 2/3 oder 3/4 fordert, sollte man erwägen, für eine außerordentlich wichtige bzw. sogar existentiell bedeutende Entscheidung gleich einen einstimmigen Vorstandsbeschluss zu verlangen.[532] Denn selbst die Argumentation hinsichtlich einer benötigten Flexibilität und zeitlichen Notwendigkeit einer einfachen Mehrheitsentscheidung vermag nicht zu überzeugen. Denn eine entsprechende Zulässigkeitsprüfung seitens nur weniger Vorstände könnte sich aufgrund mangelnder Reflexion und der notwendigen eingehenden Würdigung der einzelnen Gesichtspunkte sogar zeitlich verzögern bzw. inhaltlich falsch und damit schadensersatzbegründend sein; die für das Quorum notwendige Zustimmung aller Vorstandsmitglieder kann dabei im Grundsatz auf schriftlichem und sogar fernmündlichem Wege (vgl. § 108 Abs. 3 und 4 AktG) erfolgen.[533]

Da somit kein wesentlicher Grund ersichtlich ist, warum eine derart gewichtige Entscheidung nicht einstimmig getroffen werden sollte, sollte die Zuweisung an ein für ein bestimmtes Ressort zuständiges Vorstandsmitglied hinsichtlich der Herausgabe von Informationen eines bestimmten Gebietes aufgrund der bei einer Due Diligence bestehenden schweren Eingrenzbarkeit des Prüfgebietes und der möglichen Auswirkungen auf die Gesellschaft an sich unzulässig sein.[534]

Nach Würdigung dieser Aspekte und unter Berücksichtigung der Tatsachen, dass jedes Vorstandsmitglied im übrigen nach den §§ 76 Abs. 1 und

---

[530] Nach Kölner Komm-Geilen, § 404, Rn. 33 bedarf es dann einer Einschaltung aller Vorstandsmitglieder und einer entsprechenden Entscheidung des gesamten Leitungsorgans.

[531] Zur Möglichkeit des Scheiterns einer beabsichtigten Transaktion siehe S. 81 f.

[532] Vgl. dazu Großkommentar-Hopt, § 93, Anm. 200.

[533] Münchener Handbuch-Wiesner, 5. Kapitel, § 22, II, 1., Rn. 6 und 5. Kapitel, § 22, III, Rn. 20; MüKo-Hefermehl/Spindler, § 77, Rn. 6; so auch schon Godin-Wilhelmi, § 77, Anm. 5; sollte durch Gefahr im Verzug eine bestimmte Entscheidung keinen Aufschub dulden, so werden mangels Regelung im § 77 AktG die § 115 Abs. 2 HGB, sowie 744 Abs. 2 BGB entsprechend angewandt, wonach abwesende oder nicht erreichbare Vorstandsmitglieder ausnahmsweise nachträglich unterrichtet werden dürfen (Hüffer, § 77, Rn. 6).

[534] Vgl. zur organinternen Zuständigkeit Linker/Zinger, NZG 2002, S. 497, 498.

93 Abs. 2 AktG sowieso grundsätzlich für alle Akte des Vorstandes einstehen muss[535] und dass sich eine solche Haftung im Falle von Unternehmenstransaktionen außerhalb jeden versicherbaren Risikos befindet,[536] erscheint im vorliegenden Fall ein einstimmiger Vorstandbeschluss als notwendig und angemessen. Demnach erfolgt die Willensbildung des Vorstandes über die Zulassung einer Due Diligence zwingend im Sinne des gesetzlichen Modells der Gesamtgeschäftsführung.

b) Zwischenergebnis

Der Beschluss des Vorstandes einer Aktiengesellschaft hinsichtlich der Zulassung einer Due Diligence muss einstimmig ausfallen, auch wenn in der Satzung oder Geschäftsordnung der Gesellschaft lediglich ein Mehrheitserfordernis festgelegt wurde.

2. Beschluss des Aufsichtsrats

Beabsichtigt der Vorstand die Offenlegung von Unternehmensdaten, so hat er sein Vorhaben dem Aufsichtsrat im Sinne des § 111 Abs. 4 S. 2 AktG zur Zustimmung vorzulegen.

a) Zuständigkeit zur Einrichtung eines Zustimmungsvorbehaltes

Die Entscheidung zur Einrichtung eines Zustimmungsvorbehaltes für ein bestimmtes Geschäft ist dem Aufsichtsrat gemäß § 107 Abs. 3 S. 2 AktG in seiner Gesamtheit vorbehalten (Plenarbeschluss). Eine Delegation einer solchen Entscheidung an einen Ausschuss im Sinne des § 107 Abs. 3 S. 1 AktG ist in diesem Falle aufgrund des zwingenden Charakters der Vorbehaltsklausel nach § 107 Abs. 3 S. 2 AktG nicht zulässig.[537] Vorliegend ist das grundsätzlich bestehende Ermessen des Aufsichtsrates hinsichtlich der Einrichtung eines

---

[535] Großkommentar, 3. Auflage-Meyer-Landrut, § 77, Anm. 3; vgl. zur Exkulpationsmöglichkeit eines einzelnen Vorstandsmitglieds und der damit verbundenen Entlassung aus der Gesamtschuldnerhaftung Henn, Handbuch des Aktienrechts, § 18, Abschnitt 6, Rn. 597. Sodann ist bei der gemäß § 93 Abs. 1 S. 1 AktG anzuwendenden Sorgfalt die objektiv erforderliche Sorgfalt maßgebend, nicht eine wie auch immer geartete übliche. Dazu Henn, Handbuch des Aktienrechts, § 18, Abschnitt 6, Rn. 595. Auch dies spricht für eine Interessenabwägung innerhalb des Gesamtvorstandes und einer anschließenden nur durch einstimmigen Beschluss möglichen Offenlegung der betreffenden Informationen.

[536] Siehe S. 120 ff., Fn. 431.

[537] Siehe Hüffer, § 107, Rn. 18; Geßler-AktG, § 107, Rn. 19 und insbesondere Rn. 21; so auch schon Baumbach/Hueck, § 111, Rn. 11.

Zustimmungsvorbehaltes auf Null reduziert, d.h. der Aufsichtsrat hat in Bezug auf die Entscheidung über die Zulässigkeit einer Due Diligence einen Zustimmungsvorbehalt gemäß § 111 Abs. 4 S. 2 AktG durch einen Plenarbeschluss einzurichten.

b) Organinterne Zuständigkeit bei Entscheidung über Zustimmung

Die organinterne Zuständigkeit für die Entscheidung über die Erteilung oder Versagung der Zustimmung im konkreten Fall kann auch einem Ausschuss übertragen werden.[538] Das grundsätzliche Recht des Aufsichtsrates, einen oder mehrere Ausschüsse zu bestellen, ist in § 107 Abs. 3 S. 1 AktG normiert. Ausschüsse können eine lediglich vorbereitende oder eine entscheidungsbefugte Funktion haben.[539] Die einem Aufsichtsrat obliegende Zustimmung zu einem bestimmten Geschäft kann also als entscheidungsbefugte Aufgabe einem Ausschuss des Aufsichtsrates übertragen werden.[540]

c) Entscheidungsparameter

Beantragt der Vorstand die Beschlussfassung des Aufsichtsrats im Sinne des § 111 Abs. 4 S. 2 AktG, so ist fraglich, nach welchen Gesichtspunkten dieser seine Entscheidung richten kann bzw. muss.

Zunächst ist der Aufsichtsrat ist verpflichtet, einem Geschäft zuzustimmen, wenn dessen Unterlassung auf eine rechtswidrige Schädigung der Gesellschaft hinauslaufen würde.[541] Fraglich erscheint jedoch, ob der Aufsichtsrat seine Entscheidung nach eigenem geschäftspolitischen Ermessen oder nur mittels einer Vertretbarkeitsprüfung fällen kann.

Für eine Ermessensentscheidung spräche der Umstand, dass es sowohl für die Verweigerung als auch für die Befürwortung einer bestimmten Entscheidung (wie der hier in Frage stehenden Offenlegung von Unternehmensinformationen) nachvollziehbare Gründe gäbe und eine solche Entscheidung demnach nicht immer zwangsläufig eine reine Rechtsfrage sei.[542] Ansonsten müsste bei einem

---

[538] OLG Hamburg, Urteil vom 29.09.1995 – 11 U 20/95, in: WM 1995, S. 2188 ff.; Rellermeyer, I. Kapitel, § 2, II., 2., c), bb), (1), S. 35; Geßler-AktG, § 111, Rn. 8; zu den Vor- und Nachteilen einer bestehenden bzw. sich verstärkenden Ausschussbildung siehe Schwark-Corporate Governance, IV., 5., S. 110 ff.

[539] Dazu Raiser/Veil, § 15, Rn. 81 ff.

[540] Henn, Handbuch des Aktienrechts, 5. Kapitel, § 19, Abschnitt 6, Rn. 668.

[541] Siehe statt vieler Kölner Komm-Mertens, § 111, Rn. 85.

[542] Kölner Komm-Mertens, § 116, Rn. 46.

sich rechtlich unstreitig negativ auswirkenden Sachverhalt ja schon der Vorstand die betreffende Entscheidung versagen. Bei einer Entscheidung nach eigenem geschäftspolitischen Ermessen wäre der Aufsichtsrat auch berechtigt, einem Geschäft die Zustimmung zu verweigern, nur wenn es seinen unternehmerischen Vorstellungen nicht entspräche.[543]

Dem kann jedoch entgegengehalten werden, dass der Aufsichtsrat damit in die Geschäftsführung mit einbezogen und dieser somit entgegen der aktienrechtlichen Verfassung unternehmerische Verantwortung übernehmen würde.[544] Das Instrumentarium des Zustimmungsvorbehaltes bestehe nämlich nur, um die Kontrollfunktion des Aufsichtsrats auch bei solchen Geschäften zu ermöglichen, deren möglicherweise eintretenden negativen Folgen für die Gesellschaft lediglich mittels einer präventiven Kontrolle abzuwenden sind; dann wäre die Beschränkung auf eine so genannte Vertretbarkeitsprüfung durch den Aufsichtsrat sinnvoll.[545] Dieser Auffassung ist zuzubilligen, dass zwar die Gefahr besteht, dass durch die gesetzlich vorgesehene Möglichkeit der Anordnung eines Zustimmungsvorbehaltes sowie durch die allgemeine Tendenz dem Aufsichtsrat (im Sinne einer effektiveren Überwachungsmöglichkeit) eine stärkere Rolle zuzubilligen, die Kontrollaufgaben des Aufsichtsrats mit den Leitungsaufgaben des Vorstandes zu sehr vermischt werden könnten.[546] Diese Gefahr wurde jedoch berücksichtigt, die Pflicht zur Anordnung von Zustimmungsvorbehalten ist dennoch aufgrund allgemein anerkannter Zielsetzungen schon seit längerer Zeit gefordert und nun auch gesetzgeberisch umgesetzt worden. Daher darf angesichts des Sinn und Zwecks eines Zustimmungsvorbehaltes und der Wichtigkeit der betreffenden Geschäfte für die Gesellschaft, die Bindung der Zustimmungsverweigerung des Aufsichtsrats nicht relativiert werden.[547]

---

[543] Semler, Leitung und Überwachung der Aktiengesellschaft, 3. Teil, § 6, E., IV., A., 2., b), Rn. 210 ff.; Semler, Leitung und Überwachung der Aktiengesellschaft, 3. Teil, § 6, II., A., Rn. 178 ff.; Kölner Komm-Mertens, § 111, Rn. 85.

[544] Höhn, GmbHR 1994, S. 604, 605.

[545] Diese Möglichkeit befürwortet Kölner Komm-Mertens, § 111, Rn. 85.

[546] Berrar, DB 2001, S. 2181, 2184.

[547] MüKo-Semler, § 111, Rn. 443; in diesem Sinne auch Kölner Komm-Mertens, § 111, Rn. 62 und 85; Lutter/Krieger, § 3, II, 2., c), Rn. 92 f. und § 3, IV, 3., a), Rn. 106, Fn. 4 („...auch um die Verpflichtung geht, sich bei besonders wichtigen Angelegenheiten eine Veto-Position zu eröffnen."); Götz, ZGR 1990, S. 633, 637; dabei hat jedes Organmitglied des Aufsichtsrates die Pflicht, mit der aktienrechtlich gebotenen Sorgfalt zu prüfen, ob bestimmte Informationen zur Weitergabe geeignet sind oder nicht. Siehe dazu BGHZ 64, 325, 327 (Urteil vom 05.06.1975 – II ZR 156/73).

Somit kann der Aufsichtsrat den vorgelegten Geschäftsführungsmaßnahmen des Vorstands nach eigenem unternehmerischem Ermessen zustimmen oder sein Einverständnis versagen.[548]

d) Notwendige Mehrheiten für den Beschluss des Aufsichtsrats

Grundsätzlich fasst der Aufsichtsrat seinen Organwillen nach § 108 Abs. 1 AktG durch Beschluss und zwar mit der Mehrheit aller abgegebenen Stimmen, also mit der so genannten einfachen Stimmenmehrheit.[549] Neben den davon gesetzlich vorgesehenen Abweichungen kann für diejenigen Aufgaben, die dem Aufsichtsrat nicht kraft Gesetzes im Sinne des § 23 Abs. 5 S. 2 AktG zwingend obliegen, auch durch die Satzung ein anderes Mehrheitserfordernis festgelegt werden.[550] Da § 111 Abs. 4 S. 2 AktG keine Prärogative des Satzungsgebers vorsieht, kann die Satzung einer Aktiengesellschaft auch nicht die Notwendigkeit einer qualifizierten Mehrheit bei Zustimmungsvorbehalten durch den Aufsichtsrat vorschreiben. Auch Satzungsbestimmungen, welche eine qualifizierte Mehrheit für die Zustimmung selbst vorsehen, sind demnach unzulässig.[551] Demnach bleibt es für das Mehrheitserfordernis eines Aufsichtsratsbeschlusses bei der gesetzlich im Grundsatz vorgesehenen einfachen Stimmenmehrheit.

III. Ergebnis

Für die Entscheidung über eine Offenlegung von Unternehmensinformationen anlässlich der Durchführung einer Due Diligence ist nach § 76 Abs. 1 AktG der Vorstand zuständig. Dieser darf eine Due Diligence jedoch erst nach vorheriger (mit einfacher Stimmenmehrheit zu fassender) Zustimmung des Aufsichtsrats im Sinne des § 111 Abs. 4 S. 2 AktG durch einen entsprechenden (einstimmigen) Beschluss zulassen.

---

[548] Davon unberührt bleibt die Aussicht des Vorstands auf eine Ersetzung des Aufsichtsratsbeschlusses nach entsprechender Vorlage an die Hauptversammlung. Vgl. dazu aber schon die Ausführungen bei S. 127, Fn. 507.

[549] Siehe zur Beschlussfassung im Aufsichtsrat und zu den dafür erforderlichen Regelungen ausführlich Lutter/Krieger, § 9, III, 2., Rn. 590 ff.

[550] Siehe zur notwendigen Erfüllung der gesetzlichen Funktionen und der damit zusammenhängenden erforderlichen Beibehaltung der einfachen Stimmenmehrheit Kölner Komm-Mertens, vorb. § 76 Rn. 24 und § 108, Rn. 46; Münchener Handbuch-Hoffmann-Becking, 6. Kapitel, § 31, IV, 3., b), Rn. 58.

[551] Kölner Komm-Mertens, § 108, Rn. 46 und § 111, Rn. 62 f.

Das grundsätzlich bestehende Ermessen des Aufsichtsrates hinsichtlich der Bindung des Vorstandshandelns an dessen Zustimmung im Sinne des § 111 Abs. 4 S. 2 AktG ist bei der Entscheidung über die Zulassung einer Due Diligence auf Null reduziert. Daher ist der Aufsichtsrat dazu verpflichtet, eine Entscheidung des Vorstands über die Zulassung einer Due Diligence von seiner vorherigen Zustimmung im Sinne des § 111 Abs. 4 S. 2 AktG abhängig zu machen.

Der Zustimmungsvorbehalt nach § 111 Abs. 4 S. 2 AktG kann in der Satzung, der Geschäftsordnung des Aufsichtsrates oder in der Geschäftsordnung des Vorstandes geregelt oder durch einen (Ad hoc-) Beschluss des Gesamtaufsichts- rates begründen werden.

Die Hauptversammlung ist für eine Entscheidung über eine Auskunftserteilung bzw. Auskunftsverweigerung anlässlich einer Due Diligence nicht zuständig.

Das Bestehen eines Zustimmungsvorbehaltes hat jedoch nur hinsichtlich der Geschäftsführungsbefugnis im Innenverhältnis der Gesellschaft Wirkung, die Vertretungsbefugnis des Vorstands nach außen berührt das Bestehen eines solchen Vorbehalts nicht. Ein entsprechend vorgehender Vorstand handelt dann allerdings pflichtwidrig und macht sich unter Umständen auch schadensersatz- pflichtig.[552]

---

[552] Statt vieler MüKo-Semler, § 111, Rn. 430.

B. Materielle Zulässigkeitsprüfung einer Due Diligence

Nachdem die Frage der formellen Zuständigkeit im Hinblick auf die Zulassung einer Due Diligence geklärt ist, bedarf es nun der Prüfung, ob und wenn ja unter welchen Voraussetzungen eine solche Untersuchung einer Aktiengesellschaft in materieller Hinsicht überhaupt zulässig ist.[553]

Für die materielle Zulässigkeitsprüfung dürfte es zielführend sein, zunächst die einer Offenlegung von Gesellschaftsinformationen grundsätzlich entgegenstehende aktienrechtliche Verschwiegenheitspflicht des Vorstandes zu betrachten und deren uneingeschränkte Geltung im Allgemeinen sowie im Hinblick auf die Zulassung einer Due Diligence im Besonderen zu hinterfragen, um anschließend auf die daraus resultierenden Folgen für das Informationsrecht der Leitung einer Aktiengesellschaft einzugehen.[554]

I. Verschwiegenheitspflicht des Vorstands einer Aktiengesellschaft

§ 93 AktG regelt die Sorgfaltspflicht und Verantwortlichkeit der Vorstandsmitglieder. Voraussetzung einer Haftung des Vorstands ist dabei gemäß § 93 Abs. 2 AktG die Verletzung einer Verhaltenspflicht im Sinne des § 93 Abs. 1 AktG.[555] Nach § 404 AktG ist die unbefugte Offenbarung eines Gesellschaftsgeheimnisses sogar strafbewehrt. Vorliegend stellt sich also die Frage, ob der Vorstand durch die Zulassung einer Due Diligence gegen seine nach § 93 Abs. 1 S. 2 AktG bestehende Verschwiegenheitsverpflichtung verstößt.

---

[553] Aufgrund der eben festgestellten formellen Zuständigkeit des Vorstandes und eines zum Zeitpunkt der Zulassungsentscheidung in der Regel nicht vorhandenen Beschlusses der Gesellschafter, kommt es insbesondere innerhalb einer Aktiengesellschaft mit häufig sehr zahlreichen und mannigfaltige Meinungen vertretenden Aktionären auf die genaue Klärung der Handlungsbefugnisse des Vorstandes an. Dies vor allem im Hinblick auf die Sorgfaltspflichten eines ordentlichen und gewissenhaften Geschäftsleiters und den damit zusammenhängenden Haftungsmöglichkeiten des Vorstandes. Vgl. zur Haftung des Vorstandes bei einer unberechtigt zugelassenen Due Diligence anlässlich einer Unternehmensakquisitionen ausführlich Knöfler, 6. Teil, S. 271 ff.; zur Grenze der Informationsbefugnis aus insiderrechtlichen Gründen nach den §§ 12 ff. WpHG siehe Berens/Brauner/Strauch-Fleischer/Körber, S. 224 f.; Hopt, ZGR 2002, S. 333, 356 ff.; Roschmann/Frey, AG 1996, S. 449, 452 f.; Schäfer-Schäfer, § 14, Rn. 64.

[554] Zu den ansonsten bestehenden Geheimhaltungsverpflichtungen, welchen der Vorstand einer Aktiengesellschaft unterliegt, siehe Großkommentar-Kort, § 76, Rn. 126.

[555] Siehe dazu und zu den weiteren Haftungsvoraussetzungen des § 93 AktG auch den Überblick bei Reese, DStR 1995, S. 532 ff.

1. Grundsätzliche Pflicht zur Verschwiegenheit gemäß § 93 Abs. 1 S. 2 AktG

Nach § 93 Abs. 1 S. 2 AktG haben alle Vorstandsmitglieder über vertrauliche Angaben und Geheimnisse der Gesellschaft, die ihnen durch ihre Tätigkeit im Vorstand bekannt geworden sind, Stillschweigen zu bewahren.

a) Im Rahmen einer Due Diligence offen zu legende Informationen als vertrauliche Angaben oder Geheimnisse der Gesellschaft

Die im Zusammenhang mit einer Due Diligence offen zu legenden Informationen könnten vertrauliche Angaben oder Geheimnisse der Gesellschaft im Sinne der Norm sein. Vor einer entsprechenden Subsumtion ist zu klären, welche Informationen anlässlich einer geplanten Transaktion üblicherweise in den Datenraum gestellt werden bzw. welche Daten der Käufer im Allgemeinen erwartet, dort vorzufinden.

Dabei wird es insbesondere um Informationen derjenigen Themengebiete gehen, die den so genannten Kern einer Gesellschaft ausmachen. Dies sind vor allem Informationen über die Gesellschaftsstruktur (Gründungsurkunde, Handelsregisterauszug und Gesellschafterzusammensetzung), über die allgemeinen Geschäftsbeziehungen (Offenlegung der maßgeblichen Handelsbeziehungen, einschließlich der wesentlichen Verträge), über eventuell bestehende finanzielle Verpflichtungen (Vorlage aller Kreditverträge und sonstiger Verbindlichkeiten von wesentlicher Größe), und insbesondere alle weiteren (vor allem finanziellen) Dokumente, welche auf die derzeitige Liquiditätssituation und auf die zukünftig zu erwartende wirtschaftliche Lage der Gesellschaft schließen lassen.[556]

Diese Kategorien sind je nach Gebiet mehr oder weniger bekannt bzw. von variierender wirtschaftlicher Bedeutung und daher auch von unterschiedlicher

---

[556] Dabei ist zu beachten, dass die Themengebiete und der Umfang, der in den Datenraum möglicherweise zu stellenden Informationen je nach der speziellen Branche und der Größe des Unternehmens erheblich variieren kann. So dürfte sich beispielsweise der Datenraum eines Nahrungsmittelproduzenten von demjenigen eines Rechtehändlers erheblich unterscheiden. Bei ersterem kommt es insbesondere auf die Produktion, Produktinnovationen, das Mitarbeiterpotenzial, das Händlernetz, den so genannten Wert einer Marke, etc. an; ein Rechthändler definiert sich vorrangig über die vorhandenen Lizenzen und die diversen Kontakte für einen rentablen Weiterverkauf eines bestimmten Rechtes. Siehe beispielsweise die Aufstellung der anlässlich einer Legal Due Diligence zu erhebenden und zu prüfenden Informationen einer Gesellschaft bei Höhn, § 6, II., S. 69 ff.

Wichtigkeit für den Investor; umgekehrt ist deren Offenlegung anlässlich einer Due Diligence bei einem späteren Scheitern des Verkaufsprozesses für den Verkäufer im Hinblick auf deren Missbrauchsgefahr von entsprechendem unterschiedlichem Belang. Daher muss deren Offenlegung, sollte diese gesellschaftsrechtlich überhaupt zulässig sein, nach der zu bestimmenden Bedeutung des betreffenden Gebietes bzw. der bestimmten einzelnen Information jeweils spezifisch geregelt werden. Dies richtet sich zunächst, grob unterteilt, danach, ob das betreffende Dokument öffentlich zugänglich bzw. öffentlich bereits bekannt ist oder nicht. So ist beispielsweise die Einstellung eines (möglichst chronologischen) Handelsregisterauszugs vollkommen unschädlich, da ein solcher für jedermann durch das zuständige Amtsgericht nach § 9 Abs. 1 HGB zugänglich ist. Entscheidungsrelevant sind hierbei nur die dadurch entstehenden Kosten- und Zeitfragen, welche jedoch im Fall einer Unternehmensübernahme angesichts der damit verbundenen Größenordnung zu vernachlässigen sind. Dagegen sind die genauen Handelsbeziehungen mit den jeweiligen Partnern, den vertraglichen Modalitäten und sonstigen Konditionen für das Unternehmen von erheblicher, wenn nicht sogar für die Transaktion von größter, nämlich entscheidender Wichtigkeit. Diese unterschiedliche wirtschaftliche Bedeutung der betreffenden Information könnte mit der rechtlichen Zulässigkeit einer Offenlegung der jeweiligen Daten korrespondieren. Daher fragt sich nun, welche Informationen unter die tatbestandsmäßigen Voraussetzungen des § 93 Abs. 1 S. 2 AktG fallen und damit einer Verschwiegenheitspflicht unterliegen.

aa) Geheimnisse einer Gesellschaft

Umstände, welche einen deutlichen Bezug zur Gesellschaft haben, jedoch nicht allgemein bekannt sind und nach deren Willen auch nicht bekannt gemacht werden sollen, bezeichnet man als Geheimnisse einer Gesellschaft.[557] Dies sind Dokumente über den Zustand und die Tätigkeit der Gesellschaft (beispielsweise entsprechende Übersichten und Organigramme finanzieller, technischer oder personalpolitischer Art), sowie besonders Planungsunterlagen, also bereits von dem Zielunternehmen angefertigte Unterlagen über zukünftig geplante Investitionen, Produktinnovationen und die beabsichtigte Unternehmensentwicklung.[558]

---

[557] Kölner Komm-Mertens, § 116, Rn. 43; Großkommentar-Hopt, § 93, Anm. 191; MüKo-Hefermehl/Spindler, § 93, Rn. 46; die besondere Erwähnung der Geschäfts- und Betriebsgeheimnisse in § 93 Abs. 1 S. 2 AktG hat nur beispielhaften Charakter und ist nach allgemeiner Auffassung nicht von praktischer Relevanz (Hüffer § 93, Rn. 7); Großkommentar-Hopt, § 93, Anm. 191; Godin-Wilhelmi, § 93, Anm. 5; zur möglichen, definierbaren Unterscheidung siehe Münchener Handbuch-Wiesner, 5. Kapitel, § 25, IV, 2., Rn. 40.

[558] Siehe Großkommentar-Hopt, § 93, Anm. 191.

Tatsachen können aber auch Meinungen oder nur mündlich geäußerte Absichten sein; maßgeblich für die Tatbestandsmäßigkeit einer Tatsache ist deren relative Unbekanntheit, sie sollte also nur einem beschränkten Kreis von Personen bekannt und einem Dritten nicht ohne weiteres zugänglich sein. [559]

Die Kennzeichnung einer bestimmten Tatsache als geheimhaltungsbedürftig ist dabei grundsätzlich nicht erforderlich.[560] Man könnte jedoch der Ansicht sein, dass dem Vorstand gemäß § 76 Abs. 1 AktG im Rahmen seines ihm gesetzlich zustehenden Ermessensspielraums auch die Feststellung hinsichtlich eines Geheimhaltungsbedürfnisses in einem konkreten Fall obliegt. Dies könnte man aus der dem Vorstand zugewiesenen aktienrechtlichen Leitungsmacht und seiner damit verbundenen Entscheidungsprärogative ableiten.[561] Da diese nur sein subjektives Interesse schütze, käme es somit auch nur auf dessen Geheimhaltungswillen und auf die entsprechende Erkennbarkeit für Dritte an.[562]

Dies widerspräche jedoch dem Zweck des § 93 AktG; denn durch die Norm sollen Vermögensminderungen der Gesellschafter durch Handlungen des Vorstands vermieden werden. Der Vorstand ist nämlich lediglich treuhänderischer Verwalter von Gesellschaftsvermögen.[563] Maßgeblich ist daher das objektive Bedürfnis an der Geheimhaltung durch die Aktiengesellschaft und die daran zu messende Frage, ob die Weitergabe der betreffenden Information für das Unternehmen nachteilig sein kann.[564] Somit kann das Vorliegen dieses so genannten objektiven Geheimhaltungsinteresses nicht durch Verzicht des

---

[559] Von Stebut, 1. Teil, § 1, II., S. 6 ff. und 1. Teil, § 1, III., 12 ff.; MüKo-Hefermehl/Spindler, § 93, Rn. 46; Baumbach/Hueck, § 404, Rn. 5.

[560] MüKo-Hefermehl/Spindler, § 93, Rn. 47.

[561] Lutter/Krieger, § 3, Rn. 102; Münchener Handbuch-Wiesner, 5. Kapitel, § 25, IV, 2., Rn. 39.

[562] Baumbach/Hefermehl-UWG, § 17, Rn. 5; Pfeiffer, Der strafrechtliche Verrat von Betriebs- und Geschäftsgeheimnissen nach § 17 UWG, in: Festschrift für Nirk, S. 861, 867; vgl. in diesem Sinne von Gamm, B., II., 2., c), S. 26 ff.

[563] OLG Düsseldorf, Urteil vom 28.11.1996 – 6 U 11/95 („ARAG/Garmenbeck"), in: AG 1997, S. 231, 235; OLG Hamm, Urteil vom 10.05.1995 – 8 U 59/94, in: AG 1995, S. 512, 514; Großkommentar-Hopt, § 93, Anm. 12; Schneider, Festschrift für Werner, S. 795, 807 f.; siehe auch Hüffer, § 93, Rn. 1 („Schadensausgleich dient dem Schutz des Gesellschaftsvermögens."); Hohloch, Abschnitt 1, C., II., 4., a), S. 119: „Die Aktionäre tragen…das wirtschaftliche Risiko, ohne durch den Aktienbesitz grundsätzlich an der Unternehmensleitung beteiligt zu sein."

[564] Siehe von Stebut, 2. Teil, § 5, II., 4., S. 65 f.; MüKo-Hefermehl/Spindler, § 93, Rn. 48; Großkommentar-Hopt, § 93, Anm. 191; Hüffer, § 93, Rn. 7; Münchner Handbuch-Wiesner, 5. Kapitel, § 25, IV., 2., Rn. 39; Kölner Komm-Mertens, § 93, Rn. 75 und 116, Rn. 42 f.; Lutter/Krieger, § 6, II, 2., Rn. 253 ff.; Treek, S. 434, 441.

Vorstandes beseitigt werden.[565] Lediglich im Rahmen der Unternehmenspolitik soll es möglich sein, dass der Vorstand mittelbar, nämlich durch die Festsetzung eben seiner Unternehmenspolitik, darauf Einfluss hat, welche Daten als geheim zu gelten haben und welche nicht. Somit ist die Veröffentlichung der durch die generelle Geschäftspolitik der Firma zunächst als noch geheim gekennzeichneten Informationen, die dann im Rahmen der Unternehmenspolitik bestimmungsgemäß veröffentlicht werden, als zulässig und sogar als teilweise wesentliche Geschäftsführungsaufgabe des Vorstandes anzusehen.[566]

Ein für jedermann erkennbares und deutliches Geheimhaltungsinteresse besteht jedoch an denjenigen Dokumenten, welche das so genannte Kerngeschäft der Gesellschaft ausmachen. Dies können beispielsweise bei einer Produktionsfirma für Nahrungsmittel Unterlagen über Fabrikationsanlagen, die spezifische Herstellung der betreffenden Produkte, zukünftige Produktionsvorhaben oder die vertraglichen Beziehungen zu Lieferanten und Zwischenhändlern bzw. Endabnehmern sein. In einem Musikunternehmen spielen die jeweiligen Künstlerexklusivverträge, Bandübernahmeverträge oder die Konditionen zu den betreffenden Lizenzpartnern eine gewichtige Rolle. Für einen reinen Rechtehändler sind die einzelnen Lizenzverträge über die Einräumung bestimmter Rechte sowie der jeweilige Marktwert der Rechte zur gewinnbringenden Veräußerung von geschäftsentscheidender Bedeutung.[567] Unabhängig von diesen einzelfallspezifischen divergenten Ausformungen wird deutlich, dass jede Firma diejenigen Dokumente, welche einen erheblichen und wesentlichen Teil ihres Geschäftsgegenstandes bzw. ihres geschäftlichen Erfolges ausmachen,[568] im Sinne einer erfolgreichen Weiterführung des Unternehmens grundsätzlich nicht offen legen sollte und gemäß dem Wortlaut des § 93 Abs. 1 S. 2 AktG auch gar nicht offen legen darf. Aus den genannten Gründen würde eine solche Offen-legung nämlich den Eintritt eines Schadens für die Gesellschaft als zumindest wahrscheinlich erwarten lassen; und die Eingehung dieses Risikos eines Schadenseintritts reicht für die Verletzung des normierten Geheimnisschutzes aus.[569] Diese Umstände sind, und dies ist der in der Marktwirtschaft entscheidende Wettbewerbsvorteil, anderen konkurrierenden Unternehmen (obwohl und

---

[565] Siehe ausdrücklich Kölner Komm-Mertens, § 116, Rn. 43 („...denn er ist nicht Herr seiner eigenen Verschwiegenheitspflicht.").

[566] Vgl. BGHZ 64, S. 325, 329 (Urteil vom 05.06.1975 – II ZR 156/73); Kölner Komm-Mertens, § 116, Rn. 43.

[567] Vgl. beispielhaft zu den jeweils relevanten Rechten der Verlags-, Film- und Musikindustrie, Schleifenbaum/Unternehmenshaftung, Kapitel 1, B., 4., a), S. 34.

[568] Siehe einige Beispiele für typische Geheimnisse und vertrauliche Angaben in einer Gesellschaft bei Lutter/Krieger, § 6, II, 5., Rn. 263 ff.

[569] Die nicht quantifizierbare Wahrscheinlichkeit des Schadenseintritts genügt hierbei, so Lutter/Krieger, § 6, II, 2., Rn. 254.

gerade weil diese ein erhebliche Interesse an der Erlangung dieser Informationen haben) in der Regel nicht bekannt und daher als Geheimnisse der jeweiligen Gesellschaft zu bezeichnen.

Bei der Einordnung eines Umstands als Geheimnis und damit als tatbestandsmäßig im Sinne des § 93 Abs. 1 S. 2 AktG ist jedoch zu beachten, dass auch Tatsachen, welche unter normalen Gegebenheiten objektiv als nicht geheimhaltungsbedürftig charakterisiert werden, unter besonderen Bedingungen durchaus als Geheimnis zu qualifizieren sind. Dies kann beispielsweise dann der Fall sein, wenn bereits aus der Tatsache einer Vorstands- oder Aufsichtsratssitzung Rückschlüsse auf bestimmte unternehmenspolitische Entscheidungen getroffen werden können.[570] Dabei kann es sich in der entsprechenden Organsitzung beispielsweise um die Behandlung eines konkurrierenden Mitbewerbers innerhalb eines Bieterverfahrens, um einen Kapitalerhöhungsbeschluss der Altgesellschafter zur Abwendung eines ansonsten notwendigen (Teil-) Verkaufs, um einen erforderlichen Antrag auf Insolvenzeröffnung oder um sonstige das Due Diligence-Verfahren offensichtlich beeinflussende Maßnahmen halten, welche einem Investor bzw. Konkurrenten bei Kenntnis dieser Umstände möglicherweise von Vorteil sind. Somit handelt es sich bei denjenigen Informationen, welche Gegenstand der Due Diligence sein sollen, in der Regel um Gesellschaftsgeheimnisse im Sinne der Norm.[571]

bb) Vertrauliche Angaben einer Gesellschaft

Vertrauliche Angaben sind solche Informationen über eine Gesellschaft, deren Veröffentlichung für die Firma negative Auswirkungen haben könnte.[572] Dies können alle durch das objektive Interesse der Gesellschaft bestimmten Umstände sein, die dem Vorstand oder auch nur einem Mitglied des Vorstandes auf irgendeine Art und Weise bekannt geworden sind; eine entsprechende Kennzeichnung als vertrauliche Information wird dabei nicht vorausgesetzt.[573] Auch die Sitzung eines Organs der Gesellschaft oder deren internen Geschehnisse können bzw. werden im überwiegenden Falle vertrauliche Angaben einer

---

[570] Großkommentar-Hopt, § 93, Anm. 191.

[571] Nach MüKo-Hefermehl/Spindler, § 93, Rn. 46 gelten Informationen im Zusammenhang mit M&A-Verhandlungen generell als Gesellschaftsgeheimnisse; siehe auch Treek, Die Offenbarung von Unternehmensgeheimnissen durch den Vorstand einer Aktiengesellschaft im Rahmen einer Due Diligence, in: Festschrift für Fikentscher, S. 434, 441 f.

[572] Lutter/Krieger, § 6, II, 3., Rn. 258; Großkommentar-Hopt, § 93, Anm. 195; MüKo-Hefermehl/Spindler, § 93, Rn. 49.

[573] Großkommentar-Hopt, § 93, Anm. 195; Lutter/Krieger, § 6, II, 3., Rn. 258; Hübner, Zweiter Teil, A., I., 1., e), S. 6; siehe auch Kropff, Aktiengesetz 1965, Begründung RegE, § 93, S. 122 f.

Aktiengesellschaft sein.[574] Ob dies auch für Angelegenheiten gilt, welche schon bekannt sind, wird unterschiedlich beurteilt. Einerseits könnte man annehmen, dass es in einem solchen Falle an einer unter Verschluss zu haltenden Information mangels einer zu schützenden Vertraulichkeit fehle.[575] Andererseits können auch im Grunde bereits bekannte Tatsachen durch deren Bestätigung bzw. Bekräftigung durch die betroffene Gesellschaft selbst, aufgrund einer solchen bekräftigenden Erklärung zu ausgesprochen negativen Auswirkungen führen. Daher kann die betreffende Gesellschaft auch bei eigentlich schon bekannten Umständen ein gewichtiges Interesse an der Verweigerung einer Offenlegung dieser Tatsachen haben.[576] Damit ist es, im Unterschied zum Unternehmensgeheimnis, unerheblich, ob die betreffenden Vorgänge bereits bekannt bzw. der Öffentlichkeit theoretisch zugänglich sind.

An diesen vertraulichen Angaben im Sinne des § 93 Abs. 1 S. 2 AktG wird ein Investor im Allgemeinen ein erhebliches Interesse haben; denn eine sehr bedeutende und für die Durchführung der beabsichtigten Transaktion grundlegende Funktion einer Due Diligence besteht in der Aufdeckung von potentiellen Risiken des in Frage stehenden Rechtsgeschäfts,[577] besonders wenn diese Risiken für Außenstehende auf den ersten Blick nicht ohne weiteres erkennbar sind.

b) Zwischenergebnis

Somit können die im Zusammenhang mit einer Due Diligence offen zu legenden Informationen sowohl Geheimnisse als auch vertrauliche Angaben der Gesellschaft im Sinne des § 93 Abs. 1 S. 2 AktG sein. Daher widerspricht eine Offenlegung von solchen Informationen dem Wortlaut der Norm und der in dieser Vorschrift konkretisierten Verschwiegenheitsverpflichtung des Vorstandes.[578] Diese Verschwiegenheitspflicht umfasst jede Art der Informationsweitergabe.[579]

---

[574] Lutter, Information und Vertraulichkeit im Aufsichtsrat, 2. Teil, § 14, II., S. 144 ff; MüKo-Hefermehl/Spindler, § 93, Rn. 49.

[575] Kittner, ZHR 136 (1972), S. 208, 228 f.

[576] MüKo-Hefermehl/Spindler, § 93, Rn. 49; Lutter, Information und Vertraulichkeit im Aufsichtsrat, 2. Teil, § 14, II., S. 144 ff.; Großkommentar-Hopt, § 93, Anm. 196.

[577] Berens/Brauner/Strauch-Fleischer/Körber, S.223; siehe zur Risikoermittlungsfunktion der Due Diligence S. 35 ff.

[578] Da § 93 AktG über § 116 AktG auch auf den Aufsichtsrat anzuwenden ist, gilt dies auch für eine Offenlegung von Informationen durch einen entsprechenden zustimmenden Beschluss des Aufsichtsrates (Hüffer § 116, Rn. 1 und 6).

[579] Also auch durch bloße Einsichtnahme in Dokumente oder durch eine mündliche Auskunftserteilung. Siehe Semler/Volhard-Dietzel, Arbeitshandbuch für Unternehmens-

2. Uneingeschränkte Geltung der nach § 93 Abs. 1 S. 2 AktG bestehenden aktienrechtlichen Verschwiegenheitspflicht

Diese nach § 93 Abs. 1 S. 2 AktG bestehende Verschwiegenheitsverpflichtung des Vorstandes ist gemäß § 23 Abs. 5 AktG nicht beschränkbar, weder durch die Satzung oder Geschäftsordnung der Gesellschaft, noch durch einen entsprechenden Anstellungsvertrag.[580]

Lediglich innerhalb des Vorstandes selbst, sowie gegenüber dem Aufsichtsrat muss die Verschwiegenheitspflicht aus der Natur der Sache heraus teilweise eingeschränkt werden oder sogar ganz entfallen; ansonsten könnten weder die Entscheidungsfindungen und Beschlüsse im Vorstand noch die ordnungsgemäße Erfüllung der Kontrollfunktion durch den Aufsichtsrat innerhalb der Aktiengesellschaft gewährleistet werden.[581] Im Übrigen bleiben nur noch die gesetzlich vorgeschriebenen Auskunftspflichten als Grenzen der Verschwiegenheitspflicht des § 93 Abs. 1 S. 2 AktG bestehen.[582]

Daher erscheint für die gesellschaftsrechtliche Zulässigkeit einer Due Diligence fraglich, wie weit die Verschwiegenheitspflicht nach § 93 Abs. 1 S. 2 AktG

übernahmen, Band 1, II. Teil, § 9, B., III., 2., a), Rn. 74; Wenninger, 4. Kapitel, § 11, C., I., S. 137 f.

[580] Siehe BGHZ 64, 325, 326 f. (Urteil vom 05.06.1975 – II ZR 156/73); Meincke, WM 1998, S. 749, 750; Rozijn, NZG 2001, S. 494, 495; zur Möglichkeit einer Verschärfung der Vorschrift im Sinne einer Erfolgshaftung, (dies verneinend) BGHZ 64, 325, 326 f; Kölner Komm-Mertens, § 93, Rn. 4; MüKo-Hefermehl/Spindler, § 93, Rn. 41 („ Während nach § 276 Abs. 3 BGB einem Schuldner die Haftung wegen Fahrlässigkeit im Voraus erlassen werden kann, ist ein solcher vorheriger Erlass bei der einem Vorstandsmitglied auferlegten erhöhten Sorgfaltspflicht weder durch die Satzung noch durch Vereinbarung möglich."); dafür Godin/Wilhelmi, § 93, Anm. 4.

[581] Vgl. BGHZ 20, 239, 246 (Urteil vom 26.03.1956 – II ZR 57/55); BGHZ 135, 48, 56 (Urteil vom 06.03.1997 – II ZB 4/96); von Stebut, 3. Teil, § 7, I., 1., S. 90 ff.; dies ergibt sich gegenüber dem Aufsichtsrat bereits aus § 90 AktG. Die dort geregelte Berichtspflicht des Vorstands korrespondiert mit einem entsprechenden Informationsrecht des Aufsichtsrats (Hüffer, § 90, Rn. 1 und 3, sowie § 93, Rn. 8); die Vorstandsmitglieder sind zur kollegialen Zusammenarbeit und damit sogar zur gegenseitigen Information verpflichtet. Siehe zur Zusammenarbeit im Vorstand ausführlich Großkommentar-Hopt, § 93, Anm. 202 f. und insbesondere Anm. 132 ff.

[582] Solche gesetzlich vorgeschriebenen Auskunftspflichten bestehen (neben dem schon angesprochenen § 90 AktG für den Aufsichtsrat) gegenüber den Aktionären (§§ 131, 176 Abs. 1, 337 Abs. 4 HGB), dem Abschlussprüfer (320 Abs. 2 HGB), dem Betriebsrat (§§ 90, 92, 99, 111 BetrVG), dem Wirtschaftsausschuss (§§ 106 Abs. 2, 108 Abs. 5 BetrVG), sowie gegenüber den Arbeitnehmern (§ 110 BetrVG). Zu den sonstigen zivil- und öffentlichrechtlichen Auskunftsansprüchen siehe Großkommentar-Otto, § 404, Anm. 40 ff.

reicht, also ob diese aktienrechtliche Schweigepflicht unter bestimmten Umständen nicht doch zurücktritt und damit die Billigung einer Due Diligence rechtmäßig sein kann. Zur Beantwortung dieser Frage bedarf es einer weiteren Auslegung der Norm hinsichtlich eventuell doch bestehender Ausnahmen.[583]

a) Auslegung des § 93 Abs. 1 S. 2 AktG

aa) Wortlaut der Norm

Die Offenbarung von internen Gesellschaftsinformationen widerspricht dem Wortlaut des § 93 Abs. 1 S. 2 AktG, so dass eine Offenlegung solcher Informationen danach nicht zulässig ist. Die im Zusammenhang mit einer Due Diligence offen zu legenden Informationen können sowohl Geheimnisse als auch vertrauliche Angaben der Gesellschaft sein.[584] Somit wäre die Durchführung einer Due Diligence unzulässig.

bb) Systematische Auslegung

Für die systematische Auslegung kommt es auf die Stellung des § 93 Abs. 1 S. 2 AktG innerhalb der Norm selbst und im Gesamtzusammenhang des Aktiengesetzes bzw. der Rechtsordnung an. § 93 AktG regelt die Sorgfaltspflicht und Verantwortlichkeit der Vorstandsmitglieder, und durch die Verweisung des § 116 AktG auch die Sorgfaltspflicht und Haftung der Aufsichtsratsmitglieder, gegenüber der Gesellschaft. Im Einzelnen regeln die Absätze 2 und 4 des § 93 AktG den Haftungstatbestand und die Absätze 4 bis 6 die genauen Haftungsmodalitäten. Die Grundvorschrift des § 93 AktG ist dabei Absatz 2 Satz 1, der eine Haftung an die Verletzung von denjenigen Pflichten bindet, die in Absatz 1 beschrieben und in Absatz 3 für bestimmte Fälle konkretisiert werden.[585] Der erste Absatz der Norm soll neben der Bestimmung der Verhaltenspflichten der Vorstandsmitglieder auch das Erfordernis eines Verschuldens festsetzen, dies ist die so genannte Doppelfunktion des § 93 Abs. 1 AktG.[586]

---

[583] Siehe zu den zur Erforschung des Sinns einer Rechtsnorm allgemein maßgeblichen Auslegungsmethoden Palandt-Heinrichs, Einleitung, Rn. 50 ff.

[584] Siehe S. 154 ff.; zum grundsätzlich bestehenden Grundrechtsschutz der Betriebs- und Geschäftsgeheimnisse ausführlich Taeger, Drittes Kapitel, S. 53 ff.

[585] Großkommentar-Hopt, § 93, Anm. 19.

[586] Siehe statt vieler Hüffer, § 93, Rn. 3; vgl. MüKo-Hefermehl/Spindler, § 93, Rn. 17; siehe zu den sich aus der Doppelfunktion des § 93 Abs. 1 AktG ergebenden dogmatischen

Für die Stellungnahme hinsichtlich einer möglichen Einschränkung der Verschwiegenheitspflicht des § 93 Abs. 1 S. 2 AktG könnte die Beantwortung der Frage hilfreich sein, ob die gesetzlich normierte Schweigepflicht aus der Sorgfaltspflicht oder der Treuepflicht des Vorstandsmitglieds oder möglicherweise aus beiden folgt. Dies wird unterschiedlich beurteilt. Angesichts der bestehenden Unterschiede zwischen der Sorgfalts- und der Treuepflicht, nämlich hinsichtlich des Umfangs des unternehmerischen Ermessens und in Bezug auf den strengeren Maßstab für die Treuepflicht,[587] ist diese Frage jedoch nicht müßig,[588] sondern wegen der damit verbundenen Auswirkungen für die Ausgestaltung der Verschwiegenheitspflicht jedenfalls beachtlich.[589] Man könnte der Auffassung sein, dass sich die Verschwiegenheitspflicht als Ausfluss der allgemeinen Sorgfaltspflicht[590] oder der jedem Mitglied des Organs obliegenden Sorgfalts- sowie Treuepflicht darstellt.[591] Diese Ansichten werden jedoch der Tatsache nicht gerecht, dass vertrauliche Angaben und Geheimnisse der Gesellschaft im Sinne des § 93 Abs. 1 S. 2 AktG auch allein der Gesellschaft zuzuordnen sind. Der Vorstand erhält von einer solchen Information nur aufgrund seiner Stellung als Organ der Gesellschaft und damit als treuhänderischer Verwalter des Gesellschaftsvermögens Kenntnis.[592] Somit ist sein Informationsstand Folge seiner Organstellung und damit seiner durch die Bestellung sowie den Anstellungsvertrag begründeten Treuepflicht gegenüber der Gesellschaft.[593] Daher ist der für die Treuepflicht geltende besonders strenge Maßstab hinsichtlich des unternehmerischen Ermessensspielraums auch im Hinblick auf die Verschwiegenheitspflichtung anzuwenden.[594]

Demnach kann insoweit noch keine konkrete Aussage in Bezug auf die Frage einer möglichen Ausnahme hinsichtlich einer absoluten Geltung der Verschwiegenheitspflicht des § 93 Abs. 1 S. 2 AktG gemacht werden.

Fragestellungen hinsichtlich des Verhältnisses zu § 76 AktG die Ausführungen bei Großkommentar-Hopt, § 93, Anm. 19 und 72.

[587] Großkommentar-Hopt, § 93, Anm. 145.

[588] So aber Hüffer, § 93, Rn. 6.

[589] Vgl. Großkommentar-Hopt, § 93, Anm. 187.

[590] Siehe die Behauptung bei Spiecker, NJW 1965, S. 1937; Godin/Wilhelmi, § 93, Anm. 5.

[591] BGHZ 64, 325, 327 (Urteil vom 05.06.1975 – II ZR 156/73); Münchener Handbuch-Wiesner, 5. Kapitel, § 25, IV, 1., Rn. 37.

[592] Großkommentar-Hopt, § 93, Anm. 187, Stoffels, ZHR 165 (2001), S. 362, 372.

[593] Die Ableitung der Verschwiegenheitspflicht als Ausprägung der Treuepflicht bejahend Kölner Komm-Mertens, § 93, Rn. 57 und Rn. 75; MüKo-Hefermehl/Spindler, § 93, Rn. 43; Handbuch Aktiengesellschaft-Nirk, Rn. 756; Henn, Handbuch des Aktienrechts, S. 593; Wellkamp, Teil 3, A., II., 1.2.1, S. 200; Kittner, ZHR 136 (1972), S. 208, 220; Meyer-Landrut, AG 1964, S. 325, 326; Baumbach/Hueck, § 93, Rn. 7.

[594] Siehe Großkommentar-Hopt, § 93, Anm. 187; Stoffels, ZHR 165 (2001), S. 362, 372 f.

Zieht man § 404 AktG zur systematischen Auslegung des § 93 Abs. 1 S. 2 AktG hinzu, so legt dies den Schluss nahe, dass die Geheimhaltungspflicht nicht absolut gelten kann. Denn nach § 404 AktG wird nur die unbefugte Offenbarung eines Geheimnisses der Gesellschaft unter Strafe gestellt, nicht jegliches Offenlegen.[595] Dieser Überlegung folgend müsste es Umstände geben, bei deren Vorliegen der Vorstand einer Aktiengesellschaft befugt sein muss, jedenfalls bestimmte Tatsachen unter noch zu ermittelnden Voraussetzungen einem bestimmten Personenkreis zu offenbaren. Zur Konkretisierung dieser Schlussfolgerung kommt es auf das Ergebnis der weiteren Auslegung der Rechtsnorm an.

cc) Der gesetzgeberische Wille

Die Feststellung des gesetzgeberischen Willens kann für die anschließende Ermittlung des Gesetzeszwecks von entscheidender Bedeutung sein. Zunächst ist festzustellen, dass der heutige § 93 AktG dem früheren § 84 AktG von 1937 entspricht; der für die Verschwiegenheitspflicht der Organe maßgebliche Absatz 1 Satz 2 lautete dabei: „Über vertraulichen Angaben haben sie (Vorstands- und Aufsichtsratsmitglieder) Stillschweigen zu bewahren." Eine andere Formulierung galt für die nach § 76 BetrVG von 1952 in den Aufsichtsrat gewählten Arbeitnehmer. Nach den damals geltenden §§ 76 Abs. 2 S. 5 i.V.m. 55 Abs. 1 S. 1 BetrVG hatten sie „über vertrauliche Angaben oder Betriebs- und Geschäftsgeheimnisse, die ihnen wegen ihrer Zugehörigkeit zum Aufsichtsrat bekannt geworden und vom Arbeitgeber ausdrücklich als geheim zu halten bezeichnet worden sind, Stillschweigen auch nach dem Ausscheiden aus dem Aufsichtsrat zu wahren".[596] Der heutige Absatz 1 Satz 2 des § 93 AktG regelt die Verschwiegenheitsverpflichtung aller Verwaltungsmitglieder einheitlich.[597] Dabei hat der Gesetzgeber auf eine ausdrückliche Regelung der Schweigepflichten auch nach Beendigung der Organstellung verzichtet, denn da der § 84 Abs. 1 S. 2 AktG von 1937 nach allgemeiner Ansicht auch schon im Sinne einer weiter bestehenden Geltung der Schweigepflicht ausgelegt wurde, würde dies auch für die zukünftige Auslegung der entsprechenden Norm gelten.[598] Aus diesen Ausführungen der historischen Entwicklung der Vorschrift ist somit der gesetzgeberische Wille nach einer klaren Regelung der strikten Verschwiegenheitspflicht zu entnehmen. Da die gesetzliche Regelungsdichte aber wie beschrieben trotzdem nicht umfassend war, sind fortwährend Interpretationsmöglichkeiten in

---

[595] Siehe dazu Ziemons, AG 1999, S. 492, 493.
[596] Betriebsverfassungsgesetz vom 11. Oktober 1952, BGBl. 1952, Teil I, S. 681 ff.
[597] Siehe zur Entwicklung des heutigen § 93 Abs. 1 S. 2 AktG den Kölner Komm-Mertens, § 93, Rn. 1.
[598] So Kropff, Aktiengesetz 1965, Begründung RegE, § 93, S. 123.

verschiedene Richtungen offen gelassen worden, welche für die Möglichkeit einer rechtlich zulässigen Einschränkung der aktienrechtlichen Verschwiegenheitspflicht keine konkreten Ansatzpunkte hergeben.

dd) Teleologische Auslegung

Die teleologische Auslegung orientiert sich an der ratio legis; die betreffende Rechtsnorm, also § 93 Abs. 1 S. 2 AktG, soll folglich nach dem Sinn und Zweck des Gesetzes ausgelegt werden. Der Zweck des § 93 AktG an sich besteht im Schadensausgleich und in der Schadensprävention zum Schutz der Gesellschaft.[599] Die im Satz 2 des ersten Absatzes der Norm geregelte Verschwiegenheitspflicht dient dabei speziell dem Schutz des Unternehmensinteresses;[600] und dies vor allem hinsichtlich der Erhaltung der Wettbewerbsfähigkeit und des Ansehens der Gesellschaft.[601]

Sollten ausnahmslos alle Geheimnisse und vertraulichen Angaben der Gesellschaft im Sinne der Norm wirklich nur innerhalb des Vorstandes bekannt sein, so würde dies nicht gerade einer effizienten Unternehmensführung bzw. einer effektiven Umsetzung der Unternehmensziele dienen; denn so könnten beispielsweise alle anderen nachgeordneten Arbeitsebenen ohne hinreichende Informationen über bestimmte für ihre Tätigkeiten und damit für die Umsetzung der Unternehmensziele notwendigen Daten, nicht effektiv arbeiten. Auch die Erteilung eines Mandats an Rechtsanwälte, Steuerberater, Wirtschaftsprüfer oder sonstige Unternehmensberater zur Vorbereitung oder gänzlichen Durchführung einer Unternehmenstransaktion wäre im Falle eines strikten und ausnahmslosen Verbotes, geheimhaltungsbedürftige Nachrichten an irgendjemandem weiterzugeben, nicht möglich.[602] Besonders für die Ausgestaltung der geschäftlichen Verbindungen zu Dritten, also anderen Unternehmen, ist die Kenntnis der dafür erforderlichen und internen Informationen notwendig. Somit steht das objektive Interesse der Gesellschaft an einer Geheimhaltung seiner Daten anderen objektiven Interessen der Gesellschaft gegenüber. Deshalb hat

---

[599] Hüffer, § 93, Rn. 1; Schander/Posten, ZIP 1997, S. 1534, 1535.

[600] Siehe zum Unternehmensinteresse BGHZ 64, 325, 329 ff. (Urteil vom 05.06.1975 – II ZR 156/73); Teubner, ZHR 149 (1985), S. 470 ff.; Jürgenmeyer, Teil II, 6. Kapitel, B., 2., 5., S. 228 ff; zum Unternehmensinteresse als Verhaltensmaxime für den Aufsichtsrat siehe Eisenhardt, Jura 1982, S. 289, 294 ff.; zu der Schwierigkeit einer rechtlichen Bestimmung des Unternehmensinteresses siehe einführend Brinkmann, Dritter Teil, I., 1., S. 199 ff.

[601] Großkommentar-Hopt, § 93, Anm. 190 unter Verweis auf die Vorauflage des Kommentars. Siehe also Großkommentar, 3. Auflage-Schilling, § 93, Anm. 11; siehe auch Kölner Komm-Mertens, § 93, Rn. 75; Jaeger/Trölitzsch, WiB 1997, S. 684, 686.

[602] Vgl. speziell zu den Geheimhaltungspflichten beim Abschluss von M&A-Dienstleistungsverträgen Rozijn, NZG 2001, S. 494, 495 ff.

dann der Vorstand die verschiedenen gegenläufigen Interessen der Gesellschaft gegeneinander abzuwägen und möglichst schonend eine Konkordanz herzustellen;[603] wenn auch zu berücksichtigen ist, dass es sich in einem solchen, wie eben beschriebenen Fall, meist um sehr begrenzte Informationen handeln wird.[604] Auch nach der Rechtsprechung kann es das Unternehmensinteresse erforderlich oder sogar geboten erscheinen lassen, eigentlich geheim zu haltende Umstände unter besonderen Voraussetzungen gegenüber bestimmten Personen mitzuteilen; dies soll auch für unternehmensexterne Personen gelten und sei jeweils nur für den Einzelfall zu entscheiden.[605]

Somit kann es im Sinne des Interesses der Gesellschaft nur auf die grundsätzliche Einhaltung der Verschwiegenheitspflicht ankommen. Im Einzelfall muss es gerade im Unternehmensinteresse und damit vom Schutzzweck der Norm her möglich sein, bestimmte Informationen an einen begrenzten Kreis von Personen weiterzugeben. In einem solchen Fall wird durch die Zulassung einer Due Diligence die aktienrechtliche Verschwiegenheitspflicht also nicht gesetzeswidrig durchbrochen,[606] die Schweigepflicht tritt im Unternehmensinteresse und damit nach dem Sinn und Zweck des § 93 Abs. 1 S. 2 AktG zurück.[607] Das Vorhandensein einer solchen Möglichkeit aufgrund der nur bis zur Reichweite des Gesellschaftsinteresses bestehenden Geheimhaltungsverpflichtung ist im Grundsatz auch allgemein anerkannt.[608]

b) Zwischenergebnis

§ 93 AktG bezweckt einen Schadensausgleich und ist eine Schadensprävention zum Schutz der Aktiengesellschaft. § 93 Abs. 1 S. 2 AktG dient dabei speziell

---

[603] Heermann, ZIP 1998, S. 761, 769.

[604] Lutter, ZIP 1997, S. 613, 617; Münchener Handbuch-Wiesner, 5. Kapitel, § 25, III, 7., Rn. 28; MüKo-Hefermehl/Spindler, § 93, Rn. 62.

[605] BGHZ 64, 325, 331 (Urteil vom 05.06.1975 – II ZR 156/73).

[606] Stoffels, ZHR 165 (2001), S. 373; statt dessen eine Durchbrechung der Verschwiegenheitspflicht annehmend Eggenberger, Teil 2, C, d), dd), S. 98 ff.

[607] Münchener Handbuch-Wiesner, 5. Kapitel, § 25, IV, 1., Rn. 38; MüKo-Hefermehl/Spindler, § 93, Rn. 62.

[608] MüKo-Hefermehl/Spindler, § 93, Rn. 62; Kölner Komm-Mertens, § 93, Rn. 8; Großkommentar-Hopt, § 93, Anm. 206; Großkommentar, 3. Auflage-Schilling, § 93, Anm. 11; Hüffer, § 93, Rn. 8; Münchener Handbuch-Wiesner, 5. Kapitel, § 25, IV, 1., Rn. 38; Geßler-AktG, § 93, Rn. 3; Henn, Handbuch des Aktienrechts, § 18, 5. Kapitel, Abschnitt 6, Rn. 596; Wilde, ZGR 1998, S. 423, 460 f.; Ebenroth, 1. Teil, 4. Kapitel, § 15, S. 96; vgl. zur Unzumutbarkeit als Grenze der Verschwiegenheitspflicht Großkommentar-Hopt, § 93, Anm. 215.

dem Schutz des Unternehmensinteresses; insbesondere im Hinblick auf die Erhaltung der Wettbewerbsfähigkeit und des Ansehens der Gesellschaft.

Nach dem Sinn und Zweck der gemäß § 93 Abs. 1 S. 2 AktG bestehenden Verschwiegenheitsverpflichtung kann diese vom Wortlaut her absolut geltende Schweigepflicht somit im Grundsatz im Unternehmensinteresse eingeschränkt werden. Fraglich erscheint jedoch, unter welchen bestimmten Umständen die Verschwiegenheitspflicht im Einzelfall konkret eingeschränkt werden kann.

3. Einschränkung der nach § 93 Abs. 1 S. 2 AktG bestehenden aktienrechtlichen Verschwiegenheitspflicht wegen Zulassung der Durchführung einer Due Diligence

Nach dem Gesagten erscheint also fraglich und ist zu untersuchen, unter welchen Voraussetzungen die Zulassung der Durchführung einer Due Diligence dem Schutzzweck der aktienrechtlichen Verschwiegenheitspflicht gemäß § 93 Abs. 1 S. 2 AktG entspricht. Hinsichtlich der aufzustellenden Voraussetzungen sowie der Art und Weise einer Offenlegung von internen Unternehmensinformationen zum Zwecke der Durchführung einer Due Diligence bestehen nämlich erhebliche Meinungsunterschiede.

a) Rechtsprechung

Die Rechtsprechung hat die spezifische Frage der Zulässigkeit einer Due Diligence, soweit ersichtlich, noch nicht beantwortet.[609] Dies resultiert wohl insbesondere aus dem Umstand, dass (Rechts-) Streitigkeiten anlässlich von Unternehmenskäufen im Allgemeinen nicht zu Gericht getragen werden, sondern sich die Parteien bereits im Vorfeld oder mittels Schiedsvereinbarungen einigen.[610]

Lediglich aus dem argumentum a maiore ad minus lässt sich auf die grundsätzliche Zulässigkeit der Durchführung einer Due Diligence schließen. § 76 AktG verpflichte nämlich den Vorstand einer Aktiengesellschaft, für das wirtschaftliche Wohl seiner Gesellschaft zu sorgen. Diese Pflicht zur Wahrnehmung der Vermögensinteressen der Gesellschafter führe dazu, dass bei einer wesentlichen

---

[609] Siehe statt vieler Schwerdtfeger/Kreuzer, BB 1998, S. 1801, 1803, welche nur auf eine Entscheidung des Reichsgerichts verweisen, in welcher unter bestimmten Umständen eine Besichtigung des Kaufgegenstandes zugelassen wird, jedoch nur im Falle des Bestehens eines Vorkaufsrechtes.

[610] Merkt, Internationaler Unternehmenskauf, D., II, 5., Rn. 490.

Beteiligung einer Aktiengesellschaft an einer anderen Gesellschaft vom Erwerber die wirtschaftlichen Verhältnisse des Zielunternehmens äußerst sorgfältig und umfangreich geprüft werden sollten.[611] Eine solche umfangreiche und den beschriebenen Sorgfaltsanforderungen entsprechende Prüfung des Zielunternehmens erfordert jedoch die Untersuchung von internen Dokumenten des Zielunternehmens, die auf die wirtschaftliche Situation der Gesellschaft schließen lassen. Stellt das Gericht aber das Erfordernis einer solchen vor der geplanten Transaktion durchzuführenden Untersuchung für den Vorstand der erwerbenden Aktiengesellschaft auf, so muss es im Umkehrschluss der Zielgesellschaft jedenfalls im Grundsatz notwendigerweise gestattet sein, diese betreffenden Informationen dem Investor in irgendeiner Art und Weise zur Verfügung zu stellen.[612] Zudem hänge die Verschwiegenheitspflicht von „objektiv bestimmbaren"[613] Tatbestandsmerkmalen ab. Das Unternehmensinteresse könne es erforderlich erscheinen lassen, geheime Unternehmensinformationen unter gewissen Bedingungen gegenüber bestimmten unternehmensexternen Personen zu offenbaren.[614]

Somit soll es entgegen dem bloßen Wortlaut des § 93 Abs. 1 S. 2 AktG möglich sein, jedenfalls unter bestimmten Umständen interne Unternehmensinformationen einem potentiellen Erwerber offen zu legen. Welche Kriterien dafür erfüllt sein müssen oder auf welche Art und Weise dies zu geschehen hat, bleibt an dieser Stelle jedoch noch offen und muss daher anschließend untersucht werden.[615]

---

[611] LG Hannover, Urteil vom 23.02.1977, in: AG 1977, S. 198, 200; nach dem OLG Hamburg, Urteil vom 03.06.1994 – 11 U 90/92, in: WM 1994, S. 1378, 1386 richtet sich die Art und Weise derjenigen vom Verkäufer offen zu legenden Tatsachen „nach den Umständen des Einzelfalls". Dies müsse „ganz besonders auch gerade für den Kauf von Unternehmen und Unternehmensbeteiligungen angenommen werden. Je mehr der mögliche Erwerber für den Veräußerer erkennbar Wert auf bestimmte Informationen legt, um so umfassender, ausführlicher und sorgfältiger müssen solche Informationen erteilt werden."; siehe zu der dem Vorstand einer Aktiengesellschaft (als Erwerber) obliegenden Pflicht der Prüfung der Zielgesellschaft die Ausführungen bei AG-Handbuch-Wittkopp/Schuback, 23/9.5, S. 1 f. m.w.N.

[612] In diesem Sinne auch Eggenberger, Teil 2, C., II., 1., d), dd), (2), (a), (aa), S. 101.

[613] BGHZ 64, S. 325, 330 (Urteil vom 05.06.1975 – II ZR 156/73).

[614] BGHZ 64, S. 325, 331 f. (Urteil vom 05.06.1975 – II ZR 156/73).

[615] Im Urteil des LG Hannover (Urteil vom 23.02.1977, in: AG 1977, S. 198 ff.) wird der Begriff Due Diligence zwar nicht genannt, dieser ist in Deutschland aber auch erst seit einigen Jahren aus dem angloamerikanischen Bereich stammend hier verwandt worden, siehe S. 29 ff. Das Landgericht betont jedenfalls die Notwendigkeit einer umfassenden Prüfung, insbesondere in dem Fall, in dem es sich bei der Zielgesellschaft um eine Aktiengesellschaft handelt, welche nicht börsennotiert ist. Dann solle die Unterlassung einer Untersuchung besonders schwer wiegen, so das LG Hannover, in: AG 1977, S. 198,

b) Literatur

In der Literatur wird die Frage, ob die Zulassung einer Due Diligence anlässlich einer beabsichtigten Transaktion überhaupt aktienrechtlich zulässig ist bzw. unter welchen Umständen eine solche Prüfung ermöglicht werden darf, sehr unterschiedlich beurteilt.

aa) Informationsbefugnis bei einmaliger und unwiederbringlicher unternehmerischen Chance für die Gesellschaft

Es wird die Ansicht vertreten, dass die Verschwiegenheitspflicht nach § 93 Abs. 1 S. 2 AktG die Grundanweisung an den Vorstand einer Aktiengesellschaft darstellt.[616] Diese beinhalte, dass der Vorstand insbesondere die Geheimnisse und vertraulichen Angaben der Gesellschaft vor einer Offenlegung schützen solle. Zudem könne die Gesellschaft grundsätzlich kein Interesse daran haben, wer deren Aktionäre sind. Daher sei es dem Vorstand einer Aktiengesellschaft in der Regel nicht gestattet, die Durchführung einer Due Diligence zuzulassen.[617] In der praktischen Umsetzung durch den Vorstand solle dies aber trotzdem nicht zu einer absoluten Geltung der aktienrechtlichen Schweigepflicht führen. Vielmehr komme es darauf an, in welchem Umfang und zu welchem Anlass Daten des Unternehmens gebraucht bzw. angefordert werden.

Sollten die Notwendigkeiten eines Handelns beispielsweise aufgrund einer Kooperation mit dritten Unternehmen zu einem Konflikt mit dem objektiven Interesse der Gesellschaft an Geheimhaltung und Vertraulichkeit führen, so sei es grundsätzlich die Aufgabe des Vorstands, unter diesen gegenläufigen Interessen nach allen Gesichtspunkten abzuwägen und dementsprechend eine Entscheidung zu treffen.[618] Solche Informationen beträfen nämlich nur Teile des Unternehmens oder Teile des unternehmerischen Handelns.[619] Anderes soll

---

200. Diese Ausführungen sprechen jedenfalls für den Schluss, eine solche in der heutigen Zeit Due Diligence genannte Untersuchung im Grundsatz als zulässig anzusehen.

[616] Lutter, ZIP 1997, S. 613, 617.

[617] Ziemons, AG 1999, S. 492, 495; Lutter, ZIP 1997, S. 613, 617 („Eine solche (eine Due Diligence gestattende) Situation ist gewisslich sehr, sehr selten."); vgl. Merkt, WiB 1996, S. 145, 150, nach dem weder der Verkäufer einer Aktiengesellschaft noch die Aktiengesellschaft selbst dem potentiellen Investor Betriebsgeheimnisse und sonstige vertrauliche Informationen geben können; diese Offenlegungsverbote werden trotz der damit verbundenen Folgen („Im Ergebnis kann dies zu erheblichen Einschränkungen der Due Diligence-Möglichkeiten führen.") gerade gegenüber Wettbewerbern angenommen.

[618] Zu der in diesem Fall allgemein anerkannten Interessenabwägung statt vieler Kölner Komm-Mertens, § 76, Rn. 16 ff. und § 93, Rn. 82 f.

[619] Lutter, ZIP 1997, S. 613, 617.

jedoch bei Verhandlungen über den Kauf von Unternehmen bzw. Unternehmensbeteiligungen gelten. Die in diesem Zusammenhang benötigten Daten beträfen das gesamte Unternehmen, dessen geschäftlichen Chancen und Risiken und machten eine Bestimmung sowie Gesamtbewertung des Unternehmens möglich. Daher sei die Offenlegung solcher Informationen nur zulässig, wenn es sich um ein ungewöhnliches und überragendes, anders nicht erreichbares, eigenes unternehmerisches Interesse der Gesellschaft handeln würde. [620]

Es müsste im konkreten Fall um eine einmalige und unwiederbringliche unternehmerische Chance gehen, welche eigentlich nur vorläge, wenn es sich um eine Existenzfrage für die Gesellschaft handele. In einem derartigen Fall, in dem der Investor seine Bereitschaft zum Kauf von der Offenlegung sämtlicher Daten des Unternehmens abhängig mache, sei es nämlich auch möglich, das Bezugsrecht der Aktionäre nach § 186 Abs. 3 und 4 AktG auszuschließen. [621] Und rechtfertige das Interesse der Aktiengesellschaft und ihrer Gläubiger einen derart starken Eingriff in die Mitgliedschaft der Aktionäre, so solle in einer solchen für die Gesellschaft existenziellen Situation auch die Zulassung einer Due Diligence möglich sein. Danach wäre § 93 Abs. 1 S. 2 AktG als gesetzliche Vermutung für die Geheimhaltungsbedürftigkeit von Informationen auszulegen. [622]

Nach leicht differenzierender Meinung könne man, um die Notwendigkeit des Vorliegens der hohen Voraussetzungen eines ungewöhnlichen und überragenden, anders nicht zu realisierenden, eigenen unternehmerischen Interesses der Gesellschaft zu rechtfertigen, solches jedenfalls bei einer Veräußerung des gesamten Geschäftsbetriebes im Sinne des § 179 a AktG fordern. [623] Bei der entsprechenden Prüfung käme es jedoch besonders darauf an, dass die im Unternehmensgegenstand beschriebene Tätigkeit der Gesellschaft dauerhaft und selbständig weiterhin betrieben werde, denn nur dies entspräche dem auf Bestandserhaltung ausgerichteten Unternehmensinteresse. [624] Bei einer durch die

---

[620] Lutter, ZIP 1997, S. 613, 617; vgl. auch Hüffer, § 93, Rn. 8, der neben dem Abschluss einer Vertraulichkeitsvereinbarung die „Unumgänglichkeit für (das) Zustandekommen des Geschäfts" als Zulässigkeitsvoraussetzung einer Due Diligence ansieht.

[621] Kölner Komm-Lutter, § 186, Rn. 70; Lutter, ZIP 1997, S. 613, 617; zur gesetzlichen Wertung der §§ 42, 47 und 63 UmwG, durch welche im Fall einer Fusion angeordnet wird, sämtliche Daten der Gesellschaft offen zu legen, siehe Bihr, BB 1999, S. 1198, 1199. Dieser bezeichnet die gesetzlich normierte Offenlegung im UmwG als Sonderfall, welcher nicht verallgemeinerungsfähig sei; zu den Voraussetzungen eines Bezugsrechtsausschlusses BGHZ 136, 133, 135 ff. (Urteil vom 23.06.1997 – II ZR 132/93); BGHZ 125, 239, 241, 244 ff. (Urteil vom 07.03.1994 – II ZR 52/93); BGHZ 120, 141, 145 f. (Urteil vom 09.11.1992 – II ZR 230/91).

[622] So sieht Ziegler, DStR 2000, S. 249, 252 den genannten Ansatz von Lutter.

[623] Ziemons, AG 1999, S. 492, 495.

[624] Vgl. Ziemons, Die Haftung der Gesellschafter, S. 91 f.

Transaktion verursachten Änderung des Unternehmensgegenstandes läge demnach das bezeichnete überragende Interesse der Gesellschaft an dem in Frage stehenden Rechtsgeschäft nicht vor. Dies hätte zur Folge, dass der Vorstand sodann hinsichtlich der Erlaubnis zur Durchführung einer Due Diligence nicht mehr allein entscheidungsbefugt ist. Es müsse somit vielmehr ein Beschluss der Hauptversammlung herbeigeführt werden, der über eine Auskunftserteilung zu entscheiden habe.[625]

bb) Due Diligence durch einen neutralen, zur Verschwiegenheit verpflichteten Sachverständigen

Um den sich mit der Durchführung einer Due Diligence ergebenden Geheimhaltungsschwierigkeiten zu entgehen, könnte man dafür auch einen neutralen zur Verschwiegenheit verpflichteten Sachverständigen einschalten. Dieser hätte zum Abschluss seiner Prüfung dann lediglich einen abgekürzten Due Diligence-Report zu übergeben, also einen Bericht, in dem lediglich die wesentlichen Ergebnisse seiner Untersuchungen zusammengefasst sind.[626] Dabei komme es jedoch maßgeblich darauf an, dass diese Person von beiden Vertragsparteien zusammen beauftragt werde. Bei der Durchführung einer Due Diligence werden nämlich meist Rechtsanwälte, Steuerberater oder Wirtschaftsprüfer durch den Investor eingeschaltet. Diese unterliegen zwar einer beruflichen Pflicht zur Verschwiegenheit, sie sind jedoch vom Käufer mandatiert und werden daher selbstverständlich auch in dessen Sinne die Untersuchung durchführen.[627] Daher sei für die Wirksamkeit dieser Maßnahme nicht die Berufsverschwiegenheit der jeweiligen Prüfer entscheidend, sondern deren Mandat, also deren wirkliche

---

[625] Ziemons, AG 1999, S. 492, 495; vgl. dazu die diesen Überlegungen entgegenstehenden Ausführungen zur Frage der Zuständigkeit der Hauptversammlung auf S. 127, Fn. 507.

[626] Siehe Ziemons, AG 1999, S. 492, 494 und S. 500, die das Erfordernis der Einschaltung eines neutralen Sachverständigen aber von der jeweiligen Situation abhängig macht; Bihr, BB 1998, S. 1998, 1999; nach Lutter, ZIP 1997, S. 613, 618 ist eine Bewertung durch einen solchen Sachverständigen im Unternehmensvertrag und im Abhängigkeitsverhältnis zwar möglich, „außerhalb dieses Sonderverhältnisses kann er (der Vorstand) ein solches Vorgehen aber nur akzeptieren, wenn er das Ergebnis – also den Ertragswert – allen Aktionären zugänglich macht"; nach Hommelhoff, ZHR 150 (1986), S. 254, 257 sind die gesetzlichen Geheimhaltungspflichten keineswegs ausreichend und eine „endgültig effektive Abwehr (der Gefahr sei daher) erst von einem Informations-abschottenden Dritten" zu erwarten.; vgl. auch Götze, ZGR 1999, S. 202, 216 f.

[627] Siehe zu der Verschwiegenheitspflicht der Rechtsanwälte nach § 43 a Abs. 2 BRAO und zu den nicht von dieser Verpflichtung umfassten Tatsachen Kleine-Cosack, § 43 a, Rn. 3 ff. und insbesondere Rn. 11.

vertraglich vereinbarte Neutralität.[628] So könne einer Verbreitung der internen Firmendaten zum Nachteil der zu untersuchenden Gesellschaft wirksam begegnet werden.[629]

cc) Einschränkung der aktienrechtlichen Verschwiegenheitspflicht durch eigenverantwortlich zu bestimmende Unternehmenspolitik des Vorstands

Nach anderer Auffassung werde die nach § 93 Abs. 1 S. 2 AktG bestehende aktienrechtliche Verschwiegenheitspflicht durch die eigenverantwortlich zu bestimmende Unternehmenspolitik des Vorstands gemäß § 76 Abs. 1 AktG eingeschränkt und daraus ergäben sich dann die für eine Zulässigkeit einer Due Diligence maßgeblichen Umstände. Der Vorstand solle also zwischen dem Geheimhaltungsinteresse einerseits und den der Gesellschaft aus der Transaktion entstehenden Vorteilen abwägen und sich dann für oder gegen eine Offenlegung von Unternehmensinformationen entscheiden.[630]

§ 93 Abs. 1 S. 2 AktG verpflichte den Vorstand zwar, über vertrauliche Angaben und Geheimnisse der Gesellschaft Stillschweigen zu bewahren. Wesentliches Merkmal der Rechte des Vorstands sei jedoch seine Befugnis, die Gesellschaft § 76 Abs. 1 AktG unter eigener Verantwortung zu leiten. Daher gelte es, diese beiden im Falle der Entscheidung über eine Zulassung einer Due Diligence gegenläufigen Interessen in Einklang zu bringen.

Die gesetzlich zugewiesene Leitungsaufgabe der Aktiengesellschaft habe der Vorstand nach eigenem pflichtgemäßem Ermessen auszuüben. Dies bedeute, dass er die in der Gesellschaft befindlichen verschiedenen Interessen, wie die der Aktionäre, der Arbeitnehmer oder der Öffentlichkeit, sachgerecht und weisungsfrei wahrzunehmen habe.[631] Maßgebliches Kriterium, an dem der Vorstand sein gesamtes Handeln auszurichten habe, sei es jedoch, für den Be-

---

[628] Zur Ausgestaltung des Mandatsverhältnisses des neutralen Sachverständigen siehe Ziemons, AG 1999, S. 492, 494 und 497; Bihr, BB 1998, S. 1998, 1999; Stoll, BB 1998, S. 785, 787; vgl. nur auf die Berufsverschwiegenheit abstellend und das Erfordernis der parteilichen Neutralität vernachlässigend Meincke, WM 1998, S. 749, 751.

[629] Auch die Due Diligence anlässlich des Zusammenschlusses von Daimler und Chrysler wurde jeweils von externen Rechtsberatern durchgeführt, damit im Falle eines Scheiterns der beabsichtigten Transaktion, keine geheimen Informationen an die andere Gesellschaft gelangen könnten. Dazu Schmidt/Riegger(Gesellschaftsrecht 1999)-Pfeifer, S. 179 f.

[630] Müller, NJW 2000, S. 3452, 3453; Mertens, AG 1997, S. 541, 546; Treek, Die Offenbarung von Unternehmensgeheimnissen durch den Vorstand einer Aktiengesellschaft im Rahmen einer Due Diligence, in: Festschrift für Fikentscher, S. 434, 451 ff.

[631] Statt vieler Hüffer, § 93, Rn. 10 ff.

stand des Unternehmens und damit für eine dauerhafte Rentabilität der Gesellschaft zu sorgen.[632]

Damit sei das Unternehmensinteresse oberste Leitlinie des Vorstandshandelns, dem sich alle anderen Interessen unterzuordnen hätten. Somit stelle das Geheimhaltungsinteresse der Gesellschaft auch lediglich einen Unterfall des Unternehmensinteresses im Rahmen einer offenen Abwägung dar.[633] Erfordere es also das Interesse der Gesellschaft, bestimmte Informationen zu offenbaren, so trete die Schweigepflicht als dem Unternehmensinteresse untergeordnetes Kriterium zurück.[634] Die gesetzlich normierte Verschwiegenheitspflicht stelle nämlich keinen Selbstzweck und daher keine für die erforderliche Interessenabwägung unbedingte Grenze dar.[635] Der Vorstand einer Aktiengesellschaft habe also abzuwägen, ob die beabsichtigte Transaktion eher im Unternehmensinteresse liege als die Geheimhaltung der betreffenden Unternehmensinformationen. Neben dieser Interessenabwägung sei es jedoch erforderlich, gewisse Grenzen der Zulassung einer Due Diligence, die insbesondere einzelfallspezifisch zu regeln sind, einzuhalten. Diese bestünden in der bei jeder Entscheidung über eine Due Diligence anzustellenden Überlegung, in welchem Umfang und in welcher Art und Weise Informationen offenbart werden sollen. Dabei könne es zu individuell zu bestimmenden abgestuften Abwägungsergebnissen kommen, die mit der Abmachung von Geheimhaltungsvereinbarungen einhergingen.[636]

dd) Offenlegung von Informationen zulässig

Noch weitergehender ist die Annahme, dass eine Offenlegung von Informationen immer zulässig sei, soweit dies dem objektiven Interesse der Gesellschaft entspräche;[637] dieses Gesellschaftsinteresse solle bereits dann

---

[632] OLG Hamm, Urteil vom 10.05.1995 – 8 U 59/94, in: AG 1995, S. 512, 514; Kölner Komm-Mertens, § 76, Rn. 17 und 22; Rittner, Wirtschaftsrecht, § 8, Rn. 32; Semler, Leitung und Überwachung der Aktiengesellschaft, 1. Teil, § 3, I., C., Rn. 40 ff.

[633] Müller, NJW 2000, S. 3452, 3453; Körber, NZG 2002, S. 263, 269; Mertens, AG 1997, S. 541, 544 ff.; Schroeder, DB 1997, S. 2161, 2162.

[634] Kölner Komm-Mertens, § 93, Rn. 82 f; MüKo-Hefermehl/Spindler, § 93, Rn. 62.

[635] Müller, NJW 2000, S. 3452, 3453 f.; Spiecker, NJW 1965, S. 1937, 1943.

[636] Vgl. die Ausführungen hinsichtlich der Zulassung einer Due Diligence nach einer Interessenabwägung im Sinne des Grundsatzes der Verhältnismäßigkeit und unter den Bedingungen gewisser Vorkehrungen, wie etwa dem Abschluss einer Vertraulichkeitsvereinbarung, deren Erfordernis im Einzelfall vom Vorstand festgestellt werden muss, bei Müller, NJW 2000, S. 3452, 3453 ff.; Mertens, AG 1997, S. 541, 546.

[637] Geibel/Süßmann-Schwennicke, Artikel 1, Abschnitt 1, § 3, II., 1., c), bb), Rn. 13, S. 102 wonach (neben der Einschaltung von Beratern und der Abgabe einer Verschwiegenheits-

gegeben sein, wenn die Empfänger der Unternehmensdaten einer Schweigepflicht unterliegen. Sodann würde bereits ein formaler Vorstandsbeschluss bei Informationen von entscheidender Bedeutung für die Gesellschaft für deren Offenlegung genügen.[638] Der Vorstand sei befugt, über die Informationen der Gesellschaft zu verfügen, unter Umständen könne sich sogar eine Offenbarungspflicht ergeben.[639]

Schon bei Vorliegen bestimmter Vorteile für die Zielgesellschaft wird das Unternehmensinteresse auch ohne zwingend abzuschließende Vertraulichkeitsvereinbarung teilweise als gegeben angesehen. Überwögen diese Vorteile, so könne bereits einer Due Diligence zugestimmt werden.[640] Dies beträfen beispielsweise die durch die Transaktion zu erzielende Synergieeffekte (wie verbesserte Handelskonditionen durch größere Mengenabnahmen, das Rationalisieren von Geschäftsabläufen, etc.) oder eine vom potentiellen Erwerber geplante Kapitalzufuhr.

---

erklärung) ein „wirtschaftliches Interesse am Erfolg des Angebots" für eine Offenlegung von Informationen ausreicht.

[638] So Roschmann/Frey, AG 1996, S. 449, 452, welche die weitere Konkretisierung des geforderten Unternehmensinteresses dem Vorstand überlassen. Noch allgemeiner, nämlich ohne Erwähnung einer Geheimhaltungsvereinbarung, die Befürwortung einer Offenlegung von Informationen bei Kölner Komm-Mertens, § 116, Rn. 43: „Kenndaten des Unternehmens muss der Vorstand beispielsweise einem potentiellen Käufer oder Fusionspartner jedenfalls dann zugänglich machen können, wenn ernstliche Verhandlungen angebahnt sind und der Verhandlungsfortschritt dies verlangt."; auch nach Geßler-AktG, § 93, Rn. 3 kann es im Gesellschaftsinteresse sein, vertrauliche Informationen bzw. Geheimnisse einem potentiellen Erwerber nach einem entsprechenden Vorstandsbeschluss mitzuteilen.

[639] Roschmann/Frey, AG 1996, S. 449, 452; Spiecker, NJW 1965, S. 1937, 1942; Schroeder, DB 1997, S. 2161, 2162; Treek, Die Offenbarung von Unternehmensgeheimnissen durch den Vorstand einer Aktiengesellschaft im Rahmen einer Due Diligence, in: Festschrift für Fikentscher, S. 434, 450 f.; Stengel/Scholderer, NJW 1994, S. 158, 163. Nach diesen sei der Konflikt zwischen einer bestehenden Pflicht zur Aufklärung und einer Geheimhaltungspflicht „dahingehend zu lösen, dass der Aufklärungspflicht zunächst Vorrang einzuräumen ist und dem (potentiellen) Käufer aus den Kaufverhandlungen dann die Pflicht erwächst, die gewonnenen Erkenntnisse nicht zum Nachteil des Verkäufers zu verwenden".

[640] Schroeder, DB 1997, S. 2161, 2163, der Maßnahmen zur Risikobegrenzung zwar als Handlungsoption anführt, jedoch nicht zu einer zwingenden Voraussetzung für die Zulassung einer Due Diligence erklärt; vgl. dazu auch Hahn, IV., S. 231, welcher in anderem Zusammenhang feststellt, dass „Übernahmen die Allokation von Ressourcen an den Ort ihres höchsten Nutzens" seien und daher positiv zu beurteilen seien. Der Bestand einer Aktiengesellschaft sei kein Selbstzweck, sondern unterliege dem Willen ihrer Aktionäre.

c) Zwischenergebnis

Nach diesen Ausführungen wird deutlich, dass im Zusammenhang mit der Frage, ob die Zulassung einer Due Diligence anlässlich einer beabsichtigten Transaktion überhaupt aktienrechtlich zulässig ist bzw. unter welchen Umständen eine solche Prüfung ermöglicht werden darf, sehr unterschiedliche Voraussetzungen aufgestellt werden.[641] Folglich bedarf es einer grundlegenden Analyse, um klarzustellen, ob die nach § 93 Abs. 1 S. 2 AktG bestehende aktienrechtliche Verschwiegenheitspflicht uneingeschränkt gilt.

d) Lösungsansatz

Für einen angemessenen Lösungsansatz müssen nun zunächst die entscheidenden Maßstäbe, ausgehend von den gesetzlich normierten Pflichten des Vorstandes, herausgearbeitet und dann für eine entsprechende Gewichtung gegenübergestellt und abgewogen werden.

aa) Sinn und Zweck des § 93 Abs. 1 S. 2 AktG

Ausgangspunkt aller Erwägungen hinsichtlich der Zulässigkeit einer Due Diligence durch den Vorstand einer Aktiengesellschaft ist dessen Verschwiegenheitspflicht gemäß § 93 Abs. 1 S. 2 AktG. Danach sind die Vorstandsmitglieder gehalten, Stillschweigen über alle vertraulichen Angaben und Geheimnisse der Gesellschaft zu bewahren.

Nach dem Wortlaut der Norm gilt die Verschwiegenheitspflicht uneingeschränkt. Nach dem Sinn und Zweck des § 93 Abs. 1 S. 2 AktG kann diese Schweigepflicht aber nach allgemeiner Ansicht keine absolute Geltung haben. Bereits aus der Tatsache, dass es sich bei der Geheimhaltungsverpflichtung um eine Konkretisierung der organschaftlichen Treuepflicht handelt, folgt, dass die Verschwiegenheitspflicht immanenten Grenzen unterliegen muss. Der Vorstand ist nämlich als treuhänderischer Verwalter fremder Vermögensinteressen dem Unternehmensinteresse verpflichtet.[642] Somit richtet sich der Umfang der

---

[641] Dies deckt sich auch mit den Ergebnissen einer empirischen Studie über die Due Diligence bei Unternehmensakquisitionen. Danach sind der Inhalt einer solchen Prüfung, die im Einzelnen durchzuführenden Analysen und Prüfungsschritte sowie die damit einhergehenden Sicherungsvereinbarungen in der Praxis kaum standardisiert. Siehe Berens/Strauch (Eine empirische Untersuchung), S. 53 f. und 104.

[642] Siehe schon die Ausführungen auf S. 161 ff. und bei Stoffels, ZHR 165 (2001), S. 362, 372 f., bei dem es heißt: „Im Unternehmensinteresse wäre er (das Vorstandsmitglied) auf-

Verschwiegenheitsverpflichtung immer nach dem übergeordneten Unternehmensinteresse; dieses ist Leitlinie und Begrenzung zugleich.[643] Fraglich erscheint jedoch die genaue Gewichtung der beiden Punkte im jeweiligen Einzelfall, hier also bei der Frage einer Offenlegung von internen Unternehmensinformationen zwecks Durchführung einer Due Diligence anlässlich einer geplanten Transaktion.

Maßgebend ist demnach die Ausprägung des Spannungsverhältnisses zwischen der Verschwiegenheitspflicht des Vorstandes und dem Unternehmensinteresse als dessen Grenze; wobei zu beachten ist, dass bei der folgenden Prüfung zwar alle eine Due Diligence betreffenden Gesichtspunkte in die Stellungnahme eingeschlossen werden sollen, es jedoch nicht um eine bloße, allgemeine Interessenabwägung geht. Da die Verschwiegenheitspflicht ein Unterfall des Unternehmensinteresses darstellt, geht es hierbei um die Konkretisierung des Unternehmensinteresses.[644]

Auszugehen ist dabei von der dem Vorstand nach § 76 Abs. 1 AktG zugewiesenen Leitungsaufgabe der Aktiengesellschaft. Diese übt er unter eigener Verantwortung, also weisungsfrei aus, d.h. er handelt nach eigenem Ermessen.[645] Fraglich erscheint jedoch, welche Interessen für die Wahrnehmung dieser Ermessensausübung zu berücksichtigen sind.

(1) Konkretisierung des Unternehmensinteresses

Grundsätzlich hat der Vorstand sein Ermessen sachgerecht nach den in der Gesellschaft zusammentreffenden Interessen wahrzunehmen.[646] Um diese objektiven Interessen für den Fall einer Entscheidung über die Zulassung einer Due Diligence herauszuarbeiten, bedarf es zunächst erst einmal der Klärung, was als objektives Unternehmensinteresse überhaupt zu verstehen ist.[647]

---

grund der ihn treffenden Treuepflicht auch ohne besondere Anordnung verpflichtet, Stillschweigen über die ihm bekannt gewordenen Geheimnisse zu bewahren."

[643] Siehe statt vieler oben und Kölner Komm-Mertens, § 93, Rn. 82: „Wo es das Unternehmensinteresse gebietet zu reden, hört die Schweigepflicht auf."

[644] Diesen Unterschied besonders hervorhebend Stoffels, ZHR 165 (2001), S. 362, 374; das Unternehmensinteresse muss die Handlungsmaxime der Verwaltung einer Aktiengesellschaft sein, so MüKo-Semler/Spindler, vor § 76, Rn. 84 m.w.N.

[645] Siehe statt vieler BGHZ 125, 239, 246 ff. (Urteil vom 07.03.1994 – II ZR 52/93).

[646] Hüffer, § 76, Rn. 12 ff.; Kölner Komm-Mertens, § 76, Rn. 10; Nirk/Reuter/Bächle, F., I., 6., b), Rn. 711.

[647] Zum Beginn der Erörterung des „Unternehmensinteresses" als allgemeine Handlungsmaxime für den Aufsichtsrat siehe einführend Flume, ZGR 1978, S. 678, 680 f.

(a) Meinungsstand

Man könnte der Annahme sein, dass sich die dem Vorstand zugewiesene Leitungsmacht auf die wirtschaftliche und soziale Organisations- und Wirkungseinheit bezieht, deren rechtliche und soziale Identität durch die Rechtsfigur der juristischen Person begründet wird. Das bedeutet, dass die Aktiengesellschaft als Aktienunternehmen anzusehen wäre und damit die Trennung von Unternehmen und Unternehmensträger entfiele.[648] Es gäbe ein eigenständiges Interesse am Fortbestand des Unternehmens, welches nicht aus den Interessen der verschiedenen Unternehmensbeteiligten abgeleitet ist. Unternehmen und Gesellschaft würden also zusammen gesehen und zwar „in dem Sinne, dass damit die in der juristischen Person inkorporierte, als Aktiengesellschaft verfasste soziale und wirtschaftliche Zweck-, Handlungs- und Wirkungseinheit des Unternehmens selbst gemeint ist, deren strukturelle Grundlagen allerdings stets nach Maßgabe des Gesetzes zur Disposition der – an eine qualifizierte Mehrheit gebundenen – Beschlüsse der Aktionäre stehen."[649] Diese Erklärung des Unternehmensinteresses als eigenständiges Interesse der Organisation führt jedoch nicht gerade zu einer klareren Begriffsbestimmung, anhand derer man sich anlässlich eines bestimmten Vorganges wie der Entscheidung über die Zulässigkeit einer Due Diligence orientieren kann, so dass hinsichtlich einer Konkretisierung desselben zur sachgerechten Ermessensausübung des Vorstands, weitere Kriterien herauszuarbeiten sind.[650]

Nach anderer Ansicht gebe es keinen eigenständigen Interessenträger des Unternehmensinteresses. Daher müsse im Einzelfall anhand einer normativen Bewertung und Abwägung entschieden werden, welche Interessen der Unternehmensbeteiligten vorrangig seien. Dabei stehe dem Vorstand grundsätzlich ein autonomer unternehmerischer Handlungsspielraum zur Verfügung;[651] zu

---

[648] Kölner Komm-Mertens, § 76, Rn. 6.

[649] So Kölner Komm-Mertens, § 76, Rn. 6 f., der damit der Lehre vom Aktienunternehmen folgt; siehe auch Mertens, AG 1990, S. 49, 53 f.; vgl. schon Flume, Unternehmen und juristische Person, in: Festschrift für Beitzke, S. 42, 45 ff.; Schilling, ZHR 144 (1980), S. 141 ff.; Raiser, Die Zukunft des Unternehmensrecht, in: Festschrift für Fischer, S. 561, 572, versteht ein Unternehmen als einen „in sich gegliederten Verband, in dem sich die Anteilseignerschaft und Arbeitnehmerschaft als relativ selbständige, mit abgegrenzten Befugnissen und Pflichten ausgestattete Teilverbände gegenüberstehen und kooperieren".

[650] Hüffer, § 76, Rn. 15 entgegnet dem folgendermaßen: „Solche Deutungen erlauben es, nach Herkunft und Inhalt nicht näher definierte Interessen zur Richtschnur des Vorstandshandelns zu machen und sind deshalb eher geeignet, Vorstandsverantwortung aufzulösen als ihr einen Orientierungspunkt zu bieten."

[651] Münchener Handbuch-Wiesner, 5. Kapitel, § 19, II., 2., Rn. 18; Kossen, DB 1988, S. 1785, 1786, nach dem der Vorstand zwar bestimmte Interessenpositionen zu wahren hat, aber der Ermessensspielraum „ansonsten…beliebig zu gestalten" sei.

berücksichtigen sei jedoch, dass die erwerbswirtschaftliche Orientierung des Unternehmens im Anteilseignerinteresse verkörpert und damit auch als erstrangig zu bewerten sei. Das Verbandsinteresse sei demnach ein gemeinsames Mitgliederinteresse.[652] Dies entspräche zudem auch der Interessenlage des US-Gesellschaftsrechts, in dem das Aktionärsinteresse das Interesse der Gesellschaft bestimmt.[653] Eine solche Gleichsetzung der erwerbswirtschaftlichen Orientierung des Unternehmens als Organisation mit der erwerbswirtschaft-lichen Orientierung der Anteilseigner muss aufgrund des Vorliegens weiterer Interessen im Hinblick auf eine Gesellschaft jedoch nicht zwangsläufig zutreffen und ist daher zumindest diskutierbar.[654]

Vergegenwärtigt man sich nämlich die in einer Gesellschaft grundsätzlich bestehenden Interessen, so kann man sich nicht nur die Aktionäre als Träger des Kapitals, sondern auch die Arbeitnehmer als Arbeitskräfte und die Öffentlichkeit für das Gemeinwohl alle als Träger von in einer Gesellschaft aufkommenden Interessen vorstellen.[655] Da diese drei maßgeblichen Interessen innerhalb einer Aktiengesellschaft vorhanden sind, dürfe sich der Vorstand bei einer Entscheidung nicht nur nach ein oder zwei Kriterien richten; angesichts der bestehenden Interessenpluralität müsse er alle drei Interessensträger als Handlungsmaxime berücksichtigen.[656] Die für seine konkret in Frage stehende Handlung

---

[652] Kübler, Teil II, 5. Kapitel, § 14, III, 2., c), S. 167 f.; Wymeersch, ZGR 2001, S. 294, 303 f.; vgl. Mülbert, 2. Teil, 1. Kapitel, II., 1., S. 69 ff.

[653] Siehe dazu Drygala, ZIP 2001, S. 1861, 1869 f. m.w.N.

[654] Teubner, ZHR 149 (1985), S. 470, 475 bezeichnet diese Erklärung des Unternehmensinteresses als „Fehler" und als "mehrfaches Missverständnis aus gesamtgesellschaftlicher Sicht".

[655] von Nussbaum, Erster Teil, § 2, B., S. 37 f. m.w.N. hebt hervor, dass die Schaffung des Mitbestimmungsgesetzes von 1976 eine besonders intensive Diskussion über das Unternehmensinteresse hervorrief, wobei überwiegend angenommen wurde, dass sich dieses aus den Interessen der Anteilseigner, der Arbeitnehmer und der Allgemeinheit zusammensetze; Wiedemann, ZGR 1975, S. 385, 386 sieht als Interessengruppen, und damit noch umfassender, die Anteilseigner, Arbeitnehmer, Geschäftspartner, Allgemeinheit und das Unternehmen selbst.

[656] So schon Kropff, Aktiengesetz 1965, Begründung RegE, § 76, S. 97 f. Der Wegfall des früheren § 70 Abs. 1 AktG (1937), der normierte, dass sich das Handeln der Aktiengesellschaft nicht nur an den Aktionärsinteressen, sondern auch an den Belangen der Arbeitnehmer und des Gemeinwohls zu orientieren habe, hat an der weiteren Geltung dieser Aussage nichts geändert. Dafür sprechen schon die Vorschriften bezüglich des mitbestimmten Aufsichtsrats in der Aktiengesellschaft, angesichts derer eine reine Ausrichtung des Vorstandshandelns an den Aktionärsinteressen nicht folgerichtig wäre; siehe Hopt, ZGR 1993, S. 534, 536; MüKo-Hefermehl/Spindler, § 76, Rn. 53; Hüffer, § 76, Rn. 12; auch nach der Regierungsbegründung des WpÜG kommt es auf die in der Gesellschaft zusammentreffenden Interessen der „Aktionäre und Arbeitnehmer sowie…(derjenigen der) Wirtschaftsregionen" an, BT-Drucks. 14/7034, Begründung des

maßgebliche Ausrichtung habe der Vorstand dann im Wege einer praktischen Konkordanz selbst abzuleiten.[657]

Besonders beachtenswert bei der Ermessensausübung des Vorstandes sei jedoch das Kriterium der Erhaltung und dauerhaften Rentabilität des Unternehmens,[658] wonach es im unternehmerischen Ermessen des Vorstandes steht, auf welche Art und Weise er dieses verwirklicht. Ob er seine unternehmenspolitischen Entscheidungen nach lang-, mittel- oder kurzfristigen Erwägungen ausrichtet, größeren Wert auf Gewinnmaximierung, Substanzstärkung oder Dividendenzahlungen legt, sei dabei letztlich gleichgültig; Hauptsache, dies geschehe innerhalb des dem Vorstand zustehenden unternehmerischen Handlungsspielraums, also seines Ermessens.[659]

Gesetzesentwurfes der Bundesregierung zum WpÜG, S. 27; siehe bei Werder, ZGR 1998, S. 69, 77 ff. die Ausführungen zur Gewinnmaximierung, zur angemessenen Interessenberücksichtigung und zur gleichberechtigten Interessenberücksichtigung als drei mögliche Zielsysteme; vgl. zur Interessenermittlung die Annahme von antizipierten Unternehmenszielen (Sicherheits-, Erfolgs- und Expansionsziele) bei Kessler, AG 1993, S. 252, 261; siehe auch Kessler, AG 1995, S. 61, 62 ff.

[657] Hopt, ZGR 1993, S. 534, 536; Kölner Komm-Mertens, § 76, Rn. 19; Kindler, ZHR 162 (1998), S. 101, 105; vgl. Karsten Schmidt, Gesellschaftsrecht, § 28, II., 1., a), S. 804 ff.; Kessler, AG 1993, S. 252, 261: „Der Vorstand wird dabei von Zielsetzungen ausgehen, wie sie nach dem jeweiligen Stand der betriebswirtschaftlichen Forschung den größten Erfolg versprechen. Diese Unternehmensziele hat der Vorstand dann auf die Möglichkeit der Kompatibilität mit den Zielbereichen, insbesondere der Formallegitimierten zu untersuchen und sie deren Zielen anzupassen."

[658] Mertens, ZGR 1977, S. 270, 275 ff.; Brinkmann, Zweiter Teil, III., 2., b), S. 166 f., betont, dass, „dem Kriterium der Bestandserhaltung als condition sine qua non einer Zielverwirklichung in (und von) Systemen und Organisationen für die Ausrichtung von Unternehmensorganisationen eine elementare Bedeutung zukommt...Ist aber das Unternehmen und sein Bestand kein Selbstzweck, so bezeichnet das Kriterium des Bestandes nicht das allgemeine `Interesse´ des Unternehmens, sondern funktionales Erfordernis und Grenze der Interessenentfaltung: Bestandserhaltung wird erst dann zum eigenständigen Ziel, wenn sich die Bedingungen der Interessen- und Zielverwirklichung dieser Grenze nähern, d.h. problematisch werden."

[659] Das bei der Ermessensausübung des Vorstands zu beachtende Kriterium der dauerhaften Rentabilität des Unternehmens lässt sich schon aus § 90 Abs. 1 Nr. 2 AktG schließen. Diese Norm besagt, dass der Vorstand dem Aufsichtsrat über die Rentabilität der Gesellschaft, insbesondere die Rentabilität des Eigenkapitals, zu berichten hat. Durch diese gesetzliche Hervorhebung der Rentabilität des Eigenkapitals wird die Sicherung einer dauerhaften Rentabilität zur Leitmaxime. Siehe so Stoffels, ZHR 165 (2001), S. 362, 372; Dimke/Heiser, NZG 2001, S. 241, 244 f.; Dreher, ZHR 158 (1994), S. 614, 623; Scheffler, DB 1994, S. 793, 795; Pape, BB 2000, S. 711 ff.; Copeland/Koller/Murrin/McKinsey & Company, Teil I, Kapitel 1, S. 28; vgl. Lutter, Information und Vertraulichkeit im Aufsichtsrat, 1.Teil, § 1, I., 3., S. 14 f.; Hüffer, § 90, Rn. 5 und 9; Münchener Handbuch-Wiesner, 5. Kapitel, § 19, II., 2., Rn. 18 f. und 5. Kapitel, § 25, III., 2., b), Rn. 16;

Innerhalb einer Aktiengesellschaft kann es jedoch zu beachtlichen Interessenkonflikten kommen. Die Interessen zwischen dem Vorstand und den Anteilseignern einer Aktiengesellschaft divergieren aufgrund der unterschiedlichen Risikopräferenzen und dem Bestreben der Manager, ihren persönlichen Nutzen zu maximieren. So erhalte der Vorstand regelmäßig ein undiversifiziertes Portfolio und sei risikoavers, während die Aktionäre bei Annahme eines voll diversifizierten Vermögens risikoneutral seien.[660] Das Konzept des Shareholder Value als interessenleitendes Kriterium der Gesellschaft wird zudem immer häufiger in Frage gestellt.[661] Aufgrund dieser grundsätzlichen Interessensgegensätze und dem daraus entstehenden Konfliktpotential kommt der Definition des Unternehmensinteresses eine große Bedeutung zu,[662] zumal auch die Zielsetzung des Corporate Governance Kodexes vom Unternehmensinteresse geleitet wird und dieser damit eine interessenpluralistische Berücksichtigung sämtlicher Anspruchsgruppen voraussetzt.[663]

Fraglich erscheint bei diesen Erwägungen daher zu sein, nach welchem Kriterium im Falle einer Kollision der genannten Interessen eine am Unternehmensinteresse ausgerichtete Entscheidung bestimmbar gefällt werden soll, welchen Ansprüchen das Unternehmensinteresse als gemeinsames Interesse der vorhandenen Interessenträgern also genügen soll. Denn jeder der Interessenträger der Vielzahl von Einzelinteressen erwartet, dass sein individuelles Interesse mindestens beachtet, möglichst sogar als primäres Entscheidungskriterium angewandt wird.[664] Selbst die auf Erhaltung des Unternehmensbestandes bedachte Auffassung unterläge nämlich Bedenken, da die dafür notwendigen Erhaltungsmethoden angesichts der nicht vorhersehbaren zukünftigen Entwicklungen einerseits nicht objektiv vorauszuberechnen seien und andererseits selbst die

---

Teubner, ZHR 149 (1985), S. 470, 477; vgl. zum Shareholder-Value-Ansatz *Mülbert*, ZGR 1997, S. 129 ff.; *Münchener Handbuch-Wiesner*, 5. Kapitel, § 19, II., 1., Rn. 16 und 5. Kapitel, § 19, II., 2., Rn. 18 ff.; *Semler*, Leitung und Überwachung der Aktiengesellschaft, 1. Teil, § 3, I., B., Rn. 34 ff.; *Hüffer*, § 76, Rn. 13 f.; *Rittner*, § 8, Rn. 32; siehe zur entsprechenden Ermessensausübung ferner OLG Hamm, vom 10.05.1995 – 8 U 59/94, in: AG 1995, S. 512, 514.

[660] *Hahn*, II, A., 2., a), (3), S. 37 f. und II., A., 2., d), S. 66; zu den Interessenkonflikten beim Management einer Gesellschaft auch *Holzapfel/Pöllath*, I, 3., f), cc), ddd), Rn. 17a.

[661] *Geßler-AktG*, § 76, Rn. 4: „Im 21. Jahrhundert stellt sich immer mehr die Frage an ein Unternehmensmanagement: `Kann man es sich leisten, so unsozial zu sein, nur auf die Rendite der Aktionäre oder den Börsenkurs der Aktie zu schauen?`"

[662] Zu den verschiedenen Ansätzen zur Definition eines Unternehmensinteresses siehe ausführlich *Koch*, 1. Teil, A., I, S. 7 ff.

[663] Siehe dazu *Kuhner*, ZGR 2004, S. 244, 278 f.; *von Werder*, S. 61, 67.

[664] *MüKo-Semler/Spindler*, vor § 76, Rn. 85.

Erhaltung des Unternehmens nicht dem gemeinsamen Interesse der Interessenträger des Unternehmens entsprechen müsse.[665]

Die Frage der Zulässigkeit einer Offenlegung von internen Gesellschaftsinformationen ist der Unternehmenspolitik zuzuordnen und damit nicht normierbar.[666] Konkrete Maßstäbe zur Legitimation und Kontrolle von Handlungen lassen sich vom allgemeinen Gesellschaftszweck nicht ableiten.[667] Folglich könne es letztlich nur auf einen Kompromiss zwischen den betroffenen Interessen hinauslaufen. Dessen Bestimmung wird allein durch den Rechts-anwender vorgenommen.[668] Da jedoch selbst ein so gefundener Ausgleich aufgrund der externen Einflüsse fragwürdig sei, käme es vielmehr auf ein im Sinne des Unternehmensinteresses ausgerichtetes Verfahren an. Erst an dessen Ende stehe das Unternehmensinteresse als Ergebnis einer solchen prozeduralen Integration der bestehenden Interessen fest.[669] Man suche nicht mehr nach Unternehmensinteressen, sondern nach einem Verfahren zu deren Bestimmung.[670]

---

[665] Reuter, AcP 179 (1979), S. 509, 518 f.; siehe auch Thümmel, DB 2000, S. 461, 463, nach dem die wirtschaftliche Selbständigkeit einer Gesellschaft „kein Selbstzweck" ist; in diesem Sinne auch Lange, WM 2002, S. 1737, 1740; nach Koch, 1. Teil, B., II, 1., a), bb), S. 57 ist „die Brauchbarkeit des Unternehmensinteresses als eines Verhaltensmaßstabes...äußerst umstritten".

[666] Reuter, ZHR 144 (1980), S. 493, 497 f., nach welchem der Vorstand innerhalb einer Grenzkontrolle das Interesse der Gesellschaft bestimmen kann. Daher dürfen „Dinge, die wirklich objektiv geheimhaltungsbedürftig sind", nicht vom Vorstand offen gelegt werden; MüKo-Hefermehl/Spindler, § 93, Rn. 48.

[667] Servatius, Erster Teil, § 4, II., S. 20.

[668] MüKo-Hefermehl/Spindler, § 76, Rn. 57; Salm, VIII., 2., S. 134 f.

[669] Reuter, AcP 1979, S. 509, 519: „Das ‚Unternehmensinteresse` kann zumindest im Konflikt zwischen den beteiligten Gruppen kein vorgegebener externer Kontrollmaßstab für die Unternehmensorgane, sondern muss Resultat eines auf seine Verwirklichung gerichteten Verfahrens sein. Bindung an das Unternehmensinteresse bedeutet unter diesen Umständen nichts anderes als Bindung an die Bedingungen, die – nach der Vorstellung des Gesetzgebers – die angemessene Berücksichtigung der von der Unternehmenspolitik betroffenen Interessen tendenziell garantieren."; Brinkmann, AG 1982, S. 122, 128: „Das Unternehmensinteresse, verstanden als Leitidee einer gelingenden, prozeduralen Integration, vermag dabei immerhin den – zugegebenermaßen ausfüllungsbedürftigen – Orientierungsrahmen abzugeben, innerhalb dessen die Kompetenz- und Verhaltensregeln dieser Integration zu konkretisieren bzw. weiterzuentwickeln sind."; Laske, ZGR 1979, S. 173, 196 ff.; in diesem Sinne auch Lange, WM 2002, S. 1737, 1740; vgl. Reich/Lewerenz, AuR 1976, S. 353, 356 f.; Clemens, 6.1, S. 165.

[670] Laske, ZGR 1979, S. 173, 199; vgl. Schmidt-Leithoff, I. Abschnitt, 2. Kapitel, A., IV., 5., S. 101 ff.; MüKo-Hefermehl/Spindler, § 76, Rn. 58 stellen eine „Besinnung auf verschiedenen marktmäßige Kontrollmechanismen des Vorstandes" fest, um „die Flexibilität unternehmerischen Handelns nicht zu gefährden".

(b) Zwischenergebnis

Festzustellen bleibt jedenfalls, dass im Ergebnis keine der Ansichten zu festen Kriterien führt, anhand deren man einen bestimmten Fall, wie hier die Zulassung einer Due Diligence, relativ eindeutig subsumieren könnte.[671] Aufgrund dieser Unbestimmtheit kann der wertausfüllungsbedürftige Begriff des Unternehmensinteresses als Konkretisierung der Sorgfaltspflichten und der gesellschaftsrechtlichen Treuepflichten (wie der Verschwiegenheitspflicht nach § 93 Abs. 1 S. 2 AktG) in der konkreten Anwendung nur wenig beitragen.[672] Bei der somit weiterhin erforderlichen Konkretisierung kommt es also entscheidend auf die rechtliche Ausgestaltung des betreffenden Einzelfalles und vorliegend insbesondere darauf an, ob sich für die Praxis nicht doch Entscheidungshilfen finden lassen, anhand deren sich das Zielunternehmen bei der Ausübung seines unternehmerischen Ermessens hinsichtlich der Zulassung einer Due Diligence orientieren kann.[673]

---

[671] Auch nach Lange, WM 2002, S. 1737, 1739 f. „kann es nur darauf ankommen, dem Rechtsanwender Abwägungskriteren aufzuzeigen, die es ihm ermöglichen, im konkreten Einzelfall eine begründete und nachvollziehbare Beurteilung des Unternehmensinteresses vornehmen zu können"; zur Anwendbarkeit des „Unternehmensinteresses" als Entscheidungsgrundlage Großmann, Zweiter Teil, § 6, E., III., S. 98 ff. und Zweiter Teil, § 6, E., IV., S. 104 f., welcher auf die Unbestimmtheit von Funktion und Inhalt des Unternehmensinteresses, sowie auf ihre Anfälligkeit für ideologische Interpretationen hinweist und rät, auf diesen Begriff zu verzichten; Lutter/Krieger, § 10, III, 2., Rn. 765 m.w.N. zum so genannten Integrationsmodell: „Was im Unternehmensinteresse also zu tun ist, lässt sich nicht in abstrakter Form objektiv vorweg bestimmen, sondern bedarf der Entscheidung aus der Sicht des Unternehmens und seiner Bedürfnisse im Einzelfall...alle betroffenen Interessen zu berücksichtigen und gegeneinander sub specie des Unternehmens abzuwägen."; Hopt, ZGR 1993, S. 534, 538 ff.; Koch, 1. Teil, B., II, 2., S. 66 f.; Brinkmann, AG 1982, S. 122, 129; Karsten Schmidt, Gesellschaftsrecht, § 28, II, 4., a): „Die umfangreichen Pflichten und die Ermessensspielräume des Vorstands – in der Sprache der Gegenwart zusammengefasst unter dem Schlagwort „Corporate Governance" – sind einer Detailregelung nur teilweise zugänglich."; zu den in einer Aktiengesellschaft bestehenden Interessen auch Werder, ZGR 1998, S. 69, 74.

[672] MüKo-Hefermehl/Spindler, § 76, Rn. 59 bezeichnen die Tauglichkeit des Unternehmensinteresses als Konkretisierung eines Handlungsmaßstabs des Vorstands als „mehr als zweifelhaft"; für Mülbert, ZGR 1997, S. 129, 166 hat das Unternehmensinteresse „Leerformelcharakter"; Mertens, AG 1990, S. 49, 53 f.; auch nach Lange, WM 2002, S. 1737, 1739 ist es höchst unklar, welche Maßstäbe bei der Anwendung des Unternehmensinteresses zu berücksichtigen sind.

[673] Vgl. Großkommentar-Hopt, § 93, Anm. 80 und 106 ff.; Brinkmann, Zweiter Teil, III., 2., a), S. 160 und Dritter Teil, I., 1., S. 199 ff; Jürgenmeyer, 3. Kapitel, Teil I, F., S. 126 ff.; Teubner, ZHR 149 (1985), S. 470, 485: „Das Unternehmensinteresse ist als Rechtsbegriff zugleich notwendig und unmöglich. Es ist notwendig als Korrektiv der vereinigten Abschöpfungsinteressen im Interesse gesamtgesellschaftlicher Funktions- und Leistungs-

(c) Weitere Entscheidungskriterien

Demnach ist vorliegend ausschlaggebend, an welchen Maßstäben sich der Vorstand insgesamt zu orientieren hat und welche Entscheidungskriterien im betreffenden Einzelfall, nämlich der Entscheidung über die Zulassung einer Due Diligence, konkret relevant sind.

§ 93 AktG regelt die Sorgfaltspflicht und Verantwortlichkeit der Vorstandsmitglieder. Nach Abs. 1 S. 1 der Norm haben sie die Sorgfalt eines ordentlichen und gewissenhaften Geschäftsleiters anzuwenden. Dem § 93 Abs. 1 S. 1 AktG kommt somit eine so genannte Doppelfunktion zu; einerseits wird der Verschuldensmaßstab umschrieben, andererseits eine allgemeine objektive Verhaltenspflicht vorgegeben. Dabei ist die in der Vorschrift genannte Umschreibung die konkretere an der Funktion des § 76 Abs. 1 AktG ausgerichtete Fassung der allgemeinen Verhaltensstandards der §§ 276 Abs. 1 S. 2 BGB und 347 Abs. 1 HGB;[674] die Konkretisierung der Verhaltensanforderungen ist somit die eigentliche Aufgabe der Norm.[675] In diesem Kontext kommt es maßgeblich auf die Abgrenzung zwischen dem für unternehmerische Entscheidungen notwendigen Ermessensspielraum und dem Eingreifen der Haftung an. Fraglich ist demnach auch, welche Vorstandshandlungen bloße Fehlschläge im Rahmen des unternehmerischen Ermessens und welche eine tatbestandsmäßige Verletzung der allgemeinen Sorgfaltspflicht darstellen.

(aa) ARAG / Garmenbeck – Urteil des Bundesgerichtshofs

Diese für die Annahme einer Pflichtverletzung im Sinne des § 93 Abs. 2 AktG maßgebliche Prüfung ist unter anderem anhand mehrerer Gesichtspunkte durchzuführen, welche im so genannten ARAG / Garmenbeck – Urteil explizit dargelegt wurden.[676] In diesem stellt der Bundesgerichtshof fest, dass dem Vorstand

---

erfüllung der Unternehmung. Es ist als Rechtsbegriff unmöglich im Sinne der inhaltlichen Konkretisierung einer rechtlichen Generalklausel."; nach Reuter, AcP 179 (1979), S. 509, 519 hängt alles „von der konkreten Lage, insbesondere der Intensität der Betroffenheit unter den beteiligten Interessenträgern ab"; dazu auch Kölner Komm-Mertens, § 76, Rn. 19 ff.

[674] Siehe statt vieler Hüffer, § 93, Rn. 3 und 13.

[675] Hopt, Festschrift für Mestmäcker, S. 909, 916; Körber, NZG 2002, S. 263, 269 m.w.N.

[676] Im so genannten „ARAG / Garmenbeck" – Urteil des BGH vom 21.04.1997 (BGHZ 135, 244 ff. – II ZR 175/95) ging es um die Frage, ob der Aufsichtsrat der Firma ARAG berechtigt war, die Geltendmachung von Schadensersatzansprüchen gegen den Vorstandsvorsitzenden der Aktiengesellschaft abzulehnen. Der Vorsitzende des Vorstands hatte nämlich im Namen der Gesellschaft Patronatserklärungen für zwei Tochtergesellschaften unterzeichnet, welche finanzielle Geschäfte mit einem nicht vertrauenswürdigen

einer Aktiengesellschaft bei der Leitung und Geschäftsführung der Gesellschaft ein erheblicher Handlungsspielraum zukommt, den dieser im Rahmen seines unternehmerischen Ermessens auch auszuüben hat. Ohne einen solchen weiten Ermessensspielraum sei eine unternehmerische Leitung der Gesellschaft nämlich gar nicht möglich. In diesem Zusammenhang sei es auch notwendig, gewisse geschäftliche Risiken bewusst einzugehen; diesen sei der in Erfüllung seiner Aufgaben handelnde Vorstand fortwährend ausgesetzt.[677] Zur Frage, wann ein bloßer Fehlschlag im Rahmen des unternehmerischen Ermessens und unter welchen Umständen eine tatbestandsmäßige Verletzung der allgemeinen Sorgfaltspflicht vorliegt, wird ausgeführt, dass es hinsichtlich dieser Abgrenzung insbesondere darauf ankomme, ob die elementaren Sorgfaltspflichten des Vorstands erfüllt worden sind, welchen dieser unterliegt. Danach ist unternehmerisches Handeln rechtmäßig, wenn es von pflichtgemäßen Verantwortungsbewusstsein getragen ist, sich ausschließlich am Unternehmenswohl ausrichtet, auf sorgfältiger Ermittlung der Entscheidungsgrundlagen beruht, die Risikobereitschaft nicht unverantwortlich überspannt und nicht aus anderen Gründen als pflichtwidrig gelten muss.[678] Das Vorliegen dieser Grundsätze sei für die Verantwortlichkeit

---

Vertragspartner unternahmen. Nachdem die Finanzgeschäfte sich nicht wie gehofft entwickelten, wurde die ARAG aufgrund ihrer Patronatserklärungen in Anspruch genommen. Der Aufsichtsrat der Aktiengesellschaft prüfte daraufhin zwar, ob der Vorstandsvorsitzende der Gesellschaft ein gegen die Sorgfaltspflichten eines ordentlichen und gewissenhaften Geschäftsleiters verstoßende Handlungen vorgenommen hatte, indem dieser pflichtwidrig ein ungewöhnliches Risiko eingegangen sei. Der Aufsichtsrat lehnte jedoch die Geltendmachung von Schadensersatzansprüchen ab. Im Urteil des BGH wird dies für rechtswidrig erklärt. Da es in dieser Entscheidung also primär um die Pflichten des Aufsichtsrates einer Aktiengesellschaft geht, gehört die Frage des Handlungsspielraums des Vorstandes also nicht zu den wesentlichen Gründen der Entscheidung. Da die Feststellung des Umfanges des unternehmerischen Ermessens des Vorstands jedoch sogar im Leitsatz angeführt wurde („Dabei hat er (der Aufsichtsrat) zu berücksichtigen, dass dem Vorstand für die Leitung der Geschäfte der AG ein weiter Handlungsspielraum zugebilligt werden muss, ohne den unternehmerisches Handeln schlechterdings nicht denkbar ist."), muss dies als Indiz für die erhebliche Bedeutung der Aussage gewertet werden (siehe Horn, ZIP 1997, S. 1129, 1134).

[677] BGHZ 135, 244, 253 (Urteil vom 21.04.1997 – II ZR 175/95, „ARAG/Garmenbeck"): „Bei seiner Beurteilung, ob der festgestellte Sachverhalt den Vorwurf eines schuldhaft pflichtwidrigen Vorstandsverhaltens rechtfertigt, hat der Aufsichtsrat zu berücksichtigen, dass dem Vorstand bei der Leitung der Geschäfte des Gesellschaftsunternehmens ein weiter Handlungsspielraum zugebilligt werden muss, ohne den eine unternehmerische Tätigkeit schlechterdings nicht denkbar ist. Dazu gehört neben dem bewussten Eingehen geschäftlicher Risiken grundsätzlich auch die Gefahr von Fehlbeurteilungen und Fehleinschätzungen, der jeder Unternehmensleiter, mag er auch noch so verantwortungsbewusst handeln, ausgesetzt ist."

[678] Siehe zu den wesentlichen Aussagen des ARAG / Garmenbeck – Urteils die Ausführungen bei Kindler, ZHR 162 (1998), S. 101, 103; vgl. auch Großkommentar-Hopt,

des Vorstands für unternehmerische Fehlentscheidungen maßgeblich.[679] Mit der Anerkennung dieses weiten Handlungsspielraums und der damit im Sinne der aktienrechtlichen Leitungsmacht zusammenhängenden und zu akzeptierenden Gefahr von Fehleinschätzungen bekräftigt der Bundesgerichtshof einerseits, dass die unter-nehmerische Initiative nicht durch zu große Haftungsrisiken eingeschränkt sein darf und andererseits, dass es für den Vorstand aber besondere Pflichten gibt, die es einzuhalten gilt, um die unternehmerischen Ermessensspielräume nicht zu überschreiten.[680]

(bb) Business Judgement Rule

Vielfach werden die sich aus dem genannten ARAG / Garmenbeck – Urteil ergebenden Aussagen hinsichtlich der Rechtmäßigkeit von Vorstands-handlungen als Beleg dafür genommen, dass die Grundsätze der im US-amerikanischen Recht bestehenden so genannten Business Judgement Rule auch in Deutschland gelten.[681]

---

§ 93, Anm. 81; Horn, ZIP 1997, S. 1129 ff. und insbesondere S. 1134; Götz, NJW 1997, S. 3275, 3276 ff.; Thümmel, DB 1997, S. 1117 ff.; Jaeger/Trölitzsch, WIB 1997, S. 684, 685 ff.; Ulmer, ZHR 163 (1999), S. 294 ff.

[679] BGHZ 135, 244, 253 (Urteil vom 21.04.1997 – II ZR 175/95, „ARAG/Garmenbeck"): „Gewinnt der Aufsichtsrat den Eindruck, dass dem Vorstand das nötige Gespür für eine erfolgreiche Führung des Unternehmens fehlt, er also keine „glückliche Hand" bei der Wahrnehmung seiner Leitungsaufgabe hat, kann ihm das Veranlassung geben, auf dessen Ablösung hinzuwirken. Eine Schadensersatzpflicht des Vorstandes kann daraus nicht hergeleitet werden. Diese kann erst in Betracht kommen, wenn die Grenzen, in denen sich ein von Verantwortungsbewusstsein getragenes, ausschließlich am Unternehmenswohl orientiertes, auf sorgfältiger Ermittlung der Entscheidungsgrundlagen beruhendes unternehmerisches Handeln bewegen muss, deutlich überschritten sind, die Bereitschaft, unternehmerische Risiken einzugehen, in unverantwortlicherweise überspannt worden ist...“; vgl. zum pflichtgemäßen Vorstandshandeln auch bei einer gewissen Risikobereitschaft der Geschäftsführung die Ausführungen bei BGHZ 69, 207, 213 (Urteil vom 04.07.1977 – II ZR 150/75): „...mit Risiken behaftete Geschäfte sind im kaufmännischen Leben nicht ungewöhnlich."

[680] Das Oberlandesgericht prüft im „ARAG / Garmenbeck" - Urteil sogar Eventualvorsatz, siehe OLG Düsseldorf, Urteil vom 28.11.1996 – 6 U 11/95, in: ZIP 1997, S. 27, 32 f.; zum unternehmerischen Handlungsspielraum Jaeger/Trölitzsch, WIB 1997, S. 684, 686; Kindler, ZHR 162 (1998), S. 101, 103.

[681] Ziegler, DStR 2000, S. 249, 525: „Die Grenze der Sorgfaltspflicht wird durch die aus dem angloamerikanischen Recht stammende Busines-Judgement-Rule markiert."; Heermann, AG 1998, S. 201, 204 ff.; Kindler, ZHR 162 (1998), S. 101, 107; Körber, NZG 2002, S. 263, 269; ähnlich Ulmer, ZHR 163 (1999), S. 290, 298; vgl. zur Anerkennung eines Haftungsausnahmebereichs für den Vorstand wie im US-amerikanischen Aktienrecht Mutter, 3. Kapitel, 3.3.3, S. 206 ff.; Kallmayer, ZGR 1993, S. 104, 107 f; Kessler, 2. Teil, § 9, B., II., 2., b), S. 251 ff.

Nach den Aussagen dieser Figur des Geschäftsleiterermessens,[682] also der Business Judgement Rule, wird vermutet, dass die directors amerikanischer corporations ihre unternehmerischen Entscheidungen im guten Glauben, ohne eigenes persönliches Interesse und mit ausreichender Sorgfalt treffen.[683] Danach sind Entscheidungen des Managements der gerichtlichen Kontrolle entzogen, solange das Management die Voraussetzungen rechtmäßiger Ermessensausübung (gewisse Mindeststandards, also die zwei Kernelemente eines business judgement) eingehalten hat; dafür muss die Entscheidung auf der Grundlage sorgfältiger Informationen getroffen worden sein und sie muss ein gewisses Maß an Vernünftigkeit erkennen lassen.[684] Dadurch wird dem board of directors ein gewisser Freiraum für unternehmerische Entscheidungen bei Unsicherheit eingeräumt.[685]

---

[682] Zur Entwicklung dieser Grundsätze ausführlich Fleischer, ZIP 2004, S. 685 ff.

[683] Business Judgement Rule des American Law Institute, Principles of Corporate Governance: Analyses and Recommendations, § 4.01, abgedruckt bei Trockels, AG 1990, S. 139, 141:
"A director or officer who makes a business judgement in good faith fulfils his duty of care it:
1. he is not interested in the subject of his business judgement;
2. he is informed with respect to the subject of his business judgement and to the extent he reasonably believes to be appropriate under the circumstance; and
3. he reasonably believes that the business judgement is in the best interest of the corporation."; die Business Judgement Rule ist eine spezielle Anwendung des in 30 Staaten der USA kodifizierten "General standard of conduct for directors", abgedruckt bei Trockels, AG 1990, S. 139, 140, in dem es bei § 8.30 des Model Business Corporation Act" heißt:
"A director shall discharge his duties as a director, including his duties as a member of a committee
- in good faith
- with the care an ordinarily prudent person in a like position would exercise under similar circumstances and
- in a manner he reasonably believes to be in the best interest of his corporation."; siehe auch Trockels, AG 1990, S. 139, 141, welcher die Business Judgement Rule in fünf Tatbestandselemente aufteilt:
„- business decision
- disinterestedness
- due care
- good faith
- no abuse of discretion"; zu den "Principles of Corporate Governance" des American Law Institute siehe auch die ausführliche Darstellung bei Kindler, D., VI., 3., S. 106 ff.; zu den Voraussetzungen der Business Judgement Rule und einem Vergleich mit den Kriterien des für das Management allgemein geltenden Sorgfaltsmaßstabs (duty of care) siehe Merkt, US-Gesellschaftsrecht, 2. Teil, X., 2., Rn. 673 ff.; Bungert, D., 10., c), S. 56 f.

[684] Merkt, US-Gesellschaftsrecht, 2. Teil, X., 2., b), (2), Rn. 684; Kindler, B., IV., 3., a), S. 39 f.

[685] Merkt, US-Gesellschaftsrecht, 2. Teil, X., 2., Rn. 673; siehe dazu auch Karsten Schmidt, Gesellschaftsrecht, § 28, II, 4., a); Hopt, Festschrift für Mestmäcker, S. 909, 919; vgl.

Die directors müssen sich nicht persönlich für wirtschaftliche Fehlentscheidungen verantworten, solange sich ihre Handlungen innerhalb den von der Business Judgement Rule bestimmten Grenzen bewegen und damit als pflichtgemäß einzuordnen sind.[686] Zudem muss der diesem widersprechende Anspruchstelier beweisen, dass eine der genannten Voraussetzungen bei der Entscheidungsfindung nicht vorlag, und dies sowohl in der Sache als auch als Beweislastregel. Es gilt also die Vermutung, dass der director oder officer grundsätzlich ordnungsgemäß handelt.[687] Daher wird die Business Judgement Rule auch als eine so genannte safe harbor rule bezeichnet. Denn die für eine unternehmerische Entscheidung nötigen Sorgfaltspflichten sind schon mit Vorliegen der drei genannten Bedingungen erfüllt.[688] Ansonsten gilt der allgemeine Standard, der objektive und subjektive Merkmale verbindet; objektiv die Sorgfalt eines ordnungsgemäß handelnden Unternehmensleiters und subjektiv den guten Glauben, im Interesse des Unternehmens zu handeln.[689] Damit entsteht durch die Grundsätze der Business Judgement Rule faktisch ein Haftungsfreiraum für Unternehmensleiter bis zum Bereich der groben Fahrlässigkeit.[690]

Folglich bleibt festzustellen, dass sich die Business Judgement Rule in zwei wesentlichen Punkten vom deutschen Recht unterscheidet: Zum einen in der Ausgestaltung des Haftungtatbestandes, denn ein Freiraum für unternehmerisches Handeln wie in den USA besteht in Deutschland nicht. Die Leitungsorgane müssen sich im Sinne des § 76 Abs. 1 AktG innerhalb der durch den Unternehmensgegenstand gemäß § 82 Abs. 2 AktG gezogenen Grenzen halten und im Sinne ihrer treuhänderischen Funktion für fremde Vermögensinteressen handeln.[691] Zum anderen in der Beweislastverteilung, denn der Vorstand einer deutschen Aktiengesellschaft muss nach § 93 Abs. 2 S. 2 AktG mangelndes Verschulden, sowie die objektive Pflichtwidrigkeit seiner Handlung widerlegen; die

---

dazu die Ausführungen zum Verhältnis von den Chief Officers einer Aktiengesellschaft zum Board of Directors bei Feddersen/Hommelhoff/Schneider-Hess, I., S. 15 ff.

[686] Daran anlehnend BGHZ 135, 244, 253 f. (Urteil vom 21.04.1997 – II ZR 175/95, „ARAG/Garmenbeck"); siehe auch Hüffer § 93, Rn. 13 f.; Trockels, AG 1990, S. 139, 140 m.w.N.; vgl. zur Einordnung der Grenze des unternehmerischen Ermessens in den Verschuldenstatbestand und zum Begriff der „haftungsfreien Pflichtverletzung" Hopt, Festschrift für Mestmäcker, S. 909, 920; siehe dazu auch Horn, ZIP 1997, S. 1129, 1135.

[687] Merkt, US-Gesellschaftsrecht, 2. Teil, X., 2., Rn. 673; Hopt, Festschrift für Mestmäcker, S. 909, 920; Wirth/RWS-Forum, S. 99, 120.

[688] Merkt, US-Gesellschaftsrecht, 2. Teil, X., 2., b), (1), Rn. 682; Hopt, Festschrift für Mestmäcker, S. 909, 920.

[689] Zu dieser Sorgfaltspflicht (duty of care), Merkt, US-Gesellschaftsrecht, 2. Teil, X., 2., Rn. 672.

[690] Merkt, US-Gesellschaftsrecht, 2. Teil, X., 2., Rn. 674; vgl. Hopt, Festschrift für Mestmäcker, S. 909, 920.

[691] Wellkamp, Teil 3, A., II., 1.1.2, S. 199 f.

Business Judgement Rule geht dagegen von einem rechtmäßigen Verhalten des Management aus. Somit ist zwar festzuhalten, dass sich der Bundesgerichtshof in seinem ARAG / Garmenbeck – Urteil hinsichtlich der konkreten Ausgestaltung der Vorstandspflichten auch mit den Aussagen der Business Judgement Rule befasst und sich in seiner Urteilsbegründung in gewisser Weise diesen angenähert hat; zudem wird in dem Entwurf für ein „Gesetz zur Unternehmensintegrität und Modernisierung des Anfechtungsrechts" (UMAG)[692], welcher am 17.11.2004 von der Bundesregierung verabschiedet wurde und laut Bundesministerium der Justiz möglichst am 1. November 2005 in Kraft treten soll, die Sorgfaltspflicht und Verantwortlichkeit der Leitung von Aktiengesellschaften im Sinne einer Business Judgement Rule konkretisiert.[693] Trotzdem kann man, insbesondere aufgrund der unterschiedlichen Darlegungs- und Beweislast der US-amerikanischen Business Judgement Rule im Gegensatz zur Regelung im UMAG, jedoch nicht pauschal behaupten, dass seit dem ARAG / Garmenbeck – Urteil und mit Inkrafttreten des UMAG nun die Business Judgement Rule auch in Deutschland gilt bzw. gelten wird.[694] Vielmehr ist festzustellen, dass dem Begriff hinsichtlich der Ausgestaltung des unternehmerischen Ermessens „in seiner wechselnden, an die jeweiligen Verhältnisse angepassten Definition

---

[692] Gesetzentwurf der Bundesregierung, Entwurf eines Gesetzes zur Unternehmensintegrität und Modernisierung des Anfechtungsrechts (UMAG), abrufbar unter www.bmj. bund.de/ger/service/gesetzgebungsvorhaben.

[693] Dabei geht es jedoch nur um den weiten unternehmerischen Ermessensspielraum, welcher der Leitung einer Aktiengesellschaft zustehen soll. Der neue § 93 Abs. 1 S. 2 AktG („Eine Pflichtverletzung liegt nicht vor, wenn das Vorstandsmitglied bei einer unternehmerischen Entscheidung ohne grobe Fahrlässigkeit annehmen durfte, auf der Grundlage angemessener Information zum Wohle der Gesellschaft zu handeln.") soll den Bereich des unternehmerischen Ermessens und Handlungsspielraums ausgrenzen aus dem Tatbestand der Sorgfaltspflichtverletzung nach Satz 1 der Norm. Diese Tatbestandseinschränkung setzt nach II., dem Besonderen Teil, A., Zu Artikel 1, Zu Nummer 1, S. 17 der Begründung des Gesetzesentwurfes zum UMAG fünf Merkmale voraus: unternehmerische Entscheidung, Gutgläubigkeit, Handeln ohne Sonderinteressen und sachfremde Einflüsse, Handeln zum Wohl der Gesellschaft und Handeln auf der Grundlage angemessener Information. Die Darlegungs- und Beweislast soll dabei, im Gegensatz zu der im US-amerikanischen Recht geltenden Business Judgement Rule, „beim Geschäftsleiter" liegen. Siehe dazu Seibert/ Schütz, ZIP 2004, S. 252, 253 f.; Schütz, Frankfurter Allgemeine Zeitung vom 28.01.2004, S. 25, „Missbrauch im Aktienrecht soll eingedämmt werden"; ders., DB 2004, S. 419 ff.; zum Handlungsmaßstab, welcher hinsichtlich des Umstands gilt, ob die Vorstandsentscheidung zum maßgeblichen Zeitpunkt geeignet war, siehe Thümmel, DB 2004, S. 471, 472.

[694] Hopt, Festschrift für Mestmäcker, S. 909, 919 f.; vgl. Dieckmann/Leuering, NZG 2004, S. 249, 251 f.; siehe dazu die vergleichende Zusammenfassung bei Trockels, AG 1990, S. 139, 144.

(eine) erhebliche Bedeutung" zukommt.[695] Daher kann man hinsichtlich der Präzisierung von Haftungsvoraussetzungen nun jedenfalls rechtsvergleichend auf die möglichen Folgen der Business Judgement Rule für die Auslegung der Sorgfaltspflichten deutscher Vorstände eingehen.[696]

(cc) Auswirkungen des Unterlassens einer Due Diligence auf die Zielgesellschaft

Weitere Entscheidungskriterien für den Vorstand können sich auch aus den denkbaren Auswirkungen des Unterlassens einer Due Diligence ergeben.

((1)) Folgen für die Höhe des Kaufpreises

So wird angeführt, dass der Kaufpreis im Falle einer Verweigerung der Durchführung einer Due Diligence erheblich sinkt, da der Käufer die möglicherweise vorhandenen Nachteile des Unternehmens nicht kenne und somit einen so genannten Risikoabschlag fordern könnte. Ferner drohe ein Imageverlust und ein damit einhergehender Verlust der Überzeugungskraft am Markt.[697] Und dieses sei für die Gesellschaft zum einen nachteilig, weil man vom Kaufpreis auf den Wert des Unternehmens schließen könne und dieser dann ja niedriger sei als mit Durchführung einer Due Diligence. Zum anderen wirke sich eine Verweigerung der Untersuchung und der damit angeblich verbundene schlechtere Wert der Gesellschaft negativ auf den Aktienkurs und somit auf den gesamten (Börsen-) Wert des Unternehmens und damit auch abschreckend auf potentielle Erwerber von weiteren Aktienpaketen aus.[698] Auch die Variante, dass

---

[695] Henn, Handbuch des Aktienrechts, 5. Kapitel, § 18, 6. Abschnitt, Rn. 593, welcher betont, dass dies der im Handelsrecht üblichen Sorgfaltsnorm des § 347 Abs. 1 HGB entspricht.

[696] Vgl. Kindler, ZHR 162 (1998), S. 101, 107; Kreuzer-Buxbaum, S. 79 ff.; Horn, ZIP 1997, S. 1129, 1134: „Die größte Resonanz hat in den letzten Jahren in der deutschen gesellschaftsrechtlichen Diskussion der Hinweis auf das amerikanische Aktienrecht gefunden, das auf Grund der richterlichen Business Judgment Rule einen Entscheidungsfreiraum des Management im Sinne eines Haftungsausnahmebereichs anerkennt.“; dagegen enger Hopt, Festschrift für Mestmäcker, S. 909, 920; vgl. beispielhaft zu den Auswirkungen von Regelungen der USA auf das deutsche Recht die Folgen des Sarbanes-Oxley Acts auf die Corporate Governance deutscher Emittenten. Siehe dazu Lanfermann/Maul, DB 2002, S. 1725, 1728 ff.

[697] So auch Kiethe, NZG 1999, S. 976, 983.

[698] So Müller, NJW 2000, S. 3452, 3454; siehe Werner, ZIP 2000, S. 989, 993; Ziegler, DStR 2000, S. 249, 252 f.; Krömker, Teil 1, B., II., 1., d), cc), S. 38 f.; ähnlich Süßmann, AG 1999, S. 162, 169, der anlässlich der Fragestellung, ob Insidertatsachen durch eine Due Diligence weitergegeben werden dürfen, zu bedenken gibt, dass im Falle einer Verneinung der Pakethandel zwischen dem Inhaber von Aktien und potentiellen Käufern aufgrund der negativen Auswirkungen auf den Unternehmenswert unmöglich wäre.

der Kaufpreis vorher nicht festgelegt wird, sondern der Käufer nach Vollzug der Übernahme selber die relevanten Daten ermitteln soll, würde sich höchstwahrscheinlich kaufpreismindernd auswirken. Daher sei eine variablere Gestaltung des Kaufpreises für den verkaufenden Aktionär „regelmäßig die rechtlich und wirtschaftlich deutlich schlechtere Alternative".[699] Somit sei durch eine Due Diligence ein höherer Kaufpreis zu erwarten und dessen Zulassung demnach auch im Unternehmensinteresse.

Dieser Argumentation ist zwar zuzugeben, dass die Verweigerung einer Due Diligence durch den Vorstand des Zielunternehmens vordergründig nicht gerade einen vertrauenserweckenden Eindruck auf den potentiellen Investor hinterlassen könnte. Die Durchführung einer Due Diligence dient aber unter anderem dazu, Preisanpassungsklauseln zu vermeiden.[700] Diese könnte der Käufer nämlich ansonsten später geltend machen. Dies hätte aber zur Folge, dass der Kaufpreis (jedenfalls zunächst) in der Regel höher angesetzt wird, als es dem eigentlich errechneten Wert entspricht. Somit würden die angesprochenen negativen Folgen gar nicht erst eintreten. Sodann widerspricht die Annahme einer auf der Verweigerung einer Due Diligence basierenden Kaufpreisreduzierung auch noch den dokumentierten Erfahrungen einer empirischen Untersuchung, wonach sich der Kaufpreis in über 67 % der Akquisitionen nach bzw. aufgrund der Durchführung einer Due Diligence verringerte. Lediglich in ca. 5 % der Fälle stieg der Kaufpreis.[701] Demzufolge könnten negative Umstände und aufgedeckte Risiken kaufpreismindernd in die weiteren Verhandlungen eingebracht werden; die Verhandlungsposition des Käufers wird durch eine Due Diligence in der Regel also gestärkt.

Somit hat die unterlassene Zustimmung der Leitungsorgane einer Aktiengesellschaft hinsichtlich der Durchführung einer Due Diligence in Bezug auf die Höhe des Kaufpreises im Allgemeinen keine negativen Auswirkungen für das Zielunternehmen bzw. die Anteilseigner, also Verkäufer der Aktien. Im Gegenteil: Oftmals lässt bereits die an die Öffentlichkeit gedrungene Nachricht einer Akquisition den entsprechenden Börsenkurs der Gesellschaft aufgrund der mit der Transaktionsbekanntgabe verbundenen Kursphantasie unabhängig von der Durchführung einer Due Diligence in die Höhe steigen;[702] und ein hoher

---

[699] Mertens, AG 1997, S. 541, 542 f. und 545 f.

[700] Siehe S. 37 ff.

[701] Siehe zum Einfluss der Due Diligence auf den Kaufpreis und den Unternehmenswert Berens/Strauch (Eine empirische Untersuchung), S. 90 ff.; auch nach Moser, 1.2.3.1, S. 30 kann die Veröffentlichung der Verkaufsabsichten bewirken, dass der Aktienkurs der Gesellschaft noch steigt bzw. sich weitere Kaufinteressenten für das Objekt melden.

[702] Siehe dazu Clark/Fischer, Pechineys Kampf gegen Alcan gewinnt an Härte, Financial Times Deutschland, 02. September 2003, S. 3: „Gewiefte Investmentbanker (haben sich)

Kurs bzw. eine hohe Bewertung der Gesellschaft an sich, ist zumindest auch im Interesse des Unternehmens.[703]

((2)) Versagung einer Due Diligence als Deal-Breaker -
Widerspruch zum Unternehmensinteresse und dem Erfordernis
der Funktionsfähigkeit des Marktes für Unternehmenskontrolle

Weigert sich der Vorstand, Informationen über die Gesellschaft zur Verfügung zu stellen, so kann es zu der Situation kommen, dass die gesamte beabsichtigte Transaktion an sich Gefahr läuft, zu scheitern (Deal-Breaker[704]). In einem solchen Fall wird die Auffassung vertreten, dass es dann aufgrund der „generell negativen Auswirkungen auf das Unternehmen selbst" dem Vorstand erlaubt sein müsse, eine Due Diligence zuzulassen.[705] Dies liege dann im Interesse des Unternehmens, so dass der verkaufswillige Aktionär in seinem Vorhaben, nämlich der Veräußerung von Aktien, unterstützt werden müsse.[706] So könne sich eine mangels Due Diligence und damit ohne konkrete bzw. überprüfte Verhandlungsbasis auskommende langwierige Verhandlungsphase auf die Gesellschaft hinsichtlich der öffentlichen Wahrnehmung negativ auswirken. Die damit verbundenen schädlichen Folgen bestünden vor allem im Hinblick auf die Funktionsfähigkeit des Marktes für Unternehmenskontrolle, an welchem die Gesellschaft ein gewichtiges Interesse haben müsse. An diesem Markt spiegele

---

darauf spezialisiert, in solchen Situationen (also bei einem feindlichen Übernahmeversuch) einen möglichst hohen Preis für die betroffenen Aktionäre herauszuschlagen. Aktienhändler setzen dementsprechend schon im Vorfeld auf einen steigenden Kurs." Die auch vertretene Annahme, dass die Mehrzahl der bekannt gewordenen Akquisitionsvorhaben von den Marktteilnehmern negativ aufgenommen werden und somit den Kurs eher drücken (siehe dazu die Untersuchung von der Unternehmensberatung Bain & Company, in: Frankfurter Allgemeine Zeitung vom 20.12.1999, S. 31, „Im Kreditgewerbe werden Fusionen nicht selten überstürzt, Mangelnde Due Diligence, Spannungen in der Übergangsphase"), spricht (abgesehen vom tatsächlichen Bestehen dieser Behauptung) dann erst recht dafür, dass diese betreffenden Transaktionen von den Beteiligten besser unterlassen werden sollten; denn davon, dass die Entscheidungen der betroffenen Unternehmensleitungen per se richtiger sind als die allgemeine Markteinschätzung, kann nicht zuletzt angesichts der möglicherweise seitens der Leitungen vorhandener anderer, nämlich eigennütziger, Motivationen, nicht gesprochen werden.

[703] Nach Pöllath, Grundsätze ordnungsmäßigen Unternehmenskaufs, in: Festschrift für Bezzenberger, S. 549, 551 ist das Unternehmen bei demjenigen „in den richtigen Händen.....der das Unternehmen am höchsten bewertet".

[704] Zu solchen Umständen, welche zum Scheitern der beabsichtigten Transaktion führen würden, siehe Lucks/Meckl, 4.5.2.2, S. 163.

[705] Mertens, AG 1997, S. 541, 545; in diesem Sinne auch Krömker, Teil 1, B., II., 1., d), cc), S. 38 f.

[706] Birkner/Winkler, GesRZ 1999, S. 234, 237 f.

sich nämlich der Wettbewerb um Kontrolle über Unternehmen ab und dieser habe auch für die einzelnen Firmen positive Bedeutung: So verbessere dieser Markt die Allokation der in den Unternehmen gebundenen Ressourcen, begünstige den volkswirtschaftlichen Strukturwandel und führe insbesondere über die durch Kontrollerwerb bedrohte Verwaltung der Gesellschaften zu mehr Wettbewerb auf den Märkten.[707] Daher sei es rechtlich sowie wirtschaftlich nicht zulässig, dem Vorstand zu erlauben, einen anderenfalls stattfindenden Kontrollwechsel, beispielsweise wie hier mittels Verweigerung einer Due Diligence, zu verhindern.[708]

Gegen dieses Neutralitätsgebot im Sinne einer funktionierenden Corporate Governance ist anzuführen, dass Transaktionen in Grund, Ausprägung und Auswirkung auf die jeweilige Gesellschaft differenziert zu betrachten sind. Zwar darf der Vorstand einer Gesellschaft nicht aus eigenmächtigen bzw. persönlichen Gründen eine Übernahme verhindern und somit eine Due Diligence verweigern, beispielsweise weil er befürchtet, von einem neuen Mehrheitsgesellschafter als Vorstandsmitglied abgelöst zu werden.[709] Genauso ersichtlich dürfte es jedoch sein, dass die reine Effizienzsteigerung einer Gesellschaft nicht unbedingt immer das einzige oder wichtigste Erwerbsmotiv eines Bieters darstellt und somit auch nicht als alleiniges Entscheidungskriterium angesehen werden kann. Der Investor kann seine beabsichtigte Transaktion auch zur alleinigen Verdrängung eines Mitbewerbers durchführen wollen, was sich für die Zielgesellschaft selbst als äußerst existenzbedrohend auswirken kann. Im Übrigen wird die von einigen Ansichten teilweise als besonders wichtig herausgehobene Bedeutung von Unternehmens- bzw. Anteilskäufen zur Realisierung von Synergieeffekten durch die außerordentlich hohe Anzahl von gescheiterten Unternehmenszusammenschlüssen konterkariert.[710]

Somit kann unabhängig von der Frage des Bestehens eines Marktes für Unternehmenskontrolle und dessen positiven sozialökonomischen Auswirkungen nicht davon ausgegangen werden, dass ein solcher Markt für eine Aktiengesellschaft per se nützlich sein muss und somit der Vorstand eine Due Diligence aus diesem Grunde zu gewähren habe.

---

[707] Zum Marktmechanismus als Kontrollform in der Wirtschaftswissenschaft Becker, 4.1.1, S. 56 ff.

[708] Siehe zum Bestehen eines solchen Markts für Unternehmenskontrolle und zu diesem Neutralitätsgebot der Unternehmensleitung in seiner Bedeutung für die Corporate Governance Hopt, ZGR 1993, S. 534, 544 ff.; vgl. Adams, AG 1989, S. 333 ff.; zum US-amerikanischen Recht hinsichtlich eines Kontrollwechsels siehe Lüttmann, 3. Kapitel, § 8, S. 83 ff.

[709] Siehe Großkommentar-Hopt, § 93, Rn. 123; vgl. Hopt, ZGR 1993, S. 534, 544.

[710] Vgl. zur Wahrscheinlichkeit des Scheiterns einer beabsichtigten Transaktion S. 182 ff.

((3)) Auswirkungen des Verkaufsinteresses eines Aktionärs bzw.
der Anteilshöhe der betreffenden Aktien auf Zulassung
und Durchführung einer Due Diligence

Fraglich erscheint, ob das Verkaufsinteresse eines Aktionärs Auswirkungen auf die Vorstandsentscheidung haben kann. Dann müsste das Gesellschafterinteresse an der Zulassung einer Due Diligence zur (leichteren) Veräußerung seines Aktienanteils in die Entscheidungsfindung des Vorstandes mit einbezogen werden und gegen eine Versagung der Prüfung sprechen.

Man könnte die Ansicht vertreten, dass sich aus der Treuepflicht der Gesellschaft zu ihren Gesellschaftern eine Befugnis zur Weitergabe von Geheimnissen ergibt. Dieser Treuepflicht entsprechend müsse die Gesellschaft auf die gesellschaftsbezogenen Interessen der Gesellschafter Rücksicht nehmen und bei deren Überwiegen über das Geheimhaltungsinteresse der Gesellschaft eine Due Diligence zulassen.[711]

Dies widerspricht jedoch den einem Aktionär individuell zustehenden Informationsrechten. Aktionäre haben kein Recht auf Durchführung einer Due Diligence.[712] Das Verkaufsinteresse eines Aktionärs ist zwar Anlass einer entsprechenden Prüfung durch die Leitung der Gesellschaft; dieser Wunsch des Aktionärs ist aber lediglich ein Umstand, welcher im Rahmen einer Gesamtabwägung von der Leitung der Gesellschaft innerhalb dessen Ermessensentscheidung zu berücksichtigen ist.[713] Dem entsprechend hat auch die Höhe des Anteils, den der betreffende Aktionär veräußern möchte, an sich keinen Einfluss auf die Entscheidung über eine Due Diligence;[714] auch dies ist nur im Rahmen des Unternehmensinteresses von Relevanz, welches mit dem reinen Gesellschafterinteresse zwar übereinstimmen kann, aber nicht muss.[715]

---

[711] So, aber ohne eine nähere Spezifizierung des hier mit dem Verkaufsinteresse eines Aktionärs abzuwägenden Gesellschaftsinteresses, Ziemons, AG 1999, S. 492, 493 f.
[712] Siehe S. 76 f.
[713] So auch Münchner Handbuch-Wiesner, 5. Kapitel, § 19, II., 2., Rn. 18.
[714] Siehe S. 79 ff.
[715] Vgl. die Ausführungen auf S. 175 ff.

((4)) Ermessensfehler im Sinne der Grundsätze der öffentlich-rechtlichen Ermessenslehre bei Versagung einer Due Diligence

Das Unterlassen einer Due Diligence könnte einen Ermessensfehler im Sinne der Grundsätze der öffentlich-rechtlichen Ermessenslehre darstellen. Im Falle einer Überschreitung der Ermessensgrenzen durch eine Vorstandsentscheidung, die nicht mehr im Rahmen des unternehmerischen Handlungsspielraumes liegt oder durch einen Ermessensfehlgebrauch beispielsweise durch ermessensbeeinflussende persönliche Interessen könnte der Vorstand nämlich einen Ermessensfehler begangen haben und dies somit gegen die Versagung einer Due Diligence sprechen.[716]

Dafür müsste es zunächst überhaupt zulässig sein, für die Konkretisierung der unternehmerischen Ermessensausübung auf die öffentlich-rechtliche Ermessenslehre abzustellen. Dies sei aufgrund der sachlichen Nähe zum öffentlichen Recht durchaus nahe liegend; so lasse das öffentliche Recht Ermessen und entsprechende Beurteilungsspielräume ebenso zu, wie dies hinsichtlich der Sorgfaltsanforderungen an das Vorstandsverhalten einer Aktiengesellschaft der Fall sei.[717]

Vor der Annahme einer solchen Anwendung sollte jedoch geklärt werden, ob eine derartige Parallelwertung für die vorliegende Fragestellung der materiellen Zulässigkeit einer Due Diligence überhaupt notwendig ist. So wird in der schon genannten ARAG/Garmenbeck-Entscheidung bereits auf das unternehmerische Ermessen des Vorstandes einer Aktiengesellschaft explizit eingegangen. Zwar

---

[716] Vgl. die Grundsätze des Verwaltungsermessens bei Maurer, § 7, II, 1., Rn. 7 ff. und speziell zu den Ermessensfehlern § 7, II, 5., Rn. 20 ff.

[717] Grooterhorst, in Wirth/RWS-Forum (Bericht), S. 123, 129; siehe dem teilweise zustimmend Hoffmann-Becking, in Wirth/RWS-Forum (Bericht), S. 123, 130, welcher sich hinsichtlich dieser Parallele auf die entsprechenden Aussagen des ARAG/Garmenbeck-Urteils stützt; Großmann, Dritter Teil, § 10, D., II., 3., c), S. 169 ff.; Wiedemann, Organverantwortung und Gesellschafterklagen in der Aktiengesellschaft, II., 1., a), S. 13 f., der ebenso auf die verwaltungsrechtliche Ermessenslehre abstellt, indem er in der vom Bundesverwaltungsgericht entwickelten Methode der Entscheidungsfindung für Planungsverfahren ein Pendant zum gesellschaftsrechtlichen Handlungsspielraum sieht: „Entsprechend genügt auch ein Geschäftsführer seiner Sorgfaltspflicht, wenn er darlegt, dass die anstehende Maßnahme in einem angemessenen Verfahren, unter Umständen unter Heranziehung von Sachverständigen vorbereitet wurde und dass die einschlägigen Gesichtspunkte vollständig berücksichtigt und rational gewichtet wurden. Es ist dann Sache des Schadensersatzklägers, einen Verfahrensfehler oder einen Ermessensmissbrauch aufzuzeigen."; siehe zur grundsätzlichen Zulässigkeit einer Übertragung öffentlich-rechtlicher Kerngedanken in das Aktienrecht, Kölner Komm-Zöllner, § 243, Rn. 202; siehe auch die Ausführungen auf S. 102 ff.

bleibt eine detailliertere Konkretisierung des Handlungsspielraumes letztlich noch offen, es werden vom Bundesgerichtshof jedoch mehrere Kriterien angeführt, die im Grundsatz als Handlungsmaxime herangezogen werden können und auch für die Praxis hilfreich sein können.[718] Somit ist festzustellen, dass gewisse Berührungspunkte zwischen der verwaltungsrechtlichen Ermessenlehre und der sorgfältigen Ermessensausübung durch den Vorstand vorhanden sind, es aber vorliegend nicht notwendig erscheint, die Grundsätze der öffentlich-rechtlichen Ermessenslehre für die bestehende Fragestellung, nämlich für die Entscheidung im Hinblick auf eine Zulassung oder Versagung einer Due Diligence, heranzuziehen.

((5)) Verweigerung einer Due Diligence, zur Vermeidung eines Auskunftsanspruchs anderer Aktionäre nach § 131 Abs. 4 S. 1 AktG

Die Geschäftsleitung einer Aktiengesellschaft könnte die Durchführung einer Due Diligence verweigern, um einen Auskunftsanspruch anderer Aktionäre nach § 131 Abs. 4 S. 1 AktG und eine damit einhergehende Veröffentlichung der Transaktionsabsichten zu vermeiden.[719] Denn eine solche Bekanntgabe der Informationen widerspräche aufgrund der damit zusammenhängenden erheblichen Missbrauchsgefahr zum Nachteil des Unternehmens dem objektiven Interesse der Gesellschaft und stehe deswegen der Zulassung einer Due Diligence notwendigerweise entgegen.[720]

---

[718] Siehe BGHZ 135, 244, 253 f. (Urteil vom 21.04.1997 – II ZR 175/95, „ARAG / Garmenbeck"); zu den Kernaussagen statt vieler Kindler, ZHR 162 (1998), S. 101, 103; Horn, ZIP 1997, S. 1129, 1134; Hoffmann-Becking, in Wirth/RWS-Forum (Bericht), S. 123, 130.

[719] Vgl. zu der sich aus der Anwesenheit von Pressevertretern und der bei Publikumsgesellschaften meist erheblichen Anzahl von Aktionären ergebenden so genannten „öffentliche Bekanntgabe von Informationen auf Hauptversammlungen" die obigen Ausführungen bei S. 141, Fn. 511.

[720] Denn ansonsten wären „alle Geheimhaltungsbemühungen im Rahmen der Due Diligence...obsolet, wenn anschließend sowieso alles der Öffentlichkeit zugänglich gemacht werden müsste", so Meincke, WM 1998, S. 749, 751; in diesem Sinne auch Mertens, AG 1997, S. 541, 547; Treek, Die Offenbarung von Unternehmensgeheimnissen durch den Vorstand einer Aktiengesellschaft im Rahmen einer Due Diligence, in: Festschrift für Fikentscher, S. 434, 445 ff. und 454 weist darauf explizit hin: „Dem Vorstand (ist es) wohl grundsätzlich verwehrt..., vertrauliche Informationen im Rahmen einer Due Diligence unter Umständen zur Verfügung zu stellen, die eine Auskunftspflicht nach § 131 Abs. 4 AktG begründen können."; Hoffmann-Becking, Das erweiterte Auskunftsrecht des Aktionärs nach § 131 Abs. 4 AktG, in: Festschrift für Rowedder, S. 155, 163 betont ebenso die erhebliche praktische Wichtigkeit des Bestehens eines Auskunftsrechtes, indem er sagt: „Die praktische Bedeutung der erweiterten Auskunftspflicht liegt weniger in der Hauptversammlung als vielmehr außerhalb der Hauptversammlung, nämlich in der präventiven Beeinflussung des Informationsverhaltens des Vorstandes

Ist einem Aktionär aufgrund eben dieser Eigenschaft als Aktionär eine Auskunft außerhalb der Hauptversammlung gegeben worden, so sind diese Informationen gemäß § 131 Abs. 4 S. 1 AktG grundsätzlich auch jedem anderen Anteilseigner auf dessen Verlangen in der Hauptversammlung zu geben.

((a)) Prüfung der tatbestandsmäßigen Voraussetzungen des § 131 Abs. 4 S. 1 AktG

Dafür müssten zunächst die tatbestandsmäßigen Voraussetzungen des § 131 Abs. 4 S. 1 AktG vorliegen.

((aa)) Aktionärseigenschaft

Die erweiterte Auskunftspflicht nach Abs. 4 der Norm setzt voraus, dass einem Aktionär eine Auskunft erteilt worden ist.[721]

Daran fehlt es, wenn durch eine Due Diligence vor Vertragsschluss Informationen über die Gesellschaft an einen potentiellen Käufer gegeben werden, welcher bisher mit dem Unternehmen in keiner gesellschaftsrechtlichen Verbindung steht.[722]

In diesem Zusammenhang ist also zu prüfen, in welcher Hinsicht sich dabei einerseits das Verhalten des verkaufswilligen Aktionärs und andererseits die Nicht-Aktionärseigenschaft der konkret prüfenden Person bzw. Personengruppe auswirkt.

Im Rahmen einer Due Diligence prüfen nämlich meist Rechtsanwälte, Steuerberater, Wirtschaftsprüfer, sonstige Unternehmensberater oder der Kaufinteressent selbst die Unternehmensunterlagen zur Vorbereitung oder gänzlichen Durchführung der betreffenden Unternehmenstransaktion. Fraglich erscheint in diesem Kontext, ob diejenigen Personen, an welche anlässlich einer Due Diligence Informationen herausgegeben worden sind (und die auch nicht selbst

---

außerhalb der Hauptversammlung."; vgl. zu den mit einer Veröffentlichung von Informationen in der Hauptversammlung verbundenen negativen Folgen für die Gesellschaft auf S. 127, Fn. 507.

[721] Dabei wird hier vorausgesetzt, dass die Informationen dem Aktionär von der Gesellschaft bewusst und willentlich gegeben worden sind. Zum Fall des Erhalts von Informationen auf andere, pflichtwidrige, Weise siehe die Ausführungen bei Kölner Komm-Zöllner, § 131, Rn. 62.

[722] So explizit zur Auskunftserteilung im Zusammenhang mit einer Due Diligence bei Großkommentar-Decher, § 131, Anm. 340.

Aktionäre sind), aufgrund der Rolle des verkaufswilligen Aktionärs auch unter § 131 Abs. 4 S. 1 AktG zu subsumieren sind.

(((1))) Wortlaut des § 131 Abs. 4 S. 1 AktG

Geht man vom reinen Wortlaut der Norm aus, so könnte man zu der Ansicht gelangen, dass die Tatbestandsvoraussetzung der Aktionärseigenschaft wirklich nur dann erfüllt ist, wenn die Informationen direkt dem Aktionär ausgehändigt werden. Folglich wäre lediglich maßgeblich, ob die Auskünfte zum Zeitpunkt der Auskunftserteilung rechtlich einem Aktionär oder einem Nichtaktionär gegeben werden.[723] Demnach hätten beispielsweise Auskünfte an Investoren nach Kaufvertragsabschluss, aber noch vor Übergang der Beteiligung genauso wenig den Auskunftsanspruch anderer Aktionäre zur Folge, wie die Informationserteilung an Aktienanalysten, Rating-Agenturen, sonstige Berater oder mit einer Due Diligence beauftragte Dritte.[724]

(((2))) Sinn und Zweck der Regelung

Der Normzweck des § 131 Abs. 4 AktG besteht in der Verhinderung eines Informationsmonopols von bestimmten Aktionären, welche ihre Auskünfte außerhalb der Hauptversammlung erlangen.[725] Bestimmte Personen werden als Nicht-Aktionär vom Anteilseigner mandatiert und für ihn tätig. Deren Empfang von internen Firmendaten ist also letztlich auch dem Aktionär zuzurechnen, so dass der Auskunftsanspruch anderer Aktionäre doch Geltung erlangen könnte.

---

[723] So Treek, Die Offenbarung von Unternehmensgeheimnissen durch den Vorstand einer Aktiengesellschaft im Rahmen einer Due Diligence, in: Festschrift für Fikentscher, S. 434, 447; Großkommentar-Decher, § 131, Anm. 339; vgl. LG Düsseldorf, Beschluss vom 25.03.1992 – 34 AktE 6/91, in: AG 1992, S. 461, 462.

[724] So Großkommentar-Decher, § 131, Anm. 339 f.; vgl. aber in diesem Zusammenhang schon die Auskunftserteilung in einem Vertragskonzern bzw. faktischen Konzernverhältnis bei Duden, Gleichbehandlung bei Auskünften an Aktionäre, in: Festschrift für von Caemmerer, S. 499, 504 ff. Nach Duden wird durch Informationen an den in einer Aktiengesellschaft herrschenden Aktionär zwecks Veräußerung seiner Beteiligung im Vertragskonzern das Auskunftsrecht des § 131 Abs. 4 AktG aufgrund seines Weisungsrechts nämlich nicht ausgelöst. In einem solchen Fall scheidet eine Gleichbehandlung aller Aktionäre also aus (siehe auch Decher, ZHR 158 (1994), S. 473, 489); dazu ausführlich Großkommentar-Decher, § 131, Anm. 335, 345 ff. und insbesondere Rn. 350; Roschmann/Frey, AG 1996, S. 449, 454: „Im Rahmen eines faktischen Konzernverhältnisses werden die Informationen nämlich nicht wegen seiner Eigenschaft als Aktionär, sondern wegen seiner Eigenschaft als konzernleitendes Unternehmen erteilt."; enger Lutter, ZIP 1997, S. 613, 617 f.

[725] Hüffer, § 131, Rn. 36.

Dies wird bei Aktionärsvertretern[726], Legitimationsaktionären[727] und Aktionärsvereinigungen[728] für gegeben gehalten und auch bei einer Informationsweitergabe im Rahmen einer Unternehmenstransaktion mangels einer speziellen Auseinandersetzung mit dieser Fragestellung im überwiegenden Schrifttum vorausgesetzt.[729]

Dafür spricht auch, dass die Ergebnisse der Due Diligence bei vielen Transaktionen dem bisherigen Aktionär sowieso zur Verfügung gestellt werden.[730] Die Vertragsparteien können dann anhand der erlangten detaillierten Angaben über die Gesellschaft die weiteren Verhandlungen daran ausrichten, insbesondere hinsichtlich der Kaufpreishöhe und der zu vereinbarenden Gewährleistungsrechte. Somit würde der Aktionär diese Informationen dann auch in dem Fall eines Scheiterns der Verhandlungen erlangen und hätte somit einen Informationsvorsprung gegenüber den übrigen Aktionären.

Zudem sollte in die vorliegenden Überlegungen mit einbezogen werden, dass ohne die Bereitschaft eines Aktionärs, seine Anteile zu veräußern, sich die Frage der Zulassung und Durchführung einer Due Diligence gar nicht erst stellen würde. Dessen Verkaufsbereitschaft ist also mit als ursächlich für die zu erfolgende Informationsweitergabe zu sehen, der betreffende Aktionär und der Investor zeichnen sich jedenfalls hinsichtlich der Bestrebung, die beabsichtigte Transaktion durchzuführen, durch eine gleiche Interessenlage aus und sind in der Transaktionspraxis somit oft als eine gemeinsame Interessengruppe mit einem dementsprechenden regen Informationsaustausch anzusehen.

---

[726] Hüffer, § 131, Rn. 37; Großkommentar-Decher, § 131, Anm. 339.

[727] Kölner Komm-Zöllner, § 131, Rn. 61; Hüffer, § 131, Rn. 37.

[728] Großkommentar-Decher, § 131, Anm. 339.

[729] Vgl. Ziegler, DStR 2000, S. 249, 252 ff., der bei einer Due Diligence davon ausgeht, dass der veräußerungswillige Aktionär und der Erwerbsinteressent den gleichen Kenntnisstand haben, diese sich also über die erhaltenen Informationen austauschen bzw. jedenfalls hinsichtlich der Prüfung der bestehenden Rechtslage in Bezug auf die Offenbarung von Unternehmensinterna als „gleiche Partei" zu gelten haben (siehe die Überschrift bei 3.1 und die folgenden, auf beide bezogenen Ausführungen; wobei die folgende Passage deutlich macht, dass der Aktionär auch bei einer Datenoffenlegung direkt an den Investor genauso informiert sein muss: „Fraglich ist, ob die übrigen Aktionäre angesichts der Informationseitergabe an den veräußerungswilligen Aktionär ein Auskunftsrecht...haben."); vgl. die Ansicht, dass die Auskünfte der Zielgesellschaft an die veräußerungswillige Gesellschafterin und bzw. oder einer Investmentbank gegeben werden, das grundsätzliche Bestehens des Auskunftsanspruchs aber problemlos angenommen wird, die Ausführungen bei Roschmann/Frey, AG 1996, S. 449, 454; in diese Richtung auch Merkt, WiB 1996, S. 145, 150.

[730] Siehe zu der Frage des Auftraggebers einer Due Diligence und der Funktion dieser Untersuchung für die anschließenden weiteren Verhandlungen S. 45 ff.

Demnach sind die beauftragten Prüfer, genauso wie der Erwerbsinteressent selbst, im Rahmen einer anlässlich einer Übernahme durchgeführten Due Diligence, jedenfalls hinsichtlich der Aktionärseigenschaft im Sinne des § 131 Abs. 4 S. 1 AktG, mit dem verkaufswilligen Aktionär gleichzusetzen.

((bb)) Auskunftserteilung „wegen seiner Eigenschaft als Aktionär"

Die Auskunftserteilung an den Aktionär muss nach § 131 Abs. 4 S. 1 AktG außerhalb der Hauptversammlung gerade „wegen seiner Eigenschaft als Aktionär" erfolgt sein. Somit fallen solche Auskünfte nicht unter die Norm, welche dem Aktionär eben nicht in dieser Eigenschaft, sondern wegen besonderer rechtlicher Beziehungen zur Gesellschaft erteilt worden sind. Angesichts der Tatsache, dass derartige Informationen nicht aufgrund der Gesellschafterstellung gegeben worden sind, können andere Aktionäre diese Auskünfte dann nämlich auch nicht beanspruchen.[731]

Der § 131 AktG regelt das Auskunftsrecht des Aktionärs in seiner Eigenschaft als Teilnehmer der Hauptversammlung der Gesellschaft als eigennütziges mitgliedschaftliches Individualrecht. Somit ist die Norm eine Ausprägung der in § 118 Abs. 1 AktG geregelten konzentrierten Ausübung von Verwaltungsrechten der Aktionäre in der Hauptversammlung.[732] Der Abs. 4 des § 131 erweitert unter bestimmten Voraussetzungen das Auskunftsrecht aus Abs. 1 und ist dabei Ausdruck des allgemeinen Grundsatzes der gleichmäßigen Behandlung aller Aktionäre, welcher im Sinne der Satzungsstrenge des § 23 Abs. 5 AktG auch unbedingt einzuhalten ist.[733]

Die genannten besonderen rechtlichen Beziehungen können vorliegen, wenn der Aktionär gleichzeitig Aufsichtsratsmitglied ist bzw. der Aktionär von einem Repräsentanten im Aufsichtsrat vertreten wird, wenn es um einen Vertragspartner geht, Auskünfte im Konzernverhältnis verlangt werden oder die Konzernrechnungslegung Inhalt der Auskünfte ist.[734] Letztlich kommt es bei der Bestimmung, in welcher Eigenschaft ein Aktionär eine Information erhalten hat,

---

[731] Großkommentar-Decher, § 131, Anm. 342.

[732] Hüffer, § 131, Rn. 1 f. und § 118, Rn. 1.

[733] Siehe Kropff, Aktiengesetz 1965, Begründung RegE, § 131, S. 187; Hoffmann-Becking, Das erweiterte Auskunftsrecht des Aktionärs nach § 131 Abs. 4 AktG, in: Festschrift für Rowedder, S. 155, 158.

[734] Siehe zu den Einschränkungen des Auskunftsanspruches gemäß § 131 Abs. 4 S. 1 AktG exemplarisch Großkommentar-Decher, § 131, Anm. 342 ff.

auf die besonderen Umstände eines jeden Einzelfalles, also auf „Gegenstand, Anlass und Inhalt von Frage und Antwort"[735], an.[736]

Bei einem Unternehmenskauf könnte der Aktionär gleichzeitig Aufsichtsratsmitglied sein. In einem solchen Fall (wenn also beispielsweise einem Großaktionär durch seinen Vertreter im Aufsichtsrat Informationen zuteil wurden, welche den anderen (Klein-) Aktionären, weil diese im Aufsichtsrat nicht vertreten sind, nicht zur Verfügung stehen) kommt es besonders darauf an, in welcher Funktion die betreffenden Informationen erteilt wurden, um die tatbestandliche Voraussetzung „wegen seiner Eigenschaft als Aktionär" des § 131 Abs. 4 S. 1 AktG, als erfüllt anzusehen. Dabei ist zu beachten, dass der Vorstand nach § 90 AktG grundsätzlich nur dem gesamten Aufsichtsrat zu berichten hat und nicht lediglich einem einzelnen Aufsichtsratsmitglied.[737] Geschieht dies dennoch, so haben die anderen Mitglieder des Aufsichtsrates Anspruch auf die gleiche Unterrichtung. Werden einem Aufsichtsratsmitglied aber Informationen offen gelegt, die eigentlich für den Großaktionär bestimmt waren, so ist die Auskunft der Person dann eben nicht als Aufsichtsratsmitglied, sondern als Aktionär gegeben worden.[738] Dann müsste diese Auskunft den anderen Aktionären, bei Vorliegen der weiteren tatbestandlichen Voraussetzungen des § 131 Abs. 4 AktG, in der Hauptversammlung ebenfalls gegeben werden.

Werden einem Aufsichtsratsmitglied, welches Aktien veräußern möchte, im Rahmen einer Due Diligence Unternehmensinformationen offen gelegt, so könnte man der Ansicht sein, dass dies aufgrund der gegenüber dem gesamten Aufsichtsrat bestehenden Berichtspflicht nur anlässlich seiner Gesellschafterstellung erfolgte und damit tatbestandsmäßig wäre.[739] Dann stünde dem Auskunftsrecht nach § 131 Abs. 4 S. 1 AktG nur noch die entsprechende Antragstellung eines Aktionärs in einer Hauptversammlung entgegen, welche in der bisherigen Praxis aufgrund der Beweislast seitens des antragstellenden Aktionärs, sowie der relativ präzise zu formulierende Fragestellung jedoch sehr selten vorkommt.[740]

---

[735] So schon Geßler/Hefermehl-Eckardt, § 131, Rn. 142.

[736] Hüffer, § 131, Rn. 36 f.; vgl. MüKo-Kubis, § 131, Rn. 9 ff.

[737] MüKo-Hefermehl/Spindler, § 90, Rn. 39 f.

[738] Zur Abgrenzung zwischen einer Auskunftserteilung anlässlich der Aktionärseigenschaft eines Aufsichtsratsmitglieds und dessen Eigenschaft als Organ der Aktiengesellschaft siehe Großkommentar-Decher, § 131, Anm. 343; Seifert, AG 1967, S. 1, 2.

[739] Vgl. Lutter, ZIP 1997, S. 613, 618, der in diesem Zusammenhang das „strikte Gebot der Gleichbehandlung" aller Aktionäre bekräftigt.

[740] Siehe zur praktischen Relevanz des Auskunftsanspruchs nach § 131 Abs. 4 AktG und dem Erfordernis eines konkreten Auskunftsverlangens Großkommentar-Decher, § 131, Anm. 335 und 360 ff.

Diese Schwierigkeiten bei der praktischen Durchführung eines Auskunfts-anspruchs würden jedoch bei einer Informationserteilung im Zusammenhang mit einer Due Diligence wohl nicht eintreten. Zum einen braucht der Aktionär für die Formulierung seiner Fragen nämlich nur eine der üblichen Checklisten heranzuziehen, um so eine sehr umfangreiche Auskunfterteilung in der Haupt-versammlung auszulösen.[741] Zwar unterliegt der Aufsichtsrat der Verschwiegenheitspflicht gemäß der §§ 116, 93 Abs. 1 S. 2 AktG, trotzdem ist das jeweilige Mitglied aber jedenfalls in der Praxis nicht daran gehindert, „seinen" (Groß-) Aktionär von der betreffenden Entscheidung zu unterrichten, so dass dieser dann in der Hauptversammlung den entsprechenden konkreten Auskunftsanspruch nach § 131 Abs. 4 S. 1 AktG geltend machen kann. Zum anderen steht die Zulassung einer Due Diligence durch den Vorstand unter dem Zustimmungsvorbehalt des Aufsichtsrates nach § 111 Abs. 4 S. 2 AktG.[742] Danach erfährt der gesamte Aufsichtsrat sowieso, dass im Rahmen einer Due Diligence Informationen offen gelegt werden sollen; ohne dessen zustimmende Entscheidung wäre eine entsprechende Offenlegung aktienrechtlich gar nicht zulässig.[743]

Bei diesen Überlegungen wird jedoch vernachlässigt, was die Formulierung „wegen seiner Eigenschaft als Aktionär" wirklich meint und aus welchem Grund die Informationen dem Aktionär (bzw. dessen „Vertretern") wirklich zur Ver-fügung gestellt werden. Der Umstand, dass einem Aktionär, der gleichzeitig auch Aufsichtsratsmitglied ist, im Gegensatz zu den übrigen Gesellschaftern Informationen zur Verfügung gestellt werden, lässt nämlich nicht per se darauf schließen, dass die Aktionärseigenschaft der wahre Grund dafür sein muss.[744] Die Auskunft wurde dem Aktionär wegen eben dieser Aktionärseigenschaft nämlich nur dann gegeben, wenn die Gesellschafterstellung die entscheidende Motivation für die einzelne Auskunftsentscheidung war. Die Tatsache, dass einem Nichtaktionär diese Informationen in gleicher (Aufsichtsrats-) Stellung nicht gegeben worden wären, stellt dabei ein Indiz für die Annahme einer durch die Aktionärseigenschaft motivierten Entscheidung dar.[745] Die Zulassung einer Due Diligence erfolgt aus verschiedenen Gründen, welche alle letztlich jedoch

---

[741] Treek, Die Offenbarung von Unternehmensgeheimnissen durch den Vorstand einer Akti-engesellschaft im Rahmen einer Due Diligence, in: Festschrift für Fikentscher, S. 434, 446 f., der darauf hinweist, dass aufgrund der zurzeit üblichen Publizität der jeweiligen käufer-seitigen Berater, sogar deren spezifische Checkliste herauszufinden und so „eine weitge-hende inhaltliche Bekanntgabe der Ergebnisses der Due Diligence (zu) erzwingen" sei.

[742] Siehe S. 151.

[743] Siehe S. 143 f.

[744] Siehe zum Nichtbestehen dieser Vermutung Kölner Komm-Zöllner, § 131, Rn. 64; Ebenroth, 1. Teil, 4. Kapitel, § 15, S. 100.

[745] Kölner Komm-Zöllner, § 131, Rn. 63.

nur die erfolgreiche Durchführung der beabsichtigten Unternehmenstransaktion bezwecken. Aufgrund des Umstandes, dass ein Gesellschafter seine Aktien veräußern möchte und sich ein Interessent für diese Anteile gefunden hat, wird die Prüfung der Gesellschaft gegebenenfalls zugelassen. Damit ist für die Informationsweitergabe also diese geplante Transaktion maßgeblich. Ob der Aktionär nun im Aufsichtsrat der Gesellschaft vertreten ist oder nicht, die Due Diligence erfolgt nur wegen der Verkaufsabsichten des Aktionärs. Seine bisherige Aktionärseigenschaft ist dabei nicht entscheidend.[746] Ausschlaggebend ist vielmehr die Stellung des Erwerbsinteressenten als potentieller Käufer der Aktien, d.h. die Informationen werden als Erwerber erlangt und nicht „wegen seiner Eigenschaft als Aktionär".[747] Außerdem wurde die Ermessensausübung nur im Hinblick auf die Person des Aktienerwerbers und nicht bezüglich aller Aktionäre der Gesellschaft durchgeführt.[748] Somit wurden die Informationen den betreffenden Personen nur aufgrund ihrer Eigenschaft als potentielle Erwerber offenbart,[749] die tatbestandlichen Voraussetzungen des § 131 Abs. 4 S. 1 AktG liegen nicht vor.

---

[746] Siehe Kölner Komm-Zöllner, § 131, Rn. 63, der hinsichtlich der tatbestandsmäßig erforderlichen „Eigenschaft" sogar bekräftigt: „Es genügt nicht, dass die Aktionärseigenschaft für die Auskunftserteilung kausal ist."; nach MüKo-Hefermehl/Spindler, § 93, Rn. 63 hat der Vorstand der Zielgesellschaft im Zusammenhang mit der Zulassung einer Due Diligence jedenfalls sicherzustellen, dass die Voraussetzungen einer Auskunftserteilung nach § 131 Abs. 4 S. 1 AktG nicht vorliegen.

[747] Siehe Linker/Zinger, NZG 2002, S. 497, 502. Nach deren Ansicht soll dies auch für den Aktionär gelten, der bereits Anteile an der Gesellschaft hält, diese jedoch selbst aufstocken möchte; siehe auch Körber, NZG 2002, S. 263, 265 f., der § 131 Abs. 4 S. 1 AktG weder im Falle einer Due Diligence durch den Aktionär selbst, noch durch einen Dritten, als gegeben sieht. „Ein Interesse an der Preisgabe dieser Informationen gegenüber nicht am Anteilskauf beteiligten Aktionären ist aber weder als solches ersichtlich, noch kann es durch die in § 131 Abs. 4 AktG geschützten Aktionärsinteressen ersetzt werden."; zu diesem Ergebnis kommt, allerdings ohne entsprechende Begründung, auch Geßler-AktG, § 93, Rn. 3.

[748] Schroeder, DB 1997, S. 2161, 2165 f., der weiter ausführt: „Auch das aktienrechtliche Gleichbehandlungsgebot des § 53 a AktG zwingt zu keiner anderen Betrachtung. Denn zwischen dem Aktienerwerber und Initiator der Due Diligence und den übrigen Aktionären muss der Vorstand differenzieren."

[749] Im Ergebnis so auch Ziemons, AG 1999, S. 492, 496, die jedoch § 131 Abs. 4 AktG teleologisch reduziert: „§ 131 Abs. 4 AktG bezieht sich nur auf solche Auskünfte, die der Vorstand unter Beachtung der allgemeinen Regeln des § 131 Abs. 1 und 3 AktG geben darf. Hat der Vorstand einem Aktionär aus Gründen eines das Geheimhaltungsinteresse überwiegenden anderen Interesses der Gesellschaft Auskünfte erteilt, die er in der Hauptversammlung unter Berufung auf § 131 Abs. 3 AktG verweigern könnte, so ist die erweiterte Auskunftspflicht nicht einschlägig."; Larisch, Erster Teil, § 1, B., V., 2., b), aa), aaa), (2), (b), (bb), S. 142 f.

Dieses Ergebnis entspricht auch dem Gleichbehandlungsgrundsatz des § 53 a AktG. Danach sind Aktionäre unter gleichen Bedingungen gleich zu behandeln. Es darf also keine willkürliche Ungleichbehandlung der verschiedenen Aktionäre vorliegen.[750] Wird die Durchführung einer Due Diligence zugelassen, so resultiert dies jedoch aus dem entsprechend vorliegendem Unternehmensinteresse im Einzelfall. Somit haben die anderen Aktionäre nicht unter allen Umständen einen Anspruch auf die gleichen Auskünfte; sie haben nach dem Gleichbehandlungsgrundsatz des § 53 a AktG aber einen Anspruch auf eine Vorstandsentscheidung unter den gleichen Gesichtspunkten, wenn sie selbst beabsichtigen sollten, ihre Aktienanteile zu veräußern.[751]

((b)) Zwischenergebnis:

Die Auskunftserteilung an den Aktionär außerhalb der Hauptversammlung anlässlich der Durchführung einer Due Diligence erfolgt also nicht wegen seiner Eigenschaft als Aktionär. Daher liegen die tatbestandsmäßigen Voraussetzungen des § 131 Abs. 4 S. 1 AktG nicht vor. Da somit ein Auskunftsanspruch anderer Aktionäre nach § 131 Abs. 4 S. 1 AktG nicht gegeben ist, kann die Leitung einer Aktiengesellschaft die Durchführung einer Due Diligence auch nicht aus diesem Grunde verweigern.

((6)) Ergebnis

Nach diesen Ausführungen wird deutlich, dass sich aus den genannten denkbaren negativen Auswirkungen des Unterlassens einer Due Diligence keine weiteren entscheidungserheblichen Punkte für die Konkretisierung des Unternehmensinteresses ergeben.

(dd) Konkretisierung des Unternehmensinteresses durch Abwägung der bestehenden Chancen und Risiken

Deshalb kommt es weiterhin auf die Konkretisierung des im Einzelfall vorliegenden Unternehmensinteresses an. Zur Klärung der Fragestellung, ob interne Gesellschaftsinformationen von den zuständigen Organen einer Aktiengesellschaft im Rahmen einer Due Diligence einem Investor zugänglich gemacht werden dürfen, ist die Ausprägung des Spannungsverhältnisses zwischen der Verschwiegenheitspflicht des Vorstandes und dem Unternehmens-

---

[750] Kölner Komm-Lutter/Zöllner, § 53 a, Rn. 6.
[751] Ziemons, AG 1999, S. 492, 496; Körber, NZG 2002, S. 263, 265; Stoffels, ZHR 165 (2001), S. 362, 382; Krömker, Teil 1, B., II., 2., c), cc), S. 61 f.

interesse als dessen Grenze maßgebend. Um das betreffende Unternehmensinteresse zu ermitteln, bedarf es einer Abwägung der bestehenden Chancen und
Risiken im Einzelfall.[752]

Dafür sind zunächst die im Falle eines erfolgreichen Abschlusses der beabsichtigten Transaktion zu erwartenden Vorteile zu nennen. Die Durchführung
einer Due Diligence kann verschiedenen Geschäften dienen. So wird eine solche
Prüfung beispielsweise anlässlich eines Unternehmenskaufs oder Pakethandels,
der Sanierung oder Umstrukturierung einer Firma, einer Fusion zweier
Unternehmen oder einer Börseneinführung durchgeführt. Bei allen diesen Transaktionen bedarf es der vorherigen Offenlegung von ansonsten geheimhaltungsbedürftigen Firmenunterlagen. Eine solche Weitergabe von Unternehmensinformationen kann nur im Hinblick auf die mit der beabsichtigten Transaktion
zukünftig zu erwartenden Vorteile für das Unternehmen verbunden sein. Für
eine derartige Vorstandsentscheidung müssen die vermuteten Chancen also
benannt werden.

Eine Offenlegung von Firmeninterna kann aber auch Nachteile, sogar solcher
von existentieller Art haben. Aufgrund der dem Vorstand nach 93 Abs. 1
S. 1 AktG obliegenden Sorgfaltspflicht und der durch das KonTraG besonders

---

[752] Dies muss auch und gerade dann geschehen, wenn die erforderliche wertende Abwägung
von Prognosen oder Zukunftserwartungen abhängt. Siehe dazu Dreher, ZHR 158 (1994),
S. 614, 629 ff. und S. 644; jeder Teilschritt einer Transaktion muss am Sorgfaltsmaßstab
des § 93 Abs. 1 S. 1 AktG gemessen werden, „um durch das Verfahren der Entscheidungsfindung inhaltliche Richtigkeit der Akquisitionsentscheidung zu gewährleisten", so Mutschler/Mersmann, DB 2003, S. 79, 80; zum Erfordernis einer „sorgfältigen
Ermittlung der Entscheidungsgrundlagen", BGHZ 135, 244, 253 (Urteil vom 21.04.1997 –
II ZR 175/95, „ARAG/Garmenbeck"); Stoffels, ZHR 165 (2001), S. 362, 373 ff. („Um das
objektive Unternehmensinteresse zu konkretisieren, müssen die Chancen und Risiken der
Informationsfreigabe gegeneinander abgewogen werden."); Großkommentar-Kort, § 76,
Rn. 126; Horn, ZIP 1997, S. 1129, 1132 („Meist werden bei einem Großunternehmen
wenigstens in der Krise alle wichtigen Vorstandsentscheidungen durch Studien und
Arbeitspapiere der Stäbe und gegebenenfalls externer Berater vorbereitet; darin werden
die Gefahren und Fehlerquellen analysiert und Strategien zur Lösung der Krise entwickelt.
Fehlt es an solchen Situationsanalysen oder die Entscheidung vorbereitende Maßnahmen,
kann schon darin ein Verstoß gegen die spezifischen Sorgfaltspflichten in der Krise
liegen."); auch nach Ansicht von Merkt, Internationaler Unternehmenskauf, D., II, 5., a),
Rn. 496 kann eine Due Diligence angesichts der „wettbewerbssensiblen Offenlegung vertraulicher Informationen erst durchgeführt werden, wenn beide Seiten mit einiger
Gewissheit davon ausgehen (können), dass ein Vertrag zustande kommen wird. Die Wahrscheinlichkeit, dass der Kauf als Ergebnis der Due Diligence völlig scheitert, (muss)
vergleichsweise gering" sein; auch nach MüKo-Hefermehl/Spindler, § 93, Rn. 63 muss
der Vorstand die Vor- und Nachteile und die damit verbundenen Risiken im Einzelfall
abschätzen.

normierten Pflicht zur Risikokontrolle durch § 91 Abs. 2 AktG ist der Vorstand zum Risikomanagement und damit auch zur Risikoeinschätzung bevorstehender Handlungen verpflichtet.[753] Daher muss der Vorstand die mit der Zulassung einer Due Diligence möglicherweise eintretenden Nachteile herausarbeiten, gewichten und bewerten; dies muss mittels einer sorgfältigen Analyse der konkreten Risiken nach Art, Grad und quantitativem Ausmaß geschehen.[754]

((1)) Wahrscheinlichkeitsprognose hinsichtlich des Eintritts positiver bzw. negativer Folgen

Hinsichtlich der Fragestellung, an welchen Maßstäben sich der Vorstand bei der Entscheidung über die Zulassung einer Due Diligence insgesamt zu orientieren hat und welche Entscheidungskriterien im betreffenden Einzelfall konkret relevant werden, kommt es nicht nur auf die Identifizierung der Vor- und Nachteile und eine anschließende Abwägung der bestehenden Chancen und Risiken an, sondern auch auf die Wahrscheinlichkeiten des jeweiligen Eintritts.[755] Denn es besteht die Schwierigkeit, bei Vorliegen bestimmter

---

[753] Siehe dazu Hüffer, § 91, Rn. 4 ff.; Horn, ZIP 1997, S. 1129 ff.; zu diesen unternehmens-organisatorischen Risikobegrenzungsstrategien Hauschka, NJW 2004, S. 257, 259 ff.: „Jede Strategie zur Schadensprävention wird sich um die Begriffe Information, Risiko und Organisation zentrieren."; Wolf/Runzheimer, 1.3, S. 20 ff.; vgl. MüKo-Semler/Spindler, vor § 76, Rn. 108; für Hirte/Kapitalgesellschaftsrecht, § 3, II., 3., a), aa), bbb), 3.52, S. 81 hat diese Norm nur einen deklaratorischen Charakter, da ein ordnungsgemäß handelnder Vorstand bereits auf der Grundlage des alten Rechts ein Überwachungssystem betrieben haben müsste.

[754] Körber, NZG 2002, S. 263, 269 f.; Götz, NJW 1997, S. 3275, 3276; AG-Handbuch-Wittkopp/Schuback, 13/9.6.1, S. 2 f., nach welchen die Vor- und Nachteile der Durch-führung einer Due Diligence, sowie deren Gewicht jeweils im Einzelfall gegeneinander abzuwägen sind; vgl. zur Sorgfaltspflicht von Wirtschaftsprüfern im Hinblick auf die Offenlegung von Umständen, welche gegen einen beabsichtigten Beteiligungserwerb sprechen, schon bei „erheblichen Bedenken.....auch.....(ohne) besondere(n) Beratungs-auftrag" (Semler, Sorgfaltspflicht und Verantwortlichkeit bei der Erstellung eines Gutachtens zur Vorbereitung eins Beteiligungserwerbs, in: Festschrift für Quack, S. 439, 459 f.).

[755] In diesem Sinne Semler/Volhard-Dietzel, Arbeitshandbuch für Unternehmensübernahmen, Band 1, II. Teil, § 9, B., III., 2., a), Rn. 75: „Maßgebliche Kriterien bei der Ermessens-entscheidung sind die Ernsthaftigkeit des Erwerbsinteresses, das Ausmaß und die Wahr-scheinlichkeit der in Aussicht gestellten Vorteile für die Aktiengesellschaft und die Gefahr der rechtswidrigen Verwertung der im Zuge der Due Diligence gewonnenen Informa-tionen."; so auch Lange, WM 2002, S. 1737, 1743: „Auch das Risiko des Scheiterns.....(einer) Übernahme darf nicht vergessen werden, da es erfahrungsgemäß so groß ist, dass die Auswirkungen auf die Zielgesellschaft in die Überlegungen einbezogen werden müssen."; Münchener Handbuch-Wiesner, § 19, II., 2., Rn. 22: „Nur wenn die Chancen der...beabsichtigten Maßnahme (Verkauf) aus der Sicht des Unternehmens die

Vor- und Nachteile einer geplanten Transaktion diese so zu gewichten, dass man mit einiger Sicherheit eine bestimmte Entscheidung, jedenfalls aus ex-ante Sicht, als pflichtgemäß einstufen kann.[756] Diesen Überlegungen haftet zwar eine gewisse Unsicherheit aufgrund des zukunftsgerichteten und des damit nicht als sicher geltenden Prognoseeintritts an; eine solche Wahrscheinlichkeitsprognose hinsichtlich des Eintritts positiver bzw. negativer Folgen ist jedoch zur Ermittlung der einer bestimmten Entscheidung immanenten Chancen und Risiken erforderlich, um das für die betreffende Handlung des Leitungsorgans einer Gesellschaft maßgebliche Unternehmensinteresse zu bestimmen.[757] Infolgedessen lässt sich eine Vorstandsentscheidung aus der ex-ante Sicht als ordnungsgemäß oder pflichtwidrig im Sinne des § 93 AktG bewerten. Daher bedarf es einer Wahrscheinlichkeitsprognose hinsichtlich des Eintritts positiver bzw. negativer Folgen, um so die jeweiligen Gesichtspunkte zu gewichten und anschließend innerhalb einer Gesamtabwägung entsprechend in die Bewertung einfließen zu lassen.

Fraglich bleibt jedoch, wann der Vorstand die Grenzen unternehmerischen Handelns wirklich überschreitet, wie hoch also die Wahrscheinlichkeit des Eintritts eines bestimmten Risikos sein muss, um daraus eindeutige Schlussfolgerungen hinsichtlich einer ordnungsgemäßen Ermessensausübung des Vorstands ziehen zu können.

Im ARAG / Garmenbeck – Urteil wird dem Vorstand einer Aktiengesellschaft das bewusste Eingehen von geschäftlichen Risiken sowie die Gefahr von Fehlbeurteilungen im Rahmen der Leitung der Geschäfte zwar zugestanden; offen gelassen wird jedoch, wann diese Grenzen durch den Vorstand überschritten und die „Bereitschaft, unternehmerische Risiken einzugehen, in unverantwortlicherweise überspannt" werden.[758] An anderer Stelle wird betont, dass eine solche

---

mit der Informationserteilung entstehenden Risiken überwiegen", sei an eine Offenlegung von Informationen zu denken; Hoerdemann, 4. Kapitel, II., 3., S. 103 ff.

[756] Zur Notwendigkeit, den Sorgfaltsmaßstab der Geschäftsleitung vom Standpunkt eines objektiven Beobachters aus der ex-ante Sicht zu beurteilen, siehe Wiedemann, Organverantwortung und Gesellschafterklagen in der Aktiengesellschaft, II., 1., a), S. 13 m.w.N.; speziell zur Entscheidung über die Zulassung einer Due Diligence siehe Großkommentar-Kort, § 76, Rn. 127.

[757] Bei der Einschätzung einer beabsichtigten Transaktion als nutzbringend sind die zukünftig zu erwartenden Ertragsaussichten ein entscheidendes Kriterium. Siehe Möller, S. 312; zur Zukunftsanalyse, ausführlich Großfeld, Unternehmens- und Anteilsbewertung im Gesellschaftsrecht, G., S. 80 ff.; Wahrscheinlichkeitsurteile sind auch zur Sachverhaltsfeststellung im Zivilprozess möglich. Siehe dazu Baumgärtel, Beweislastpraxis im Privatrecht, B., II., 4., Rn. 47 ff.

[758] BGHZ 135, 244, 253 (Urteil vom 21.04.1997 – II ZR 175/95, „ARAG/Garmenbeck"): „Diese (die Schadensersatzpflicht des Vorstands) kann erst in Betracht kommen, wenn die

Geschäftstätigkeit pflichtwidrig sei, welche „schlechterdings kein seriöser Kaufmann durchführen würde" oder „zu deren Durchführung ein verantwortungsbewusst denkender und handelnder Kaufmann zu keiner Zeit bereit wäre".[759] Nach dieser Definition der Grenzen des Handlungsspielraums des Vorstands würde diesem jedoch ein derart weitreichender Ermessensraum zustehen, dass Vorstandshandlungen nur noch in extremen Ausnahmefällen sanktioniert werden könnten.

Daher könne man zu der Ansicht gelangen, dass der Vorstand jedenfalls keine Risiken eingehen darf, „welche die Gesellschaft in den Untergang reißen würden".[760] Auch falsche unternehmerische Entscheidungen gehörten zur Leitung einer Gesellschaft dazu und dies liege „weit vor der Ebene, wo sich Recht und Gerichte einmischen können".[761] Eine solche Festlegung greift jedoch nur in außergewöhnlichen Situationen ein und ist daher zur effektiven Grenzziehung des unternehmerischen Handlungsspielraums des Vorstands nur bedingt geeignet. Deshalb könnte man annehmen, dass der Vorstand grundsätzlich kein Geschäft eingehen dürfe, bei dem das Risiko in keinem vernünftigen Verhältnis zu dem erwarteten Gewinn stehe. Es bedürfe also einer ordnungsgemäßen Gewichtung der Chancen und Risiken und der entsprechenden Konsequenz, ein Geschäft bei einem Übergewicht der Risiken abzulehnen. Dann seien Risikowahrscheinlichkeiten aufzustellen, anhand derer man hinreichend genau erkennen könne, ob sich die Eingehung des betreffenden Risikos zur Chancen-

---

Grenzen, in denen sich ein von Verantwortungsbewusstsein getragenes, ausschließlich am Unternehmenswohl orientiertes, auf sorgfältiger Ermittlung der Entscheidungsgrundlagen beruhendes unternehmerisches Handeln bewegen muss, deutlich überschritten sind, die Bereitschaft, unternehmerische Risiken einzugehen, in unverantwortlicherweise überspannt worden ist."

[759] BGHZ 119, 305, 332 f. (Urteil vom 05.10.1992 – II ZR 172/91, „Klöckner-Entscheidung"); siehe zur Übertragbarkeit der Grundsätze dieser so genannten Klöckner-Entscheidung auf die Frage der Sorgfaltsermittlung und der Abwägung der Chancen und Risiken auch Henze, in Wirth/RWS-Forum (Bericht), S. 123, 125.

[760] Wirth/RWS-Forum, S. 99, 122, der die Grenzen einer Überspannung der Risikobereitschaft des Vorstands enger ziehen möchte als der Bundesgerichtshof in seinen beiden angesprochenen Urteilen (BGHZ 119, 305 ff., Urteil vom 05.10.1992 – II ZR 172/91, „Klöckner-Entscheidung"; BGHZ 135, 244 ff., Urteil vom 21.04.1997 – II ZR 175/95, „ARAG/Garmenbeck"), da „der durch das KonTraG eingeführte § 91 Abs. 2 AktG...vom Vorstand die Einrichtung eines Überwachungssystems (verlangt), damit den Fortbestand der Gesellschaft gefährdende Entwicklungen früh erkannt werden"; siehe in diesem Sinne auch Götz, NJW 1997, S. 3275, 3276, der durch die gerichtliche Formulierung einer „deutlichen" Überschreitung der Handlungsspielräume einen sanktionsfreien Bereich sieht, der sich nicht ausreichend definieren lässt.

[761] Lutter, ZIP 1995, S. 441.

verwirklichung auch tatsächlich lohne.[762] Eine derartige Risikowahrscheinlichkeit müsse Bestandteil einer jeden Risikoabwägung sein und bei einem Überwiegen der Risiken müsse der Vorstand das beabsichtigte Geschäft unterlassen; d.h. man könne auch ein relativ geringes Eintrittsrisiko nicht hinnehmen, wenn das Folgenrisiko zu groß sei.[763] Dies entspricht auch der Sorgfaltspflicht der Leitungsorgane im Sinne des § 93 Abs. 1 S. 1 AktG.[764] Je größer sich also die Wahrscheinlichkeit der Risikoverwirklichung darstellt, desto geringer habe das quantitative Ausmaß des einzugehenden Risikos zu sein.[765]

Dies unterscheidet auch die amerikanische Business Judgment Rule vom ARAG/Garmenbeck-Urteil des Bundesgerichtshofs; das Gebot des BGH, unverantwortliche Risiken nicht einzugehen, ist nämlich als strengerer Haftungsmaßstab gegenüber der Vermutungsregel zugunsten des Managements in den USA anzusehen.[766]

Demnach ist nun darzustellen, welche Vor- und Nachteile sich aus der Zulassung einer Due Diligence ergeben können und wie wahrscheinlich der Eintritt dieser Umstände tatsächlich ist.

((a)) Vorteile der Zulassung einer Due Diligence

Die vorrangigen Ziele der Durchführung einer Due Diligence liegen in der Risikoeinschätzung, der Wert- bzw. Kaufpreisbestimmung, der Analyse des Unternehmens und der Gewinnung von Synergieeffekten.[767] Letztlich geht es den Beteiligten um die Klärung der Frage, ob die beabsichtigte Unternehmenstrans-

---

[762] „In dieser Abwägung liege vielmehr gerade die Grundaufgabe eines Vorstandsmitglieds" (Semler, in Wirth/RWS-Forum (Bericht), S. 123, 124).

[763] Siehe Semler, in Wirth/RWS-Forum (Bericht), S. 123, 124; Sernetz, in Wirth/RWS-Forum (Bericht), S. 123, 125; Henze, in Wirth/RWS-Forum (Bericht), S. 123, 126 weist dagegen auf den Zeitpunkt der Betrachtung, nämlich ex-nunc, besonders hin und kommt demnach zu folgendem Fazit: „Diese ex-nunc-Betrachtung führe eben dazu, dass die Risiken, die der Vorstand eingehen könne, wesentlich weiter als bei rückblickender Betrachtung toleriert würden.".

[764] Denn die „Wahrscheinlichkeit eines Erfolgs oder Misserfolgs einer Maßnahme in Relation zur potentiellen Schadenshöhe wirkt sich...unmittelbar auf die Sorgfaltspflichtwidrigkeit einer Leitentscheidung aus", so Heermann, ZIP 1998, S. 761, 765.

[765] Siehe dazu Götz, NJW 1997, S. 3275, 3276; Heermann, ZIP 1998, S. 761, 765: „Je höher der aus einer unternehmerischen Entscheidung resultierende Schaden im Verhältnis zur Finanzkraft des Unternehmens sein kann, desto geringer muss die Wahrscheinlichkeit des Schadenseintritts sein."; so auch Wellkamp, Teil 3, A., II., 1.1.1, S. 199.

[766] Ulmer, ZHR 163 (1999), S. 290, 298.

[767] Siehe zur Motivation zur Durchführung einer Due Diligence Berens/Strauch (Eine empirische Untersuchung), S. 50 ff.

aktion überhaupt sinnvoll ist und wenn ja, auf welche Art und Weise diese dann durchgeführt werden sollte.[768] Aus der Tatsache, dass eine Due Diligence einen erheblichen Einfluss auf die (spätere) Ausgestaltung des Kaufvertrages haben kann,[769] ist zu entnehmen, dass eine solche Untersuchung der zugrunde liegenden Transaktion wirklich dient und daher (weil somit ja auch Streitigkeiten durch erst später entdeckte Fehler vermieden werden) auch von Vorteil ist.

((b)) Nachteile der Zulassung einer Due Diligence

Möglicherweise lassen sich die eben beschriebenen Vorteile jedoch nicht oder nur teilweise umsetzen, so dass statt der erwarteten positiven Entwicklung eher der Eintritt von Nachteilen zu erwarten ist.

Nachteile könnten zum einen durch eine vorsätzliche Ausnutzung von im Rahmen der Due Diligence erworbenen Informationen entstehen. Dies kann dadurch geschehen, dass ein Unternehmen ein Interesse an der betreffenden Transaktion nur vortäuscht, um so an interne Informationen zu gelangen; der potentielle Erwerber kann aber auch anfangs wirklich an dem Rechtsgeschäft interessiert gewesen sein und erst, nachdem er aus dem Verkaufsprozess ausgeschlossen wurde oder selbst ausgestiegen ist, werden die durch die Due Diligence gewonnenen Daten dann zu wettbewerbsfeindlichen Zwecken ausgenutzt.[770]

Nachteile könnten zum anderen auch dann eintreten, wenn die mit der Transaktion verbundenen Erwartungen nicht erfüllt werden und statt der gewünschten Synergieeffekte erhebliche Schwierigkeiten in der Zusammenführung von zwei verschiedenen Unternehmen auftreten; personelle Entwicklungsbrüche innerhalb der Belegschaft, das Ausbleiben von kapitalintensiven Investitionen, die

---

[768] So kann in der Übernahme einer Gesellschaft oder in der Eingehung einer strategischen Allianz unter Umständen die einzige Möglichkeit der erfolgreichen Fortführung des Unternehmens liegen. Siehe (am Beispiel der Zuliefererindustrie erläuternd) Kellinghusen, 2., S. 525 ff.

[769] Die Untersuchung von Berens/Strauch (Eine empirische Untersuchung), S. 90 ff. hat gezeigt, dass nur in ca. 27 % aller Akquisitionen der vor der Durchführung einer Due Diligence festgelegte Kaufpreis danach nicht mehr verändert wird.

[770] Zu den Gefahren, welche für den Verkäufer vom Käufer drohen, insbesondere wegen fehlender Seriosität bzw. fragwürdiger Identität des Kaufinteressenten oder aufgrund der Vorspiegelung von nichtvorhandenen Erwerbsabsichten, siehe Moser, 3.1.2, S. 112 ff.; Copeland/Koller/Murrin/McKinsey & Company, Teil I, Kapitel 7, S. 154; nach Reuter, ZHR 144 (1980), S. 493, 501 würde eine Offenlegung von Planungen des Unternehmens eine derartige Reaktion von Kunden und Wettbewerbern zur Folge haben, dass sich die Gesellschaft bereits vor Abschluss der beabsichtigten Transaktion in einem „unentrinnbaren Zugzwang" befinden würde.

Veräußerung von rentabeln Teilbereichen oder die Verschlechterung der Bonität sind dafür Beispiele. Diese Probleme und die damit verbundenen Kosten, sowie die eigentlichen Beweggründe einer Unternehmensübernahme werden häufig verkannt.[771] Diese liegen mitunter nämlich nicht in einer auf irgendeine Art und Weise gearteten Unterstützung der betreffenden Zielgesellschaft, sondern in der Erzielung von kurzfristigen Gewinnen zur wirtschaftlichen Stärkung des Erwerbers.[772] Unternehmensübernahmen wirken sich daher in vielen Fällen negativ auf die wirtschaftliche Lage der Zielgesellschaft aus, so dass diese Erkenntnis an sich gegen die Zulassung einer Due Diligence spricht.

((c)) Wahrscheinlichkeiten des Eintritts der Vor- bzw. Nachteile

Fraglich erscheint nun, wie die konkreten Eintrittswahrscheinlichkeiten und das Folgenrisiko dieser Umstände einzuschätzen sind.

Da jede Vorstandshandlung immer alle spezifischen Umstände des betreffenden Einzelfalls in die Entscheidungsfindung mit einbeziehen muss, lässt sich eine genaue Berechnung der Wahrscheinlichkeiten des Eintritts von bestimmten Vor- oder Nachteilen nur anhand des Einzelfalls konkret anstellen.[773] In der Praxis wird eine Abwägung von Pro und Kontra im Grundsatz auch meist durch den Vorstand der betreffenden Gesellschaft vollzogen bzw. jedenfalls so dokumentiert werden. Maßgebend bei dieser notwendigen Abwägung ist jedoch nicht nur die Vor- und Nachteile an sich gegenüberzustellen, sondern auch die Wahrscheinlichkeiten des jeweiligen Eintritts zu berechnen; es bedarf also einer sorgfältig ermittelten Entscheidungsgrundlage.[774] Dann müsste die Unternehmensleitung aber nicht nur die mit dem Geschäft erhofften Chancen hervorheben, sondern auch realistische Einschätzungen zu den möglicherweise eintretenden Risiken in ihre Abwägung einbringen. Dies kann unter Umständen dazu führen,

---

[771] Zu den Gefahren einer feindlichen Übernahme für die Zielgesellschaft Becker, WiSt 1990, S. 218, 220.

[772] Schneider/Burgard, DB 2001, S. 963, 964: „Entgegen dem Konzept eines Marktes für Unternehmenskontrolle wird daher oft kein schlechtes, sondern gerade ein erfolgreiches Management abgelöst; und die Aktionäre werden zu Gewinnausschüttungen angehalten und nicht zur Thesaurierung" von Erträgen.

[773] Vgl. Semler, in Wirth/RWS-Forum (Bericht), S. 123, 124 („Deshalb würden bei großen Risiken häufig Mathematiker hinzugezogen, die diese Risikowahrscheinlichkeit in effektive Beträge umsetzten.").

[774] Dies ergibt sich bereits aus dem ARAG / Garmenbeck- Urteil, siehe BGHZ 135, 244, 253 (Urteil vom 21.04.1997 – II ZR 175/95).

dass die Durchführung einer Due Diligence aktienrechtlich unzulässig sein kann.[775]

Es erscheint jedoch fraglich, ob eine solche Abwägung in dem erforderlichen Ausmaß im Allgemeinen durchgeführt wird. Außer den üblichen allgemein gehaltenen Hinweisen auf die mit jeder Handlung verbundenen Risiken wird potentiellen Nachteilen nämlich keine größere Aufmerksamkeit zuteil, so scheint es jedenfalls. Entsprechende Entscheidungen werden oft im kleinsten Kreis und unter Fokussierung auf die damit erhofften Vorteile getroffen.[776] Wenn es also üblich ist, Sachverständige nicht oder nur in geringem Umfang zu Rate zu ziehen, sondern stattdessen nur in einem kleinen Zirkel über eine Transaktion zu beraten, so ist nachvollziehbar, dass es eine grundlegende Analyse, die sich mit allen eventuell eintretenden und für das Unternehmensinteresse doch so maßgeblichen Umständen befasst, meist nicht gegeben werden kann. Abgesehen davon, dass die einzelnen Vorstände trotz einer solchen Vorgehensweise, die sie mit der inhaltlichen Beschäftigung von einigen Entscheidungen faktisch ausschließt, haftungsrechtlich aufgrund des Kollegialitätsprinzips dennoch insgesamt verantwortlich sind,[777] verstößt eine solche Praxis gegen die bei der Entscheidungsfindung des Vorstandes einzuhaltenden Verhaltensstandards und damit gegen § 93 Abs. 1 S. 1 AktG.[778]

---

[775] So ausdrücklich Fleischer, ZIP 2002, S. 651, 652: „Je wahrscheinlicher der Informationsmissbrauch durch einen bestimmten Erwerbsaspiranten ist, desto eher muss er mit statistischen Rohdaten Vorlieb nehmen oder sich sogar mit einer vollständigen Auskunftsverweigerung abfinden."

[776] So Hoffmann-Becking und Wirth, in Wirth/RWS-Forum (Bericht), S. 123, 124 f.: „...zum praktischen Vorgehen der Geschäftsleitungen bei der sorgfältigen Ermittlung von Entscheidungsgrundlagen...das paradoxe Erscheinungsbild..., dass ein Geschäft umso geringer vorbereitet werde, je größer es sei. Große Fusionsentscheidungen würden in Deutschland zumeist zwischen zwei Vorstandsvorsitzenden, allenfalls noch dem Finanzchef und einem Investment-Banker, fallen. Es sei bekannte Praxis, durchaus vorhandene interne Sachkunde nicht hinzuzuziehen – angeblich aus Gründen der Diskretion...es verbiete sich somit die Einschaltung aller Fachleute und Stäbe."; diese Praxis ist teilweise wohl auch durch den Umstand begründet, dass die Gefahr eines Scheiterns einer Transaktion nach Durchführung einer Due Diligence im Allgemeinen und damit entgegen der realen Gegebenheiten als „vergleichsweise gering" (Moosmayer, 2. Kapitel, F., 7., S. 23) bezeichnet wird. Zu den dieser Auffassung widersprechenden Untersuchungen siehe S. 81 f.

[777] Götz, in Wirth/RWS-Forum (Bericht), S. 123, 126 f.; vgl. dazu die Ausführungen hinsichtlich der faktischen Annäherung des Vorstandsvorsitzenden in Deutschland an den CEO in den USA bei Semler, Rechtsvorgabe und Realität der Organzusammenarbeit in der Aktiengesellschaft, in: Festschrift für Lutter, S. 721, 727 f.

[778] Vgl. zu den sich daraus möglicherweise zukünftig ergebenden gesellschaftsrechtlichen Änderungen Götz, Henze und Hoffmann-Becking, in Wirth/RWS-Forum (Bericht), S. 123, 127.

Stattdessen hat die Leitung der Gesellschaft in ihre Entscheidungsfindung vor allem die Tatsache einzubeziehen, dass sich in der erheblichen Mehrzahl der Akquisitionen der Kaufpreis nach bzw. aufgrund der Due Diligence verringert und sich viele Transaktionen vollauf als wirtschaftliche Misserfolge heraus- stellen.[779] Es stimmt im Hinblick auf eine im Sinne des Unternehmensinteresses durchzuführende Due Diligence sehr bedenklich, wenn ca. zwei Drittel aller Unternehmensübernahmen wirtschaftlich erfolglos sind und den geplanten Wertzuwachs nicht erreichen können.[780] 80 % der übernommenen Unternehmen erwirtschaften nicht einmal die Kapitalkosten der Transaktion, so dass 30 % der betreffenden Gesellschaften wieder verkauft werden müssen.[781] Andere Quellen sagen sogar aus, dass lediglich ca. 17 % der Übernahmen einen Wertzuwachs registrieren konnten, also ca. 83 % der Unternehmensübernahmen wirtschaftlich erfolglos waren.[782] Zudem hat der Vorstand nicht nur existenzbedrohende

---

[779] Bei über 67 % der untersuchten Akquisitionen war dies der Fall. Dazu Berens/Strauch (Eine empirische Untersuchung), S. 90; nach der Untersuchung von der Unternehmens- beratung Bain & Company, in: Frankfurter Allgemeine Zeitung vom 20.12.1999, S. 31, „Im Kreditgewerbe werden Fusionen nicht selten überstürzt, Mangelnde Due Diligence, Spannungen in der Übergangsphase" scheitern beispielsweise zwei Drittel der Fusionen im Bankengewerbe.

[780] Siehe dazu und zu den möglichen Ursachen der Fehlschläge die Untersuchung von McKinsey & Company, in Copeland/Koller/Murrin/McKinsey & Company, Teil I, Kapitel 7, S. 151 ff.; nach Bühner, 5.2.1, S. 104 f. soll vor allem durch Kleinfusionen die Rentabilität der betreffenden Gesellschaften signifikant verringert werden: „Es scheint, dass diese Zusammenschlüsse eher leichtfertig durchgeführt werden, ohne das ganze Ausmaß negativer Wirkungen auf die Rentabilität zu berücksichtigen."; siehe auch die Übersicht über den Rentabilitätserfolg bei großen und kleinen Inlands- und grenzüber- schreitenden Zusammenschlüssen bei Bühner, 5.2.1, S. 106; Heinrich, Der Betriebswirt, S. 8 schätzt die Anzahl der erfolglosen Zusammenschlüsse auf 50 %, Wirtz, 3.2.2, S. 185 sogar auf bis zu 70 %. Diese Gefahr des Eintritts von erheblichen Nachteilen besteht auch noch nach den im Hinblick auf die Corporate Governance-Debatten umgesetzten Neue- rungen. Siehe dazu exemplarisch Hauschka, NJW 2004, S. 257, 258; siehe eine Übersicht über empirische Studien zum Erfolg von Akquisitionsvorhaben bei Ruhnke, S. 75, 76; eine frühere Untersuchung geht von einer höheren Erfolgsquote bei Akquisitionsprojekten aus, dazu Bamberger, 5.2.1., S. 178 f.

[781] Schneider/Burgard, DB 2001, S. 963, 964, die sich auf eine Untersuchung der Unterneh- mensberatungsgesellschaft Price Waterhouse Coopers stützen. Weitere Miss- erfolgsquoten von Unternehmensübernahmen werden aaO genannt.

[782] Siehe die Untersuchung von KPMG/Studie: Unlocking shareholder value: the keys to suc- cess, S. 4; diese Lage kann auch teilweise durch die allgemeine weltweite Rezession be- günstigt worden sein (vgl. dazu die Untersuchung zum Rekordstand der Insolvenzen im Jahre 2002 in Creditreform 2003, S. 40 f.), dies ändert aber nichts an der Tatsache, dass sich und den mit diesem Faktum verbundenen Gefahren, die mit einer Unternehmensübernah- me verbunden sind. Auch die Rating-Agenturen schließen diese negativen Auswirkungen von Unternehmenszusammenschlüssen in deren Beurteilungen von Unternehmen ein. So begründet die Agentur Moody's 60 % aller Bonitätsherabstufungen der Jahre 1999 bis

Gefährdungen, sondern jeden Schaden von der Aktiengesellschaft abzuwenden.[783] Die Offenlegung von Unternehmensinformationen stellt sich
demnach zumindest als eine abstrakte Gefahr für die Gesellschaft dar.[784]

((2)) Zwischenergebnis

Hinsichtlich der Konkretisierung des Unternehmensinteresses durch Abwägung
der bestehenden Chancen und Risiken ist zunächst auf die dem Vorstand nach
§ 93 Abs. 1 S. 1 AktG obliegende Sorgfaltspflicht und die durch das KonTraG
normierte Pflicht zur Risikokontrolle durch § 91 Abs. 2 AktG und auf die damit
zusammenhängende besondere Pflicht zur Risikoeinschätzung bevorstehender
Handlungen hinzuweisen.

Je größer sich die Wahrscheinlichkeit der Risikoverwirklichung darstellt, desto
geringer muss das quantitative Ausmaß des einzugehenden Risikos sein.
Folglich hat die Leitung der Gesellschaft in ihre Entscheidungsfindung insbesondere den Umstand einzubeziehen, dass sich in der erheblichen Mehrzahl
der Akquisitionen der Kaufpreis nach bzw. aufgrund der Due Diligence verringert, sich überproportional viele Transaktionen vollauf als wirtschaftliche
Misserfolge herausstellen und sich eine Offenlegung von Unternehmensinformationen somit zumindest als eine abstrakte Gefahr für die Gesellschaft
darstellt.

(2) Ergebnis

Der Umfang der Verschwiegenheitsverpflichtung nach § 93 Abs. 1 S. 2 AktG
richtet sich nach dem übergeordneten Unternehmensinteresse; dieses ist dessen
Leitlinie und Begrenzung zugleich. Maßgebend ist demnach die Ausprägung des
Spannungsverhältnisses zwischen der Verschwiegenheitspflicht des Vorstandes
und dem Unternehmensinteresse als dessen Grenze. Die Konkretisierung des
Unternehmensinteresses und die damit verbundene und daran anschließend vorzunehmende Ableitung der aktienrechtlichen Zulässigkeit der Durchführung
einer Due Diligence hängt von mehreren Entscheidungskriterien ab. Dabei sind
sowohl die Ausführungen des Bundesgerichtshofes zur Reichweite des
Handlungsspielraums des Vorstands im ARAG/Garmenbeck-Urteil, ein Rechtsvergleich zur im US-amerikanischen Recht geltenden Business Judgement Rule,

---

2001 mit derartigen negativ beurteilten Transaktionen. Siehe dazu Jansen, Vorwort zur
4. Auflage.

[783] MüKo-Semler/Spindler, vor § 76, Rn. 66.

[784] Siehe in diesem Sinne Birkner/Winkler, GesRZ 1999, S. 234, 237.

die Auswirkungen des Unterlassens einer Due Diligence auf die Position der Zielgesellschaft, als auch die Eintrittswahrscheinlichkeiten der Chancen und Risiken im Einzelfall einzubeziehen.

bb) Stellungnahme zur aktienrechtlichen Zulässigkeit einer Due Diligence

Hinsichtlich der Ausprägung des Spannungsverhältnisses zwischen der Verschwiegenheitspflicht des Vorstandes gemäß § 93 Abs. 1 S. 2 AktG und dem Unternehmensinteresse als dessen immanente Grenze kommt es also auf mehrere Gesichtspunkte an, deren Für und Wider in Bezug auf die Konkretisierung des Unternehmensinteresses für den jeweiligen Einzelfall abzuwägen sind.

Im Grundsatz ist dem Vorstand einer Aktiengesellschaft nach den Ausführungen des ARAG/Garmenbeck-Urteils ein relativ weiter Handlungsspielraum einzuräumen. Hinsichtlich der damit zusammenhängenden Gefahr von Fehleinschätzungen bekräftigt der Bundesgerichtshof einerseits, dass die unternehmerische Initiative nicht durch zu große Haftungsrisiken eingeschränkt wird und andererseits, dass für den Vorstand jedoch besondere Pflichten bestehen, welche es einzuhalten gilt, um die unternehmerischen Ermessensspielräume nicht zu überschreiten. Dieses Nichteingehen unverantwortlicher Risiken, welches im Gegensatz zu den Bestimmungen der Business Judgement Rule einen grundlegenden Begrenzungsfaktor des Vorstandsermessens darstellt, muss bei der Zulassung einer Due Diligence, deren Folgen nicht von vornherein feststehen, als Maßstab ein wesentlicher Leitgedanke sein.

Deshalb kann die Ansicht, dass eine Offenlegung von Informationen immer zulässig sei, soweit die Empfänger der Unternehmensdaten einer Schweigepflicht unterlägen,[785] keinesfalls zutreffen.[786] Dies widerspräche den Interessen der Gesellschaft und bärge derart hohe Risiken, dass ein solches Verhalten ersichtlich gegen die gesellschaftsrechtlichen Sorgfaltsanforderungen des § 93 Abs. 1 S. 1 AktG verstieße und damit seitens der Leitungsorgane die haftungsrechtlichen Folgen im Sinne des § 93 Abs. 2 AktG einträten. Auch der Umstand,

---

[785] Siehe S. 168 ff.

[786] Das betreffende Interesse der Gesellschaft an einer Offenlegung kann nach Reuter, ZHR 144 (1980), S. 493, 500 nicht an bloße Sorgfaltspflichten als ordentlicher Geschäftsleiter (so Lutter, Information und Vertraulichkeit im Aufsichtsrat, 1. Auflage, § 20, I., 3., S. 145 f.) gebunden sein. Denn sowohl das Vertraulichkeitsbedürfnis einer Information als auch die im Rahmen der Geschäftsführung durch den Vorstand anzuwendende Sorgfalt sind durch das Unternehmensinteresse bestimmt. Daher kann es „ein Geheimnis, das ohne Sorgfaltsverstoß preisgegeben werden könnte, denklogisch nicht geben".

dass eine erschöpfende Offenlegung von Informationen anlässlich des Sonderfalls einer Fusion gemäß der §§ 42, 47 und 63 UmwG gesetzlich ausdrücklich vorgeschrieben ist, lässt aufgrund der ansonsten bestehenden Nichterwähnung darauf schließen, dass eine solche Offenbarung von Gesellschaftsinformationen bei einer Unternehmensübernahme eben nicht per se zulässig sein darf.

Andere Auffassungen, welche die nach § 93 Abs. 1 S. 2 AktG bestehende aktienrechtliche Verschwiegenheitspflicht durch die eigenverantwortlich zu bestimmende Unternehmenspolitik des Vorstands gemäß § 76 Abs. 1 AktG einzuschränken gedenken,[787] weisen in die richtige, nämlich abwägende, Richtung. Diese Meinungen gehen aber insofern zu weit, als dass sie es dem Vorstand einer Aktiengesellschaft überlassen, einfach die Vor- und Nachteile einer Offenlegung interner Unternehmensinformationen im Sinne einer rein organisatorischen Notwendigkeit gegenüberzustellen; dieser habe dann frei zu entscheiden, ob die beabsichtigte Transaktion eher im Unternehmensinteresse liege als die Geheimhaltung der betreffenden Informationen. Dies vernachlässigt zum einen den Umstand, dass es bei der in Frage stehenden Entscheidung nicht um eine reine Abwägung der Vor- und Nachteile nach der Handlungsmaxime geht, dass sich für denjenigen Belang, welcher vordergründig etwas überwiegt, entschieden werden kann. Und zum anderen verkennt diese Ansicht die Funktion der Sicherungsmaßnahmen anlässlich der Durchführung einer Due Diligence.

Es geht nämlich nicht nur rein um einen Vergleich der Vor- und Nachteile; es geht um die Konkretisierung des Unternehmensinteresses, welches sich aber nicht nur anhand einer vordergründigen Abwägung definieren lässt. Eine solche Konkretisierung des Unternehmensinteresses bedarf auch der Einbeziehung einer Wahrscheinlichkeitseinschätzung (auch anhand empirischer Untersuchungen) über den Nutzen und die Risiken einer Due Diligence.[788] Dabei ist besonders die große Zahl der gescheiterten Unternehmenstransaktionen zu berücksichtigen. Zwar hat diese erhebliche Anzahl gescheiterter Transaktionen nicht zwangsläufig immer etwas mit der Durchführung oder den mittels einer Due Diligence erzielten Ergebnissen zu tun. Entscheidend ist dabei aber die Wahrscheinlichkeit, dass offen gelegte Unternehmensinformationen zum Nachteil der Zielgesellschaft verwendet werden bzw. werden können.[789] Und bei

---

[787] Siehe S. 171 ff.
[788] Siehe S. 182 ff.
[789] Siehe auch Lange, WM 2002, S. 1737, 1743; unabhängig davon weist Merkt, Internationaler Unternehmenskauf, D., II, 5., b), dd), Rn. 531 ff. hinsichtlich des Zusammenhanges zwischen der Durchführung einer Due Diligence und der vorvertraglichen Haftung des Veräußerers auf den Umstand hin, dass „je umfassender der Verkäufer den Bestand des Unternehmens in allen Einzelheiten dokumentiert, desto umfassender.....auch die Haftung wegen Verletzung eines vorvertraglichen Schuldverhältnisses (§§ 280, 311

einer Quote gescheiterter Unternehmenstransaktionen von ca. 66 % bzw. sogar über 80 % (je nach Untersuchung) lässt sich erahnen, welche Missbrauchsmöglichkeiten hinsichtlich der weiteren Verwendung der durch eine Due Diligence erlangten Daten bestehen und in der Unternehmenspraxis auch gesetzeswidrig ausgenutzt werden.[790] Dies wird insbesondere vor dem Hintergrund deutlich, dass selbst im Fall der Durchsetzung eines umfangreichen Kataloges von Vorsichtsmaßnahmen, die durch die Prüfer erhaltenen Informationen von diesen verarbeitet werden und jedenfalls in dieser verarbeiteten Form beim Prüfer und dann auch und vor allem im Falle eines Scheiterns der geplanten Transaktion, beim ehemaligen Interessenten enthalten sind (und in der Praxis teilweise wohl auch bleiben[791]).

Zudem wirkt sich eine Due Diligence auch bei erfolgreich verlaufenden Vorhaben, entgegen einer wohl vorherrschenden anders lautenden Ansicht, jedenfalls auf den Kaufpreis negativ aus; so verringerte sich der Kaufpreis in über 67 % der Akquisitionen nach bzw. aufgrund der Durchführung einer Due Diligence.[792] Auch hinsichtlich der Einräumung von vertraglichen Garantien kann sich die Zulassung einer umfangreichen und uneingeschränkten Due Diligence für den Verkäufer nachteilig auswirken.[793] Somit liegen einige

---

Abs. 2 BGB)" ausfällt. Auch dies spricht nicht unbedingt für eine umfassende und vorbehaltlose Offenlegung von Unternehmensinformationen innerhalb einer Due Diligence.

[790] Siehe dazu auch die Ausführungen auf S. 57 ff. und S. 103 ff.; Mutschler/Mersmann, DB 2003, S. 79 sprechen anschaulich davon, dass sich „manche Diversifikationsstrategie…im Nachhinein geradezu als Irrfahrt" erweist; zu der besonderen Konstellation, in welcher die Leitung der Zielgesellschaft selbst an einem Erwerb der Gesellschaft interessiert ist (Management Buy-Out), siehe Merkt, Internationaler Unternehmenskauf, Anhang, D., IV, Rn. 876. Und speziell zu dessen insiderrechtlichen Fragestellungen im Hinblick auf § 14 WpHG, siehe Heidel-Fischer zu Cramburg, Teil 1, 14, § 14, C, I., Rn. 7. Zu der Finanzierung eines Management Buy-Out (MBO) durch einen Leverage Buy-Out (Bei einem so genannten LBO werden die Kredite, welche zur Finanzierung des Kaufpreises benötigt werden, aus dem Cash Flow des Vermögens des Zielunternehmens bedient und über Vermögensgegenstände der betreffenden Gesellschaft abgesichert; zum Begriff des Cash Flow siehe Betsch/Groh/Lohmann, Zweiter Teil, A., I., 5., a), S. 213) siehe Kaligin, Teil I, A, III., 3., S. 20 f.

[791] So kann nicht festgestellt werden, ob und wie viele Kopien bzw. Dateien von einzelnen oder sämtlichen Dokumenten (soweit diese den Datenraum verlassen haben) angefertigt wurden und somit bringt eine Rückgabe- bzw. Vernichtungsklausel auch keine endgültige (Rechts-) Sicherheit. Zu dieser Schwierigkeit Merkt, Internationaler Unternehmenskauf, Anhang, D., II, Rn. 863 f.; vgl. Lange, WM 2002, S. 1737, 1745, der zu dem Ergebnis kommt, dass „Vorstand und Aufsichtsrat letztlich nur die wirtschaftlichen Folgen der Übernahme für die Zielgesellschaft ermitteln und bewerten müssen".

[792] Siehe S. 182 ff.

[793] So bekräftigt Merkt, Internationaler Unternehmenskauf, D., II, 5., a), Rn. 500, dass die Praxis zeigt, „dass nicht selten eine gründliche Due Diligence mit einem umfassenden

Umstände vor, welche die Zulassung einer Due Diligence für die Zielgesellschaft nachteilig erscheinen lassen.

Angesichts dieser mit einer relativ hohen Wahrscheinlichkeit eintretenden negativen Folgen einer Due Diligence und der bestehenden Gefahr eines Missbrauchs der offen gelegten Daten erscheint es als grob sorgfaltswidrig und damit pflichtwidrig im Sinne des § 93 Abs. 1 S. 2 AktG, eine routinemäßig anmutende Abwägung der Vor- und Nachteile genügen zu lassen und lediglich darauf hinzuweisen, dass gewisse Grenzen der Zulassung einer Due Diligence, die insbesondere einzelfallspezifisch zu regeln seien, eingehalten werden müssten.[794] Maßnahmen zur Sicherung der durch eine Due Diligence offen gelegten Unternehmensinformationen sind kein lediglich organisatorisch notwendiger Anhang der Überlegungen hinsichtlich der Durchführung einer derartigen Untersuchung einer Gesellschaft;[795] die Vorgabe und Einhaltung strikter Sicherungsmaßnahmen ist auch Voraussetzung für die aktienrechtliche Zulässigkeit einer Due Diligence. Daher muss die Frage der erforderlichen und effektiven Sicherheitsvorkehrungen bereits in den Verhandlungen mit dem Investor einbezogen werden und eine „conditio sine qua non" seitens der Zielgesellschaft darstellen.[796] Dies entspricht auch dem Grundgedanken der

---

Garantieverlangen einhergeht, weil es sich um einen besonders gewissenhaften Käufer handelt und der Verkäufer aufgrund der Marktlage einfach nachgeben muss".

[794] Statt vieler Pöllath, Grundsätze ordnungsmäßigen Unternehmenskaufs, in: Festschrift für Bezzenberger, S. 549, 551: „Der Unternehmenskauf ist eine Quelle von Risiken für das zu schützende Unternehmen.....Nur durch leichten und sicheren Unternehmenskauf kann gewährleistet werden, dass das Unternehmen stets in den richtigen Händen ist, d.h. von dem geführt wird, der dem Unternehmen am besten tut."

[795] So aber Linker/Zinger, NZG 2002, S. 497, 501, welche die Zulässigkeit („Grundsätze der Entscheidungsfindung") von der Durchführung einer Due Diligence („Sicherheitsmaßnahmen bei Durchführung einer Due Diligence") klar trennen: „Ist die Abwägung des Vorstands zu Gunsten der Zulassung einer Due Diligence ausgefallen, gebietet es die gegenüber der Gesellschaft bestehende Verschwiegenheitspflicht, dass auch während deren Durchführung die hiermit für die Gesellschaft verbundenen Risiken möglichst gering gehalten werden." Ferner „sollte" der potentielle Erwerber einen letter of intent unterschreiben und es „empfiehlt sich" die Regelung einer Vertragsstrafe. Danach werden diese Entscheidungen also in das freie Ermessen des Vorstandes gestellt; so auch Schroeder, DB 1997, S. 2161, 2163, nach dem der Vorstand das Risiko einer Due Diligence begrenzen „kann", aber nicht muss; nach Heidel-Landwehrmann, Teil 1, 1, § 93, III., 2., Rn. 46 liegt eine Due Diligence „bei einer entsprechenden Verkaufsabsicht" per se im Interesse der Gesellschaft und ist daher zulässig, solange er „sicherstellt, dass (die Informationen).....vertraulich bleiben".

[796] Stoffels, ZHR 165 (2001), S. 362, 376 betont, dass „an die Stelle der Verschwiegenheitspflicht die Pflicht (tritt), durch möglichst effektive inhaltliche...und prozedurale Sicherheitsvorkehrungen das Risiko zu begrenzen. Dieser Pflicht genügt der Vorstand nicht alleine dadurch, dass er nach sorgfältiger Abwägung der Chancen und Risiken der Durch-

bereits angesprochenen Ansicht, dass es in Anbetracht der sich mit der Durchführung einer Due Diligence ergebenden Geheimhaltungsschwierigkeiten zwingend erforderlich ist, bestimmte Sicherungsmaßnahmen zur rechtlichen Zulässigkeitsvoraussetzung einer Due Diligence zu machen.[797]

Fraglich erscheint jedoch, ob die Auffassung, dass eine Offenlegung interner Informationen nur zulässig sei, wenn es sich um ein ungewöhnliches und überragendes, anders nicht erreichbares, eigenes unternehmerisches Interesse der Gesellschaft handelt, zutreffend ist. Danach müsste es im konkreten Fall um eine einmalige und unwiederbringliche unternehmerische Chance gehen, welche eigentlich nur vorläge, wenn es sich um eine Existenzfrage für die Gesellschaft handelt.[798] Zuzustimmen ist diesem strikten Verständnis des objektiven Gesellschaftsinteresses insofern, als dass dadurch den potentiellen auf die Gesamtbewertung des Unternehmens sich negativ auswirkenden Folgen einer Offenlegung von Geschäftsgeheimnissen umfassend vorgebeugt wird. Dies ist im Hinblick auf die beschriebenen Risiken und Wahrscheinlichkeiten eines Informationsmissbrauchs auch opportun.

Trotzdem ist es grundsätzlich denkbar, dass die Offenlegung von Informationen der Zielgesellschaft durch das wohlverstandene Interesse der Gesellschaft auch dann gerechtfertigt sein kann, wenn es sich nicht um einen Extremfall, wie die Existenzfrage für ein Unternehmen, handelt.[799] So könnte einem Finanzinvestor, mit welchem die Gesellschaft schon in erfolgreichen Geschäftsbeziehungen steht und der auch vorbehaltlos eine Strafbewehrte Vertraulichkeitserklärung

---

führung der Due Diligence zustimmt. Vielmehr trifft ihn eine fortwährende Beobachtungspflicht."

[797] Nur solche Sicherungsmaßnahmen genügen der durch § 91 Abs. 2 AktG angeordneten Einrichtung eines Überwachungssystems (siehe dazu MüKo-Semler/Spindler, vor § 76, Rn. 103 ff.) und den aktuell diskutierten unternehmensorganisatorischen Risikobegrenzungsstrategien, mittels derer die Leitungsorgane einer Gesellschaft ihren gesetzlich obliegenden Sorgfaltspflichten nachkommen können. Dazu statt vieler Hauschka, NJW 2004, S. 257, 259 ff.

[798] Siehe S. 168 ff.

[799] Vgl. BGH, Urteil vom 23.06.1997 – II ZR 132/93 („Siemens/Nold-Urteil"), in: AG 1997, S. 465 ff., in dem der Bundesgerichtshof seine bisher vertretende strenge Auffassung zur sachlichen Rechtfertigung des Bezugsrechtsausschlusses aufgibt. Wenn der Vorstand im Rahmen einer „sorgfältigen und gewissenhaften Prüfung der gesamten Umstände" innerhalb seines unternehmerischen Ermessens ein „Interesse der Gesellschaft" am Bezugsrechtsausschluß der Aktionäre sehe, so sei bereits die entsprechende Voraussetzung eines solchen gegeben. Damit ist der von Lutter angeführten Parallelwertung in Bezug auf das Erfordernis eines ungewöhnlichen und überragenden Interesses der Gesellschaft die Grundlage entzogen worden. In diesem Sinne Ziegler, DStR 2000, S. 249, 252; Mertens, AG 1997, S. 541, 544.

einschließlich einer Beweislastverteilung zu seinen Ungunsten unterzeichnet hat, auch dann eine Due Diligence gewährt werden, wenn damit (lediglich) eine bessere Wettbewerbsposition der Gesellschaft erzielt werden sollte; denn die genannten (vertrauensbildenden) Umstände sprächen in Verbindung mit der Durchführung strikter Sicherungsmaßnahmen für eine erfolgreiche Transaktion.

In diesem Zusammenhang reicht auch die Differenzierung zwischen selektiven und globalen Unternehmensdaten zur Unterstützung des strengen Verständnisses des Unternehmensinteresses nicht aus; denn auch einzelne Informationen können, insbesondere durch den Missbrauch eines direkten Konkurrenten des Zielunternehmens, zu erheblichen Nachteilen führen.[800] Vor allem wird durch eine feste Betonung der Geheimhaltungspflicht „das im Gesetz bereits angelegte Spannungsfeld zwischen eigenverantwortlicher Unternehmensleitung und Geheimhaltung.....zu einseitig interpretiert".[801] Der Vorstand kann mittels einer selektiven Auswahl begrenzter Informationen die Unternehmensinteressen durchaus wahren bzw. fördern, ohne gleichzeitig die betreffende Transaktion von vornherein verhindern zu müssen.[802]

Somit ist das Geheimhaltungsinteresse der Aktiengesellschaft nach § 93 Abs. 1 S. 2 AktG zwar unbedingt zu schützen, es stellt aber kein absolutes Entscheidungskriterium per se dar.[803] Demnach tritt die Pflicht zur Verschwiegenheit unter besonderen Umständen und in engen Grenzen zurück. Dazu gehört, dass die Weitergabe von Informationen im Rahmen einer Due Diligence gerade im besonderen und ausführlich dargelegt bzw. dokumentierten Unternehmensinteresse liegen muss, welches anhand der erläuterten aktienrecht-lichen Zulässigkeitskriterien herauszuarbeiten ist. Diese stehen in einem

---

[800] Daher einen unternehmerischen Ermessensspielraum des Vorstands befürwortend Ziegler, DStR 2000, S. 249, 252 f.; vgl. zu den Missbrauchsmöglichkeiten bei Kooperationen und Gemeinschaftsunternehmen Mertens, AG 1997, S. 541, 544.

[801] Meincke, WM 1998, S. 749, 751, der weiter ausführt, dass es ansonsten „zu einer gravierenden Beschränkung des Handlungsrahmens der Vorstände (kommt) und...ihnen im Einzelfall die Möglichkeit (genommen wird), für das Unternehmen vorteilhafte Trans-aktionen zu ermöglichen".

[802] Siehe Mertens, AG 1997, S. 541, 544: „Dass weiterzugebende Informationen das Unternehmen in seiner Gesamtheit betreffen, ist kein Ausschlussgrund für die Zulässigkeit einer Due Diligence, sondern ein ausgleichbares Risiko."

[803] Vgl. Kölner Komm-Mertens, § 93, Rn. 82: „Wo es das Unternehmensinteresse gebietet zu reden, hört die Schweigepflicht auf."; nach Müller, NJW 2000, S. 3452, 3453 sind „sach-gerechte Entscheidungen...wichtiger als Vertraulichkeit um jeden Preis"; siehe schon Spiecker, NJW 1965, S. 1937, 1943, der bekräftigt, dass die Verschwiegenheitspflicht keinen „absoluten Eigenwert" an sich hat; dagegen Lutter, ZIP 1997, S. 613, 617, der das objektive Interesse der Gesellschaft an Geheimhaltung und Vertraulichkeit als „gesetz-liche Grundanweisung aus § 93 AktG" sieht.

Bedingungszusammenhang mit den anschließend noch näher zu spezifizierenden Sicherungsvorkehrungen hinsichtlich der Verhinderung eines Missbrauchs der Unternehmensdaten.[804]

Angesichts der beschriebenen, mit der Durchführung einer Due Diligence verbundenen sehr hohen Risiken hinsichtlich des Eintritts negativer Folgen und der bestehenden großen Wahrscheinlichkeit einer Realisierung dieser Risiken ist vor allem festzuhalten, dass eine Due Diligence, wenn überhaupt, nur nach einer ausführlich abwägenden und tatsächlichen Konkretisierung des Unternehmensinteresses und nur unter Einhaltung der höchstmöglichen Sicherheitsvorkehrungen zugelassen werden darf. Daher sind die im Sinne einer aktienrechtlich gemäß § 93 Abs. 1 S. 2 AktG zulässigen Durchführung einer Due Diligence vorauszusetzenden Bedingungen, im Anschluss konkret festzulegen.

4. Ergebnis

Nach § 93 Abs. 1 S. 2 AktG haben alle Vorstandsmitglieder über vertrauliche Angaben und Geheimnisse der Gesellschaft, die ihnen durch ihre Tätigkeit im Vorstand bekannt geworden sind, Stillschweigen zu bewahren. Die im Zusammenhang mit einer Due Diligence offen zu legenden Informationen können sich sowohl als Geheimnisse als auch als vertrauliche Angaben der Gesellschaft im Sinne des § 93 Abs. 1 S. 2 AktG darstellen. Daher widerspricht eine Offenlegung von solchen Informationen dem Wortlaut der Norm und im Grundsatz auch der in dieser Vorschrift konkretisierten Verschwiegenheitsverpflichtung des Vorstandes.

Die Norm § 93 AktG bezweckt einen Schadensausgleich und dient einer Schadensprävention zum Schutz der Aktiengesellschaft. § 93 Abs. 1 S. 2 AktG zielt dabei speziell auf den Schutz des Unternehmensinteresses ab; insbesondere im Hinblick auf die Erhaltung der Wettbewerbsfähigkeit und des Ansehens der Gesellschaft. Demnach kann die vom Wortlaut her absolut geltende Schweigepflicht nach dem genannten Sinn und Zweck der gemäß § 93 Abs. 1 S. 2 AktG

---

[804] So auch Birkner/Winkler, GesRZ 1999, S. 234, 237: „Geheimhaltungsvereinbarungen …stellen im Zuge von Unternehmenserwerben eine unerlässliche rechtliche Rahmenbedingung dar."; Stoffels, ZHR 165 (2001), S. 362, 376 ff.; vgl. Hüffer, § 93, Rn. 8; siehe zu einer solchen, die beiderseitigen Rechte und Pflichten festlegenden, Vertragsbedingung Palandt-Heinrichs, Einf. v. § 158, Rn. 3.; auch Merkt, Grundsatz- und Praxisprobleme der Amerikanisierungstendenzen im Recht des Unternehmenskaufs, in: Festschrift für Sandrock, S. 657, 670 f. weist auf die Notwendigkeit der Ausarbeitung von individuellen vertraglichen Regelungen hin, da der „auf gesetzlicher oder richter- bzw. gewohnheitsrechtlicher Grundlage.....vermittelte Schutz äußerst unbefriedigend ist".

bestehenden Verschwiegenheitsverpflichtung unter besonderen Umständen und in den engen Grenzen des Unternehmensinteresses eingeschränkt werden. Der wertausfüllungsbedürftige Begriff des Unternehmensinteresses als Konkretisierung der Sorgfaltspflichten und der gesellschaftsrechtlichen Treuepflichten, wie der Verschwiegenheitspflicht nach § 93 Abs. 1 S. 2 AktG, kann in der konkreten Anwendung jedoch nur wenig beitragen. Daher ist die Ausprägung des Spannungsverhältnisses zwischen der Verschwiegenheitspflicht des Vorstandes gemäß § 93 Abs. 1 S. 2 AktG und dem Unternehmensinteresse als dessen immanente Grenze für eine mögliche Offenlegung von Unternehmensinformationen maßgebend.

Dieses Spannungsverhältnis ist in jedem Einzelfall und für jeden Interessenten separat unter Würdigung aller in Betracht kommenden Gesichtspunkte, insbesondere im Hinblick auf eine bestehende Konkurrenz- und Missbrauchssituation, gründlich zu konkretisieren. Das Nichteingehen unverantwortlicher Risiken stellt nach dem ARAG/Garmenbeck-Urteil einen grundlegenden Begrenzungsfaktor des Vorstandsermessens dar. Hinsichtlich der Präzisierung von Haftungsvoraussetzungen ist rechtsvergleichend auf die möglichen Folgen der Business Judgement Rule für die Auslegung der Sorgfaltspflichten deutscher Vorstände einzugehen. Zudem wird in dem Entwurf für ein „Gesetz zur Unternehmensintegrität und Modernisierung des Anfechtungsrechts" (UMAG),[805] welcher am 17.11.2004 von der Bundesregierung verabschiedet wurde und laut Bundesministerium der Justiz möglichst am 1. November 2005 in Kraft treten soll, die Sorgfaltspflicht und Verantwortlichkeit der Leitung von Aktiengesellschaften im Sinne einer Business Judgement Rule konkretisiert.[806]

Denkbare negative Auswirkungen des Unterlassens einer Due Diligence auf die Höhe des Kaufpreises, auf das alleinige Gesellschafterinteresse des verkaufswilligen Anteilseigners, die Darstellung des Unterlassens einer Due Diligence als Ermessensfehler oder dessen mögliche Auswirkungen als Deal-Breaker, sowie die Verweigerung aufgrund eines möglichen Auskunfts-anspruchs anderer Aktionäre nach § 131 Abs. 4 S. 1 AktG ergeben keine weiteren allgemeingülti-

---

[805] Gesetzentwurf der Bundesregierung, Entwurf eines Gesetzes zur Unternehmensintegrität und Modernisierung des Anfechtungsrechts (UMAG), abrufbar unter www.bmj.bund.de/ger/service/gesetzgebungsvorhaben.

[806] Dabei soll der neue § 93 Abs. 1 S. 2 AktG („Eine Pflichtverletzung liegt nicht vor, wenn das Vorstandsmitglied bei einer unternehmerischen Entscheidung ohne grobe Fahrlässigkeit annehmen durfte, auf der Grundlage angemessener Information zum Wohle der Gesellschaft zu handeln.") den Bereich des unternehmerischen Ermessens und Handlungsspielraums aus dem Tatbestand der Sorgfaltspflichtverletzung nach Satz 1 des § 93 Abs. 1 ausgrenzen. Die Darlegungs- und Beweislast soll dabei, im Gegensatz zu der im US-amerikanischen Recht geltenden Business Judgement Rule, „beim Geschäftsleiter" liegen.

gen entscheidungserheblichen Punkte für die Konkretisierung des Unternehmensinteresses.

Zur Konkretisierung des Unternehmensinteresses bedarf es einer grundlegenden Wahrscheinlichkeitseinschätzung über die Nutzen und Risiken der Zulassung einer Due Diligence. Dem Vorstand obliegt gemäß 93 Abs. 1 S. 1 AktG eine Sorgfaltspflicht und nach § 91 Abs. 2 AktG eine Pflicht zur Risikokontrolle, aus welcher die besondere Pflicht zur Risikoeinschätzung bevorstehender Handlungen begründet ist. Je größer sich die Wahrscheinlichkeit der Risikoverwirklichung darstellt, desto geringer muss das quantitative Ausmaß des einzugehenden Risikos sein. Folglich hat die Leitung der Gesellschaft in ihre Entscheidungsfindung insbesondere den Umstand einzubeziehen, dass sich in der erheblichen Mehrzahl der Akquisitionen der Kaufpreis nach bzw. aufgrund der Due Diligence verringert und sich überproportional viele Transaktionen gänzlich als wirtschaftliche Misserfolge herausstellen.

Maßnahmen zur Sicherung der durch eine Due Diligence offen gelegten Unternehmensinformationen sind kein lediglich organisatorisch notwendiger Anhang der Überlegungen hinsichtlich der Durchführung einer derartigen Prüfung. Es bedarf bereits in den Verhandlungen mit dem Investor der Einbeziehung von effektiven und effizienten Sicherheitsvorkehrungen. Sowohl deren verpflichtende Eingehung als auch deren Einhaltung muss eine „conditio sine qua non" seitens der Zielgesellschaft darstellen. Diese aktienrechtlichen Zulässigkeitskriterien stehen in einem Bedingungszusammenhang mit den anschließend noch näher zu spezifizierenden Sicherungsvorkehrungen hinsichtlich der Verhinderung eines Missbrauchs der Unternehmensdaten.

Die Vorgabe und die Einhaltung strikter Sicherungsmaßnahmen stellt also eine wesentliche Voraussetzung für die Einhaltung des Schutzzweckes der aktienrechtlichen Verschwiegenheitspflicht gemäß § 93 Abs. 1 S. 2 AktG und damit für die aktienrechtliche Zulässigkeit einer Due Diligence an sich dar.

II. Sicherheitsvorkehrungen zum Schutz der durch eine Due Diligence offen gelegten Informationen

Fraglich erscheint nun, unter welchen konkreten Sicherheitsvorkehrungen eine Due Diligence zugelassen werden darf. Zuerst ist festzustellen, welche gesetzlichen Ansprüche im Falle eines Missbrauchs der im Rahmen einer Due Diligence offen gelegten Informationen bestehen, um anschließend die daraus resultierenden Erfordernisse von privatrechtlichen Maßnahmen erörtern zu können. Demzufolge kommt es also zunächst auf das Bestehen etwaiger vor-

vertraglicher Ansprüche gegen den Erwerbsinteressenten im Rahmen des gesetzlichen Vertrauensschutzes an.

1. Vorvertragliche Ansprüche gegen den Erwerbsinteressenten im Rahmen des gesetzlichen Vertrauensschutzes

a) Anspruch des veräußerungswilligen Aktionärs gegen den Erwerbsinteressenten auf Schadensersatz gemäß § 311 Abs. 2 BGB i.V.m. den §§ 241 Abs. 2, 280 Abs. 1 BGB

Der veräußerungswillige Aktionär könnte gegen den Erwerbsinteressenten einen
Schadensersatzanspruch nach den nun normierten und bisher gewohnheits-
rechtlich anerkannten Grundsätzen der culpa in contrahendo gemäß § 311
Abs. 2 BGB i.V.m. den §§ 241 Abs. 2, 280 Abs. 1 BGB haben.

aa) Tatbestandliche Voraussetzungen, § 311 Abs. 2 BGB i.V.m. den
§§ 241 Abs. 2, 280 Abs. 1 BGB

(1) Voraussetzungen des § 311 Abs. 2 BGB

Nach der Nr. 1 des zweiten Absatzes des § 311 BGB entsteht ein Schuldverhältnis mit den Pflichten nach § 241 Abs. 2 BGB durch die Aufnahme von
Vertragsverhandlungen. Die Durchführung einer Due Diligence kann aber zu
verschiedenen Zeitpunkten stattfinden bzw. auch unterschiedliche Phasen
(ansteigender Informationsfluss bei konkreter werdendem Verhandlungsstadi-
um) durchlaufen. Daher ist es auch denkbar, dass eine Due Diligence bereits
nach der Interessensbekundung eines potentiellen Investors und noch vor
Verhandlungsbeginn zugelassen wird und somit die Bedingung der Aufnahme
von Vertragsverhandlungen des § 311 Abs. 2 Nr. 1 BGB noch gar nicht gegeben
ist. Demnach liegt § 311 Abs. 2 Nr. 1 BGB nur in denjenigen Fallkonstellationen vor, in welchen die Durchführung der Due Diligence erst nach
Verhandlungsbeginn startet.

Nach § 311 Abs. 2 Nr. 2 BGB entsteht ein Schuldverhältnis jedoch schon vor
der Aufnahme von Vertragsverhandlungen, und zwar bereits durch die
Anbahnung eines Vertrages. Für eine solche Anbahnung eines rechtsgeschäftlichen Kontaktes muss eine Partei einer anderen zur Vorbereitung eines
Vertragsschlusses die Möglichkeit zur Einwirkung auf ihre Rechtsgüter bzw.

Interessen erlaubt oder ihr diese sogar anvertraut haben.[807] Durch eine Due Diligence wird ein Objekt im Rahmen einer geplanten geschäftlichen Transaktion geprüft und bewertet. Die Leitung der Zielgesellschaft lässt eine solche Untersuchung des eigenen Unternehmens nur im Hinblick auf ihr Vertrauen bezüglich eines späteren Vertragsschlusses, also die beabsichtigte Transaktion, zu. Da der Erwerbsinteressent bzw. die von ihm beauftragten Prüfer im Rahmen einer Due Diligence zumindest Einsicht in die Betriebs- und Geschäftsgeheimnisse der Gesellschaft nehmen können, haben sie dadurch die jedenfalls theoretische Möglichkeit eines Missbrauchs der Daten und damit einer nachteiligen Einwirkung auf die Unternehmensinteressen der Zielgesellschaft. Da die Partner des in Aussicht genommenen Vertrages auch die Parteien des betreffenden Schuldverhältnisse sind,[808] entsteht zwischen dem veräußerungswilligen Aktionär und dem Erwerbsinteressenten durch die Zulassung einer Due Diligence bereits vor Aufnahme der Vertragsverhandlungen ein gesetzliches Schuldverhältnis gemäß § 311 Abs. 2 Nr. 2 BGB mit den Pflichten nach § 241 Abs. 2 BGB.[809]

(2) Verletzung der gemäß § 241 Abs. 2 BGB bestehenden Verhaltenspflichten

Nach § 241 Abs. 2 BGB kann das bestehende Schuldverhältnis jeden Vertragsteil zur Rücksicht auf die Rechtsgüter und Interessen des anderen verpflichten; d.h. das jeweilig bestehende Schuldverhältnis umfasst dann nicht nur die Verpflichtung zur Erbringung des vertraglich geschuldeten Leistungserfolges, es besteht vielmehr eine Sonderverbindung nach dem Grundsatz von Treu und Glauben. Daher sind die Verhandlungspartner einander zu billiger Rücksichtnahme und sorgfältigem Verhalten verpflichtet. Diese als Verhaltens- bzw. Schutzpflichten bezeichneten weiteren Pflichten schützen den personen- und vermögensrechtlichen Zustand, also das Integritätsinteresse des anderen Teils. Darunter fallen Schutzpflichten sowie Aufklärungspflichten, wie Geheimhaltungs-, Mitteilungs-, Auskunfts- und die allgemeine Loyalitätspflicht.[810]

---

[807] Palandt-Heinrichs, § 311, Rn. 17; Soergel-Wiedemann, vor § 275, Rn. 102 und Rn. 112 f.; Palandt-Heinrichs, § 311, Rn. 33 und § 242, Rn. 35; siehe auch Staudinger-Schmidt, § 242, Rn. 1450; zur Bedeutung des Vertrauensgedankens siehe ausführlich Rehm, § 3, C., b), S. 189 ff.

[808] Palandt-Heinrichs, § 311, Rn. 20.

[809] So auch Merkt, Internationaler Unternehmenskauf, D., II, 5., b), dd), Rn. 531.

[810] Siehe Larenz, Bemerkungen zur Haftung für „culpa in contrahendo", in: Festschrift für Ballerstedt, S. 397, 414 f.; zur Haftung des Verkäufers anlässlich einer Due Diligence aufgrund der Grundsätze der culpa in contrahendo siehe Fleischer/Körber, BB 2001, S. 841, 843, welche insbesondere die Wahrheitspflicht, die Aufklärungspflicht und die Berichtigungspflicht des Veräußerers hervorheben.

Die Schutzpflicht beinhaltet die Verpflichtung der Verhandlungspartner, sich so zu verhalten, dass Körper, Leben, Eigentum und sonstige Rechtsgüter des anderen Teils nicht verletzt werden. Darunter kann grundsätzlich auch die Geheimhaltungspflicht hinsichtlich der Unternehmensgeheimnisse fallen.[811] Zudem verletzt eine Offenbarung von internen Unternehmensinformationen die Loyalitätspflicht der Parteien. Zu dieser gehört nämlich auch, die im Laufe der Verhandlungen einer Partei bekannt gewordenen Informationen über die Privat- oder Geheimnissphäre des anderen Partners, nicht zu offenbaren oder sogar missbräuchlich zu verwenden.[812]

Ob Verletzung einer Schutz- oder der allgemeinen Loyalitätspflicht: Eine entsprechende Offenbarung von internen Informationen ist dadurch gekennzeichnet, dass in einem solchen Fall ein qualifiziertes Vertrauen missbraucht wird.[813] Das Zielunternehmen würde derartige interne Daten dem Erwerber nämlich nur im Rahmen einer Due Diligence zur Verfügung stellen, wenn es dessen Leitung ein besonders hohes Maß an Vertrauen entgegenbringt. Anlässlich der Durchführung einer Due Diligence werden dem Erwerbsinteressenten also derartig unternehmensbezogene Daten zugänglich gemacht, dass diese zwingend zu einem vertraulichen Umgang verpflichten.[814] Unabhängig davon, ob man vom

---

[811] Gaul, ZHR 166 (2002), S. 35, 65; zu den Unternehmensgeheimnissen als Vermögensrecht siehe Pfister, 1. Teil, 1. Abschnitt, 5. Kapitel, S. 31 ff. und 2. Teil, 1. Abschnitt, 8. Kapitel, S. 85 ff.; MüKo/BGB-Emmerich, § 311, Rn. 92; siehe auch BGH, Urteil vom 03.10.1962 – VIII ZR 34/62, in: NJW 1962, S. 2198 ff., wonach beim Kaufvertrag eine Geheimhaltungspflicht besteht, wenn dem anderen Teil durch die Offenlegung ein unverhältnismäßig hoher Schaden droht; zur Verletzung von Schutzpflichten Palandt-Heinrichs, § 280, Rn. 28 und Palandt-Heinrichs, § 241, Rn. 7.

[812] Siehe Hölters-Semler, Teil VI, B., I., 2., Rn. 12, nach dem sich bereits aus der Anbahnung von Verhandlungen die Verpflichtung ergibt, die Beratungen vertraulich zu behandeln und die entsprechenden Informationen nicht zum Nachteil der anderen Partei zu verwenden, „sogenanne Diskretionsfälle".; Beisel/Klumpp, 1. Kapitel, V, 2., Rn. 47: „Wenn der Kaufinteressent im Rahmen der Vertragsverhandlungen von dem Verkäufer ein Geschäftsgeheimnis erfährt und es im eigenen Unternehmen anwendet, so haftet er dem anderen Teil für den daraus entstehenden Schaden aus Verschulden bei Vertragsverhandlungen (culpa in contrahendo).“; Larenz, Bemerkungen zur Haftung für „culpa in contrahendo"; in: Festschrift für Ballerstedt, S. 397, 414 f.; Soergel-Wiedemann, vor § 275, Rn. 175.

[813] Siehe zum gesteigerten Vertrauen, welches dessen Begründer zu einer erhöhten Sorgfalt bzw. einer verstärkten Loyalität verpflichten kann, die Ausführungen bei Larenz, Erster Teil, Erstes Kapitel, § 9, I, S. 106 ff.

[814] Lutter-Letter of Intent, § 8, III, S. 49 f. sieht in der Annahme von Informationen, welche nur unter Hinweis auf deren Vertraulichkeit erteilt werden, sogar den Abschluss einer konkludenten Verschwiegenheiterklärung.; vgl. MüKo/BGB-Emmerich, § 311, Rn. 92, der bekräftigt, dass sich „die Obhutspflicht...(nicht nur) auf das Vermögen des Verhandlungspartners einschließlich der Sachen (erstreckt), die er der anderen Partei bereits während der Verhandlungen anvertraut hat (§§ 311 Abs. 2, 241 Abs. 2 BGB),... (son-

Bestehen einer solchen „von Gesetzes wegen" vorliegenden Vertraulichkeits-verpflichtung ausgeht oder nicht, lässt sich aus den verschiedenen Ausführungen deren Rechtsgrundlage bzw. deren Umfang jedenfalls nicht eindeutig ent-nehmen.[815]

Fest steht allerdings, dass die den Parteien aus ihrer Schutz- bzw. Loyalitäts-pflicht abgeleitete und im Grundsatz obliegende Geheimhaltungspflicht in zweierlei Hinsicht missbraucht werden kann; nämlich entweder durch die eigene rechtsmissbräuchliche Ausnutzung der erlangten Daten oder durch die Weiter-gabe an Dritte (wie Wettbewerber) und deren missbräuchliche Verwendung. Dadurch kann ein wirtschaftlicher Schaden entstehen, der sich in mancherlei Hinsicht, letztlich auch in einer niedrigeren Bewertung der Aktiengesellschaft, ausdrücken kann.

Somit muss der Schädiger dem Geschädigten im Falle einer schuldhaften Verletzung dieser grundsätzlich schon im vorvertraglichen Stadium bestehenden Pflichten den dadurch entstandenen Vertrauensschaden ersetzen.[816]

(3) Schaden

(a) Reflexschaden

Durch den Missbrauch der Unternehmensinformationen könnte dem verkaufs-willigen Aktionär ein so genannter Reflexschaden entstanden sein. Ein Reflex-schaden liegt vor, wenn durch eine Schädigung der Aktiengesellschaft der Gesellschafteranteil entwertet, der Schaden der Gesellschaft dem Aktionär also durch eine Wertminderung seiner Aktie vermittelt wird.[817] Dabei ist zunächst

---

dern auch auf eine) Sache(, die) schon vor Vertragsschluss vom Besteller übergeben wird"; noch weitergehender Merkt, WiB 1996, S. 145, 149, welcher das Entstehen eines faktischen Vertragsverhältnisses annimmt.

[815] Hölters-Semler, Teil VI, C., III, 1., Rn. 54.

[816] Siehe dazu Larenz, Erster Teil, Erstes Kapitel, § 9, I., a), S. 107; Fikentscher, Schuldrecht, § 20, II, 2., Rn. 70; Soergel-Wiedemann, Vor § 275, Rn. 104 f.; Esser/Schmidt, Teilband 2, § 29, II, 1., S. 143; Palandt-Heinrichs, § 242, Rn. 23 ff.

[817] Siehe zu den damit einhergehenden Fragestellungen Müller, Gesellschafts- und Gesellschafterschaden, in: Festschrift für Kellermann, S. 317, 325; siehe zum mittelbaren Schaden oder auch so genannten Reflexschaden Hüffer, § 117, Rn. 9; ein mittelbarer Schaden stellt eine Vermögenseinbuße dar, „die ein Gesellschafter am Wert seiner Anteile infolge einer Beeinträchtigung des Gesellschaftsvermögen und damit als Reflex des Gesellschaftsschadens erleidet", Kowalski, Der Ersatz von Gesellschafts- und Gesellschafterschaden, S. 3 und 23 ff.

jedoch fraglich, in welcher Form ein solcher Reflexschaden überhaupt erstattungsfähig ist.

Grundsätzlich ist zwischen einem Gesellschafterschaden und einem Gesellschaftsschaden streng zu unterscheiden; so stehen Ansprüche anlässlich eines Gesellschafterschadens diesem Gesellschafter und Ansprüche anlässlich eines Gesellschaftsschadens eben der Gesellschaft zu.[818] In diesem Zusammenhang wurde die Annahme vertreten, dass es bei der Schadensabwicklung primär darauf ankomme, den Schädiger vor einer doppelten Inanspruchnahme, nämlich von Anteilseigner und Gesellschaft, zu bewahren. Demnach könne ein Anspruch eines Anteilseigners nur bestehen, wenn die Gesellschaft noch nicht befriedigt worden sei oder auf die Verfolgung ihrer Ansprüche verzichte.[819] Diese Haltung ergab sich daraus, dass den Gesellschaftern und gleichzeitig auch der juristischen Person selbst nach der früheren aktienrechtlichen Lage jeweils eigene Ersatzansprüche bei einer Schädigung des Gesellschaftsvermögens zustanden und durch eine lediglich subsidiäre Zulassung einer entsprechenden Inanspruchnahme des Schädigers, eine doppelte Leistungspflicht des Schädigers vermieden werden sollte.[820] Dieser Vorrang des Anspruchs der Gesellschaft vor denjenigen der Anteilseigner wurde auch mit dem Grundsatz der Naturalrestitution nach § 249 BGB begründet. Dieser würde nämlich den Ausgleich am Ort des Schadens und damit direkt im Vermögen der Gesellschaft erfordern.[821]

---

[818] Mertens, Schadensfragen im Kapitalgesellschaftsrecht, in: Festschrift für Lange, S. 561, 569 f.: „Zwischen der Beeinträchtigung des Gesellschaftsvermögens und des Anteilswertes besteht aus verschiedenen Gründen kein einfacher linearer Berechnungszusammenhang. Im Allgemeinen steht dem Gesellschafter keine Anspruchsgrundlage zur Geltendmachung eines Schadens an seinem Anteil zur Seite, soweit dieser Schaden nur einen Schaden der juristischen Person reflektiert."

[819] RGZ 115, 289, 296 (Urteil vom 10.11.1926 – II 117/26); RGZ 157, 213, 220 f. (Urteil vom 05.03.1938 – II 104/37); vgl. zur möglichen Ersatzforderung des Gesellschafters an sich selbst die Ausführungen bei BGH, Urteil vom 24.01.1967, VI ZR 92/65, in: WM 1967, S. 287 f.; BGH, Urteil vom 23.06.1969, II, ZR 272/67, Berlin, in WM 1969, S. 1081 ff.

[820] Siehe Klausing, Aktiengesetz 1937, § 101 AktG, Amtliche Begründung, S. 86 f.; vgl. dazu Klausing, Treupflicht des Aktionärs?, in: Festschrift für Schlegelberger, S. 405, 431 f.; Meilicke/Heidel, AG 1989, S. 117, 118 ff.; zur Entwicklung vom Aktiengesetz 1937 bis zum Aktiengesetz 1965, siehe MüKo-Semler, Einl., Rn. 27 ff.

[821] Siehe BGH, Urteil vom 10.11.1986, II ZR 140/85, in: AG 1987, S. 126.: „Schädigt das Geschäftsführungsorgan die Gesellschaft, wodurch zugleich der Anteilsbesitz der Gesellschafter entwertet wird, so kann hierfür grundsätzlich nur die Gesellschaft Ersatz verlangen."; BGH, Urteil vom 22.10.1984, II ZR 2/84, Köln, in WM 1984, S. 1640, 1641, wonach ein Schaden primär bei der Gesellschaft entstehe und daher auch dort auszugleichen sei; zur rechtlichen Trennung von Gesellschafts- und Gesellschaftervermögen auch BGH, Urteil vom 08.02.1977, VI ZR 249/74, Karlsruhe, in: WM 1977, S. 461, 463; Baums, ZGR 1987, S. 554, 560: Dem Gesellschafter steht daher „jedenfalls in solchen

Gegen diesen Gedanken der Subsidiarität spricht jedoch einerseits die geänderte aktienrechtliche Lage und die damit verbundene nun fehlende Erforderlichkeit einer solchen gestuften Anspruchsinhaberschaft, sowie andererseits schadensrechtliche Grundsätze;[822] so ist der Geschädigte gegenüber dem Schädiger nicht verpflichtet, den geleisteten Ersatz in bestimmter vorgegebener Art und Weise zu verwenden bzw. dadurch eigene Verbindlichkeiten gegenüber Dritten zu erfüllen.[823] Vielmehr sei dem Grundsatz der Naturalrestitution bereits genüge getan, sobald der Schaden im Vermögen des Gesellschafters ausgeglichen ist.[824]

Daher wird daran anschließend der Grundsatz der Zweckbindung des Gesellschaftsvermögens als maßgebend hervorgehoben. Dieser wird in § 57 AktG aufgestellt, wonach eine Einlagenrückgewähr untersagt ist, um das Grundkapital der Aktiengesellschaft zu erhalten; entscheidend ist dabei die wertmäßige Beeinträchtigung des Gesellschaftsvermögens, so dass es allein auf die Vermögensbindung der Gesellschaft ankommt.[825] Dieser Grundsatz der Kapitalerhaltung beinhalte die Pflicht, den Schadensersatz an die Gesellschaft zu leisten und verbiete somit einen entsprechenden Anspruch einer Leistung an den Gesellschafter.[826] Dies werde auch durch den Grundsatz der Gleichbehandlung

---

Fällen bei Entwertung seiner Beteiligung ein eigener Anspruch darauf zu, dass der Schädiger `den Zustand herstellt, der bestehen würde, wenn der zum Ersatze verpflichtend Umstand nicht eingetreten wäre` (§ 249 Satz 1 BGB)"; Baums, § 10, III, 2., b), S. 222 ff.; vgl. auch von Gerkan, ZGR 1988, S. 441, 446; Zöllner, ZGR 1988, S. 392, 400; Mertens, Die Geschäftsführungshaftung in der GmbH und das ITT-Urteil, in: Festschrift für Fischer, S. 461, 474 f.; Ulmer, NJW 1976, S. 192, 193; Frank, NJW 1974, S. 2313, 2315.

[822] Siehe zur Begründung eines Anspruchs des Gesellschafters durch den Grundsatz der Naturalrestitution und dies aus den schadensrechtlichen Grundsätzen selbst heraus ablehnend Kowalski, Der Ersatz von Gesellschafts- und Gesellschafterschaden, S. 129 ff.

[823] Kowalski, Der Ersatz von Gesellschafts- und Gesellschafterschaden, S. 130.

[824] So Lieb, Schadensersatzansprüche von Gesellschaftern bei Folgeschäden im Vermögen der Gesellschaft, in: Festschrift für Fischer, S. 385, 394; vgl. ferner zum Anspruch des Anteilseigner auf Schadensersatz durch Leistung an sich selbst MüKo/BGB-Oetker, § 249, Rn. 275 f.; Wiedemann, JZ 1987, S. 784, 785; vgl. zur Schadensverlagerung schon Sterzinger, B, I., 1., b), S. 29 ff.

[825] Bindung allen Vermögens, das nicht Bilanzgewinn ist. Der Rückgewähranspruch der Aktiengesellschaft gegenüber ihren Aktionären besteht dann nach § 62 AktG; zu dieser Norm als Bestandteil des Systems der Kapitalerhaltung Kölner Komm-Lutter, § 62, Rn. 3; siehe zur Kapitalerhaltung in einer Aktiengesellschaft Karsten Schmidt, Gesellschaftsrecht, § 29, II, 2; vgl. Hüffer, § 57, Rn. 1, 3 und explizit zum Prinzip der Vermögens-bindung Rn. 7 ff.

[826] BGH, Urteil vom 11.07.1988, II ZR 243/87, in: AG 1988, S. 331, 333 f. („Kerkerbach-bahn-Urteil"); BGH, Urteil vom 10.11.1986, II ZR 140/85, OLG Oldenburg, in: JZ 1987, S. 781, 783 („IMS- bzw. Dubai-Urteil"); Baums, ZGR 1987, S. 554, 557 ff.; Baums, § 10, III, 1., a), S. 217 f.; Raiser, ZHR 153 (1989), S. 1, 10; Kowalski, Der Ersatz von Gesellschafts- und Gesellschafterschaden, S. 130: „Der Gesellschafter wäre gegenüber der

aller Gesellschafter bekräftigt, der in § 53 a AktG normiert ist.[827] Diese gebotene Gleichbehandlung aller Anteilseigner erfordere nämlich eine Schadensersatzleistung an das Gesellschaftsvermögen und nicht an einen einzelnen Gesellschafter.[828] Denn ein Ausgleich des Anteilsschadens im Gesellschaftervermögen komme einer verbotenen Einlagenrückgewähr im Sinne des § 57 AktG gleich[829]; der unmittelbare Gesellschaftsschaden werde dann nicht behoben. In einem solchen Fall könnte ein einzelner Gesellschafter den mit dem Schaden der Gesellschaft deckungsgleichen Anteilsschaden beseitigen, welches den übrigen Gesellschaftern unter Umständen verwehrt bleiben könne.[830]

Danach bleibt zunächst festzuhalten, dass jedenfalls in denjenigen Fällen kein Anspruch des Gesellschafters besteht, in denen nur die Gesellschaft selbst in

---

Gesellschaft nach den Kapitalerhaltungsregeln (§ 62 Abs. 1 S. 1 AktG, § 31 Abs. 1 GmbHG) oder, soweit „nur" die Zweckbindung des Gesellschaftsvermögens betroffen ist, aus der Zweckabrede des Gesellschaftsvertrages und nicht lediglich aufgrund seiner Treupflicht gehalten, dieser den empfangenen Ersatzbetrag zur Verfügung zu stellen."; vgl. auch Mertens, Schadensfragen im Kapitalgesellschaftsrecht, in: Festschrift für Lange, S. 561, 569 ff.; dabei ist bei der Schadensbemessung des Anteilsschadens des Gesellschafter auf den Gesellschaftsschaden abzustellen. Dazu BGH, Urteil vom 08.02.1977, VI ZR 249/74, Karlsruhe, in: WM 1977, S. 461 f.; nach BGH, Urteil vom 23.03.1995 - III ZR 80/93, in NJW-RR 1995, S. 864, könne der Schaden der (GmbH-)Gesellschaft dessen Anteilseigner zugerechnet werden; vgl. auch Wiedemann, Organ-verantwortung und Gesellschafterklagen in der Aktiengesellschaft, III., 2., b), S. 51 f.

[827] Diese Maxime der Gleichbehandlung aller Gesellschafter ist als Grundsatz des Gesellschaftsrechts allgemein anerkannt und daher in § 53 a AktG nur klarstellend geregelt. Siehe bereits BGHZ 33, 175, 186 (Urteil vom 06.10.1960 – II ZR 150/58); BGHZ 120, 141, 150 f. (Urteil vom 09.11.1992 – II ZR 230/91); MüKo-Bungeroth, § 53 a, Rn. 2; siehe so schon Geßler/Hefermehl-Bungeroth/Hefermehl, § 53 a, Rn. 2; Hueck, 1. Kapitel, 2. Teil, § 8, S. 44 ff.

[828] So der BGH, Urteil vom 11.07.1988, II ZR 243/87, in: AG 1988, S. 331, 333 f. („Kerkerbachbahn-Urteil"); BGH, Urteil vom 19.01.1987, II ZR 158/86, Düsseldorf, in: WM 1987, S. 425, 426; Kowalski, Der Ersatz von Gesellschafts- und Gesellschafterschaden, S. 126, fasst kurz folgendermaßen zusammen: „Der Bundesgerichtshof (befürwortet) bei der Abwicklung von Reflexschäden an Gesellschafteranteilen eine generelle Leistungspflicht in das Gesellschaftsvermögen".

[829] BGH, Urteil vom 10.11.1986, II ZR 140/85, OLG Oldenburg, in: JZ 1987, S. 781, 783 („IMS- bzw. Dubai-Urteil"); Martens, ZGR 1972, S. 254, 276 ff.; vgl. auch zur Konstellation im GmbH-Recht Karsten Schmidt, Gesellschaftsrecht, § 40, III, 4., b).

[830] Kowalski, Der Ersatz von Gesellschafts- und Gesellschafterschaden, S. 124 f.; „Die Pflicht des Gesellschafters, den Ersatzanspruch zugunsten der Gesellschaft geltend zu machen...wird als Teil der mit dem Beitritt übernommenen Verpflichtung angesehen, dafür zu sorgen, dass der Gesellschaft das zur Erreichung ihres Zwecks bestimmte Kapital erhalten bleibt", so Brandes, Ersatz von Gesellschafts- und Gesellschafterschaden, in: Festschrift für Fleck, S. 13, 17.

ihren Rechten verletzt ist, und dass bei Bestehen eines Anspruchs der betreffende Schadensersatz an die Gesellschaft selbst zu leisten ist. So soll ein Gesellschafterschaden vom entsprechenden Anteilseigner nur rechtmäßig beansprucht werden können, wenn dieser eine eigene Anspruchgrundlage hat; eine reine Reflexion des Schadens der juristischen Person reiche dafür nicht aus. Dies folge daraus, dass die Beeinträchtigung eines Gesellschaftsanteils zum einen zwar eine Vermögenseinbuße, aber keinen tatbestandsmäßigen Eingriff im Sinne des Deliktsrechts beinhalte und zum anderen die §§ 117 Abs. 1 S. 2 und 317 Abs. 1 S. 2 AktG einen solchen Ersatz ausdrücklich ausschließen.[831] Nach diesen Normen verbleiben für die Aktionäre nämlich grundsätzlich nur noch diejenigen Schäden als ersatzfähig, welche ihnen nicht durch eine Schädigung der Gesellschaft zugefügt worden sind.[832]

(b) Schadensfeststellung

Fraglich erscheint jedoch, wie der zu ersetzende Schaden zu berechnen ist und wer die dafür maßgeblichen Umstände zu beweisen hat. Der dafür notwendige haftungsausfüllende Tatbestand wird von den §§ 249 ff. BGB geregelt.[833] Nach § 249 S. 1 BGB hat der Schädiger den Zustand herzustellen, welcher sich bei einem Hinwegdenken der Schädigung ergeben hätte. Diese Naturalrestitution kann auch durch Geldersatz im Sinne des S. 2 der Norm geleistet werden. Bei einer Schädigung im Rahmen einer Due Diligence kann es jedoch zum einen erhebliche Schwierigkeiten bereiten, einen Schaden überhaupt zu quantifizieren und zum anderen zu beweisen, dass eine Handlung des Erwerbsinteressenten pflichtwidrig und dieses bestimmte Verhalten für den Schaden auch kausal war.

---

[831] BGHZ 129, 136, 165 f. (Urteil vom 20.03.1995 - II ZR 205/94, „Girmes"); den §§ 117 Abs. 1 S. 2 und 317 Abs. 1 S. 2 AktG ist der verallgemeinerungsfähige Rechtsgedanke zu entnehmen, dass der Ausgleich des Reflexschadens in das Privatvermögen des Gesellschafters nicht in Betracht kommt, so der BGH, Urteil vom 10.11.1986, II ZR 140/85, OLG Oldenburg, in: JZ 1987, S. 781, 783 („IMS- bzw. Dubai-Urteil"); BGH, Urteil vom 11.07.1988, II ZR 243/87, in: AG 1988, S. 331, 333 f. („Kerkerbachbahn-Urteil"); da der Schädiger nur durch eine Leistung an die Gesellschaft selbst von seiner Schadensersatzpflicht frei wird, kann mangels Identität des Haftungsgrundes keine Gesamtgläubigerschaft nach § 428 BGB vorliegen. Siehe Kropff, Aktiengesetz 1965, Begründung RegE, § 117, S. 163; so auch Brandes, Ersatz von Gesellschafts- und Gesellschafterschaden, in: Festschrift für Fleck, S. 13, 15; vgl. Soergel-Mertens, vor § 249, Rn. 257; MüKo-Hefermehl/Spindler, § 93, Rn. 184; Mertens, Schadensfragen im Kapitalgesellschaftsrecht, in: Festschrift für Lange, S. 561, 570; Winter, ZHR 148 (1984), S. 579, 595 f.

[832] Hüffer, § 117, Rn. 9 und § 317, Rn. 8.

[833] Siehe zur Anwendung der §§ 249 ff. BGB bei vorvertraglichen Ansprüchen statt vieler MüKo/BGB-Oetker, § 249, Rn. 3.

Ein im Zusammenhang mit einer Due Diligence durchgeführter Daten-missbrauch kann sich nämlich in verschiedener Hinsicht schädigend auf die Gesellschaft auswirken. So kann beispielsweise die unbefugte Weitergabe von internen Produkt- bzw. Forschungsinformationen dazu führen, dass ein Konkurrent gleichwertige Produkte zu geringeren Entwicklungspreisen herstellt und so im Wettbewerb das betroffene Unternehmen durch geringere Preise in dessen Umsatz und Gewinn schädigt. Dies kann zu negativen Auswirkungen im Hinblick auf die Bilanzen und den Wert der Gesellschaft führen. Bei einer börsennotierten Aktiengesellschaft kann bei Bekanntgabe dieser negativen Ent-wicklungen infolgedessen auch der Börsenwert der Gesellschaft sinken. Dieser niedrigere Kurswert könnte dann als der Schaden bezeichnet werden, welcher jedem Aktionär aufgrund des vorherigen Informationsmissbrauchs entstanden ist.[834] Der betreffende Schaden könnte nach dem Gesagten daraufhin durch den mittelbar geschädigten Gesellschafter vom Schädiger mittels Leistung an die Gesellschaft gefordert werden.[835]

Der Prüfer kann jedoch auch im Rahmen einer Due Diligence erlangte Informationen an die Öffentlichkeit lancieren, um so Druck (beispielsweise hin-sichtlich eines zügigen Transaktionsabschlusses) auf die Zielgesellschaft auszu-üben oder um durch die bewusste Streuung von negativen Umständen eine Herabsenkung des Kaufpreises zu erreichen.[836]

Da die Umsatz- und Gewinnentwicklung jedoch von verschiedenen Faktoren abhängt (Produktivität, Innovationen, etc.[837]) und auch die Entwicklung des Börsenkurses einer Gesellschaft von unterschiedlichen Umständen beeinflusst

---

[834] Vgl. zu den unterschiedlichen Aktien und sonstigen aktienrechtlichen Urkunden einer Ak-tiengesellschaft Münchener Vertragshandbuch/ Gesellschaftsrecht-Hölters, V.42, S. 736 ff.; einführend Steckler, D., 2.3, S. 210 f.

[835] Siehe dazu BGH, Urteil vom 10.11.1986, II ZR 140/85, OLG Oldenburg, in: JZ 1987, S. 781, 783 („IMS- bzw. Dubai-Urteil"); vgl. zum Zusammenhang von Anteilswert und Gesellschaftsvermögen sowie zur präzisen Feststellung eines Reflexschadens bei nicht-börsennotierten Anteilen S. 47 ff. und bei börsennotierten Anteilen S. 107 ff., jeweils bei Kowalski, Der Ersatz von Gesellschafts- und Gesellschafterschaden; Brandes, Ersatz von Gesellschafts- und Gesellschafterschaden, in: Festschrift für Fleck, S. 13, 16 verweist auf die hier seines Erachtens notwendige Herleitung mittels einer Drittschadensliquidation. Angesichts des vorliegenden eigenen Gesellschafterschadens erscheint dies jedoch (zumindest im Ergebnis) als unnötig. Siehe so und zu den möglichen Begründungsansät-zen Karsten Schmidt, Gesellschaftsrecht, § 40, III, 4.; vgl. zur Frage der Notwendigkeit eines deckungsgleichen Schadens Karsten Schmidt, Gesellschaftsrecht, § 40, III, 4., b) m.w.N.

[836] Vgl. zu taktischen Vorgehensweisen während eines Transaktionsprozesses Hölters-Hölters, Teil I, B., VII., Rn. 153 ff.

[837] Vgl. Warnke, II., S. 40 ff.

wird, sind diese Zusammenhänge in der Praxis nicht so einfach nachvollziehbar. Selbst hinsichtlich des Zusammenhanges zwischen einer den tatsächlichen Umständen nicht entsprechenden („geschönten") Ad-hoc Meldung und einem zeitgleich ansteigenden Börsenkurs kann man einen kausalen Zusammenhang gar nicht bzw. nur äußerst schwierig herstellen.[838] Daher kommt es bezüglich der Feststellung des Schadens darauf an, wie dieser konkret zu berechnen ist und wer dafür die Beweislast trägt.

(aa) Schadensberechnung

Ein Schaden nach § 249 Abs. 1 BGB kann jede Beeinträchtigung eines vermögenswerten oder eines rein ideellen Interesses darstellen, also jede durch das schädigende Ereignis bedingte negative Abweichung des Ist- vom Soll-Zustandes, wobei der Einzelfall jeweils wertend betrachtet werden muss.[839] Der Schadensumfang beinhaltet sowohl den unmittelbaren, als auch den mittelbaren Schaden, der letztgenannte wird meist in einem entgangenen Gewinn wahrnehmbar. § 252 S. 1 BGB stellt die sich aus § 249 Abs. 1 BGB ergebene Verpflichtung klar, dass grundsätzlich auch dieser entgangene Gewinn zu ersetzen ist.[840] Dies sind alle Vermögensvorteile, welche der Geschädigte zum Zeitpunkt des schädigenden Ereignisses zwar noch nicht empfangen hatte, die bei ihm ohne das betreffende Ereignis jedoch eingetreten wären.[841] Dieser Gewinn kann entweder konkret berechnet werden; dann legt der Geschädigte dar, welchen Gewinn er bei einem pflichtgemäßen Verhalten des Schädigers erzielt hätte. Oder der Schaden wird gemäß § 252 S. 2 BGB abstrakt bestimmt. Diese abstrakte Schadensberechnung stellt darauf ab, welcher Gewinn unter den gegebenen Umständen üblicherweise, also ohne Berücksichtigung der konkreten Umstände im Einzelfall, erlangt worden wäre, wobei es dabei auf die Tatsache

---

[838] Vgl. dazu den Fall der EM.TV & Merchandising AG. Dessen früheren Vorstands-vorsitzenden Thomas Haffa wurde vorgeworfen, durch eine „geschönte" Ad-hoc Meldung (Falschmeldung) den Börsenkurs der Gesellschaft in die Höhe getrieben zu haben. Nach den Aussagen der vom Gericht bestellten betriebswirtschaftlichen Gutachter kann eine Kausalität zwischen dieser Meldung und einem steigenden Kurs jedoch nicht zweifelsfrei nachgewiesen werden. Daher fehlte es an der dafür notwendigen konkreten Schadensbe-rechnung. Siehe dazu den Bericht „OLG München weist Klage gegen EM.TV aus prozessualen Gründen ab", in BKR 2002, S. 930; Schneider, 2. Kapitel, § 12, III, 2., S. 141 zu den Beweisschwierigkeiten hinsichtlich einer Verletzungshandlung.

[839] Siehe zum Schadensbegriff MüKo/BGB-Oetker, § 249, Rn. 16 ff. und insbesondere Rn. 23; Lange/Schiemann, § 1, S. 27 ff.; Würthwein, Dritter Teil, § 7, S. 224 ff.

[840] Der entgangene Gewinn kann jedoch nicht geltend gemacht werden, wenn der Ersatz eines mittelbaren Schadens gesetzlich oder vertraglich ausgeschlossen wurde, MüKo/BGB-Oetker, § 252, Rn. 2.

[841] BGH, Urteil vom 11.05.1989 – VII ZR 39/88 (Karlsruhe), in: NJW-RR 1989, S. 980, 981.

der Vorhersehbarkeit der Gewinnmöglichkeit zum Zeitpunkt des schädigenden Ereignisses nicht ankommt.[842]

Bei einer Schädigung im Zusammenhang mit der Durchführung einer Due Diligence wird es überwiegend um die Ersatzfähigkeit eines mittelbaren Schadens gehen. Daher kommt es für die Schadensberechnung hinsichtlich eines entgangenen Gewinns darauf an, welcher Gewinn bei Vorliegen der gegebenen Konstellationen üblicherweise erlangt worden wäre. Im Falle eines Missbrauchs von Unternehmensinformationen ist aber selbst ein solcher gewöhnlicher Verlauf der Begebenheiten nicht eindeutig bestimmbar. Die Entwicklung eines modernen Produktes, die Öffnung eines neuen Vertriebsweges, das Zustandekommen von neuen Geschäftsbeziehungen; dies alles sind zukünftige Umstände, deren wirkliches Zustandekommen auf hypothetischen Annahmen beruhen. Daher wird entgegen dem allgemeinen Grundsatz des § 252 BGB, der nämlich lediglich den entgangenen Gewinn des Geschädigten regelt, für den vom Schädiger gezogenen Gewinn ein besonderes Vorgehen der Schadensberechnung verlangt. Danach kann der Geschädigte drei Berechnungsarten nach Wahl geltend machen;[843] er kann entweder seinen konkreten Schaden nachweisen, die Erstattung der üblichen Lizenzgebühr verlangen oder die Herausgabe des vom Schädiger tatsächlich erzielten Gewinns verlangen.[844]

---

[842] Danach ist der gewöhnliche Verlauf der Dinge Grundlage des Wahrscheinlichkeitsurteils des § 252 S. 2 BGB, siehe Staudinger-Schiemann, § 252, Rn. 3 ff.; Lange/Schiemann, § 6, X, 2, S. 342 f.

[843] „Ein „Wahlrecht" steht dem Geschädigten nur in dem Sinne zu, als es von seinem Vortrag abhängt, auf welche Anknüpfungstatsachen das Gericht seine Schätzung nach § 287 ZPO stützen kann", MüKo/BGB-Oetker, § 252, Rn. 56 a.E.; vgl. dazu auch BGHZ 57, 116, 118 (Urteil vom 08.10.1971 – I ZR 12/70, „Wandsteckdose II").

[844] Dieses für die Verletzung eines Immaterialgüterrechts und einer wettbewerbsrechtlich geschützten Position entwickelte so genannte Wahlrecht des Geschädigten wird mit der besonderen Verletzlichkeit dieser Rechte und der sich daraus ergebenden erhöhten Schutzbedürftigkeit des Verletzten begründet (BGH-Urteil vom 18.02.1977, I ZR 112/75, in: NJW 1977, S. 1062, 1063); so ist das Vorliegen eines Schadens bzw. die Definition von dessen Höhe (wie schon angesprochen) nicht leicht zu beziffern. Daher berechtigt § 287 ZPO ja zu einer gerichtlichen Schätzung des Schadens. Aus diesem Grunde lässt sich auch die Verwendung einer üblichen Lizenzgebühr bzw. des Verletzergewinns rechtfertigen, so MüKo/BGB-Oetker, § 252, Rn. 53 ff. und insbesondere Rn. 56; siehe zur Möglichkeit einer solchen dreifachen Schadensbestimmung an sich BGHZ 44, 372, 374 ff. (Urteil vom 12.01.1966 – Ib ZR 5/64, „Meßmer-Tee II"); BGHZ 119, 20, 23 (Urteil vom 17.06.1992 – I ZR 107/90, „Tchibo/Rolex II"); BGHZ 122, 262, 264 f. (Urteil vom 22.04.1993 – I ZR 52/91, „Kollektion Holiday"); Esser/Schmidt, § 32, III, 2., a), S. 217 f.; Steindorff, AcP 158 (1959/1960), S. 431, 468 f. betont die primäre Anwendung der bestehenden materiell-rechtlichen Normen, bevor prozessrechtliche Erwägungen eingebracht werden können. Daraus folgten erst die unterschiedlichen Anforderungen an Behauptungs- und Beweislast; entgegen einiger Ansichten, wie von Soergel-Mertens, § 249, Rn. 139 sowie

Der Nachweis des tatsächlich entgangenen Gewinns und damit des konkreten Schadens bedarf substantieller Anhaltspunkte, anhand derer der Schaden genau zu beziffern ist. Die Ersatzfähigkeit des entgangenen Gewinns wird dadurch aber nicht eingeschränkt; bei § 252 S. 2 BGB handelt es sich nämlich um eine widerlegbare Vermutung, also eine Beweiserleichterung im Hinblick auf die allgemeinen Grundsätze der Beweislast,[845] nach denen der Verletzte ansonsten einen umfassenden Nachweis für einen bestimmten Gewinn erbringen müsste und ansonsten nur § 287 ZPO die Beweisführung erleichtern würde.[846] Satz 2 des § 252 BGB bewirkt also, dass der Geschädigte einerseits einen im Einzelfall höheren Schaden nachweisen und ersetzt bekommen kann, andererseits genügt für den Eintritt des Gewinns bereits eine gewisse Wahrscheinlichkeit.[847] Im

---

249, Rn. 139 sowie von Daub, § 4, Teil A, I., 2., c), S. 89 ff. und Assmann, BB 1985, S. 15 ff., welche an-nehmen, dass es sich bei der Schadensberechnung mittels der analogen Lizenzgebühr oder des Verletzergewinns um eigenständige Ansprüche handelt, ist die bereits genannte besondere Schutzbedürftigkeit der betreffenden Rechte und die sich daraus ergebende Notwendigkeit im Sinne des Zweckes der §§ 249 ff. BGB, nämlich einer Ausgleichs-funktion, herauszustellen. Demnach handelt es sich „um verschiedene Liquidationsformen eines einheitlichen Schadensersatzanspruchs und nicht um verschiedene Ansprüche mit unterschiedlichen Rechtsgrundlagen", so BGHZ 119, 20, 23 (Urteil vom 17.06.1992 –I ZR 107/90, „Tchibo/Rolex II"); zudem kann bereits von einem gewohnheitsrechtlichem Charakter dieser Rechtsprechung zur Ergänzung der allgemeinen Bestimmungen des Schadensersatzrechts ausgegangen werden, BGHZ 57, 116, 119 (Urteil vom 08.10.1971- I ZR 12/70, „Wandsteckdose II"); Esser/Schmidt, § 32, III., 2., a), S. 218; Esser/Weyers, Schuldrecht, Band 2, Besonderer Teil, Teilband 2, § 46, IV, 2., a); die genannte Schadensbestimmung gilt nach BGH-Urteil vom 18.02.1977, I ZR 112/75, in: NJW 1977, S. 1062, 1063 aufgrund des Umstandes, dass Betriebsgeheimnisse dem Unternehmer eine Rechtsposition verschaffen, welche sich dem Immaterialgüterrecht in besonders starkem Maß annähern, auch bei einer rechtswidrigen Verwertung von derartigen Unternehmens-geheimnissen; siehe auch schon BGH-Urteil vom 17.05.1960, I ZR 34/59, Braunschweig, in: NJW 1960, S. 2000 f; Osten, GRUR 1998, S. 284 ff.

[845] Zum Grundsatz, dass jede Partei die Behauptungs- und Beweislast für das Vorliegen des Tatbestandes einer ihr günstigen Rechtsnorm trägt, siehe Thomas/Putzo-Reichold, vorb. vor § 284, Rn. 23; Baumgärtel-Strieder, § 249, Rn. 1; Esser/Schmidt, § 33, VI., S. 254.

[846] Nach § 287 ZPO entscheidet nämlich das Gericht „unter Würdigung aller Umstände" und „nach freier Überzeugung", wenn zwischen den Parteien keine Einigkeit hinsichtlich einer Schadensentstehung und einer Schadenshöhe besteht. Die Norm soll „die normalen Darlegungs- und Beweisanforderungen insbesondere im Falle der Entstehung und der Höhe eines Schadens in mehrfacher Hinsicht ermäßigen und so verhindern, dass materiell berechtigte Schadensersatzansprüche an prozessualen Anforderungen scheitern" (MüKo/ ZPO-Prütting, § 287, Rn. 1). Im Hinblick auf die schädigende Handlung und die haftungsbegründende Kausalität gilt jedoch § 286 ZPO, siehe Palandt-Heinrichs, Vorb. vor § 249, Rn. 172.

[847] BGH, Urteil vom 30.05.2001 – VIII ZR 70/00 (Oldenburg), in: NJW-RR 2001, S. 1542; Vgl. auch BGH, Urteil vom 27.09.2001, IX ZR 281/00, Köln, in: NJW 2002, S. 825, 826, der dort darauf abstellt, ob die Erzielung des Gewinns wahrscheinlicher ist, als dessen

Rahmen einer Due Diligence obläge es jedoch trotz der Erleichterungen immer noch dem Geschädigten, die betreffenden Umstände nachvollziehbar darzulegen und die nach § 287 ZPO erforderlichen Beweise darzulegen. Zudem kann die damit verbundene Offenlegung von internen Unternehmensinformationen zusätzliche negative Auswirkungen haben.[848] Außerdem könnte der Erwerbsinteressent diese Vermutung durch einen Gegenbeweis widerlegen.[849] Somit ist in der Folge zu erwägen, ob eine der beiden Alternativen nicht geeigneter erscheint, um einen für den im Rahmen einer Due Diligence Geschädigten zufriedenstellenderen Ausgleich zu erreichen.

Nimmt man die Möglichkeit einer Erstattung der üblichen Lizenzgebühr an, so ist dies zunächst insofern von Vorteil, als dass ein darauf basierender Schadensersatz unabhängig davon besteht, ob überhaupt und wenn ja, in welcher Höhe dem Geschädigten durch die Verletzungshandlung ein Gewinn entgangen ist.[850] Denn es wird davon ausgegangen, dass nach der allgemeinen Lebenserfahrung dem Verletzten entsprechende Gewinne entgangen sind und er in der Lage gewesen wäre, den objektiven Verkehrswert seiner Informationen im kompletten Umfang auszunutzen.[851] Diese aus der großen Verletzungsanfälligkeit dieser besonderen Rechte abgeleitete abstrakte Schadensberechnung stellt also auf eine fiktive Lizenzgebühr für die im Rahmen einer Due Diligence missbrauchten Informationen ab.[852] Darin ist aber schon die erste Schwierigkeit einer derartigen Berechnungsart zu sehen. Denn manche Geheimnisse würden im regelmäßigen Geschäftsverkehr überhaupt nicht lizenziert werden bzw. werden können. So sind die Vertragsbedingungen der Zielgesellschaft mit

---

ausbleiben.; Vgl. BGH, Urteil vom 22.04.1993, I ZR 52/91, Stuttgart, in NJW 1993, S. 1989, 1990; BGH, in WM 1990, S. 281, 282; Hoyningen-Huene/Boemke, NJW 1994, S. 1757, 1758; MüKo/BGB-Oetker, § 252, Rn. 31 knüpft hinsichtlich des notwendigen Maßes an Wahrscheinlichkeit an § 294 ZPO an („Es ist kein hohes Maß an Wahrscheinlichkeit erforderlich.").

[848] Vgl. Assmann, BB 1985, S. 15, 17 ff.

[849] Statt vieler Zöller-Greger, vor § 284, Rn. 29.

[850] Zur „fiktiven Lizenz", BGHZ 119, 20, 23 und 26 (Urteil vom 17.06.1992 – I ZR 107/90, „Tchibo/Rolex II"); vgl. einen solchen schadensrechtlichen Anspruch ebenso befürwortend, Esser/Schmidt, § 32, III, 2., a), S. 217 f.; Keuk, 2. Kapitel, V., S. 72 ff.; Schulte, 5. Teil, B., I., S. 101 ff.; Däubler, JuS 1969, S. 49 ff.

[851] BGH-Urteil vom 18.02.1977, I ZR 112/75, in NJW 1977, S. 1062, 1063 mit dem Hinweis auf eine Fortsetzung der Rechtsprechung im Sinne des BGH-Urteils vom 17.05.1960, I ZR 34/59, Braunschweig, in NJW 1960, S. 2000 f.

[852] Vgl. BGH-Urteil vom 18.02.1977, I ZR 112/75, in NJW 1977, S. 1062, 1063, in dem auch auf die grundsätzliche Anerkennung der genannten Berechnungsart als „Ergänzung des allgemeinen Schadensersatzrechts (§§ 249, 252 BGB)" hingewiesen wird.; siehe auch zur Funktion der Lizenzanalogie als Interessenausgleich BGHZ 57, 116, 118 f. (Urteil vom 08.10.1971 – I ZR 12/70, „Wandsteckdose II").

anderen Unternehmen für einen Dritten bzw. einen Wettbewerber von erheblicher Bedeutung; die Einsicht oder Abschrift eines wichtigen Vertrages oder besonderer Konditionen mit Geschäftspartnern sind aber für eine entsprechende Lizenzierung gar nicht geeignet. Auch wäre die Bemessung einer fiktiven Lizenzgebühr in solchen Fällen überhaupt nicht möglich. Somit ist die Berechnung mittels einer Lizenzgebühr nur bei denjenigen Unternehmensinformationen möglich, welche auch sonst verkehrsüblicherweise einer Lizenzierung fähig wären.[853] Da Due Diligence-Geheimnisse einer Lizenzierung also oft gar nicht fähig sind, erscheint diese Berechnungsart, unabhängig von ohnehin dagegen bestehenden Einwänden,[854] vorliegend nicht angemessen, um zu einer Erleichterung der oben beschriebenen Bezifferungsschwierigkeiten zu gelangen.

Eine solche Erleichterung könnte jedoch in der Herausgabe des Verletzergewinns zu sehen sein. So kann nämlich der tatsächliche Wert der missbrauchten Unternehmensinformation mit denen sich durch zukünftige Veränderungen beeinflussende Faktoren objektiv bestimmt werden. Maßgeblich ist dabei der vom Verletzer tatsächlich erzielte Gewinn, wobei der Vorteil, der dem Verletzer durch seine Missbrauchshandlung zugefallen ist, als obere Grenze der Schadensberechnung gilt (seine persönlichen, eventuell gewinnerhöhenden Leistungen werden also nicht mit einbezogen).[855] Entscheidend ist dann, entsprechend der Ausgleichsfunktion der §§ 249 ff. BGB, der Ersatz der wirklich zugefügten Nachteile.[856] Zu beachten bleibt aber auch bei dieser Form der Schadensberechnung, dass nach § 287 ZPO die schädigende Handlung sowie der Eintritt eines Schadens an sich weiterhin vom Geschädigten nachgewiesen werden muss und dieser Umstand hinsichtlich eines Informationsmissbrauchs im Rahmen der Durchführung einer Due Diligence eine entsprechende Anspruchsrealisierung für den Geschädigten schwierig oder gar unmöglich macht.

---

[853] Vgl. BGH, Urteil vom 02.02.1995, I ZR 16/93, Köln, in WRP 1995, S. 393, 396.

[854] Siehe dazu ausführlich Daub, § 4, Teil A, I., 2., d), aa), S. 93 ff., welcher vor allem kritisiert, dass die Annahme einer Lizenzanalogie einen Ausnahmefall zur Regel mache, indem sie die Voraussetzungen, die wegen der Feststellungs- und Beweislage nicht eindeutig zu bestimmen seien, als typischerweise gegeben ansieht. So wird insbesondere die Kausalität zwischen der Verletzung und dem eingetretenen Schaden nicht geprüft, was mit den schadensrechtlichen Grundsätzen nicht vereinbar sei.

[855] Lange/Schiemann, § 6, XII., S. 356 ff. m. w. N.; Abschöpfung des Nettogewinns (net profit). Siehe dazu Daub, § 4, Teil B, III., 2., b), S. 204 ff.; vgl. Esser/Schmidt, § 32, III., 2., a), S. 217 f.

[856] Würthwein, Dritter Teil, § 7, A., II., S. 227 f.; vgl. Lange/Schiemann, Einleitung, III., 2., a), S. 9 f.; MüKo/BGB-Oetker, § 249, Rn. 8.

(bb) Beweislast

Die beschriebenen Beweisschwierigkeiten im Hinblick auf ein pflichtwidriges Verhalten des Erwerbsinteressenten sowie des Nachweises eines Kausal-zusammenhangs zwischen diesem Verhalten und einem Schaden, führen in der praktischen Geltendmachung von vorvertraglichen Ansprüchen aus der nun gesetzlich normierten culpa in contrahendo trotz der jedenfalls teilweise erleichterten Schadensfeststellung durch die drei Berechnungsarten (sowie der gesetzlichen Beweiserleichterungen gemäß § 252 S. 2 BGB und § 287 ZPO) zu gravierenden Hindernissen.

Daher ist nun zu prüfen, ob die Beweislast im Zusammenhang mit der Offen-legung von Unternehmensinformationen mittels eine Due Diligence veränderbar ist. So ist zu erwägen, die Beweislast umzukehren, indem man nach Gefahren-bereichen unterscheidet. Dann ist eine Partei nur für diejenigen Umstände beweispflichtig, die in ihrem Bereich liegen.[857] Maßgebend für eine Beweislast des Schädigers ist dann sein so genannter Organisations- oder Gefahrenbereich. Diese Unterscheidung nach verschiedenen Sphären könne auch bei Ansprüchen aufgrund des gesetzlichen Vertrauensschutzes, wie der culpa in contrahendo, angewandt werden.[858] Für diesen Ansatzpunkt spricht die Tatsache, dass es dem Geschädigten mangels genauerer Einblicke in den inneren Bereich des Schädigers nicht bzw. nur sehr schwierig möglich ist, den entsprechenden Nachweis für dessen Verschulden zu erbringen.[859] Diese Verteilung der Beweis-last wird aus Gründen der Billigkeit und hinsichtlich eines gerechten Interessen-ausgleichs zum Teil als zulässig angesehen.[860]

Fraglich ist jedoch, welche Auswirkungen diese Überlegungen anlässlich der Durchführung einer Due Diligence haben würden. Man könnte annehmen, dass die Prüfer aufgrund ihrer Arbeit mit den Daten nicht nur die Informations-empfänger sind, sondern auch den angesprochenen Gefahrenbereich darstellen und sich somit entsprechend der Beweislastumkehr hinsichtlich eines Daten-missbrauchs zu entlasten hätten. Dagegen spricht jedoch der Umstand, dass die Durchsicht der Firmenunterlagen ja in einem separaten Datenraum stattfindet, in

---

[857] Siehe dazu BGHZ 23, 288, 290 f. (Urteil vom 11.02.1957 – VII ZR 256/56); BAG, Urteil vom 24.04.1974, 5 AZR 480/73, Nürnberg, in NJW 1974, S. 2255; BGH, Urteil vom 19.06.1973, VI ZR 178/71, Hamm, in NJW 1973, S. 1602, 1603.

[858] Siehe explizit zur culpa in contrahendo BGH-Urteil vom 26.09.1961, VI ZR 92/61(„Bananenschalenfall"), in NJW 1962, S. 31, 32; Thomas/Putzo-Reichold, Vorb. vor § 284, Rn. 27.

[859] BGH-Urteil vom 26.09.1961, VI ZR 92/61, in NJW 1962, S. 31, 32; MüKo/BGB-Oetker, § 249, Rn. 447.

[860] Thomas/Putzo-Reichold, Vorb. vor § 284, Rn. 25.

dem die Prüfer die Unternehmensinformationen (jedenfalls theoretisch) nur entsprechend der Datenraumregeln einsehen können.[861] Für die Prüfer bestehen also faktisch unmittelbare Einwirkungsmöglichkeiten auf die Daten, der Raum und dessen Benutzungsordnung wird aber von der Zielgesellschaft bzw. durch die von dieser beauftragten Rechtsanwälte gestellt. Demnach ist jedenfalls zweifelhaft, ob der Datenraum dem Gefahrenbereich des Erwerbsinteressenten zuzuordnen ist, zumal diese hinsichtlich der Datenbenutzung der Organisation und dem Weisungsrecht der Zielgesellschaft unterliegen.

Demnach ist eine Verteilung der Beweislast nach Gefahrenbereichen mangels konkreter Abgrenzungskriterien jedenfalls bei einer Prüfung anlässlich einer Due Diligence nicht zweckmäßig. Hinzu kommt der Umstand, dass im Rahmen eines Bieterwettbewerbs mindestens zwei interessierte Parteien auftreten, so dass dann die zusätzliche Schwierigkeit darin besteht, die beteiligten Bietergruppen voneinander abzugrenzen und einen Datenmissbrauch einem bestimmten Erwerbsinteressenten klar zuzuordnen.[862]

Eine weitere Möglichkeit, die Beweisführung zu erleichtern, könnte im Beweis des ersten Anscheins bestehen. Dieser so genannte Anscheinsbeweis greift bei Sachverhalten ein, bei deren Vorliegen man mittels eines Erfahrungssatzes von einer feststehenden Tatsache auf das Bestehen einer anderen Tatsache schließen kann. Hinsichtlich eines Schadensersatzanspruchs bedeutet dies, dass man durch einen Anscheinsbeweis das Vorliegen einer entsprechenden Pflichtverletzung annehmen kann.[863] Somit ist dann auch die Kausalität zwischen pflichtwidriger Handlung und dem eingetretenen Erfolg im Sinne dieses prima-facie-Beweises nachgewiesen.[864] Der Geschädigte muss in einem solchen Fall also lediglich den eingetretenen Schaden nachweisen.[865] Eine solche Beweisführung wird hinsichtlich der haftungsbegründenden Kausalität bei Verkehrssicherungspflichten

---

[861] Siehe dazu S. 57 ff.

[862] Vgl. zur Ablehnung des Sphärenansatzes aufgrund mangelnder eingrenzender Merkmale, BGHZ 63, 140, 148 f. (Urteil vom 05.11.1974 – VI ZR 100/73); vgl. MüKo/BGB-Oetker, § 249, Rn. 448, der die Aufstellung von Gefahrenbereichen wegen ausreichender Ergebnisse durch den § 280 Abs. 1 S. 2 BGB grundsätzlich für überflüssig hält.

[863] MüKo/BGB-Oetker, § 249, Rn. 449; Zöller-Greger, vor § 284, Rn. 29 ff.; siehe dazu ausführlich Romme, 1. Kapitel, § 3, S. 7 ff.

[864] Siehe BGH, Urteil vom 18.11.1999, IX ZR 153/98, Hamm, in NJW 2000; S. 734, 736; Mummenhoff, VII., 5., a), S. 132.

[865] Der prima-facie-Beweis ist ausgeräumt, wenn Umstände bewiesen werden, die auf einen vom Regelfall abweichenden Kausalverlauf schließen lassen, siehe Lange/Schiemann, § 3, XIII, 3., b).

angewandt.[866] Maßgebend ist aber zunächst das Vorliegen eines Erfahrungs-satzes, welcher die Schlussfolgerung auf die zu beweisende Tatsache zulässt. Dabei reicht zwar eine diesbezügliche hohe Wahrscheinlichkeit aus, diese ist aber auch mindestens erforderlich und zu verifizieren.[867] Im Hinblick auf die Offenlegung von Unternehmensdaten im Rahmen einer Due Diligence könnte man im Falle des Eintritts eines Schadens von einem Datenmissbrauch des Erwerbsinteressenten ausgehen. So wäre beispielsweise bei einer noch während der Durchführung der Due Diligence lancierten Veröffentlichung interner Informationen über die Zielgesellschaft, welche sich für die Gesellschaft negativ, für den Investor jedoch positiv auswirkt, davon auszugehen, dass der Erwerbsinteressent Urheber dieser Verletzungshandlung war und sich damit zu entlasten habe.

Dafür dürfte jedoch keine Tatsache vorliegen, aus der sich die ernsthafte Möglichkeit eines anderen Geschehensablaufes ergeben könnte.[868] Dies wäre der Fall, wenn nur ein Erwerbsinteressent eine Due Diligence durchführte und eine Offenbarung der Informationen durch sonstige Dritte ausgeschlossen werden könnte. Im Zusammenhang mit einer anlässlich eines Bieterverfahrens durch-geführten Due Diligence werden die Unternehmensdaten aber nicht nur einem einzigen Interessenten bzw. einer einzigen Bietergruppe bekannt gemacht. So nehmen bei einer Durchführung eines Bieterwettbewerbs mindestens zwei interessierte Parteien teil.[869] Daher besteht hinsichtlich der Konkretisierung der schädigenden Person zum einen die Notwendigkeit, die beteiligten Bieter-gruppen voneinander abzugrenzen. Zum anderen können neben dem potentiellen Investor noch andere Personengruppen an der Durchführung der Due Diligence beteiligt sein. So werden auf beiden Seiten oft Rechtsanwälte, Investmentbanker oder sonstige Unternehmens- bzw. M&A-Berater eingeschaltet. Letztlich können auch Mitarbeiter der Zielgesellschaft ein (persönliches) Interesse an Indiskretionen haben; dies geht vom Vorstand der Gesellschaft (der sein Wissen

---

[866] BGH, Urteil vom 04.10.1983, VI ZR 98/82, Koblenz, in NJW 1984, S. 432, 433; BGH, Urteil vom 14.12.1993, VI ZR 271/92, in NJW 1994, S. 945 f.; MüKo/BGB-Oetker, § 249, Rn. 450; vgl. MüKo/BGB-Emmerich, § 311, Rn. 92.

[867] Es muss also ein typischer Sachverhalt vorliegen. So BGHZ 100, 31, 33 f. (Urteil vom 05.02.1987 – I ZR 210/84, „Raubpressungen"); BGH, Urteil vom 03.07.1990, VI ZR 239/89, Koblenz, in NJW 1991, S. 230, 231; Zöller-Greger, vor § 284, Rn. 29; Palandt-Heinriches, vor § 249, Rn. 166; zum Begriff der „Wahrscheinlichkeit" kritisch Romme, 1. Kapitel, § 3, II., S. 9 ff.

[868] MüKo/BGB-Oetker, § 249, Rn. 453. Ansonsten liegen die Voraussetzungen des Anscheinsbeweises nicht vor, siehe BGH, Urteil vom 17.06.1997, X ZR 119/94, Nürnberg, in NJW 1998, S. 79, 80 f.; BGH, Urteil vom 03.07.1990, VI ZR 239/89, in NJW 1991, S. 230, 231; BGHZ 123, 311, 315 (Urteil vom 30.09.1993 – IX ZR 73/93); Baumgärtel-Baumgärtel, § 276, Rn. 3.

[869] Siehe S. 61 ff.

je nach Sachlage und eigenem Vorteil entweder für eine erfolgreiche Durchführung der Transaktion oder dagegen einsetzen kann) bis zu einzelnen Hilfs-
personen, denen der Zugang zu den Daten im Rahmen ihrer Tätigkeit erlaubt ist
und die daraus unter Umständen unrechtmäßigen Gewinn erzielen wollen. Somit
besteht unabhängig vom Grad der Wahrscheinlichkeit von dessen Eintritt die
Möglichkeit eines anderen, also atypischen Geschehensablaufs. Demnach ist ein
Erfahrungssatz wie bei den im Rahmen eines Anscheinsbeweises als Regelfall
angeführten charakteristischen Beispielen nicht zu erkennen.[870] Da die bei der
Durchführung einer Due Diligence möglichen verschiedenen alternativen
Handlungsabläufe mit der für einen Prima-facie-Beweis notwendigen Typizität
eines Geschehensablaufs also nicht vergleichbar sind, darf der Anscheinsbeweis
hinsichtlich einer entsprechenden Beweiswürdigung bei dem vorliegenden
Sachverhalt nicht angewandt werden.

(cc) Zwischenergebnis

Bei der Durchführung einer Due Diligence können Beweiserleichterungen wie
die Umkehrung der Beweislast mittels Einteilung von Gefahrenbereichen oder
der Beweis des ersten Anscheins zugunsten des Geschädigten nicht angewandt
werden. Somit ist die gesetzliche Beweislast im Zusammenhang mit der Offenlegung von Unternehmensinformationen mittels einer Due Diligence jedenfalls
anhand der Grundsätze der Rechtsprechung nicht veränderbar.

bb) Ergebnis

Der veräußerungswillige Aktionär hat im Falle eines Datenmissbrauchs durch
den Erwerbsinteressenten im Rahmen einer Due Diligence gegen diesen einen
Schadensersatzanspruch gemäß § 311 Abs. 2 Nr. 2 i.V.m. den §§ 241 Abs. 2,
280 Abs. 1 BGB. Dieser Schadensersatzanspruch beinhaltet jedoch nur eine
Forderung in das Vermögen der Gesellschaft, nicht in das Privatvermögen des
Gesellschafters. Zudem können Beweiserleichterungen wie die Umkehrung der
Beweislast mittels Einteilung von Gefahrenbereichen oder der Beweis des ersten
Anscheins zugunsten des Geschädigten nicht angewandt werden, so dass es in
der praktischen Anwendung aufgrund der gesetzlichen Beweislastverteilung zu

---

[870] Vgl. beispielhaft BGH, Urteil vom 18.10.1988 – VI ZR 223/87 (Düsseldorf), in: NJW-RR
1989, S. 670, 671. In diesem Urteil geht der Bundesgerichtshof bei einem Auffahrunfall
von einem Beweis des ersten Anscheins für ein Verschulden des Hintermannes aus. Dieser
Anschein werde nach den allgemeinen Grundsätzen lediglich dadurch erschüttert, dass ein
atypischer Verlauf, welcher hinsichtlich der Verschuldensfrage andere Möglichkeiten
offenbart, dargelegt und bewiesen wird.

essentiellen Beweisschwierigkeiten hinsichtlich der Schadensfeststellung kommen kann.[871]

b) Anspruch der Zielgesellschaft gegen den Erwerbsinteressenten auf Schadensersatz gemäß §§ 311 Abs. 2 i.V.m. 241 Abs. 2, 280 Abs. 1 BGB

Nach der Prüfung des Anspruchs des Anteilsverkäufers ist nun zu untersuchen, ob die Zielgesellschaft selbst Ansprüche gegen den Erwerbsinteressenten geltend machen kann. Die Zielgesellschaft könnte gegen den Erwerbsinteressenten einen Schadensersatzanspruch gemäß § 311 Abs. 2 BGB i.V.m. den §§ 241 Abs. 2, 280 Abs. 1 BGB i.V.m. den Grundsätzen der Schutzwirkung zugunsten Dritter haben.

aa) Prüfung der tatbestandlichen Voraussetzungen, § 311 Abs. 2 BGB i.V.m. den §§ 241 Abs. 2, 280 Abs. 1 BGB i.V.m. den Grundsätzen zum Vertrag mit Schutzwirkung zugunsten Dritter

(1) Anwendbarkeit

Zunächst ist ein eigener Anspruch der Zielgesellschaft nach § 311 Abs. 2 BGB i.V.m. den §§ 241 Abs. 2, 280 Abs. 1 BGB abzulehnen; denn die Gesellschaft ist nicht Verkäuferin, sondern nur das Objekt der Transaktion. Die Anteile werden nämlich im Rahmen eines Share Deals von den betreffenden Gesellschaftern veräußert.[872] Demnach kann die Gesellschaft alleine aus diesen Normen auch keine entsprechenden vorvertraglichen Ansprüche haben. Die Zielgesellschaft könnte gegen den Erwerbsinteressenten jedoch einen Schadensersatzanspruch nach dem § 311 Abs. 2 BGB i.V.m. den §§ 241 Abs. 2, 280 Abs. 1 BGB i.V.m. den Grundsätzen eines Vertrages mit Schutzwirkung zugunsten Dritter haben.

Dafür dürfte ein solcher Drittschutz nicht vertragsabhängig sein. Ein solcher Zusammenhang wird mit dem Hinweis begründet, dass ein Dritter zwar nicht weniger, aber auch nicht mehr Rechte als eine Vertragspartei haben solle; die vertragliche Haftung dürfe nicht erweitert werden. Daher müsse die Anspruchsinhaberschaft des Dritten der Rechtsstellung einer Vertragspartei folgen und somit für ein derartiges Recht auch auf einer vertraglichen Basis

---

[871] So wird es angesichts der allgemeinen Grundsätze der Beweislast zunächst Schwierigkeiten bereiten, einen Schaden überhaupt zu quantifizieren und dann auch noch zu beweisen, dass eine Handlung des Erwerbsinteressenten pflichtwidrig und dieses bestimmte Verhalten für den Schaden auch kausal war.

[872] Vgl. die Ausführungen auf S. 47 ff.

stehen.[873] Dafür spräche auch, dass der Vertrauensgedanke im Bereich des Vertragsrechts bereits enthalten sei und es daher keiner entsprechenden Ausdehnung bedürfe.[874] Danach würde ein Schadensersatzanspruch nach den nun normierten Grundsätzen der culpa in contrahendo i.V.m. einer Schutzwirkung zugunsten Dritter nicht in Betracht kommen.

Man könnte die Frage der Notwendigkeit einer eigenen vertraglichen Grundlage auch von der Bestimmung der Rechtsgrundlage der Schutzwirkungen zugunsten Dritter abhängig machen. Diese wird nämlich entweder in einer ergänzenden Vertragsauslegung nach den §§ 133, 157 BGB, also als Ergebnis einer vertraglichen Grundlage,[875] oder in einer auf § 242 BGB basierenden richterlichen Rechtsfortbildung gesehen.[876] Daran anschließend müsse man im Falle einer Rechtfertigung des Drittschutzes mittels einer vertraglichen Gestaltung, eine Haftung aus culpa in contrahendo zugunsten Dritter eigentlich ablehnen.[877]

Dies würde jedoch den Sinn und Zweck des Rechtsinstituts des Vertrages mit Schutzwirkung zugunsten Dritter, welches angesichts des Fehlens eines umfassenden Vermögensschutzes, wegen der Gehilfenhaftung nach § 831 BGB (im Gegensatz dazu ist nämlich bei der Haftung nach § 278 BGB kein Entlastungsbeweis des Geschäftsherrn möglich) und der erleichterten Beweislastverteilung nach § 280 Abs. 1 S. 2 BGB a.F. eingeführt wurde,[878] konterkarieren. Dem Rechtsgedanken des § 328 BGB entsprechend muss es daher möglich sein, auch einen Dritten in den Schutzbereich einer culpa in contrahendo mit einzubeziehen,[879] auch ohne eigene vertragliche Partei zu sein;

---

[873] Gernhuber, Drittwirkungen im Schuldverhältnis kraft Leistungsnähe, in: Festschrift für Nikisch, S. 249, 267 f.

[874] Hattenhauer, § 5, XI., S. 106 f., nach dem ansonsten das vertragliche Schuldverhältnis unter Verletzung der Vertragsautonomie in einen von „fürsorglich-sozialen Motiven" bestimmten sozialen Tatbestand umgedeutet werde; Gernhuber, § 8, I, 6., b), S. 178 f.; Picker, JZ 1987, S. 1041, 1046 f. m. w. N.

[875] Siehe dazu BGHZ 133, 168, 170 ff. (Urteil vom 02.07.1996 – X ZR 104/94); Dahm, JZ 1992, S. 1167 ff.; Bayer, JuS 1996, S. 472, 475.

[876] Siehe MüKo/BGB-Gottwald, § 328, Rn. 101 f.; Gernhuber, Drittwirkungen im Schuldverhältnis kraft Leistungsnähe, in: Festschrift für Nikisch, S. 249, 269 f.

[877] Diese Schlussfolgerung aufzeigend MüKo/BGB-Gottwald, § 328, Rn. 103.

[878] Siehe zu den Gründen für die Herausbildung des Vertrages mit Schutzwirkung für Dritte statt vieler MüKo/BGB-Gottwald, § 328, Rn. 96 ff.

[879] So soll der Drittschutz bereits dann gelten, wenn die Vertragsparteien in einen gesteigerten sozialen Kontakt getreten sind und die Rechtsgüter des Dritte daraus resultierenden Gefährdung ausgesetzt sind, BGHZ 66, 51, 54 ff. (Urteil vom 28.01.1976, VIII ZR 246/74, „Gemüseblattentscheidung"); MüKo/BGB-Gottwald, § 328, Rn. 105; Palandt-Heinrichs, § 328, Rn. 15 und § 311, Rn. 20; Vgl. zur Annahme von Verträgen mit Schutzwirkungen für Dritte und zu vertragsähnlichen gesetzlichen Schuldverhältnissen,

und zwar in einer entsprechenden Anwendung der betreffenden Normen.[880] Maßgebend ist dabei das Vorliegen des in einer vorvertraglichen Lage entstehenden typischen Vertrauensverhältnisses zwischen den beteiligten Parteien.[881] Angesichts des Umstandes, dass der Vertrag mit Schutzwirkung zugunsten Dritter gewohnheitsrechtlich anerkannt ist, wird im Allgemeinen auch angenommen, dass dessen Rechtsgrundlage in der praktischen Anwendung an sich irrelevant sei.[882] Das Bestehen einer grundsätzlichen Drittberechtigung aus culpa in contrahendo ist durch die Schuldrechtsreform sogar in § 311 Abs. 3 S. 1 BGB normiert worden. Danach kann „ein Schuldverhältnis mit Pflichten nach § 241 Abs. 2" BGB nämlich „auch zu Personen entstehen, die nicht selbst Vertragspartei werden sollen".[883] Somit gibt es auch für den Dritten bereits im vorvertraglichem Bereich eine Schutzpflicht, hinsichtlich dessen Voraussetzungen auf die bisherige Praxis zurückgegriffen werden kann.[884]

(2) Tatbestandliche Voraussetzungen, § 311 Abs. 2 BGB i.V.m.
den §§ 241 Abs. 2, 280 Abs. 1 BGB i.V.m.
den Grundsätzen zum Vertrag mit Schutzwirkung zugunsten Dritter

Um einer unbestimmbaren Ausdehnung der Haftung entgegenzuwirken, sind an die Einbeziehung von Dritten in den vor- bzw. vertraglichen Schutzbereich

---

Larenz, Erster Teil, Zweites Kapitel, F., § 17, II., S. 224 ff.; Siehe zu den auch dem Dritten gegenüber bestehenden Schutzpflichten aus einer der Vertragshaftung vorgelagerten Vertrauenshaftung, welche dem Dritten originär zuständen, die Ausführungen von Canaris, ZHR 163 (1999), S. 206, 220 ff. und JZ 1998, S. 603, 605 f. sowie Canaris, Schutzgesetze, Verkehrspflichten, Schutzpflichten, in: Festschrift für Larenz, S. 27, 85 ff. (93 ff.) und Canaris JZ 1965, S. 475, 477 ff.; Kreuzer, JZ 1976, S. 778, 780; Thiele, JZ 1967, S. 654.

[880] Palandt-Heinrichs, § 241, Rn. 7 und § 311, Rn. 20, sowie allgemein zum Vertrag mit Schutzwirkung zugunsten Dritter bei § 328, Rn. 13 ff. und zum geschützten Personenkreis insbesondere Rn. 16 ff.; vgl. zum Bestehen von Schutzwirkungen sogar bei nicht unmittelbar bestehenden vertraglichen Beziehungen BGH, Urteil vom 26.09.2000, X ZR 94/98, Celle, in WM 2000, S. 2447, 2451; MüKo/BGB-Kramer, Einl. § 241, Rn. 84; Schleeh, S. 171 f.

[881] Statt vieler Dahm, JZ 1992, S. 1167, 1170.

[882] Siehe in diesem Sinne BGH-Urteil vom 18.02.1977, I ZR 112/75, in NJW 1977, S. 1062, 1063; Erman-Westermann, § 328, Rn. 11; Palandt-Heinrichs, § 328, Rn. 14.

[883] Siehe zu den geschützten Personen BT-Drucks. 14/6040, Begründung des Gesetzesentwurfs zum Schuldrechtsmodernisierungsgesetz, S. 163; siehe zu dieser so genannten „Merkzettelgesetzgebung" (§ 311 Abs. 3 S. 1 BGB normiert zwar das Bestehen einer Drittberechtigung aus culpa in contrahendo, lässt deren Voraussetzungen jedoch offen) MüKo/BGB-Emmerich, § 311, Rn. 201.

[884] So MüKo/BGB-Emmerich, § 328, Rn. 201.

enge Voraussetzungen aufzustellen.[885] So muss der Dritte typischerweise mit der Leistung verbunden und eventuell bestehenden Gefahren ebenso ausgesetzt sein, wie der Gläubiger selbst (Leistungsnähe), der Gläubiger muss an der sorgfältigen Ausführung des Vertrages auch ein berechtigtes Interesse zugunsten des Dritten haben (Gläubigernähe), die Drittbezogenheit der Leistung sowie der Personenkreis der geschützten Dritten sollte für den Schuldner subjektiv vorhersehbar sein (Erkennbarkeit), und der Dritte muss hinsichtlich der Ausdehnung des Vertragschutzes nach Treu und Glauben schutzbedürftig sein (Schutzbedürfnis).

Im Zusammenhang mit der Durchführung einer Due Diligence können die dafür relevanten Informationen nach entsprechender Zustimmung durch den Aufsichtsrat nur vom Vorstand der Aktiengesellschaft dem Erwerbsinteressenten zur Einsicht zur Verfügung gestellt werden.[886] Somit wird die Zielgesellschaft als Dritte im Verhältnis zum beabsichtigten Kaufvertrag zwischen einem Gesellschafter und dem Investor, zwangsläufig mit der betreffenden Leistung verbunden; durch die Offenlegung von Informationen wird die Gesellschaft einer missbräuchlichen Verwendung dieser Daten unmittelbar ausgesetzt. Aufgrund seiner eigenen Anteile an der Aktiengesellschaft hat der Gesellschafter ein eigenes berechtigtes Interesse an der Geheimhaltung der internen Gesellschaftsinformationen; deren missbräuchliche Verwendung könnte nämlich zu einem Wertverlust seiner Anteile führen. Diese Umstände sind dem Erwerbsinteressenten im Rahmen einer Due Diligence auch bekannt. Da eigene vertragliche Ansprüche der Zielgesellschaft gegenüber dem Investor nicht bestehen,[887] ist die Gesellschaft hinsichtlich einer Einbeziehung in die vertraglichen Sorgfalts- und Obhutspflichten der Hauptleistung zwischen dem Gesellschafter und dem Erwerbsinteressenten auch schutzbedürftig. Damit ist die Zielgesellschaft in das Vertrauensverhältnis zwischen dem Gesellschafter und dem Erwerbsinteressenten mit einzubeziehen.[888]

---

[885] BGHZ 66, 51, 57 (Urteil vom 28.01.1976, VIII ZR 246/74, „Gemüseblattentscheidung"), nach welchem die Einbeziehung Dritter in den vertraglichen Schutzbereich eng begrenzt bleiben solle, weil ansonsten die Grenze zwischen Vertrags- und Deliktshaftung „aufgegeben oder verwischt" werden würde; Strauch, JuS 1982, S.823, 826 f.; die betreffenden Anforderungen zusammenfassend, Hüffer, § 328, Rn. 16 ff.

[886] Siehe das Ergebnis der obigen Ausführungen auf S. 151 ff.

[887] Vgl. S. 47 ff.

[888] Nach MüKo/BGB-Kramer, Einl. § 241, Rn. 84 kann bei Vorliegen der genannten Voraussetzungen „von einem objektiv-rechtlich zugerechneten („gesetzlichen") Schuldverhältnis zwischen dem „Dritten"...und dem betreffenden Kontrahenten gesprochen werden", wonach das oben angesprochene Erfordernis einer Vertragsabhängigkeit der drittschützenden Vertrauenshaftung letztlich ohnehin entfällt.; Vgl. dazu auch Canaris, JZ 1965, S. 475, 480; Kreuzer, JZ 1976, S. 778, 780.

bb) Zwischenergebnis

Die Gesellschaft hat im Falle einer missbräuchlichen Verwendung der von ihr offen gelegten Unternehmensinformationen gegen den Erwerbsinteressenten einen Schadensersatzanspruch gemäß § 311 Abs. 2 BGB i.V.m. den §§ 241 Abs. 2, 280 Abs. 1 BGB i.V.m. den Grundsätzen des Vertrages mit Schutzwirkung zugunsten Dritter.

c) Ergebnis

Im Rahmen des gesetzlichen Vertrauensschutzes bestehen also vorvertragliche Ansprüche sowohl des Anteilsverkäufers (Schadensersatzanspruch gemäß § 311 Abs. 2 Nr. 2 BGB i.V.m. den §§ 241 Abs. 2, 280 Abs. 1 BGB) als auch der Zielgesellschaft selbst (Schadensersatzanspruch gemäß § 311 Abs. 2 BGB i.V.m. den §§ 241 Abs. 2, 280 Abs. 1 BGB i.V.m. den Grundsätzen des Vertrages mit Schutzwirkungen zugunsten Dritter) gegen den Erwerbs-interessenten.[889] Die Geltendmachung dieser im vorvertraglichen Bereich bestehenden Ansprüche wird aber, weil Beweiserleichterungen wie die Umkehrung der Beweislast mittels Einteilung von Gefahrenbereichen oder der Beweis des ersten Anscheins zugunsten des Geschädigten nicht angewandt werden können, wie beschrieben durch deren schwierige Umsetzung aufgrund der gesetzlichen Beweislastverteilung hinsichtlich der Schadensfeststellung erheblich erschwert.

Um einen den aktienrechtlichen Zulässigkeitserfordernissen nach § 93 Abs. 1 S. 2 AktG hinsichtlich der Durchführung einer Due Diligence genügenden vor-vertraglichen Schutz der Betriebs- und Geschäftsgeheimnisse sicherzustellen,[890] ist es demnach erforderlich, den Schutz der Unternehmensinformationen durch effektive privatrechtliche Maßnahmen zu gewährleisten.[891]

---

[889] Vgl. Holzapfel/Pöllath, I, 3, d), Rn 15, die bei einem Unternehmens- oder Beteiligungs-kauf auch von dem Bestehen einer Obliegenheit zur Einhaltung der Vertraulichkeit ausgehen; Lutter-Letter of Intent, § 8, III, S. 48 f.; Larenz, Bemerkungen zur Haftung für „culpa in contrahendo"; in: Festschrift für Ballerstedt, S. 397, 415; vgl. allgemein zu den sich aus einem vorvertraglichen Vertrauensverhältnis resultierenden Nebenpflichten Jauernig-Vollkommer, § 242, Rn. 6 und Rn. 16.

[890] Die Vorgabe und die Einhaltung strikter Sicherungsmaßnahmen stellt für die Einhaltung des Schutzzweckes der aktienrechtlichen Verschwiegenheitspflicht gemäß § 93 Abs. 1 S. 2 AktG und damit für die aktienrechtliche Zulässigkeit einer Due Diligence an sich nämlich eine wesentliche Voraussetzungen dar. Siehe dazu ausführlich S. 213 ff.

[891] Dafür spricht bereits der Umstand, dass die in unterschiedlichem Ausmaß angenommenen gesetzlichen Geheimhaltungsverpflichtungen jedenfalls keine absolute Verschwiegen-heitspflicht beinhalten, vgl. statt vieler Hölters-Semler, Teil VI, B., I., 2., Rn. 12 f.;

2. Privatrechtliche Maßnahmen zum Schutz der anlässlich einer Due Diligence offen gelegten Unternehmensinformationen

In der Folge ist darzulegen, welche privatrechtlichen Maßnahmen zum Schutz der anlässlich einer Due Diligence offen gelegten Unternehmensinformationen von der Zielgesellschaft ergriffen werden müssen, um den aktienrechtlichen Zulässigkeitsanforderungen, welche sich aus dem Spannungsverhältnis zwischen der Verschwiegenheitspflicht des Vorstandes gemäß § 93 Abs. 1 S. 2 AktG und dem Unternehmensinteresse als dessen immanente Grenze ergeben, zu genügen.[892]

a) Nachweis einer wirklichen Erwerbsabsicht (Letter of Intent / Finanzierungsnachweis)

Am Anfang eines Transaktionsprozesses ist die Ernsthaftigkeit der Erwerbsabsicht eines Dritten für den Vorstand der Zielgesellschaft schwierig zu bestimmen. Daher bedarf es zunächst eines entsprechenden Nachweises durch den Interessenten. Diesen kann er aufgrund der rechtlichen Unverbindlichkeit während dieses Verfahrensstadiums[893] durch die Vereinbarung einer Absichtserklärung, also den Letter of Intent, und durch einen Finanzierungsnachweis zwar nicht vollständig erbringen, dessen ernsthafte Absichten werden unter diesen Umständen jedoch als nahe liegend unterstellt.[894]

Niewiarra, II, 2., a), S. 35 ff., der betont, dass die vorvertraglichen Regelungen einer rechtlichen Präzisierung nicht genügen und damit in der praktischen Anwendung der Zielgesellschaft wenig weiterhelfen.

[892] Siehe zum inneren Zusammenhang zwischen den durchzuführenden rechtlichen und praktischen Schutzmaßnahmen und dem daraus resultierenden Ergebnis der Konkretisierung des Unternehmensinteresses, sowie dessen Auswirkungen auf die Frage der gesellschaftsrechtlichen Zulässigkeit einer Due Diligence S. 213 ff. Siehe auch Hölters-Semler, Teil VI, C., III., 1., Rn. 53, der die faktische Möglichkeit einer Verwendung der erlangten Informationen zum Nachteil der Zielgesellschaft (und damit auch zum Nachteil von deren Anteilseignern) als selbstverständlich ansieht.

[893] Vgl. die Ausführungen zum Zeitpunkt der Durchführung einer Due Diligence auf S. 46 ff.

[894] Von der Prüfung der Ernsthaftigkeit der Erwerbsabsichten des Interessenten sind die Auswirkungen einer solchen Transaktion auf die Zielgesellschaft selbst zuvorderst zu unter-suchen. Insbesondere sind die vertraglichen Beziehungen der Zielgesellschaft mit Dritten hinsichtlich des Bestehens von so genannten Change of Control-Klauseln zu untersuchen. Dies sind vertragliche Bestimmungen, welche dem einen Vertragsteil ermöglichen, einen Vertrag zu kündigen, wenn auf der Seite des anderen Vertragsteils ein Gesellschafterwechsel stattfindet. Durch derartige Klauseln schützen sich Unternehmen vor der Beteiligung von konkurrierenden Unternehmen, denen ansonsten deren Betriebs- oder Geschäftsgeheimnisse offen gelegt werden würden. Dazu Merkt, Internationaler Unternehmenskauf, Anhang, E, Rn. 881 ff.

Der Letter of Intent manifestiert darüber hinaus den bestehenden Willen der Parteien, eine Transaktion grundsätzlich abschließen zu wollen. Zwar hat eine solche Vereinbarung aufgrund seiner aus dem angelsächsischen Bereich stammenden Praxis keinen vorgegebenen bestimmten Inhalt,[895] eine solche Absichtserklärung führt jedoch zu gewissen Bindungen im Vorfeld der beabsichtigten Transaktion, wie dem Eingreifen der Regelungen gemäß § 311 Abs. 2 BGB i.V.m. den §§ 241 Abs. 2, 280 Abs. 1 BGB für den Fall eines unberechtigten Abbruchs der Vertragsverhandlungen;[896] somit ist eine derartige vorbereitende Festlegung für das Zielunternehmen jedenfalls vorteilhaft.

Die Erbringung eines Nachweises der Zahlungsfähigkeit durch den Interessenten ist zur Ermittlung der Ernsthaftigkeit und zum Ausschluss von so genannten spähenden Wettbewerbern allein zwar auch nicht genügend, aber jedenfalls ebenfalls förderlich.[897] Auch das Vorlegen von Bürgschaften und so genannter Patronatserklärungen (Comfort Letter) von dem Erwerber nahe stehenden Unternehmen kann dem Sicherungsbedürfnis der Zielgesellschaft dienen.[898]

Aufgrund der mit einem Letter of Intent bzw. einem Finanzierungsnachweis verbundenen Unsicherheiten hinsichtlich einer rechtlichen Bindungswirkung bzw. einer wirklichen Erwerbsabsicht des Interessenten,[899] bedarf es hinsichtlich der aktienrechtlichen Zulässigkeit der Durchführung einer Due Diligence weiterer Sicherungsmaßnahmen.

---

[895] Lutter, Letter of Intent, § 1, I, S. 3 f.; Müller, NJW 2000, S. 4352, 3455; Quack, ZGR 1982, S. 350, 357 f.; siehe ausführlich S. 56 ff.

[896] Hölters-Semler, Teil VI, B., I., 3., Rn. 14 f. und Teil VI, B., II., 2., Rn. 20; Niewiarra, II, 2., a), S. 36; Vgl. zu den rechtlichen Bindungen im Laufe der Vertragsverhandlungen Hommelhoff, ZHR 150 (1986), S. 254, 257 f.

[897] Siehe Ziemons, AG 1999, S. 492, 494; vgl. auch Müller, NJW 2000, S. 4352, 3455, der die Ermittlung der Zahlungsfähigkeit des Erwerbers aber fälschlicherweise dem Vorstand der Zielgesellschaft auferlegt.

[898] Pelka, XVI, 8., b), Rn. 811. In einer Patronatserklärung verspricht der Patron dem Gläubiger eines Dritten in der Regel ein bestimmtes Verhalten, welches die Kreditwürdigkeit des Dritten und damit dessen vertragsgerechtes Verhalten verbessert. Zum rechtlichen Inhalt und der Unterscheidung von so genannten „weichen" und „harten" Patronatserklärungen siehe Fleischer, WM 1999, S. 666 ff.; Palandt-Sprau, Einf. vor § 765, Rn. 21.

[899] Vgl. Hölters-Semler, Teil VI, B., II., 2., Rn. 20 a.E., der „die Bezeichnung als Letter of Intent...nur (als) ein widerlegliches Indiz dafür (sieht), dass eine vertragliche Bindung jedenfalls in Bezug auf den Abschlusse eines Hauptvertrages nicht gewollt ist"; siehe das Muster eines Letter of Intent bei Hopt-Hess/Fabritius, Vertrags- und Formularbuch, 1. Teil, HGB, IV., B., 5., S. 655.

b) Abschluss einer Vertraulichkeitsvereinbarung (Confidentiality Agreement)

Der Abschluss einer Vertraulichkeitsvereinbarung zwischen der Zielgesellschaft und dem Erwerbsinteressenten wird in der juristischen und betriebswirtschaftlichen Literatur durchgehend angesprochen, dessen rechtliches Erfordernis meist befürwortet, der dafür notwendige Inhalt aber relativ unterschiedlich gesehen bzw. häufig gar nicht erst spezifiziert.

aa) Rechtliches Erfordernis

In einer Vertraulichkeitsvereinbarung werden die vorvertraglichen Geheimhaltungspflichten im Hinblick auf den Einzelfall genau definiert.[900] Dabei kommt es für dessen Erforderlichkeit zunächst auf die rechtliche Bindungswirkung einer eventuell zeitlich schon vorher vereinbarten Absichtserklärung an. Diese muss hinsichtlich der Ermittlung des Parteiwillens gemäß der §§ 133, 157 BGB ausgelegt werden.[901] Ein Letter of Intent kann beispielsweise bereits eine Geheimhaltungsvereinbarung enthalten;[902] hinsichtlich der grundlegenden Bedeutung einer Vertraulichkeitsvereinbarung und dessen Herausstellung ist es jedoch empfehlenswert, diese separat abzuschließen.[903]

In diesem Zusammenhang gibt es zwar noch einzelne Stimmen, welche den Abschluss einer Geheimhaltungsvereinbarung lediglich als „zu empfehlen" bezeichnen,[904] ansonsten wird jedoch eine solche Vertraulichkeitsvereinbarung

---

[900] Picot, (Unternehmenskauf und Restrukturierung), Teil 1, IV., 1., Rn. 33 ff.; Beisel/ Klumpp, 2. Kapitel, IV, 1., Rn. 16; Stoffels, ZHR 165 (2001), S. 362, 378; vgl. Niewiarra, II, 2., a), S. 36, wonach solche Vertraulichkeitsvereinbarungen auch Non-Disclosure Agreement, Statements of Non-Disclosure oder Confidentiality Letter genannt werden.

[901] Siehe zum Inhalt und zur rechtlichen Bindungswirkung einer solchen Absichtserklärung (letter of intent) ausführlich S. 56 ff.

[902] Vgl. exemplarisch Meincke, WM 1998, S. 749, 751; Kösters, NZG 1999, S. 623, 624.

[903] Siehe beispielsweise Kösters, NZG 1999, S. 623 ff.

[904] So Schroeder, DB 1997, S. 2161, 2163; siehe auch Hommelhoff, ZHR 150 (1986), S. 254, 257; Vgl. insbesondere Roschmann/Frey, AG 1996, S. 449, 452, die nur davon sprechen, „ggf. ...entsprechende Geheimhaltungsvereinbarungen abzuschließen" und nach denen eine Offenlegung von Informationen „im allgemeinen" nur bei Personen gerechtfertigt sein soll, welche „ihrerseits einer Schweigepflicht unterliegen". Damit kann jedoch nur eine Offenlegung an Personen gemeint sein, welche als neutrale Sachverständige eine Due Diligence durchführen. Denn von dem Erwerbsinteressenten mandatierte Rechtsanwälte werden auch in dessen Sinne prüfen und für die Realisierung der Transaktion notwendige Informationen weitergeben. Daher ist es in diesen Fällen aufgrund der gesellschaftsrechtlichen Verschwiegenheitspflicht des Vorstands nach § 93 Abs. 1 S. 2 AktG geboten, auch mit solchen Prüfern eine Vertraulichkeitserklärung zu vereinbaren, welche einer

als zwingende Voraussetzung einer Offenbarung von Informationen im Rahmen einer Due Diligence angesehen.[905] Dies liegt an der bereits erläuterten Unvollständigkeit bzw. der jedenfalls bestehenden Unsicherheit hinsichtlich einer vollständigen rechtlichen Absicherung der Geheimhaltung von Gesellschaftsinformationen durch den gesetzlichen Vertrauensschutz.[906] Auch bei Abschluss einer solchen Verschwiegenheitsvereinbarung stellt dies nur einen „Minimalschutz" für den Veräußerer dar.[907] Daher genügt der gesetzliche Vertrauensschutz den gesellschaftsrechtlichen Verschwiegenheitspflichten des Vorstands gemäß § 93 Abs. 1 S. 2 AktG sowie des Aufsichtsrats gemäß § 116 i.V.m. § 93 Abs. 1 S. 2 AktG in der praktischen Anwendung, also bei Durchführung einer Due Diligence, nicht.[908] Diesbezüglich sind vor allem die besonderen Regelungen hinsichtlich der Art und Weise des Umgangs mit den einzelnen Informationen, sowie die Pflichten (auch hinsichtlich der späteren Verwendung der Daten), zu nennen, welche nur durch eine entsprechende vertragliche Vereinbarung hinreichend konkretisiert werden können.

---

gesetzlichen oder beruflichen Verschwiegenheitspflicht unterliegen. Vgl. in diesem Sinne auch Rozijn, NZG 2001, S. 494, 499.

[905] Mertens, AG 1997, S. 541 f. und S. 544; Ziegler, DStR 2000, S. 249, 253; Werner, ZIP 2000, S. 989, 991; Körber, NZG 2002, S. 263, 270; Holzapfel/Pöllath, I, 3., f), aa), ccc), Rn. 17a; Meincke, WM 1998, S. 749, 751, der einen „größtmöglichen Schutz" für die weitergegebenen Informationen erreichen" will und daher zu einem standardisierten Verfahren rät und die Aufstellung eines entsprechenden „Abwägungsfahrplans" vorschlägt; siehe auch Beisel/Klumpp, 2. Kapitel, IV, 2., c), Rn. 17 nach denen die Verschwiegenheitspflicht im Letter of Intent vereinbart werden sollte; zum bindenden Charakter eines solchen Letter of Intent, siehe 1. Kapitel, VI, Rn. 66; dagegen verstößt eine so genannte Freistellungsvereinbarung, nach welcher sich der Vorstand der Zielgesellschaft gegenüber dem Interessenten zur pauschalen Freigabe von geheimen Informationen verpflichtet, gegen § 93 Abs. 1 S. 2 AktG und ist somit gemäß der §§ 134, 138 BGB nichtig (MüKo-Hefermehl/Spindler, § 93, Rn. 63).

[906] Statt vieler Münchener Vertragshandbuch/Wirtschaftsrecht III-Chroziel, I., 2, Anmerkungen, 1., S. 24: „Der gesetzliche Geheimnisschutz…(ist) für den Know-how-Inhaber nicht ausreichend."; im Rahmen des gesetzlichen Vertrauensschutzes bestehen zwar vorvertragliche Ansprüche sowohl des Anteilsverkäufers als auch der Zielgesellschaft gegen den Erwerbsinteressenten aus culpa in contrahendo; deren Umsetzung wird aber durch die bestehende Beweislastverteilung erheblich erschwert. Siehe dazu die obigen Ausführungen auf S. 244 f.

[907] Hopt-Hess/Fabritius, Vertrags- und Formularbuch, 1. Teil, HGB, IV., B., 2., Anmerkungen, 1., S. 649; auch Münchener Vertragshandbuch/Wirtschaftsrecht III-Chroziel, I., 2, Anmerkungen, 1., S. 24 f. betont, dass sich der Geheimnisträger trotz Vereinbarung einer Vertraulichkeitsabrede einer „letztlich nicht auszuräumenden Gefährdung aussetzt".

[908] Vgl. auch die besondere Bedeutung der Vereinbarung einer Vertragsstrafe in der Unternehmenspraxis bei Bovensiepen/Jakobs/Ott, Alteigner attackieren neue Chefs, Süddeutsche Zeitung, 04. Mai 2002.

bb) Notwendiger Inhalt

Um eine Vertraulichkeitsvereinbarung zu einem effektiven Ersatz des gesetzlich vorgesehenen vorvertraglichen Schuldverhältnisses werden zu lassen,[909] bedarf es einer umfassenden Regelung aller Details, von welcher die aktienrechtliche Zulässigkeit der Durchführung einer Due Diligence aufgrund der Verschwiegenheitspflicht nach § 93 Abs. 1 S. 2 AktG abhängt.[910]

(1) Allgemeine Regelungen

(a) Prüfungsgegenstand

Als erstes sollte in den allgemeinen Regelungen des Vertrages der Prüfungsgegenstand möglichst genau definiert werden. Denn dieser ist der Ursprung der gesamten Vertraulichkeitsvereinbarung und damit auch Auslegungsmerkmal im Falle einer rechtlich nicht eindeutig zu bewertenden Situation. Anhand dessen werden alle nachfolgenden Handlungen der Prüfer und die zu treffenden Maßnahmen der Zielgesellschaft zu messen sein.[911] Auch die so genannte salvatorische Klausel, die meist am Ende eines jeden Vertrages vereinbart wird, beinhaltet, dass im Falle der Unwirksamkeit bzw. der Undurchführbarkeit einzelner Bestimmungen oder bei Vorliegen einer Regelungslücke anstelle jener eine solche Bestimmung als vereinbart gelten soll, welche dem Zweck der betreffenden Bestimmung und dem Sinn der gesamten Vereinbarung am nächsten kommt.[912] Zudem ist es für das Nachvollziehen der Vollständigkeit der

---

[909] Da bei einer entsprechenden vertraglichen Regelung die Schutzbedürftigkeit der Zielgesellschaft hinsichtlich des Vorliegens einer culpa in contrahendo i.V.m. den Grundsätzen des Vertrages mit Schutzwirkung zugunsten Dritter nach § 311 Abs. 2 BGB i.V.m. den §§ 241 Abs. 2, 280 Abs. 1 BGB aufgrund des dann nach Treu und Glauben fehlenden Bedürfnisses entfällt, kommt es demnach auf eine erschöpfende vertragliche Regelung der Rechte und Pflichten bezüglich des Umgangs mit den Unternehmensinformationen an.; siehe zum fehlenden Schutzbedürfnis wegen eigener vertraglicher Ansprüche BGHZ 133, 168, 173 ff. (Urteil vom 02.07.1996 – X ZR 104/94); BGHZ 129, 136, 169 (Urteil vom 20.03.1995 – II ZR 205/94); Palandt-Heinrichs, § 328, Rn. 18; Martiny, JZ 1996, S. 19, 25; vgl. dazu S. 242 ff. Die Parteien können jedoch vertraglich vereinbaren, dass die Vertraulichkeitsvereinbarung einen zusätzlichen Schutz, der neben den gesetzlichen Ansprüchen anwendbar ist, darstellen soll, MüKo/BGB-Gottwald, § 328, Rn. 117.

[910] Zum Bedingungszusammenhang zwischen der Einhaltung bestimmter Sicherheitsvorkehrungen und der aktienrechtlichen Zulässigkeit einer Due Diligence siehe S. 213 ff.

[911] Münchener Vertragshandbuch/Wirtschaftsrecht III-Chroziel, I., 2, Anmerkungen, 7., S. 26.

[912] Münchener Vertragshandbuch/Wirtschaftsrecht I-Günther, III., 2, Anmerkungen, W., 136., (4), S. 547 f.

bereitgestellten Unterlagen bzw. für das am Ende der Untersuchung zu ziehende Resümee hinsichtlich einer vollständige Beantwortung der Prüferanfragen wichtig und zur Streitvermeidung unerlässlich zu wissen, welche Gebiete der Prüfung wirklich unterfielen und welche Bereiche demnach rechtmäßig unbeantwortet blieben.[913] Somit ist ein so konkret wie möglich umschriebener Prüfungsgegenstand für den weiteren Verlauf des Transaktionsprozesses von entscheidender Bedeutung.

(b) Datenraum

Für die Einsicht in firmeninterne Unterlagen ist die Bereitstellung eines Datenraumes (Data Room[914] / Board Room[915] / Showroom[916]) notwendig. Dies sind ein oder mehrere Räume, welche sich entweder bei der Zielgesellschaft oder bei der von dieser für die Transaktion mandatierten Kanzlei bzw. Unternehmensberatung befinden und in welchen die für die Due Diligence maßgeblichen Dokumente bereitgestellt werden. Die Einrichtung von Datenräumen an sich verschafft dem Veräußerer hinsichtlich des Datenzugangs und der Datengeheimhaltung eine notwendige Kontrolle, der Gebrauch von Räumlichkeiten abseits des Zielunternehmens wird zur Vermeidung von Unsicherheiten seitens dessen Mitarbeiter und zur Vermeidung von einer sowohl unternehmensinternen als auch allgemeinen Publizität der Transaktionsabsichten durchgeführt.[917] Durch eine solche Beschränkung der Einsicht auf einen Datenraum wird die Möglichkeit einer Entfernung von Gesellschaftsdokumenten jedenfalls in faktischer Hinsicht erschwert.

Zudem muss der Zugang des Datenraums auch zeitlich begrenzt werden. Ob die Due Diligence dabei in mehrere Prüfungsstufen unterteilt wird, so dass mit zunehmender Dauer der Transaktionsphase auch der Informationsfluss erst

---

[913] Dabei ist besonders darauf hinzuweisen, dass die Tatsachen, ob die zur Verfügung gestellten Dokumente vollständig waren und ob die Beantwortung der Prüferanfragen umfassend erfolgte, sich einerseits hinsichtlich der Vertragsbestimmungen (Gewährleistungsrecht) und andererseits bezüglich der Kaufpreisgestaltung auswirken wird bzw. zumindest auswirken kann.

[914] Zum Begriff Data Room und zu Fragen zu dessen Einrichtung Merkt, Internationaler Unternehmenskauf, Anhang, D., I, Rn. 855 ff.

[915] Heidel-Landwehrmann, Teil 1, 1, § 93, III, 2., Rn. 46.

[916] Niewiarra, II., 3., S. 49.

[917] Zemke, 22.3, S. 449, 456. Danach wird zwischen einer Off-Site Due Diligence (Prüfung außerhalb des Betriebsgeländes) und einer On-Site Due Diligence (Prüfung auf dem Betriebsgelände) unterschieden; vgl. Hommelhoff, ZHR 150 (1986), S. 254, 256.

allmählich und kontinuierlich zunimmt, ist eine Frage des Einzelfalles und der betreffenden Art des Transaktionsverfahrens.[918]

(c) Ansprechpartner

Ferner ist zu regeln, wer den Prüfern als Ansprechpartner zur Verfügung stehen soll. Dabei bietet es sich an, die von der Leitung des Transaktionsobjekts mandatierten Personen bzw. Mitarbeiter für die weitere Kommunikation zu beauftragen. Diese beantworten dann die Anfragen selbst oder wenden sich an einen zu bestimmenden Datenraum-Koordinator, der die Fragen dann an die jeweilig zuständigen Personen adressiert und deren Zulässigkeit anhand des Prüfungsgegenstandes zuvor filtert.[919] So nimmt die überwiegende Zahl der Mitarbeiter der Zielgesellschaft von der Due Diligence weiterhin keine Kenntnis und der Vorstand der Aktiengesellschaft bzw. das Führungspersonal wird von organisatorischen Aufgaben entlastet. Die konkreten Verfahrensabläufe sind dann in den noch zu erstellenden Datenraum-Regeln zu bestimmen.

(2) Vertrauliche Informationen

Voraussetzung einer effektiven Vertraulichkeitsvereinbarung sind die Ausführungen zu den vertraulichen Informationen. Dies ergibt sich schon aus der rechtlichen Unbestimmtheit des gesetzlichen Schutzes der Betriebs- und Geschäftsgeheimnisse gemäß § 93 Abs. 1 S. 2 AktG, wonach zum einen einige Definitionen streitig und zum anderen nicht alle Unternehmensinformationen vom gesetzlichen Schutzbereich umfasst sind, welches in der Praxis aber wünschenswert wäre und für die Zielgesellschaft in deren Unternehmensinteresse notwendig ist.[920]

(a) Definition der vertraulichen Informationen

Demzufolge bedarf es zunächst einer konkreten Definition der von der Vereinbarung umfassten vertraulichen Informationen. Diese muss alle Informationen beinhalten, welche im Rahmen der Due Diligence von der

---

[918] Wobei davon auszugehen, dass der zunächst vorgesehene Zeitplan einer Due Diligence und der Durchführung der gesamten Transaktion an sich angesichts der mit einem Beteiligungs- bzw. Unternehmenskauf zusammenhängenden diffizile Rechtsfragen oft nicht eingehalten werden kann und die Prüfdauer zum Teil erheblich zunimmt. Vgl. dazu S. 46 ff.

[919] Höhn, § 4, II., 1.2, S. 53 und § 5, I., 2., S. 59 ff.

[920] Siehe die obigen Ausführungen auf S. 154 ff.

Zielgesellschaft oder von denen von dieser mandatierten Dritten unmittelbar oder mittelbar bereitgestellt oder auf sonstige Art zugänglich gemacht werden.[921] Dabei darf es auch auf die Form der Zurverfügungstellung nicht ankommen; die Vertraulichkeitsvereinbarung muss also sowohl schriftliche, mündliche, in elektronischer Form gespeicherte und alle sonstigen Informationen mit einschließen.[922] Besonders wichtig ist der Hinweis, dass diese Verpflichtung zeitlich unbegrenzt Gültigkeit hat und nur durch eine entsprechende gesetzliche oder richterliche Verpflichtung aufgehoben werden kann.[923] Ansonsten müssen Informationen, welche von der Verschwiegenheitspflicht ausgenommen sein sollen, vorab ausdrücklich schriftlich von der Zielgesellschaft so gekennzeichnet worden sein.

(b) Ausschluss der Vollständigkeit und inhaltlichen Richtigkeit

Zur rechtlichen Absicherung und schon aufgrund der hinsichtlich des Informationsflusses oft praktizierten so genannten ansteigenden Due Diligence, ist zu empfehlen, in dem Vertrag eine Gewähr für die Vollständigkeit der Dokumente auszuschließen. Auch für die inhaltliche Richtigkeit der Unterlagen sollte eine Haftung ausgeschlossen werden.[924] So kann die Gesellschaft die Richtigkeit von Angaben Dritter in Verträgen oder Lieferungsvereinbarungen selbst gar nicht bzw. nicht vollständig nachprüfen. Auch kann die Wirksamkeit vergangener Verträge, gesellschaftsrechtlicher Beschlüsse oder sonstiger Handlungen ohne eine entsprechende Überprüfung nicht vorschnell und ohne Absicherung hinsichtlich der eventuell eintretenden rechtlichen Folgen zugesichert werden.[925]

---

[921] Statt vieler, Lange-Oltmanns, Teil I, 6, S. 87; hinsichtlich der verschiedenen möglichen (Prüfungs-) Bereiche wird auf die obigen Erläuterungen auf S. 39 ff. verwiesen.

[922] Schneider, 3. Kapitel, § 17, II, S. 201 f.

[923] Vgl. Baumbach-Hefermehl-UWG, § 17, Rn. 58.

[924] Die Verpflichtung einer Partei wird dann darauf beschränkt, dass sie sich „nach besten Kräften bemühen muss, die Verpflichtungen zu erfüllen". Siehe zu diesen so genannten Best Efforts-Verpflichtungen Butler/Mielert/Rosendahl, 3. Kapitel, I., 2., S. 61.

[925] Hinsichtlich der Vereinbarung eines Vollständigkeitsausschlusses kommt es letztlich auf die Verhandlungsposition der Vertragspartner an. So wird dem potentiellen Erwerber daran gelegen sein, gerade eine solche Vollständigkeitserklärung zu vereinbaren (in diesem Sinne Beck`sches Handbuch der AG-Göckeler, 3. Abschnitt, § 22, B., III., 2., Rn. 202).

(3) Keine Einbeziehung Dritter bzw. Verpflichtung, sonstige zugelassene Dritte ebenfalls in Vertraulichkeitserklärung mit einzubeziehen

Diese Vertraulichkeitsvereinbarung muss für alle Personen gelten, die mit der Transaktion in irgendeiner Art und Weise in Verbindung stehen. Daher müssen diejenigen Personen, welche die Due Diligence durchführen, entweder im Vertrag selbst namentlich benannt sein oder bei Prüfungsantritt eine schriftliche Erklärung abgeben, dass sie von der Vertraulichkeitsvereinbarung Kenntnis genommen haben und dass deren gesamten Verpflichtungen und Regelungen auch für sie selbst gelten sollen.[926] Diese Verpflichtung gilt nicht nur für den Erwerbsinteressenten und deren Prüfer selbst, sondern notwendigerweise auch für alle mit dieser Transaktion in sonstiger Weise beschäftigten Mitarbeiter und Hilfskräfte.

Dritte Personen, welche nicht bestimmungsgemäß mit der Durchführung der Due Diligence beauftragt sind und daher die Vertraulichkeitsvereinbarung nicht unterzeichnet haben, dürfen in keinster Weise von der beabsichtigten Transaktion an sich, sowie den damit zusammenhängenden Verfahrensabläufen und insbesondere den offen gelegten Daten bezüglich der Zielgesellschaft Kenntnis erlangen können oder mit einzelnen oder mehreren Arbeitsschritten im Zusammenhang mit der Transaktion betraut werden.[927] Der Kreis der Personen, welche in die Durchführung der Due Diligence inhaltlich oder organisatorisch eingebunden werden, ist so klein wie möglich zu halten.[928] Die daraus resultierenden Anforderungen hinsichtlich des Umgangs mit den Informationen werden nachfolgend erläutert.

(4) Umgang mit den Informationen

Den Schwerpunkt der Vertraulichkeitsvereinbarung stellen die Ausführungen zum Umgang mit den vertraulichen Informationen dar.

---

[926] Siehe dazu das Muster einer solchen Vertraulichkeitsvereinbarung bei Hopt-Hess/Fabritius, Vertrags- und Formularbuch, 1. Teil, HGB, IV., B., 2., S. 648 f.

[927] Statt vieler Lange-Oltmanns, Teil I, 6, S. 87; Münchener Vertragshandbuch/ Wirtschaftsrecht I-Möffert, VIII., 1., 31., S. 921 f.

[928] Dazu und zum Schutz von Geschäfts- und Betriebsgeheimnissen allgemeiner Art und unabhängig von der Durchführung einer Unternehmensprüfung siehe Schramböck, Dritter Teil, II., S. 105 ff.

(a) Beschränkung auf Prüfungsauftrag und auf die
nur dafür erforderlichen Unterlagen

Die Prüfer, welche die Due Diligence im Datenraum durchführen, haben sich auf den Prüfungsauftrag und auf die nur dafür erforderlichen Unterlagen zu beschränken.[929] Dies bedeutet, dass sie sowohl Aufzeichnungen von Dokumenten zu unterlassen haben, welche für den Gegenstand der Untersuchung nicht relevant sind, als auch nicht durch sachfremde Recherchen oder eben solche Anfragen den eigentlichen Zweck der Prüfung konterkarieren und damit zu zeitlichen Verzögerungen und finanziellen Nachteilen beitragen. Solche Vorgehensweisen lassen nämlich andere wettbewerbsfeindliche Ziele der Prüfer vermuten und sollten nicht nur zu einem sofortigen Abbruch der Due Diligence berechtigen, sondern auch zu der Zahlung einer Vertragsstrafe im Sinne der §§ 339 ff. BGB führen.

(b) Keine Entfernung der Dokumente aus Datenraum oder dessen Reproduktion

Die Unterzeichner der Vertraulichkeitsvereinbarung müssen in dieser zusichern, dass sie die ihnen zur Einsicht überlassenen Dokumente nicht ganz oder teilweise aus dem Datenraum entfernen oder diese auf irgendeine andere Art und Weise gleich oder später reproduzieren. Dazu gehört also das Verbot der Kopie, der Photographie, des Scannens, des Abdiktierens, etc. Deshalb ist in den Datenraum-Regeln klarzustellen, dass kein zur Vervielfältigung geeignetes Gerät in den Prüfungsraum mitgebracht oder gar verwendet werden darf.[930]

(c) Streng vertrauliche Behandlung der erlangten Informationen,
der angefertigten Dokumente und spätere Vernichtung
der erhaltenen und verfassten Unterlagen

Der Erwerbsinteressent ist verpflichtet, die ihm zur Einsicht zur Verfügung gestellten Informationen streng vertraulich zu behandeln und keiner Person, die nicht dieser Vertraulichkeitsvereinbarung unterliegt, zu offenbaren; d.h. er ist gehalten, diese in keiner Weise aufzuzeichnen, sondern nur persönlich zur Erstellung seines Due Diligence-Berichtes zu verwenden und Dritten gegenüber, sowohl vom Inhalt der Informationen als auch von der Existenz des Transaktionsprozesses an sich, Stillschweigen zu bewahren. Vor allem eine wie auch

---

[929] Vgl. die sinngemäßen Formulierungen bei Hopt-Hess/Fabritius, Vertrags- und Formularbuch, 1. Teil, HGB, IV., B., 2., S. 648.

[930] Die Prüfer dürfen in die Unterlagen lediglich Einsicht nehmen. Münchener Vertragshandbuch/Wirtschaftsrecht III-Chrocziel, I., 2, Anmerkungen, 13., S. 27.

immer geartete sachfremde Ausnutzung der Informationen zu Wettbewerbszwecken ist streng zu untersagen.

Insbesondere auf die Einbeziehung der von den Prüfern selbst angefertigten Unterlagen in die Regelungen über die Vertraulichkeit ist gesondert hinzuweisen. Auch wenn deren eigene Aufzeichnungen nicht mit den Dokumenten der Gesellschaft gleichzusetzen sind, so kommt es vorliegend nur auf die Eigenschaft dieser Unterlagen als Betriebs- und Geschäftsgeheimnisse der Zielgesellschaft und nicht auf deren rechtliche Eigentumsverhältnisse an.[931] Denn auch ohne eine Übernahme von textlichen Originalpassagen der Due Diligence-Dokumente enthalten die vom Prüfer für den Due Diligence-Bericht angefertigten Unterlagen wichtige Informationen über die Zielgesellschaft. Daher könnte sich deren Offenlegung oder sachfremde Verwendung ebenso negativ für die Zielgesellschaft auswirken, wie die Offenbarung der Originale selbst.[932]

Somit ist eine Geheimhaltungsvereinbarung nur im Hinblick auf die von der Zielgesellschaft unmittelbar bereitgestellten Informationen nicht ausreichend. Um jedenfalls die Voraussetzungen für einen wirklichen Schutz vor einem Missbrauch der Unternehmensinformationen zu schaffen, muss in der Vertraulichkeitsvereinbarung auch der Umgang und der Verbleib der von den Prüfern selbst angefertigten Unterlagen ausdrücklich geregelt sein; und dies unabhängig von den bestehenden Eigentumsverhältnissen. Maßgebend ist der Sinn und Zweck der Vertraulichkeitsvereinbarung, also die Sicherung der Unternehmensinformationen. Folglich unterliegen die von den Prüfern erstellten Unterlagen ebenso der strengen Geheimhaltung wie die Informationen der Zielgesellschaft selbst.

Insbesondere ist durch die Vereinbarung sicherzustellen, dass der Due Diligence-Bericht nur im Datenraum selbst anzufertigen ist. Denn würde die Zielgesellschaft die Erstellung des Berichtes im Unternehmen der Prüfer zulassen, so wäre damit gleichzeitig die Verbringung von einzelnen Unterlagen und damit auch die Entfernung von Betriebs- und Geschäftsgeheimnissen außerhalb des Datenraumes verbunden und eine unkontrollierbare Ausbreitung der Informationen nicht mehr zu verhindern. Die Original-Dokumente selbst

---

[931] Vgl. explizit zu den von den Prüfern selbst angefertigten Unterlagen Hopt-Hess/Fabritius, Vertrags- und Formularbuch, 1. Teil, HGB, IV., B., 2., S. 649.

[932] Geht man von der Annahme aus, dass die Prüfer in ihren Aufzeichnungen die Vor- und Nachteile der untersuchten Dokumente der Zielgesellschaft sowie die jeweiligen Potentiale und zukünftige Strategien bzw. Maßnahmen für das Unternehmen aufführen, so könnte eine Offenlegung dieser Unterlagen an Wettbewerber wegen der Transmitter-Funktion der Prüfer sogar noch negativere Folgen haben, als die Offenbarung der Originale selbst.

befänden sich dann zwar noch im Datenraum, deren wesentlicher Inhalt wäre dadurch aber offen gelegt. Und auch unter der Prämisse, dass man der gesetzlichen- oder beruflichen Verschwiegenheit der Prüfer sowie der abgeschlossenen Geheimhaltungsvereinbarung im Grundsatz vertraut, so besteht dennoch ein nicht zu unterschätzendes Restrisiko des Informationsmissbrauchs; ob durch den Erwerbsinteressenten selbst oder durch mit dem Sachverhalt in Verbindung kommende Dritte.[933] Die einzelnen Verfahrensweisen (im Datenraum verschlossene Aufbewahrung von erstellten Disketten, CD-Roms oder der Computer (Notebooks)) sind dann in den Datenraum-Regeln zu konkretisieren.

Darüber hinaus ist sicherzustellen, dass die Unterlagen auch nach Durchführung der Due Diligence vor einem Missbrauch geschützt werden. Dies kann nur durch die spätere Vernichtung der erhaltenen oder angefertigten Unterlagen geschehen.[934] Deshalb müssen sich die Prüfer in der Vertraulichkeits-vereinbarung dazu verpflichten und die Vernichtung der angefertigten Unterlagen und gespeicherten Daten in Anwesenheit des Due Diligence-Koordinators durchführen. Nach Beendigung des Prüfungsverfahrens darf lediglich der Due Diligence-Bericht als Unterlage noch existieren.

(d) Keine Verwertung der Informationen zu eigenem Vorteil und
keine Ausnutzung der Informationen zum Nachteil der Zielgesellschaft

Trotz der bereits festgestellten strengen Vertraulichkeit der erhaltenen Informationen ist zur rechtlichen Klarstellung und zur praktischen Vergegenwärtigung des absoluten Verwendungsverbots außerhalb des Untersuchungsauftrages für den Prüfer ausdrücklich darauf hinzuweisen, dass die Informationen in keiner Weise zu eigenem Vorteil verwertet oder zum Nachteil der Ziel-gesellschaft ausgenutzt werden dürfen.[935] Dazu gehört bei der Durchführung einer Due Diligence einer börsennotierten Aktiengesellschaft insbesondere der Hinweis

---

[933] Siehe dazu exemplarisch die trotz aller Vertraulichkeitsvereinbarungen und getroffener Sicherungsmaßnahmen skeptische Ansicht von Münchener Vertragshandbuch/Wirtschaftsrecht III-Chrocziel, I., 2, Anmerkungen, 1., S. 24; vgl. zur erheblichen Anhäufung der Wirtschaftsspionage in deutschen Unternehmen, welche während einer Due Diligence auf besonders einfache Art und Weise durchgeführt werden kann, Handelsblatt, vom 07.01.2004, „Kleine Firmen auch Opfer von Spionage", S. 43.

[934] So auch Lange-Oltmanns, Teil I, 6, S. 87.

[935] Rödder/Hötzel/Mueller-Thuns, § 3, D., I., Rn. 27; Jede Nutzung des Know-hows ist zu verbieten, so Münchener Vertragshandbuch/Wirtschaftsrecht III-Chrocziel, I., 2, Anmerkungen, 17., S. 28; Beck`sches Handbuch der AG-Göckeler, 3. Abschnitt, § 22, B., I., 5., Rn. 153, welcher zusätzlich die Vereinbarung von Abwerbeverboten für Mitarbeiter, Kunden und Lieferanten der Zielgesellschaft empfiehlt.

bezüglich der Einhaltung der gesetzlichen Vorschriften hinsichtlich des Verbots der Ausnutzung von Insidertatsachen nach dem WpHG.[936]

(e) Keine sonstigen Veränderungen oder Zerstörung der Unterlagen

Ferner sollte klargestellt werden, dass die im Datenraum befindlichen Dokumente der Zielgesellschaft auch nicht in irgendeiner Hinsicht (durch Beschriftung, Entfernung bzw. Hinzufügung einzelner Bestandteile, etc.) verändert oder zerstört werden dürfen.

(5) Vertragsstrafe und Vereinbarung einer Beweislastumkehr

Um der besonders großen Bedeutung der Vertraulichkeitsvereinbarung mehr Nachdruck zu verleihen und somit die Erfüllung der Geheimhaltungsabrede zu sichern, sowie zur Schaffung eines so genannten beweisfreien Schadensersatzes könnte eine Vertragsstrafe im Sinne des § 339 S. 2 BGB vereinbart werden. Die Strafe für die danach geschuldete Leistung, nämlich einen Missbrauch der durch die Due Diligence offenbarten Gesellschaftsinformationen zu unterlassen,[937] würde dann mit der Zuwiderhandlung verwirkt werden.[938]

(a) Rechtliches Erfordernis

Fraglich erscheint, ob die Vereinbarung einer Vertragsstrafe gemäß § 339 S. 2 BGB lediglich eine Möglichkeit oder auch ein aktienrechtliches Zulässigkeitserfordernis im Sinne der Verschwiegenheitsverpflichtung des § 93 Abs. 1 S. 2 AktG für die Entscheidung zur Aufnahme einer Due Diligence darstellt.

---

[936] Siehe dazu ausführlich Eggenberger, Teil 4, B., S. 286 ff.

[937] Zwar wird durch die Vereinbarung teilweise auch eine Handlungspflicht statuiert (beispielsweise durch das Gebot, Unterlagen nach Ende der Prüfung zu vernichten; siehe oben), insgesamt legt eine Vertraulichkeitsvereinbarung jedoch das Unterlassen einer Informationsweitergabe bzw. eines entsprechenden Informationsmissbrauchs fest und ist damit als Unterlassungspflicht einzuordnen, wobei eine vereinbarte Vertragsstrafe bereits mit einer entsprechenden Zuwiderhandlung verwirkt ist. Siehe BGH, Urteil vom 10.03.1986 – II ZR 147/85 (Stuttgart), in: NJW-RR 1986, S. 1159, 1160; Palandt-Heinrichs, § 339, Rn. 4.

[938] Vgl. dazu auch die Möglichkeit der Vereinbarung eines pauschalierten Betrages für den Fall des Scheiterns der beabsichtigten Transaktion. Banerjea, DB 2003, S. 1489 ff. spricht eine solche so genannte Deal-Protection-Abrede zugunsten des potentiellen Käufers an.

Eine Vertragsstrafe im Sinne der §§ 339 ff. BGB ist ein unselbständiges, an eine Hauptverbindlichkeit geknüpftes Strafversprechen.[939] Aufschiebende Bedingung der Vertragsstrafe, also einer Geldzahlung oder einer sonstigen Leistung, ist dabei die nicht ordnungsgemäße Erfüllung der Verpflichtung des Schuldners.[940]

In der Vertraulichkeitsvereinbarung könnte man bestimmen, dass im Falle eines Verstoßes gegen die sich aus diesem Vertrag ergebenden Verpflichtungen die Zahlung einer bestimmten Summe verwirkt ist. Diese Möglichkeit wird von einigen Auffassungen im Schrifttum gesehen, aber im Allgemeinen lediglich „empfohlen"[941]. Teilweise wird nur kurz das Mittel einer Geheimhaltungsvereinbarung erwähnt, Strafversprechen werden dagegen erst gar nicht genannt und somit wohl auch nicht für notwendig erachtet.[942] Dies stimmt aus aktienrechtlicher Sicht relativ bedenklich. So bestehen im Rahmen des gesetzlichen Vertrauensschutzes zwar vorvertragliche Ansprüche sowohl des Anteilsverkäufers als auch der Zielgesellschaft selbst gegen den Erwerbsinteressenten gemäß § 311 Abs. 2 BGB i.V.m. den §§ 241 Abs. 2, 280 Abs. 1 BGB (i.V.m. den Grundsätzen des Vertrages mit Schutzwirkungen zugunsten Dritter);[943] dabei sind jedoch folgende Schwierigkeiten in der praktischen Realisierung dieser Ansprüche zu vergegenwärtigen:

Bei der Durchführung einer Due Diligence können Beweiserleichterungen wie die Umkehrung der Beweislast mittels Einteilung von Gefahrenbereichen oder der Beweis des ersten Anscheins zugunsten des Geschädigten nicht angewandt werden.[944] Somit ist die gesetzliche Beweislast im Zusammenhang mit der Offenlegung von Unternehmensinformationen mittels eine Due Diligence

---

[939] Palandt-Heinrichs, Vorb. vor § 339, Rn. 2.

[940] Staudinger-Rieble, § 339, Rn. 1; vgl. zur Abgrenzung der Vertragsstrafe (Präventiv- und Schadensersatzfunktion) von einer Schadenspauschalierung (lediglich Schadensersatzfunktion) Palandt-Heinrichs, § 276, Rn. 26.

[941] So Treek, Die Offenbarung von Unternehmensgeheimnissen durch den Vorstand einer Aktiengesellschaft im Rahmen einer Due Diligence, in: Festschrift für Fikentscher, S. 434, 445; Linker/Zinger, NZG 2002, S. 497, 501; nach Großkommentar-Kort, § 76, Rn. 128 sollte der Vorstand „gegebenenfalls" auf eine entsprechende strafbewehrte Vertraulichkeitsvereinbarung dringen; nach Pelka, XVI, 2., a), Rn. 777 „bemühen sich...die Parteien um vertragliche Konkretisierung mit Vertragsstrafeversprechen".

[942] Siehe Roschmann/Frey, AG 1996, S. 449, 452: „Gegebenenfalls sind hierfür entsprechende Geheimhaltungsvereinbarungen abzuschließen."; die Möglichkeit der Vereinbarung einer Vertragsstrafe ebenso nicht ansprechend: Müller, NJW 2000, S. 3452, 3455; Ziegler, DStR 2000, S. 249, 253; Mertens, AG 1997, S. 541, 544; vgl. die Ansichten, welche die Zulässigkeit der Durchführung einer Due Diligence vorschnell befürworten auf S. 172 ff.

[943] Siehe S. 244 f.

[944] Siehe S. 229 ff.

jedenfalls anhand der Grundsätze der Rechtsprechung nicht veränderbar. Diese Schwierigkeiten des Nachweises einer pflichtwidrigen Handlung des Erwerbsinteressenten sowie des Kausalzusammenhangs zwischen diesem Verhalten und einem Schaden führen in der praktischen Geltendmachung von vorvertraglichen Ansprüchen aus der gesetzlich geregelten culpa in contrahendo trotz der jedenfalls teilweise erleichterten Schadensfeststellung durch die drei Berechnungsarten sowie der gesetzlichen Beweiserleichterungen gemäß § 252 S. 2 BGB und § 287 ZPO zu gravierenden Hindernissen in deren Realisierung.[945]

Angesichts dieser Unwägbarkeiten hinsichtlich der Realisierung der genannten Ansprüche erscheint es doch fraglich, ob die Vereinbarung privatrechtlicher Schutzmaßnahmen gegen den Missbrauch von Informationen im Zusammenhang mit der Durchführung einer Due Diligence in das freie Ermessen der Zielgesellschaft gestellt werden kann und ob deren Umfang nur von der Verhandlungsmacht der Vertragsparteien abhängen soll. Der Vorstand übt seine Leitungsaufgabe gemäß § 76 Abs. 1 AktG zwar in eigener Verantwortung aus, er hat sein Handeln aber am Unternehmensinteresse der Aktiengesellschaft auszurichten.[946] Demnach ist eine Weitergabe von Informationen im Rahmen einer Due Diligence nur zulässig im Sinne des § 93 Abs. 1 S. 2 AktG, wenn diese konkret und nachweisbar im Interesse der Gesellschaft liegt. Infolge der mit der Durchführung einer Due Diligence verbundenen sehr hohen Risiken hinsichtlich des Eintritts negativer Folgen und der bestehenden großen Wahrscheinlichkeit einer Realisierung dieser Risiken, darf eine Due Diligence, um den Sorgfaltspflichten und der Verantwortlichkeit der Leitungsorgane einer Aktiengesellschaft nach § 93 Abs. 1 AktG zu genügen, nur nach einer ausführlich dokumentierten und abwägenden Konkretisierung des Unternehmensinteresses und nur unter Einhaltung der höchstmöglichen Sicherheitsvorkehrungen zugelassen werden.[947]

Die Vereinbarung einer Vertragsstrafe kann dabei zwei Funktionen ausfüllen: Zum einen erreicht sie durch ihren abschreckenden Inhalt einen präventiven Schutz vor einer Verletzung der betreffenden Hauptverpflichtung.[948] Zum anderen gewährleistet sie dem Gläubiger einen beweisfreien Mindestschutz.[949] Da die Vertragsstrafe also dazu dient, einen Schadensersatzanspruch

---

[945] Siehe statt vieler die Ausführungen bei Hommelhoff, ZHR 150 (1986), S. 254, 257; siehe auch Kösters, NZG 1999, S. 623, 625, der konstatiert, dass der Nachweis einer Verletzung der Geheimhaltungspflicht „nicht oder nur mit Schwierigkeiten möglich" ist.

[946] Siehe S. 212.

[947] Siehe die Ausführungen auf S. 213 ff.

[948] MüKo/BGB-Gottwald, vor § 339, Rn. 6; Hess, Vierter Teil, A., I., S. 163 f.

[949] MüKo/BGB-Gottwald, vor § 339, Rn. 6; Palandt-Heinrichs, Vorb. vor § 339, Rn. 1.

pauschaliert durchzusetzen,[950] ist der Gläubiger demzufolge vom ansonsten schwierig darzulegenden Nachweis der Pflichtverletzung sowie des Schadenseintritts und der betreffenden Schadenshöhe befreit. In Anbetracht dieser für den Gläubiger, also vorliegend für die Zielgesellschaft, entstehenden Vorteile muss nach dem Gesagten zu den besonders effektiven und hinsichtlich einer aktienrechtlichen Zulässigkeit unbedingt erforderlichen Sicherungsvorkehrungen hinsichtlich eines Missbrauchs der Unternehmensdaten die Vereinbarung einer Vertragsstrafe im Sinne des § 339 S. 2 BGB zählen.[951] Dies wird auch durch den Umstand bekräftigt, dass selbst im Fall der Vereinbarung eines solchen strengen Strafversprechens, „Restrisiken" und damit der Eintritt von Schäden zum Nachteil der Gesellschaft trotzdem nicht auszuschließen sind.[952]

Folglich ist die Vereinbarung einer Vertragsstrafe gemäß § 339 S. 2 BGB hinsichtlich der Entscheidung für die Aufnahme einer Due Diligence aktienrechtliches Zulässigkeitserfordernis im Sinne der §§ 76 Abs. 1 i.V.m. 93 Abs. 1 S. 2 AktG.

---

[950] Siehe zum Sinn der Vereinbarung einer Vertragstrafe den BGH, Urteil vom 28.01.1993, I ZR 294/90, Frankfurt, in NJW 1993, S. 1786, 178 f.: „Die Vertragsstrafe ist vom Gesetzgeber mit einer doppelten Zielrichtung geschaffen worden. Sie soll einmal als Druckmittel den Schuldner zur ordnungsgemäßen Erbringung der Leistung anhalten. Zum anderen soll sie dem Gläubiger im Verletzungsfall die Möglichkeit einer erleichterten Schadensdurchsetzung ohne Einzelnachweis eröffnen.".

[951] Siehe ebenso den verpflichtenden Charakter einer Vertragsstrafe bei Zulassung einer Due Diligence befürwortend Beisel/Klumpp, 2. Kapitel, IV, 2., c), Rn. 17; Körber, NZG 2002, S. 263, 271; Meincke, WM 1998, S. 749, 751; Ziemons, AG 1999, S. 492, 494; Beck`sches Handbuch der AG-Göckeler, 3. Abschnitt, § 22, B., I., 6., Rn. 158; Lange-Oltmanns, Teil I, 6, S. 88; Larisch, Erster Teil, § 1, B., V., 2., b), aa), aaa), (2), (b), (aa), S. 141; vgl. auch Kösters, NZG 1999, S. 623, 625, der bei Geltung im anglo-amerikanischen Rechtskreis die vertragliche Vereinbarung eines pauschalierten Schadensersatzanspruches empfiehlt, da eine Vertragsstrafe dort „kaum durchsetzbar" sei. Siehe allgemein zu einer solchen Schadensersatzpauschale MüKo/BGB-Gottwald, vor § 339, Rn. 30 f.

[952] Siehe explizit Mertens, AG 1997, S. 541, 544; Schmidt/Riegger(Gesellschaftsrecht 1999)-Feuring, S. 161, nennt die Offenlegung von Informationen, welche selbst der Vertraulichkeit unterliegen sogar „unlösbar". Daher schlägt er unter Umständen die Anwendung einer so genannten black-box vor, also einen Kern von nicht offen zu legenden, vertraulichen Gesellschaftsinformationen; zur Nichteinhaltung von Verschwiegenheitsverpflichtungen hinsichtlich vertraulicher Informationen anlässlich eines Unternehmenskaufs und den damit verbundenen Auswirkungen auf die Märkte („Pechiney habe dagegen die Märkte informiert, um den Preis noch teurer zu machen.") und das Verhältnis der Vertragsparteien („Dies bedeutet den totalen Krieg zwischen Alcan und Pechiney.") Clark/Fischer, Pechineys Kampf gegen Alcan gewinnt an Härte, Financial Times Deutschland, 02. September 2003, S. 3.

(b) Notwendiger Inhalt

Nun ist zu untersuchen, welches die Verfallsvoraussetzungen sind und wie die erforderliche Vertragsstrafe danach inhaltlich ausgestaltet sein muss.[953]

(aa) Objektive Zuwiderhandlung

Besteht die Hauptverbindlichkeit wie vorliegend in einer Unterlassungspflicht, so tritt die Verwirkung nach dem Wortlaut des § 339 S. 2 BGB schon mit der Zuwiderhandlung ein. In dieses objektive Unterlassungsgebot werden auch „im Kern identische Umgehungsverhaltensweisen" des Schuldners eingeschlossen.[954] Demnach ist bei eventuellen Unklarheiten hinsichtlich der Tatbestandsmäßigkeit einer Verhaltensweise vom wirtschaftlichen Zweck der vereinbarten Vertragsstrafe auszugehen und auf den Eintritt des unerwünschten Erfolges der Handlung abzustellen.[955]

Hinsichtlich der Beweislastfrage gilt die in § 345 BGB genannte allgemeine Beweislastregel, dass der jeweilige Anspruchsteller die ihm günstigen Tatsachen nachzuweisen hat.[956] Dem entsprechend muss im Falle eines geschuldeten Unterlassens im Sinne des § 339 S. 2 BGB der Gläubiger gemäß § 345 2. Halbsatz BGB die betreffende Zuwiderhandlung darlegen. Dies bedeutet, dass für einen Pflichtverstoß gegen eine sanktionierte Unterlassungsverpflichtung wie der Vertraulichkeitspflicht anlässlich einer Due Diligence der Gläubiger die Beweislast trägt.[957] Einen solchen Nachweis zu erbringen, ist für den Gläubiger, also die Zielgesellschaft im Rahmen eines Unternehmens- oder Beteiligungskaufs, aber trotz vorgenommener Sicherungsmaßnahmen nur äußerst schwierig und oft nur von Zufallsfunden abhängig. So kann es zu der Situation kommen, dass trotz des Wegfalls der Erforderlichkeit eines konkreten Schadens-

---

[953] Vgl. explizit zur Vereinbarung einer Verschwiegenheitspflicht als geschuldetes Unterlassen, BGH, Urteil vom 10.03.1986 – II ZR 147/85 (Stuttgart), in: NJW-RR 1986, S. 1159, 1160.

[954] Soergel-Lindacher, § 339, Rn. 15; Siehe zur Vertragsstrafe bei Verstoß gegen eine Unterlassungserklärung das OLG Schleswig, Urteil vom 28.04.1987 – 6 U 53/86, in: WRP 1987, S. 647, 648. Danach liegt ein Verstoß gegen die strafbewehrte Unterlassungserklärung auch dann vor, wenn lediglich „gegen den Kernbereich der verbotenen Verletzungsnorm verstoßen" worden ist.

[955] Erman-Westermann, § 339, Rn. 9.

[956] Siehe dazu und zu der rein klarstellenden Funktion des § 345 BGB, statt vieler MüKo/ BGB-Gottwald, § 345, Rn. 1.

[957] Siehe explizit zur Geheimhaltungspflicht Staudinger-Rieble, § 345, Rn. 6 und zur Begründbarkeit aus dem allgemeinen Rechtsprinzip bei der Beweislastverteilung Staudinger-Olzen, § 363, Rn. 5.

nachweises durch den Gläubiger, die abgeschlossene Vertragsstrafen-
vereinbarung bei einem Informationsmissbrauch dennoch nicht zur Anwendung
gelangt, weil es der Zielgesellschaft nicht möglich ist, einen entsprechenden
Pflichtenverstoß nachzuweisen.

Diese Schwierigkeit wird in der entsprechenden Literatur aber gar nicht oder nur
äußerst peripher behandelt. Es wird teilweise höchstens die nicht ausreichende
Wirksamkeit einer Vertraulichkeitsvereinbarung angesprochen;[958] daraus
resultierende Konsequenzen für die aktienrechtliche Zulässigkeit der Durchführung einer Due Diligence im Sinne des § 93 Abs. 1 S. 2 AktG werden aber
nicht gezogen. Angesichts der bekannten, mit einer relativ hohen Wahrscheinlichkeit eintretenden negativen Folgen einer Due Diligence und der
bestehenden großen Gefahr eines Missbrauchs der offen gelegten Daten
erscheint es jedoch als grob sorgfaltswidrig und damit pflichtwidrig im Sinne
des § 93 Abs. 1 S. 2 AktG, eine rein routinemäßige Abwägung der Vor- und
Nachteile genügen zu lassen, ohne die Frage der aktienrechtlichen Zulässigkeit
mit der Einhaltung praktischer Sicherungsmaßnahmen im Sinne eines
Bedingungszusammenhanges zu verbinden.[959] Deshalb muss die Vorgabe und
Einhaltung strikter Sicherungsmaßnahmen als Voraussetzung für die aktienrechtliche Zulässigkeit einer Due Diligence angesehen werden. Demnach kann
es im Hinblick auf die herausgearbeiteten strengen aktienrechtlichen
Voraussetzungen der Zulassung einer Due Diligence nicht ausreichen, dem
Gläubiger durch die Vereinbarung einer Vertragsstrafe nur den Schadens-
nachweis zu ersparen.[960] Auch die Beweislast bezüglich der Pflichtverletzung

---

[958] Siehe Beisel/Klumpp, 2. Kapitel, IV, 1., Rn. 16, die der Ansicht sind, dass selbst eine mit
einer hohen Vertragsstrafe bewehrten Vertraulichkeitsvereinbarung „keinen umfassenden
Schutz" bieten kann; Hopt-Hess/Fabritius, Vertrags- und Formularbuch, 1. Teil, HGB,
IV., B., 2., Anmerkungen, 1., S. 649 verweisen sogar darauf, dass eine Vertraulich-
keitsvereinbarung „besonders für den Fall des Scheiterns der Verhandlungen, (nur) einen
Minimalschutz für den Veräußerer gewährleisten" kann.; Hommelhoff, ZHR 150 (1986),
S. 254, 257 betont, dass die vertragliche Vereinbarung von Geheimhaltungspflichten der
Gesellschaft „aber selbst dann kaum etwas nützen (wird), wenn sich der potentielle Käufer
auf eine Vertragstrafe (§ 339 S. 2 BGB) einlassen sollte. Der Inhaber hat dann nämlich
immer noch zweierlei nachzuweisen; zum ersten, dass ein Dritter überhaupt über die
Interna seines Unternehmens informiert worden ist; und zum zweiten, dass der Dritte seine
Informationen vom Erwerbsinteressenten erhalten, dieser also seine Geheimhaltungspflicht verletzt hat."; Vgl. zu der einem Arbeitnehmer einer Gesellschaft als Nebenpflicht
obliegende Verschwiegenheitspflicht, Lohr, MDR 2000, S. 429, 431.

[959] Siehe zu der erforderlichen Verknüpfung der rechtlichen Zulassung der Due Diligence mit
den zu ergreifenden Sicherungsvorkehrungen im Sinne einer conditio sine qua non die
Ausführungen auf S. 213 ff.

[960] Vgl. in diesem Sinne auch Hommelhoff, ZHR 150 (1986), S. 254, 257, wenn er sagt, dass
die "gesetzlichen und vertraglichen Geheimhaltungsmaßnahmen beim Unternehmenskauf

des Schuldners muss ihm genommen werden. Da eine vertragliche Abweichung von der nach § 345 BGB bestehenden grundsätzlichen Beweislastverteilung rechtlich zulässig ist,[961] bedarf es also einer entsprechenden Vereinbarung in der Geheimhaltungsvereinbarung.

(bb) Verschuldenserfordernis

Besteht die geschuldete Leistung in einem Unterlassen, wird eine Vertragsstrafe nach dem Wortlaut des § 339 S. 2 BGB allein durch eine objektive Zuwiderhandlung verwirkt.[962] Dem entgegengesetzt besteht in Rechtsprechung und Schrifttum nunmehr aber Konsens, zusätzlich ein Verschulden des Schuldners zu verlangen; dies wird damit begründet, dass der Unterlassungsschuldner dem Handlungsschuldner gleichgestellt werden müsste und es mangels entgegenstehender Argumente keine unterschiedlichen Maßstäbe gebe dürfe.[963] Der Verschuldensgrundsatz müsse daher sowohl bei einem Verstoß gegen Handlungs- als auch gegen Unterlassungspflichten gelten.

---

allein nur selten" ausreichen und er bekräftigt, dass sich der Nachweis der Pflichtverletzung durch den Erwerbsinteressenten „wohl nur in wenigen extrem gelagerten Fällen führen" lässt. Er schlägt daher die Einschaltung eines zur Berufsverschwiegenheit verpflichteten neutralen Sachverständigen vor. Siehe zu dieser Alternative auch S. 170 ff.; Picot (Unternehmenskauf und Restrukturierung), Teil I, IV., 1., Rn. 35; Münchener Vertragshandbuch/Wirtschaftsrecht III-Chroziel, I., 2, Anmerkungen, 1., S. 24 f.

[961] Siehe statt vieler MüKo/BGB-Gottwald, § 345, Rn. 6.

[962] MüKo/BGB-Gottwald, § 339, Rn. 36; zu der möglichen Vereinbarung eines pauschalierten Betrages für den Fall eines Scheiterns der Transaktion (break-up fee), siehe Großkommentar-Kort, § 76, Rn. 114 („pauschalierte Kostenerstattung"); Banerjea, DB 2003, S. 1489 f.

[963] Siehe BGH-Urteil vom 29.06.1972, II ZR 101/70, Köln, in NJW 1972, S. 1893, 1895: „Ein von der Art der geschuldeten Leistung abhängiges unterschiedliches Schutzbedürfnis des Gläubigers in dem einen oder dem anderen Fall ist nicht erkennbar. Den §§ 339 ff. BGB liegt das allgemeine Bestreben zugrunde, den Schuldner, für den eine Vertragsstrafe leicht unverhältnismässig hohe Nachteile bringen kann, gegen solche Folgen zu schützen. Diesem Schutzbedürfnis entspricht es allein, dass die Vertragsstrafe bei dem Verstoß gegen Unterlassungspflichten ebenso wie bei allen anderen Vertragsverletzungen nur verfällt, wenn der Schuldner die Zuwiderhandlung zu vertreten hat." In diesem Sinne auch die Anmerkung von Lindacher zu diesem Urteil in NJW 1972, S. 2264; LG Berlin, Urteil vom 08.06.1995, 20 O 67/95, in NJW 1996, S. 1142; Larenz, Erster Teil, Viertes Kapitel, § 24, II., a), S. 376 ff; Fikentscher, Schuldrecht § 25, II, 4., Rn. 111; MüKo/BGB-Gottwald, § 339, Rn. 37: „Für eine strengere Behandlung eines Unterlassungsschuldners besteht aber kein Grund. Die unterschiedliche Textfassung lässt sich damit erklären, dass es beim Verstoß gegen Unterlassungspflichten begrifflich keinen Verzug gibt."; siehe gleichfalls Soergel-Lindacher, § 339, Rn. 17; Palandt-Heinrichs, § 339, Rn. 4; Staudinger-Rieble, § 339, Rn. 144.

Fraglich erscheint jedoch, ob die Vertragsstrafe unabhängig von diesem grundsätzlich bestehenden Verschuldenserfordernis auch garantieähnlich vereinbart werden kann.[964] Man könnte annehmen, dass die Vertraulichkeitsvereinbarung aus Sicht der Zielgesellschaft nur so optimal ausgeformt wäre. Für die Prüfung einer derartigen Notwendigkeit kommt es zunächst darauf an, wie effektiv die Geheimhaltungsvereinbarung ohne eine solche vertragliche Bestimmung im Hinblick auf die erforderliche Präventiv- und Schadensersatzfunktion der Vertragsstrafe wirken würde.

Die Beweislast für ein fehlendes Verschulden bei einer geschuldeten Handlung trifft gemäß der §§ 339 S. 1, 287 BGB grundsätzlich den Schuldner.[965] Nach § 280 Abs. 1 BGB kann sich der Schuldner nur durch den Nachweis, dass er die Zuwiderhandlungen nicht zu vertreten hat, von einer Zahlungspflicht der vorgesehenen Strafe befreien.[966]

Wird dann für jedes einzelne Geheimnis, von welchem ein Dritter Kenntnis erlangt oder dessen sonstiger Missbrauch zutage tritt, die Zahlung einer in der Vertraulichkeitsvereinbarung festgelegten Summe vereinbart,[967] so wird

---

[964] Die Möglichkeit einer solchen individualvertraglichen Vereinbarung wird in BGHZ 82, 398, 401 f. (Urteil vom 18.12.1981 - V ZR 233/80) bejaht: „Das Berufungsgericht sieht das Strafversprechen ausdrücklich als Druckmittel des Gläubigers an. Die vom Berufungsgericht angenommene, rechtlich zulässige vertragliche Abbedingung des Schulderfordernisses im Sinne des § 339 BGB gestaltet das Vertragsstrafversprechen zwar garantieähnlich...nimmt es aber damit nicht aus dem Anwendungsbereich der §§ 339 ff. BGB heraus, da der maßgebliche Zweck des Schuldversprechens, nämlich den Schuldner zur Erbringung der Leistung anzuhalten, bestehen bleibt."; Siehe auch BGHZ 72, 174, 178 (Urteil vom 28.09.1978 - II ZR 10/77); MüKo/BGB-Gottwald, § 339, Rn. 37; Palandt-Heinrichs, § 339, Rn. 4; jedoch dagegen Staudinger-Rieble, § 339, Rn. 144 ff., welcher auch bei einem Verstoß gegen Unterlassungspflichten das Verschuldenserfordernis als unabdingbar fordert und ansonsten auf die Vereinbarung einer Garantie verweist; In diesem Sinne auch Enneccerus/Lehmann, Erster Teil, Zweiter Abschnitt, IV., § 37, 2., II., 1.; Gernhuber, § 34, III, 1., S. 768 ff.; Vgl. Staudinger-Rieble, § 339, Rn. 17 ff.

[965] MüKo/BGB-Gottwald, § 339, Rn. 37 ; zu den Verfallsvoraussetzungen einer Vertragsstrafe, van Look, § 6, III., 1., c), S. 138 ff; siehe auch Lindacher, 3. Kapitel, 2. Abschnitt, § 20, S. 92 ff.; siehe zum Verschuldensmaßstab Staudinger-Rieble, § 339, Rn. 145, nach dem ein „Verschulden gegen sich selbst...ein objektiv vorwerfbares" Verhalten tatbestandsmäßig sei.

[966] Siehe BGH, Urteil vom 29.06.1972, II ZR 101/70, Köln, in NJW 1972, S. 1893, 1895; BGH, Urteil vom 18.09.1997, I ZR 71/95, München, in NJW 1998, S. 1144, 1146.

[967] Siehe zur Möglichkeit, eine Vertragsstrafe für einzelne Zuwiderhandlungen zu vereinbaren BGH, Urteil vom 01.06.1983, I ZR 78/81, Celle, in NJW 1984, S. 919, 920; BGH, Urteil vom 28.01.1993, I ZR 294/90, Frankfurt, in NJW 1993, S. 1786, 1787; siehe zum klarstellenden vertraglichen Ausschluss des Fortsetzungszusammenhanges, MüKo/BGB-Gottwald, § 339, Rn. 39.

zunächst grundsätzlich von einem Verschulden des Schuldners ausgegangen. Demnach ist der Entlastungsnachweis des Erwerbsinteressenten in der Praxis aufgrund des gesetzlich vermuteten Verschuldens schwierig zu führen und diese allgemeine Regelung daher für die Zielgesellschaft durchaus vorteilhaft. Hinsichtlich der eventuell bestehenden Möglichkeit einer individualvertraglichen Garantiehaftung ist zu bemerken, dass eine derart weitgehende Haftung die gleichmäßige Berücksichtigung der beidseitigen Interessen wohl missachten und eine solche Regelung auch von ernsthaft interessierten Investoren aufgrund der damit einhergehenden Risiken aller Wahrscheinlichkeit nach auch überhaupt nicht eingegangen werden würde.[968] Schon die Vereinbarung einer Vertragsstrafe mit der Beweislastumkehr hinsichtlich der objektiven Zuwiderhandlung und dem widerleglich vermuteten Verschulden des Prüfers ist für einen Investor nur im Falle eines wirklich bestehenden Erwerbsinteresses und dessen strenger Beachtung der Geheimhaltungsregeln zu akzeptieren. Infolgedessen besteht hinsichtlich der Verschuldensfrage dann eine relativ gefestigte rechtliche Absicherung seitens der Zielgesellschaft im Hinblick auf den Missbrauch von Gesellschaftsgeheimnissen.

Deshalb kommt es hinsichtlich der Frage der Ausgestaltung einer Vertragsstrafenregelung innerhalb einer Vertraulichkeitsvereinbarung im Hinblick auf die Offenbarung von Unternehmensinformationen auf eine weitere Auseinandersetzung mit der rechtlich streitigen Problemstellung einer Abbedingung des Verschuldensprinzips nicht an. Es bedarf keiner von der gesetzlichen Beweislast in der Verschuldensfrage abweichenden vertraglichen garantieähnlichen Regelung, um das Strafversprechen möglichst effektiv abzuschließen.

(cc) Weitere Regelungen

In Anbetracht der im Zusammenhang mit der Durchführung einer Due Diligence beschriebenen hohen Risiken ist noch anzumerken, möglichst hohe Vertragsstrafen zu bestimmen,[969] und zwar für jede einzelne Zuwiderhandlung, sowie bereits Vorbereitungs- und Versuchshandlungen strafbar zu stellen.[970] Die

---

[968] Vgl. zum notwendigen Interessenausgleich der Parteien, Beisel/Klumpp, 2. Kapitel, IV, 1., Rn. 16. Siehe zur Möglichkeit der Einschaltung eines Unternehmensmaklers, vor allem für die auf dem Gebiet des Unternehmenskaufes relativ unerfahrenen mittelständischen Untenehmen und zu den häufig auftretenden Interessenskonflikten bei der Inanspruchnahme von Banken anlässlich einer Unternehmenstransaktion, Beisel/Klumpp, 1. Kapitel, III, 1., Rn.30 ff.

[969] Beisel/Klumpp, 2. Kapitel, IV, 1., Rn.16.

[970] Siehe zur Zulässigkeit solcher vertraglichen Vereinbarungen BGH, Urteil vom 01.06.1983 – I ZR 78/81, in GRUR 1984, S. 72, 73: „Zweck der Vertragsstrafe ist...einen wirkungsvollen Druck auf den Schuldner auszuüben, damit dieser die übernommene und durch die

jeweilige individuelle Reichweite einer Unterlassungspflicht können die Parteien nämlich grundsätzlich frei vereinbaren.[971]

c) Datenraum-Regeln (Data Room Procedures)

Neben der bestehenden Vertraulichkeitsvereinbarung an sich sollten denjenigen Rechtsanwälten, Steuerberatern, Wirtschaftsprüfern oder sonstigen Beratern des Erwerbsinteressenten, welche unmittelbar vor Ort die Dokumente der Zielgesellschaft prüfen, noch die so genannten Datenraum-Regeln zur Unterzeichnung vorgelegt werden.[972] Darin werden dann zum einen die in der Vertraulichkeitsvereinbarung genannten Verpflichtungen der Prüfer auf den Einzelfall hin genau konkretisiert und zum anderen alle notwendigen Informationen hinsichtlich der Organisation der Prüfung festgelegt.

aa) Zugangsmodalitäten

Abgesehen von der Angabe des Ortes des Datenraumes und dessen Öffnungszeiten und damit der Prüfung an sich enthalten diese Regeln alle anderen organisatorischen Hinweise zum Ablauf der Due Diligence, deren Aufstellung und Durchsetzung neben der Effizienzsteigerung der Prüfung vor allem der Geheimhaltung der Gesellschaftsinformationen dienen.

So wird fixiert, welche Personen überhaupt Zugang zu dem Datenraum haben und wie dieser Zugang vor Ort gewährleistet wird bzw. auch wieder entzogen werden kann. Im Allgemeinen werden die einzelnen Mitglieder des bzw. der Prüferteams bereits in den Datenraum-Regeln namentlich benannt (Prüferliste) und deren Verpflichtung festgehalten bzw. bekräftigt, sich vor Betreten des

---

Strafe bewehrte Verpflichtung einhält...Weil das Strafversprechen somit wesentlich auch auf das Verhalten des Schuldners vor einer möglichen Zuwiderhandlung abzielt, kann es für den Anspruch keine entscheidende Rolle spielen, ob die trotz des Versprechens begangene Handlung zu einer Gefährdung oder Schädigung von Interessen des Gläubigers geführt hat."; BGH, Urteil vom 01.06.1983, I ZR 78/81, Celle, in NJW 1984, S. 919, 920; Staudinger-Rieble, § 339, Rn. 130; MüKo/BGB-Gottwald, § 339, Rn. 36; Köhler, Vereinbarung und Verwirkung der Vertragsstrafe, in: Festschrift für Gernhuber, S. 207, 216; die konkret darunter zu subsumierenden Verhaltensweisen können in den Datenraum-Regeln bestimmt werden. Siehe zur konkreten Ausgestaltung einer Vertraulichkeitsvereinbarung das Muster bei Hopt-Hess/Fabritius, Vertrags- und Formularbuch, 1. Teil, HGB, IV., B., 1., Anmerkungen, 6., S. 648 f.

[971] Köhler, Vereinbarung und Verwirkung der Vertragsstrafe, in: Festschrift für Gernhuber, S. 207, 216.

[972] So Holzapfel/Pöllath, I, 3., c), Rn. 14; siehe ein Muster solcher Datenraum-Regeln bei Liebs, Anhang, Muster 5, S. 71 ff.

Datenraumes auszuweisen, wirklich nur den für die Prüfung vorgesehenen Raum und insbesondere nur für den bestimmten Prüfungszweck zu betreten, sowie sich aus Transparenzgründen jeweils bei Betreten und Verlassen des Raumes in eine dafür vorgesehene Anwesenheitsliste einzutragen.

Die Einhaltung der Datenraum-Regeln wird durch eine oder mehrere Aufsichten gewährleistet, welche sich mit den Prüfern im Datenraum befinden und unmittelbare Ansprechpartner für organisatorische Angelegenheiten sind. Weitergehende Auskünfte oder Rückfragen inhaltlicher Art sind schriftlich auf vorher vom Datenraumkoordinator bzw. den dafür benannten Personen ausgehändigten Anfragebögen an diese selbst zu stellen.[973]

Angesichts des beschriebenen außerordentlichen Schadens, welcher durch einen Missbrauch der Unternehmensdaten eintreten kann, muss bei einem auftretenden (auch schon geringem) Verdacht hinsichtlich eines Verstoßes gegen die Vertraulichkeitsvereinbarung und/oder die Datenraum-Regeln der Zielgesellschaft die Möglichkeit gegeben werden, den betreffenden Prüfer von der weiteren Due Diligence auszuschließen oder sogar die gesamte Prüfung abzubrechen und von den für einen solchen Fall vereinbarten Rechten Gebrauch zu machen.

bb) Geheimhaltung

In den Datenraum-Regeln sollte bezugnehmend auf die bereits vereinbarte und strafbewehrte Vertraulichkeitsvereinbarung noch einmal ausdrücklich auf die strenge Geheimhaltung der im Zusammenhang mit der Prüfung offen gelegten Informationen und die damit verbunden Einhaltung weiterer Bedingungen hingewiesen werden. So sind jegliche Vervielfältigungen der Dokumente durch Kopie, Photographie, Scannen, Fax, etc. zu untersagen; ein zur Vervielfältigung geeignetes Gerät darf in den Prüfungsraum gar nicht erst eingebracht werden. Dokumente dürfen nach vorheriger Absprache vereinzelt, aber ausschließlich vom Datenraum-Beauftragten vervielfältigt werden; diese dürfen dann nur als Arbeitspapier und lediglich innerhalb des bewachten Datenraumes verwendet werden.[974] Auch das wörtliche Abdiktieren von Dokumenten ist unter Geheimnisschutzkriterien zu verbieten. Den Prüfern ist es lediglich erlaubt, eigene Schreibunterlagen wie einen Computer mitzubringen, um mit dessen Hilfe den Due Diligence-Bericht zu erstellen. Da der Due Diligence-Bericht im

---

[973] Siehe S. 251.

[974] Arbeiten mehrere Prüfer an einem Gebiet, für welches ein bestimmtes Dokument erforderlich ist, so erleichtert eine solche Arbeitskopie deren Prüfung und verkürzt damit die Dauer der Untersuchung. Dies führt zu einer weniger kostenintensiven Due Diligence.

Datenraum selbst angefertigt werden muss,[975] sind nun die einzelnen dafür erforderlichen Verfahrensweisen zu konkretisieren. So obliegt die Überwachung der Einhaltung dieser alleinigen Funktion der Prüfer-Computer der jeweiligen Aufsicht des Datenraumes. Für die genannten Geräte wie Computer (Notebooks), Disketten sowie CD-Roms und Daten sind gegen Diebstahl und Missbrauch gesicherte Aufenthaltsorte innerhalb der Datenräume auszuwählen. Am Ende der Prüfung darf lediglich der Due Diligence-Bericht aus dem Datenraum entfernt werden; alle anderen Aufzeichnungen sind, unabhängig von deren Art (in Papier- oder elektronisch gespeicherter Form), zu vernichten bzw. zu löschen.

cc) Managementgespräche

Ferner ist zu klären, ob die Möglichkeit bestehen soll, zur weiteren Informationsbeschaffung und insbesondere zur Informationsverifizierung Gespräche mit der Leitung der Gesellschaft führen zu dürfen. Solche Managementgespräche vor allem mit dem Vorstand einer Aktiengesellschaft dienen dazu, detailliertere Informationen zu Themengebieten zu erhalten, zu welchen die Due Diligence keine bzw. für den Investor nicht ausreichende Informationen enthält oder Fakten bzw. Vorgehensweisen zu bestimmten Bereiche zu vertiefen.[976]

d) Zwischenergebnis

Um die anlässlich einer Due Diligence offen gelegten Unternehmensinformationen vor einem Missbrauch zum Nachteil der Zielgesellschaft zu schützen und der aktienrechtlichen Verschwiegenheitsverpflichtung gemäß des § 93 Abs. 1 S. 2 AktG zu genügen, bedarf es einiger von der Zielgesellschaft zu ergreifender, privatrechtlicher Maßnahmen.

So hat der Interessent zunächst seine ernsthafte Erwerbsabsicht im Letter of Intent und insbesondere durch einen Finanzierungsnachweis möglichst konkret zu belegen. Bevor die ersten Gesellschaftsinformationen offen gelegt werden, ist aufgrund des den gesellschaftsrechtlichen Verschwiegenheitpflichten des Vorstands gemäß § 93 Abs. 1 S. 2 AktG sowie des Aufsichtsrats gemäß § 116 i.V.m. § 93 Abs. 1 S. 2 AktG hinsichtlich der Durchführung einer Due Diligence

---

[975] Siehe S. 250f.

[976] Dazu und zum Einfluss der allgemeinen Verhandlungsposition der Parteien auf den Umfang der durch eine solche Managementpräsentation zu offenbarenden Informationen, Vogel, M&A, V.1.1, S. 163; Höhn, § 5, II., 4., S. 64 f.

nicht genügendem gesetzlichen Vertrauensschutz eine Vertraulichkeitsvereinbarung (Confidentiality Agreement) zwingend abzuschließen.[977] Dabei bedarf es innerhalb der Vertraulichkeitsvereinbarung einer umfassenden Regelung aller Voraussetzungen der Durchführung einer Due Diligence, von welcher die aktienrechtliche Zulässigkeit einer Due Diligence aufgrund der nach § 93 Abs. 1 S. 2 AktG bestehenden Verschwiegenheitspflichten abhängt. Die Vereinbarung einer Vertragsstrafe gemäß § 339 S. 2 BGB ist hinsichtlich der Entscheidung für die Aufnahme einer Due Diligence aktienrechtliches Zulässigkeitserfordernis im Sinne der §§ 76 Abs. 1 i.V.m. 93 Abs. 1 S. 2 AktG; sie bietet einen präventiven Schutz vor einer Verletzung der betreffenden Hauptverpflichtung und gewährleistet dem Gläubiger einen beweisfreien Mindestschutz. Die Beweislast hinsichtlich der Pflichtverletzung des Schuldners ist zugunsten des Gläubigers in der Geheimhaltungsvereinbarung vertraglich umzukehren. In den anzufertigen Datenraum-Regeln (Data Room Procedures) werden die in der Vertraulichkeitsvereinbarung genannten Verpflichtungen der Prüfer auf den Einzelfall hin konkretisiert und zum anderen alle notwendigen Informationen hinsichtlich der Organisation der Prüfung festgelegt.

3. Ergebnis

Ein Anteilseigner hat im Falle eines Missbrauchs von im Rahmen einer Due Diligence offen gelegten Informationen durch den Erwerbsinteressenten gegen diesen einen Schadensersatzanspruch gemäß § 311 Abs. 2 Nr. 2 BGB i.V.m. den §§ 241 Abs. 2, 280 Abs. 1 BGB. Dieser Schadensersatzanspruch beinhaltet jedoch nur eine Forderung in das Vermögen der Gesellschaft, nicht in das Privatvermögen des Gesellschafters.

Die Aktiengesellschaft hat im Falle einer missbräuchlichen Verwendung der von ihr mittels einer Due Diligence offen gelegten Unternehmensinformationen gegen den Erwerbsinteressenten einen Schadensersatzanspruch gemäß § 311 Abs. 2 BGB i.V.m. den §§ 241 Abs. 2, 280 Abs. 1 BGB i.V.m. den Grundsätzen des Vertrages mit Schutzwirkungen zugunsten Dritter.

Beweiserleichterungen (wie die Umkehrung der Beweislast mittels Einteilung von Gefahrenbereichen oder der Beweis des ersten Anscheins zugunsten des

---

[977] Siehe das Muster einer solchen Geheimhaltungsvereinbarung, bei Fingerhut/Formularbuch, 1. Teil, 1., S. 17 ff.

Geschädigten) dürfen nicht angewandt werden. Daher kann es bei der Geltend-machung dieser im vorvertraglichen Bereich bestehenden Ansprüche aufgrund der gesetzlichen Beweislastverteilung zu essentiellen Beweisschwierigkeiten hinsichtlich der Schadensfeststellung kommen.

Um einen den aktienrechtlichen Zulässigkeitserfordernissen der §§ 76 Abs. 1 i.V.m. 93 Abs. 1 S. 2 AktG hinsichtlich der Durchführung einer Due Diligence genügenden vorvertraglichen Schutz der Betriebs- und Geschäftsgeheimnisse sicherzustellen, ist es demnach erforderlich, den Schutz der Unternehmens-informationen durch folgende effektive privatrechtliche Maßnahmen zu gewährleisten:

Zunächst ist die wirkliche Erwerbsabsicht des Interessenten im Letter of Intent und insbesondere durch einen Finanzierungsnachweis zu belegen. Innerhalb der erforderlichen Vertraulichkeitserklärung ist eine Vertragsstrafe gemäß § 339 S. 2 BGB zu vereinbaren, welche im Hinblick auf die Entscheidung der Aufnahme einer Due Diligence aktienrechtliches Zulässigkeitserfordernis im Sinne der §§ 76 Abs. 1 i.V.m. 93 Abs. 1 S. 2 AktG ist. Die Beweislast hinsicht-lich der Pflichtverletzung des Schuldners ist zugunsten des Gläubigers in der Geheimhaltungsvereinbarung vertraglich umzukehren. Durch die Aufstellung von Datenraum-Regeln werden die Einzelheiten und organisatorischen Details hinsichtlich der Durchführung einer die betreffenden Voraussetzungen genügenden Due Diligence festgelegt.

3. Abschnitt: Zusammenfassung

1. Der **Begriff Due Diligence** („erforderliche, angemessene, gebührende Sorgfalt") stammt ursprünglich aus dem angloamerikanischen Rechtskreis, in welchem er nicht nur eine Tätigkeit, sondern auch einen Verhaltensmaßstab umschreibt. Im Laufe fortschreitenden und immer internationaler werdenden Transaktionen wurde der Begriff auch von der deutschen Rechtspraxis übernommen. In rechtlicher Hinsicht hat der Begriff Due Diligence zwar keine explizite Bedeutung, eine solche Untersuchung eines Objektes ist aber auch in Deutschland jedenfalls in der grundsätzlichen praktischen Anwendung weitgehend standardisiert, so dass sich aus der Durchführung einer entsprechenden Unternehmensuntersuchung insbesondere aktienrechtliche Fragestellungen ergeben, welche Gegenstand der vorliegenden Studie sind.

Der Begriff Due Diligence wird für sämtliche Arbeiten verwendet, die im Vorfeld einer Unternehmenstransaktion bis zu deren Abschluss insgesamt zu leisten sind und welche im Zusammenhang mit der Offenlegung von Unternehmensdaten der Zielgesellschaft anlässlich einer bevorstehenden Transaktion stehen. Eine Due Diligence kann als phasenbezogen oder als den gesamten Prozess begleitend angesehen werden. Daraus ergibt sich, dass eine relativ offen formulierte Definition gewählt werden sollte, um dem praktischen Anwendungsbereich der Due Diligence gerecht zu werden. Danach ist unter einer Due Diligence eine sorgfältige, detaillierte und systematische Erhebung sowie Analyse von zu bestimmenden Daten einer bestimmten Gesellschaft anlässlich einer beabsichtigten geschäftlichen Transaktion zu verstehen.

2. Für das Vorliegen bestimmter **Funktionen der Durchführung einer Due Diligence** kommt es im Einzelfall auf das (bzw. die) betreffende(n) Motiv(e) an. Im Allgemeinen werden die folgenden vier Aufgaben einer Due Diligence besonders hervorgehoben: die Risikoermittlung, die Wert- und Kaufpreisermittlung, die Bedeutung für das Gewährleistungsrecht und für die Beweissicherung. Dafür untersucht der Interessent die Gesellschaft in vielfältiger Hinsicht. Aus den genannten verschiedenen Funktionen einer Due Diligence ergibt sich, dass eine solche Prüfung, je nach Motiv für deren Durchführung, unterschiedliche Schwerpunkte setzen kann und auch sollte. Die prüfungsrelevanten Teilbereiche bestehen in der Regel aus der finanzwirtschaftlichen, steuerlichen und der rechtlichen Untersuchung, aus einer strategischen und organisatorischen Due Diligence, sowie aus einer Prüfung hinsichtlich der Mitarbeiterpotentiale, der Produktion bzw. Technik und der umweltrelevanten Faktoren.

3.   Der **Wirkungsbereich einer Due Diligence** hängt nicht nur von den speziellen Bedürfnissen des Auftraggebers und dem Zeitpunkt der Durchführung dieser Untersuchung, sondern auch von der einzelnen geplanten Transaktion und dessen Verfahren ab. Bei Unternehmensakquisitionen wird zwischen dem so genannten Share Deal und dem Asset Deal unterschieden. Von einem Share Deal spricht man, wenn ein Unternehmen ganz oder teilweise durch die Übertragung der Gesellschaftsanteile seines Rechtsträgers veräußert wird, der Kauf eines Unternehmens oder einzelner Bestandteile desselben durch den Erwerb der betreffenden einzelnen Wirtschaftsgüter und der immateriellen Vermögenswerte wird als Asset Deal bezeichnet. Da der Träger des betreffenden Unternehmens beim Share Deal also die Gesellschaft selbst bleibt, ist auch keine Übertragung der Aktiva und Passiva nötig. Beim Asset Deal werden die materiellen und immateriellen Güter im Sinne des Abstraktionsprinzips entsprechend den das einzelne Wirtschaftsgut betreffenden Vorschriften veräußert.

4.   Unternehmenstransaktionen können entweder im **Verhandlungs- oder Bieterverfahren** durchgeführt werden. Das Verhandlungsverfahren kann der Veräußerer mit einem Interessenten exklusiv oder mit mehreren potentiellen Käufern führen. Wird während der Vertragsverhandlungen über bestimmte Bereiche eine Einigung zwischen den Vertragsparteien erzielt, so empfiehlt es sich, diesen Stand der Verhandlungen zu protokollieren (memorandum of understanding), um das Vertrauen der jeweiligen Partei in den Abschlusswillen des anderen Vertragspartners zu stärken und so bei einem willkürlichen Abbruch der Vertragsverhandlungen Schadensersatzpflichten nach § 311 Abs. 2 i.V.m. den §§ 241 Abs. 2, 280 Abs. 1 BGB begründen zu können. In der Regel wird relativ frühzeitig eine Absichtserklärung (letter of intent) abgegeben, in welcher meist der Erwerbsinteressent einseitig erklärt, die beabsichtigte Transaktion bei Vorliegen mehrerer zu bestimmender Voraussetzungen durchführen zu wollen. Ob ein entsprechender rechtlicher Bindungswille des Interessenten vorliegt, ist anhand der Ermittlung des Parteiwillens gemäß der §§ 133, 157 BGB zu beurteilen, im Allgemeinen wird ein solcher Wille zu diesem Zeitpunkt aber noch nicht vorliegen. Vor allem aufgrund dieser fehlenden rechtlichen Bindungswirkung ist es erforderlich, soweit noch nicht im Letter of Intent geregelt, spätestens unmittelbar vor Beginn der Durchführung einer Due Diligence eine Vertraulichkeitsvereinbarung (Non-Disclosure Agreement / Confidentiality Agreement) hinsichtlich der offen zu legenden Informationen zu vereinbaren. Bei einer Unternehmenstransaktion durch einen Bieterwettbewerb werden die potentiellen Investoren in einem stetig intensiver verlaufenden Bietungsverfahren an die eigentlichen Kaufverhandlungen und damit auch an die internen Unternehmensdaten schrittweise herangeführt. Zunächst wird ein Verkaufsprospekt (information memorandum) an eine Auswahl möglicher

Bieter versendet, anhand dessen diese dann ein nicht bindendes Angebot abgeben können (indicative offer). Nach einer ersten hinsichtlich des Inhalts und des Umfangs eingeschränkten Due Diligence durch eine begrenzte Auswahl der Interessenten können diese dann ein Kaufangebot abgeben (binding offer), welches jedoch noch immer nicht rechtlich bindend ist. Erst nach einer weiteren umfangreicheren Due Diligence (confirmatory Due Diligence) durch zwei bis drei Bieter entscheidet der Verkäufer, welcher von den möglichen Investoren derjenige ist, der innerhalb des Verfahrens das beste Angebot abgegeben hat bzw. für die Zukunftsfähigkeit des Unternehmens voraussichtlich die größten Chancen verspricht. Erst dann verhandeln die beiden endgültigen Vertrags-partner den Unternehmenskaufvertrag in den weiteren Einzelheiten aus und unterzeichnen ihn.

5. Unternehmensübernahmen können in **feindliche und freundliche Übernahmen** eingeteilt werden. Feindliche sind im Gegensatz zu den freund-lichen Übernahmen mit der Leitung der Zielgesellschaft nicht abgestimmt. Eine feindliche Unternehmensübernahme ist anhand verschiedener, meist kumulativ angewandter, Methoden denkbar, nämlich durch den Erwerb von Aktienpaketen einzelner verkaufswilliger Aktionäre, durch den Kauf von Anteilen über die Börse (Creeping Takeover) oder durch ein öffentliches Übernahmeangebot (takeover bid / tender offer). Der potentielle Erwerber hat sowohl bei einer feindlichen als auch bei einer freundlichen Übernahme sowohl gegen die Ziel-gesellschaft als auch gegen den Anteilsverkäufer keinen Anspruch auf Durch-führung einer Due Diligence. Es bestehen auch keine Frage-, Einsichts- oder Auskunftsrechte von Aktionären, welche diesem und damit unter Umständen mittelbar dem Interessenten die gewünschten Unternehmensinformationen verschaffen könnten. Da für die Durchführung einer effizienten Due Diligence-Prüfung jedoch die Offenlegung von internen und geheimhaltungsbedürftigen Daten des betreffenden Unternehmens notwendig ist und eine solche grundsätz-lich nur in Zusammenarbeit mit der Zielgesellschaft verwirklicht werden kann, werden feindliche Übernahmen typischerweise ohne Durchführung einer Due Diligence vollzogen. Somit ist der feindliche Erwerber bei seiner Investitions-entscheidung auf die öffentlich zugänglichen Informationen über das Ziel-unternehmen angewiesen. Auch bei einer freundlichen Übernahme besteht grundsätzlich ein Spannungsverhältnis zwischen den Interessen des Erwerbers, denen der Zielgesellschaft und denen des veräußernden Gesellschafters. Fraglich erscheint dabei, ob, abgesehen von der hier abgelehnten Möglichkeit eines Anspruchs des potentiellen Erwerbers auf Durchführung einer Due Diligence, ein Organ einer Aktiengesellschaft dem potentiellen Erwerber eine Due Diligence aktienrechtlich überhaupt gestatten darf.

6. Für die **Entscheidung über eine Offenlegung von Unternehmensinformationen anlässlich der Durchführung einer Due Diligence** könnte in
dem zweistufigen System der Verwaltung einer Aktiengesellschaft gemäß § 76
Abs. 1 AktG im Sinne einer Entscheidungsprärogative des Vorstands in
Geschäftsführungsangelegenheiten der Vorstand der Zielgesellschaft zuständig
sein. Dabei ist jedoch zu beachten, dass die Zuständigkeiten des Leitungsorgans
Vorstand und des Kontrollorgans Aufsichtsrat an sich zwar funktional voneinander getrennt sind, aber gesetzlich gewollte Aufgabenübertragungen bzw.
Verknüpfungen der Organe, welche auf eine Machtbalance innerhalb der
Verfassung der Aktiengesellschaft abzielen (System der Gewaltenverzahnung
und Gewaltenkontrolle), bestehen. Der Aufsichtsrat hat dementsprechend nicht
nur die Rechtmäßigkeit, sondern auch die Zweckmäßigkeit der betreffenden
Vorstandshandlung zu prüfen. Als Sachwalter der Eigentümerinteressen obliegt
es ihm, sowohl die organisatorischen und planerischen, als auch die wirtschaftlichen Grundlagen für die Erreichung und Verfolgung der Unternehmensziele
sicherzustellen. Der Aufsichtsrat einer Aktiengesellschaft muss bereits sich nur
anbahnende gefährdende Entwicklungen erkennen und diesen entsprechend vorbeugen. Die Präventivkontrolle der Aktiengesellschaft durch den Aufsichtsrat ist
besonders aufgrund der gesetzgeberischen Vorgaben durch das Gesetz zur
Kontrolle und Transparenz in Unternehmen (KonTraG) und das Gesetz zur
weiteren Reform des Aktien- und Bilanzrechts, zu Transparenz und Publizität
(TransPuG) institutionell zu verbessern. Auch die Erfahrungen in der
Unternehmenspraxis zeigen, dass die bisherige präventive Überwachung der
Gesellschaft durch den Aufsichtsrat dem aktienrechtlich vorgesehenen dualistischen Leitungssystem der Gesellschaft und der Kontrollfunktion des Aufsichtsrats nicht genügt. So wurde durch das KonTraG der Rechte- und Pflichten-
rahmen des Vorstandes (dieser muss nun nach § 91 Abs. 2 AktG ein so genanntes Risikomanagement einführen) und damit die Pflicht des Aufsichtsrats zur
Überwachung desselben ebenso, nämlich gerade hinsichtlich dieser Aufgabe,
erweitert. Durch das TransPuG wurde die bisher fakultativ bestehende Möglichkeit zur Anordnung eines Zustimmungsvorbehalts zu einer zwingend bestehenden Pflicht. Nach dem neugefassten § 111 Abs. 4 S. 2 AktG „hat" die Satzung
oder der Aufsichtsrat nun zu bestimmen, dass bestimmte Arten von Geschäften
nur mit seiner Zustimmung vorgenommen werden dürfen. Durch diese Neuregelung wurde eine effiziente präventive Überwachung durch den Aufsichtsrat ermöglicht und dessen Position innerhalb einer Aktiengesellschaft somit verstärkt.

Die Durchführung einer Due Diligence ist nicht nur Beiwerk innerhalb der
Aufnahme bzw. Führung von Vertragsverhandlungen anlässlich eines
Unternehmenskaufs, sondern Kernstück einer beabsichtigten Transaktion,
welche für die Zielgesellschaft bei deren Scheitern aufgrund der offen gelegten
Informationen ex post äußerst negative Auswirkungen haben kann. Neben den

einzelnen rechtlichen und praktischen Vorkehrungen einer Prüfung hat daher schon die Entscheidung über die Zulassung einer Due Diligence an sich, die zur Verfügung stehenden Sicherungsmöglichkeiten zu beinhalten und diese festzulegen. Ein Bestandteil eines solchen Schutzes besteht in der zukunftsorientierten Überwachung des Vorstandes durch den Aufsichtsrat mittels der Anordnung eines Zustimmungsvorbehaltes gemäß § 111 Abs. 4 S. 2 AktG. Aufgrund der Tatsache, dass zustimmungspflichtige Handlungen nicht gesetzlich konkretisiert worden sind, ist die Anordnung solcher Zustimmungsvorbehalte durch den Aufsichtsrat als notwendig anzusehen. Demnach ist das nach § 111 Abs. 4 S. 2 AktG hinsichtlich bestimmter Geschäfte grundsätzlich bestehende Ermessen des Aufsichtsrates hinsichtlich der Bindung des Vorstandshandelns an dessen Zustimmung bei der Entscheidung über die Zulassung einer Due Diligence auf Null reduziert. Der Aufsichtsrat ist dazu verpflichtet, eine Entscheidung des Vorstands über die Zulassung einer Due Diligence von seiner vorherigen Zustimmung im Sinne des § 111 Abs. 4 S. 2 AktG abhängig zu machen.

Daher darf der nach § 76 Abs. 1 AktG zuständige Vorstand eine Due Diligence erst nach vorheriger Zustimmung des Aufsichtsrats im Sinne des § 111 Abs. 4 S. 2 AktG durch einen entsprechenden einstimmigen Beschluss zulassen.

Der Zustimmungsvorbehalt nach § 111 Abs. 4 S. 2 AktG kann in der Satzung der Gesellschaft, der Geschäftsordnung des Aufsichtsrates oder in der Geschäftsordnung des Vorstandes geregelt oder durch einen (Ad hoc-) Beschluss des Gesamtaufsichtsrates begründen werden. Der Zustimmungsvorbehalt hat also Satzungsqualität und ist in die Statuten einer Aktiengesellschaft aufzunehmen. Zweckmäßig erscheint es, den Katalog zustimmungspflichtiger Geschäfte (auch) unmittelbar in der Geschäftsordnung des Vorstandes zu normieren, so dass dieser dann bei demjenigen Organ geregelt ist, welches den Katalog auch zu befolgen hat. Für den entsprechenden Beschluss des Aufsichtsrats genügt eine einfache Stimmenmehrheit.

Das Bestehen eines Zustimmungsvorbehaltes hat jedoch nur hinsichtlich der Geschäftsführungsbefugnis im Innenverhältnis der Gesellschaft Wirkung, die Vertretungsbefugnis des Vorstands nach außen berührt das Bestehen eines solchen Vorbehaltes nicht. Ein entgegen dem Zustimmungsvorbehalt tätig werdender Vorstand handelt pflichtwidrig und macht sich unter Umständen auch schadensersatzpflichtig.

Die Hauptversammlung ist für eine Entscheidung über eine Auskunftserteilung bzw. Auskunftsverweigerung anlässlich einer Due Diligence nicht zuständig. Unabhängig davon kann jedoch der Vorstand, wenn der Aufsichtsrat seine

Zustimmung zur Durchführung einer Due Diligence verweigert, eine entsprechende Entscheidung von der Hauptversammlung nach § 111 Abs. 4 S. 3 AktG verlangen. Dann kann die verweigerte Zustimmung des Aufsichtsrates durch einen Hauptversammlungsbeschluss ersetzt werden. Dabei ist gemäß § 111 Abs. 4 S. 4 AktG eine qualifizierte Stimmenmehrheit von mindestens drei Viertel der abgegebenen Stimmen notwendig, deren Größe gemäß § 111 Abs. 4 S. 5 AktG zwingend ist. Diese Ersetzung der Zustimmung des Aufsichtsrats ist jedoch aufgrund der mit einer entsprechenden Diskussion innerhalb einer Hauptversammlung verbundenen Öffentlichkeitswirkung zumindest bei Publikumsgesellschaften kaum zweckdienlich und wenig praktikabel.

7.   Nach § 93 Abs. 1 S. 2 AktG haben alle Vorstandsmitglieder über vertrauliche Angaben und Geheimnisse der Gesellschaft, die ihnen durch ihre Tätigkeit im Vorstand bekannt geworden sind, Stillschweigen zu bewahren. Über die Verweisungsnorm des § 116 AktG gilt diese **Verschwiegenheitsverpflichtung des § 93 Abs. 1 S. 2 AktG** auch für den Aufsichtsrat. Die im Zusammenhang mit einer Due Diligence offen zu legenden Informationen können sich sowohl als Geheimnisse als auch vertrauliche Angaben der Gesellschaft im Sinne des § 93 Abs. 1 S. 2 AktG darstellen. Daher widerspricht eine Offenlegung von solchen Informationen dem Wortlaut der Norm und im Grundsatz auch der in dieser Vorschrift konkretisierten Verschwiegenheits-verpflichtung des Vorstandes und des Aufsichtsrats einer Aktiengesellschaft.

Der Sinn und Zweck des § 93 AktG besteht aber in der Sicherstellung eines Schadensausgleichs und einer Schadensprävention zum Schutz der Gesellschaft. § 93 Abs. 1 S. 2 AktG dient dabei, vor allem durch dessen Ziel der Erhaltung der Wettbewerbsfähigkeit und des Ansehens der Gesellschaft, dem Schutz des Unternehmensinteresses. Demnach kann die vom Wortlaut her absolut geltende Schweigepflicht nach dem Sinn und Zweck der gemäß § 93 Abs. 1 S. 2 AktG bestehenden Verschwiegenheitsverpflichtung unter besonderen Umständen und in den engen Grenzen des Unternehmensinteresses eingeschränkt werden. Der wertausfüllungsbedürftige Begriff des Unternehmensinteresses als Konkretisierung der Sorgfaltspflichten und der gesellschaftsrechtlichen Treuepflichten, wie der Verschwiegenheitspflicht nach § 93 Abs. 1 S. 2 AktG, kann in der konkreten Anwendung aber nur wenig beitragen. Daher ist die Ausprägung des Spannungsverhältnisses zwischen der Verschwiegenheitspflicht der Leitung der Gesellschaft gemäß § 93 Abs. 1 S. 2 AktG und dem Unternehmensinteresse als dessen immanente Grenze für eine mögliche Offenlegung von Unternehmensinformationen einer Akteingesellschaft anlässlich einer Due Diligence maßgebend.

Dieses Spannungsverhältnis ist in jedem Einzelfall und für jeden Interessenten separat unter Würdigung aller in Betracht kommenden Gesichtspunkte, insbesondere im Hinblick auf eine bestehende Konkurrenz- und Missbrauchssituation, sorgfältig zu konkretisieren. Das Nichteingehen unverantwortlicher Risiken stellt nach dem ARAG/Garmenbeck-Urteil einen grundlegenden Begrenzungsfaktor des Vorstandsermessens dar. Hinsichtlich der Präzisierung von Haftungsvoraussetzungen für die Auslegung der Sorgfaltspflichten deutscher Vorstände ist rechtsvergleichend auf die möglichen Folgen durch einen Verstoß gegen die Business Judgement Rule einzugehen. Zudem wird in dem Entwurf für ein „Gesetz zur Unternehmensintegrität und Modernisierung des Anfechtungsrechts" (UMAG), welcher am 17.11.2004 von der Bundesregierung verabschiedet wurde und laut Bundesministerium der Justiz möglichst am 1. November 2005 in Kraft treten soll, die Sorgfaltspflicht und Verantwortlichkeit der Leitung von Aktiengesellschaften im Sinne einer Business Judgement Rule auch gesetzlich konkretisiert. Dabei soll der neue § 93 Abs. 1 S. 2 AktG („Eine Pflichtverletzung liegt nicht vor, wenn das Vorstandsmitglied bei einer unter-nehmerischen Entscheidung ohne grobe Fahrlässigkeit annehmen durfte, auf der Grundlage angemessener Information zum Wohle der Gesellschaft zu handeln.") den Bereich des unternehmerischen Ermessens und Handlungsspielraums aus dem Tatbestand der Sorgfaltspflichtverletzung nach Satz 1 des § 93 Abs. 1 ausgrenzen. Die Darlegungs- und Beweislast soll dabei, im Gegensatz zu der im US-amerikanischen Recht geltenden Business Judgement Rule, „beim Geschäftsleiter" liegen.

Denkbare negative Auswirkungen des Unterlassens einer Due Diligence auf die Höhe des Kaufpreises, ein Handeln entgegen des Gesellschafterinteresses des verkaufswilligen Anteilseigners, die Darstellung des Unterlassens einer Due Diligence als Ermessensfehler oder dessen mögliche Auswirkungen als Deal-Breaker, sowie die Verweigerung aufgrund eines möglichen Auskunftsanspruchs anderer Aktionäre nach § 131 Abs. 4 S. 1 AktG ergeben keine weiteren allgemeingültigen entscheidungserheblichen Punkte für die Konkretisierung des Unternehmensinteresses im Einzelfall.

Zur Konkretisierung des Unternehmensinteresses bedarf es einer grundlegenden Wahrscheinlichkeitseinschätzung über die Nutzen und Risiken der Zulassung einer Due Diligence. Dem Vorstand obliegt gemäß § 93 Abs. 1 S. 1 AktG die Sorgfaltspflicht und nach § 91 Abs. 2 AktG die Pflicht zur Risikokontrolle, aus welcher sich die besondere Pflicht zur Risikoeinschätzung bevorstehender Handlungen begründet. Je größer sich die Wahrscheinlichkeit der Risikoverwirklichung darstellt, desto geringer darf das quantitative Ausmaß des einzugehenden Risikos ausfallen. Folglich hat die Leitung der Gesellschaft in ihre Entscheidungsfindung insbesondere den Umstand einzubeziehen, dass sich in der erheblichen Mehrzahl der Akquisitionen der Kaufpreis nach bzw. aufgrund der Due Diligence verringert und sich überproportional viele Transaktionen gänzlich als wirtschaftliche Misserfolge herausstellen.

Maßnahmen zur Sicherung der durch eine Due Diligence offen gelegten Unternehmensinformationen sind kein lediglich organisatorisch notwendiger Anhang der Überlegungen hinsichtlich der Durchführung einer derartigen Prüfung. Es bedarf bereits in den Verhandlungen mit dem Investor der Einbeziehung von effektiven und effizienten Sicherheitsvorkehrungen. Sowohl deren verpflichtende Eingehung als auch deren Einhaltung muss eine „conditio sine qua non" seitens der Zielgesellschaft darstellen. Die aktienrechtlichen Zulässigkeitskriterien stehen in einem Bedingungszusammenhang mit den Sicherungsvorkehrungen hinsichtlich der Verhinderung eines Missbrauchs der Unternehmensdaten. Die Vorgabe und die Einhaltung strikter Sicherungsmaßnahmen stellt eine wesentliche Voraussetzung für die Einhaltung des Schutzzweckes der aktienrechtlichen Verschwiegenheitspflicht gemäß § 93 Abs. 1 S. 2 AktG und damit für die aktienrechtliche Zulässigkeit einer Due Diligence an sich dar.

8. Diese **Verknüpfung zu einem Bedingungszusammenhang wird zudem durch eine Würdigung der vorvertraglichen Ansprüche gegen den Erwerbsinteressenten bekräftigt.** Ein Anteilseigner hat im Falle eines Missbrauchs von im Rahmen einer Due Diligence offen gelegten Informationen durch den Erwerbsinteressenten gegen diesen einen Schadensersatzanspruch gemäß § 311 Abs. 2 Nr. 2 BGB i.V.m. den §§ 241 Abs. 2, 280 Abs. 1 BGB. Dieser Schadensersatzanspruch beinhaltet jedoch nur eine Forderung in das Vermögen der Gesellschaft, nicht in das Privatvermögen des Gesellschafters.

Die Aktiengesellschaft hat im Falle einer missbräuchlichen Verwendung der von ihr mittels einer Due Diligence offen gelegten Unternehmensinformationen gegen den Erwerbsinteressenten einen Schadensersatzanspruch gemäß § 311 Abs. 2 BGB i.V.m. den §§ 241 Abs. 2, 280 Abs. 1 BGB i.V.m. den Grundsätzen des Vertrages mit Schutzwirkungen zugunsten Dritter. Die praktische Realisierung dieser theoretisch bestehenden Ansprüche ist aber sehr gering. So dürfen Beweiserleichterungen wie die Umkehrung der Beweislast mittels Einteilung von Gefahrenbereichen oder der Beweis des ersten Anscheins zugunsten des Geschädigten nicht angewandt werden. Daher kann es bei der Geltendmachung dieser im vorvertraglichen Bereich bestehenden Ansprüche aufgrund der gesetzlichen Beweislastverteilung zu essentiellen Beweisschwierigkeiten hinsichtlich der Schadensfeststellung kommen.

9. Um einen den aktienrechtlichen Zulässigkeitserfordernissen der §§ 76 Abs. 1 i.V.m. 93 Abs. 1 S. 2 AktG hinsichtlich der Durchführung einer Due Diligence genügenden vorvertraglichen Schutz der Betriebs- und Geschäftsgeheimnisse sicherzustellen, ist es demnach erforderlich, den **Schutz der Unternehmensinformationen durch folgende effektiven privatrechtlichen Maßnahmen zu gewährleisten:**

Zunächst ist die wirkliche Erwerbsabsicht des Interessenten in einem Letter of Intent und insbesondere durch einen Finanzierungsnachweis zu belegen. Innerhalb der erforderlichen Vertraulichkeitserklärung ist eine Vertragsstrafe im Sinne des § 339 S. 2 BGB zu vereinbaren, welche einen präventiven Schutz vor einer Verletzung der betreffenden Verpflichtung gewährleistet und dem Gläubiger einen beweisfreien Mindestschutz bietet. Diese strafbewehrte Vertraulichkeitsvereinbarung stellt im Hinblick auf die Entscheidung der Aufnahme einer Due Diligence ein aktienrechtliches Zulässigkeitserfordernis im Sinne der §§ 76 Abs. 1 i.V.m. 93 Abs. 1 S. 2 AktG dar. Die Beweislast hinsichtlich der Pflichtverletzung des Schuldners ist zugunsten des Gläubigers in der Geheimhaltungsvereinbarung vertraglich umzukehren. Durch die Aufstellung von Datenraum-Regeln werden die Einzelheiten und organisatorischen Details hinsichtlich der Durchführung einer die betreffenden Voraussetzungen genügenden Due Diligence festgelegt. Dabei ist insbesondere auf die bereits vereinbarte und strafbewehrte Vertraulichkeitsvereinbarung, sowie auf die strenge Geheimhaltung der im Zusammenhang mit der Prüfung offen gelegten Informationen und die damit verbunden Einhaltung weiterer in den Datenraum-Regeln festzusetzenden Bedingungen noch einmal ausdrücklich hinzuweisen.

4. Abschnitt: Due Diligence-Checkliste für die Aktiengesellschaft als Zielgesellschaft

Im Bereich der Fusionen und Übernahmen existieren hinsichtlich der notwendigen Anforderungen an eine dem Sorgfaltsmaßstab des Art. 93 Abs. 1 S. 1 AktG entsprechende ordnungsgemäße Unternehmensleitung für die Leitungsorgane einer Aktiengesellschaft, welche als Zielgesellschaft einer beabsichtigten Transaktion teilweise oder ganz zum Verkauf steht, keine hinreichenden Konkretisierungen; weder durch das Aktiengesetz, oder den Corporate Governance Kodex, noch durch die (ARAG/Garmenbeck-) Rechtsprechung des Bundesgerichtshofs.[978] Daher werden im Folgenden die dafür maßgeblichen Kriterien für die zuständigen Leitungsorgane der Aktiengesellschaft, betroffen als Zielgesellschaft, anhand einer Checkliste zusammengefasst, um als Leitfaden für ein entsprechendes rechtmäßiges Handeln zu dienen.

C H E C K L I S T E	
Situation:	**Vorgehensweise:**
▶ Interessent tritt an Zielgesellschaft heran bzw. Zielgesellschaft überlegt selber, Anteile zu veräußern	**1) Einschaltung von internen oder externen Beratern, welche die weiteren Schritte der Leitungsorgane fachlich begleiten** **2) Analyse der wirtschaftlichen Lage der Gesellschaft, um zu entscheiden, ob Transaktion grundsätzlich überhaupt angestrebt werden soll und ob ein Verhandlungsverfahren oder ein Bieterwettbewerb vorzugswürdig erscheint**
▶ Interessent möchte Due Diligence durchführen	**3) Zunächst prüft der *Vorstand* der Zielgesellschaft, ob die Zulassung einer Due Diligence im *Unternehmensinteresse* geboten erscheint** ***Kriterien:*** a) Verifizierung der wirtschaftlichen Chancen und Risiken einer Offenlegung von Unternehmensinformationen für Gesellschaft b) Gründliche Wahrscheinlichkeitsprognose hinsichtlich des Eintritts der Vor- bzw. Nachteile

---

[978] So auch (statt vieler) Mutschler/Mersmann, DB 2003, S. 79, 80 und S. 82 f.

	c) Abwägung der bestehenden Chancen und Risiken unter Berücksichtigung der Eintrittswahrscheinlichkeit
▶ Durchführung einer Due Diligence liegt im Unternehmensinteresse	**4) Die schriftliche und verbindliche Vereinbarung folgender *Sicherheitsvorkehrungen* steht im *Bedingungszusammenhang* mit der Zulassung einer Due Diligence:**

a) Interessent muss seine Erwerbsabsicht durch einen Letter of Intent und einen Finanzierungsnachweis dokumentieren

b) Abschluss einer gesonderten Vertraulichkeitsvereinbarung (confidentiality agreement) mit Regelungen insbesondere zu den folgenden Bereichen:

aa) Definition der vertraulichen Informationen, Ausschluss der Vollständigkeit und inhaltlichen Richtigkeit (Best Efforts-Verpflichtungen)

bb) Keine Entfernung oder Reproduktion der Dokumente aus dem Datenraum

cc) Einbeziehung und Unterzeichnung jeder an der Prüfung seitens des Interessenten beteiligten Person

dd) Regelungen zum Umgang mit den Informationen:
-Beschränkung auf Prüfungsauftrag
-Streng vertrauliche Behandlung der Informationen
-Vernichtung sämtlicher Aufzeichnungen bei Scheitern der Transaktion
-Keine Verwertung zu eigenem Vorteil
-Keine Ausnutzung zum Nachteil der Zielgesellschaft

c) Vertragsstrafe innerhalb der Vertraulichkeitsvereinbarung und Beweislastumkehr hinsichtlich der Schadensfeststellung und des Nachweises des Verschuldenserfordernisses zugunsten der Zielgesellschaft

	d) Aufstellung von gesonderten Datenraum-Regeln (data room procedures), in welchen noch einmal explizit auf die strenge Geheimhaltung hingewiesen wird und die von jeder Person des Prüferteams individuell zu unterzeichnen sind
▶ Vorstehende Sicherheitsvorkehrungen wurden mit dem möglichen Erwerber vereinbart - dann:	**5) Der Vorstand legt dem Aufsichtsrat die Zulassung der *Due Diligence als zustimmungspflichtiges Geschäft im Sinne des § 111 Abs. 4 S. 2 AktG* vor** **6) Der *Aufsichtsrat* prüft, ob die Zulassung einer Due Diligence im Unternehmensinteresse geboten erscheint (Kriterien: siehe oben) und ob die vereinbarten Sicherheitsvorkehrungen (Voraussetzungen: siehe oben) ausreichend sind**
▶ *Variante 1:* Der Aufsichtsrat stimmt der Zulassung der Due Diligence zu	**7) Der Vorstand vereinbart mit dem Interessenten die Öffnungszeiten des Datenraums und wirkt auf eine umfängliche Einhaltung der vereinbarten Regelungen hin**
▶ *Variante 2:* Der Aufsichtsrat stimmt der Zulassung der Due Diligence nicht zu	*Möglichkeiten:* a) Der Vorstand legt das zustimmungsbedürftige Geschäft nach § 111 Abs. 4 S. 3 AktG der Hauptversammlung vor b) Er nimmt von dem betreffenden Vorhaben Abstand c) Er versucht, die Bedenken des Aufsichtsrates auszuräumen und legt das Geschäft anschließend erneut zu dessen Zustimmung vor
▶ Nach Abschluss der Due Diligence	**8) Sicherung der (auch zukünftigen) Einhaltung der vereinbarten Sicherheitsvorkehrungen:** -Vernichtung sämtlicher Aufzeichnungen bei Scheitern der Transaktion -keine Verwertung zu eigenem Vorteil -keine Ausnutzung zum Nachteil der Zielgesellschaft

Literaturverzeichnis

Adams, Michael, Der Markt für Unternehmenskontrolle und sein Mißbrauch, AG 1989, S. 333 – 338.

Adler, Hans / Düring, Walther / Schmaltz, Kurt, Rechnungslegung und Prüfung der Unternehmen, Kommentar zum HGB, AktG, GmbHG, PublG nach den Vorschriften des Bilanzrichtlinien-Gesetzes, Teilband 4, 6. Auflage, Stuttgart 1997.

Albers, Marco, Corporate Governance in Aktiengesellschaften, Entscheidungsprozess und Wirkungsanalyse zum Gesetz zur Kontrolle und Transparenz im Unternehmensbereich (KontraG), Frankfurt am Main, Berlin, Bern, Bruxelles, New York, Oxford, Wien 2002.

Amann, Hermann / Brambring, Günter / Hertel, Christian, Die Schuldrechtsreform in der Vertragspraxis, München 2002.

Angersbach, Carsten, Due Diligence beim Unternehmenskauf, Baden- Baden, 2002.

Assmann, Heinz-Dieter, Schadensersatz in mehrfacher Höhe des Schadens, Zur Erweiterung des Sanktionensystems für die Verletzung gewerblicher Schutzrechte und Urheberrechte, BB 1985, S. 15 – 25.

Assmann, Heinz-Dieter / Bungert, Hartwin, Handbuch des US-amerikanischen Handels-, Gesellschafts- und Wirtschaftsrechts, Band 1, München, Wien 2001
(zitiert: Assmann/Bungert-Bearbeiter).

Balser, Heinrich / Bokelmann, Gunther / Ott, Hans / Piorreck, Karl Friedrich, Die Aktiengesellschaft, 4. Auflage, Freiburg 2003
(zitiert: Balser/Bokelmann/Ott/Piorreck-Bearbeiter).

Bälz, Henning, Der Auskunftsanspruch des Aktionärs gemäß § 131 AktG und das Informationsbedürfnis des Aktionärs als Verbandsmitglied und Kapitalanleger, Frankfurt am Main, Berlin, Bern, Bruxelles, New York, Oxford, Wien 2001.

Bamberger, Burkhard, Der Erfolg von Unternehmensakquisitionen in Deutschland, eine theoretische und empirische Untersuchung, Bergisch Gladbach, Köln 1994.

Bamberger, Heinz Georg / Roth, Herbert, Kommentar zum Bürgerlichen Gesetzbuch, and 1, Gesamtsachverzeichnis, §§ 1-610, München 2003
(zitiert: Bamberger/Roth-Bearbeiter).

Banerjea, Nirmal Robert, Due Diligence beim Erwerb von Aktien über die Börse, ZIP 2003, S. 1730 – 1738.

Banerjea, Nirmal Robert, Der Schutz von Übernahme- und Fusionsplänen, Überlegungen zur Zulässigkeit und Gestaltung sog. Deal-Protection-Abreden, DB 2003, S. 1489 – 1498.

Barta, Sebastian, Transparenz- und Publizität in Unternehmen: Der Aufsichtsrat soll in Zukunft einfach noch besser aufpassen!, GmbHR 2002, R 313 – 314.

Barthel, Carl, Unternehmenswert-Ermittlung vs. Due Diligence-Untersuchung, DStZ 1999, S. 73 – 81 und S. 136 – 143.

Baumbach, Adolf / Hueck, Alfred / Hueck, Götz, Aktiengesetz, Kommentar, 13. Auflage, München 1968
(zitiert: Baumbach/Hueck).

Baumbach, Adolf / Hefermehl, Wolfgang, Wettbewerbsrecht, Gesetz gegen den unlauteren Wettbewerb, Zugabeverordnung, Rabattgesetz und Nebengesetze, Kommentar, 22. Auflage, München 2001
(zitiert: Baumbach/Hefermehl-UWG).

Baumbach, Adolf / Hopt, Klaus J. / Merkt, Hanno, Handelsgesetzbuch, Mit GmbH & Co., Handelsklauseln, Bank- und Börsenrecht, Transportrecht (ohne Seerecht), Kommentar, 31. Auflage, München 2003
(zitiert: Baumbach/Hopt-Bearbeiter).

Baumgärtel, Gottfried, Beweislastpraxis im Privatrecht, Die Schwierigkeiten der Beweislastverteilung und die Möglichkeiten ihrer Überwindung, Köln, Berlin, Bonn, München 1996
(zitiert: Baumgärtel, Beweislastpraxis im Privatrecht).

Baumgärtel, Gottfried, Handbuch der Beweislast im Privatrecht, Band 1, Allgemeiner Teil und Schuldrecht BGB mit VOB, HOAI, KSchG und ProdhaftG, 2. Auflage, Köln, Berlin, Bonn, München 1991
(zitiert: Baumgärtel-Bearbeiter).

Baums, Theodor, Bericht der Regierungskommission Corporate Governance, Unternehmensführung, Unternehmenskontrolle, Modernisierung des Aktienrechts, Köln 2001
(zitiert: Baums/Regierungskommission).

Baums, Theodor, Ersatz von Reflexschäden in der Kapitalgesellschaft, Besprechung der Entscheidung BGH WM 1987, 13 ff, ZGR 1987, S. 554 – 562.

Baums, Theodor, Der Geschäftsleitervertrag, Begründung, Inhalt und Beendigung der Rechtsstellung der Vorstandsmitglieder und Geschäftsführer in den Kapitalgesellschaften und Genossenschaften, Köln 1987.

Baums, Theodor, Unternehmensführung und Unternehmenskontrolle: Brauchen wir eine neue Konzeption für Corporate Governance? ,in: Die Weltwirtschaft vor den Herausforderungen von morgen, Vortrags- und Diskussionsveranstaltung des Instituts für Weltwirtschaft, Kiel 2003, S. 31 - 41
(zitiert: Baums/Unternehmensführung und Unternehmenskontrolle).

Baums, Theodor / Buxbaum, Richard M. / Hopt, Klaus J., Institutional Investors and Corporate Governance, Berlin, New York 1994
(zitiert: Baums/Buxbaum/Hopt-Bearbeiter).

Bayer, Walter, Vertraglicher Drittschutz, JuS 1996, S. 473 – 478.

Beck'sches Formularbuch, Bürgerliches, Handels- und Wirtschaftsrecht, Hrsg.: Hoffmann-Becking / Rawert, Peter, 8. Auflage, München 2003 (zitiert: Beck'sches Formularbuch-Bearbeiter).

Beck'sches Handbuch der AG, Mit KGaA, Gesellschaftsrecht, Steuerrecht, Börsengang, Hrsg.: Müller, Welf / Rödder, Thomas, München 2004 (zitiert: Beck'sches Handbuch der AG-Bearbeiter).

Becker, Hans Paul, Feindliche Übernahmen, Wesen, Ziele und Gefahren, WiSt 1990, S. 218 – 222.

Becker, Thomas, Informationsorientierte Überwachungskonzepte zur Kontrolle von Vorständen, Stuttgart 1993.

Beelitz, Frank, M&A in den USA – Der Prozess und die Player, in: Meilensteine im Management, Mergers & Acquisitions, Hrsg.: Siegwart, Hans / Mahari, Julian / Caytas, Ivo / Rumpf, Bernd-Michael, Basel, Frankfurt am Main 1990, S. 107 – 125.

Beisel, Wilhelm / Klumpp, Hans-Hermann, Der Unternehmenskauf, Gesamtdarstellung der zivil- und steuerrechtlichen Vorgänge einschließlich gesellschafts-, arbeits- und kartellrechtlicher Fragen bei der Übertragung eines Unternehmens, 4. Auflage, München 2003.

Bellinger, Bernhard / Vahl, Günter , Unternehmensbewertung in Theorie und Praxis, 2. Auflage, Wiesbaden 1992.

Berding, Benjamin, Gesellschafts- und kapitalmarktrechtliche Grundsätze im Übernahmerecht, WM 2002, S. 1149 – 1158.

Berens, Wolfgang / Strauch, Joachim, Due Diligence bei Unternehmensakquisitionen – eine empirische Untersuchung, Frankfurt am Main 2002.

Berens, Wolfgang / Brauner, Hans / Strauch, Joachim, Due Diligence bei Unternehmensakquisitionen, 3. Auflage, Stuttgart 2002 (zitiert: Berens/Brauner/Strauch-Bearbeiter).

Bernet, Jürg / Arndt, Julia, Due Diligence zur Chancen- und Risikobewertung beim Immobilienkauf, in: Riskmanagement im Immobilienbereich, technische und wirtschaftliche Risiken, Hrsg.: Lutz, Ulrich / Klaproth, Thomas, S. 149 – 157, Berlin, Heidelberg 2004.

Bernhardt, Wolfgang, Vorstand und Aufsichtsrat (unter Einschluss des Verhältnisses zum Abschlußprüfer), in: Corporate Governance, Gemeinschaftssymposion der Zeitschriften ZHR / ZGR, Hrsg.: Hommelhoff, Peter / Lutter, Marcus / Schmidt, Karsten / Schön, Wolfgang / Ulmer, Peter, S. 119 – 130, Heidelberg 2002 (zitiert: Bernhardt-Corporate Governance).

Bernhardt, Wolfgang, Aufsichtsrat – die schönste Nebensache der Welt?, Defizite für eine effiziente Aufsichtsratstätigkeit, ZHR 159 (1995), S. 310 – 321.

Berrar, Carsten, Die Entwicklung der Corporate Governance in Deutschland im internationalen Vergleich, Baden-Baden 2001.

Berrar, Carsten, Die zustimmungspflichtigen Geschäfte nach § 111 Abs. 4 AktG im Lichte der Corporate Governance-Diskussion, DB 2001, S. 2181 – 2186.

Betsch, Oskar / Groh, Alexander / Lohmann, Lutz, Corporate Finance, Unternehmensbewertung, M & A und innovative Kapitalmarktfinanzierung, 2. Auflage, München 2000.

Bihr, Dietrich, Due Diligence: Geschäftsführungsorganc im Spannungsfeld zwischen Gesellschafts- und Gesellschafterinteressen, BB 1998, S. 1198 – 1201.

Birkner, Albert / Winkler, Oskar, Informationsweitergabe bei Due Diligence und Aktienerwerb, GesRZ 1999, S. 234 - 239.

Blättchen, Wolfgang / Wegen, Gerhard, Übernahme börsennotierter Unternehmen, Strategie, Unternehmensbewertung, rechtliche Rahmenbedingungen, Steuern und Finanzkommunikation, Stuttgart 2003 (zitiert: Blättchen/Wegen-Bearbeiter).

Bleicher, Knut, Der Aufsichtsrat im Wandel, Eine repräsentative Studie über Aufsichtsräte in bundesdeutschen Aktiengesellschaften im Auftrag der Bertelsmann Stiftung, Gütersloh 1987 (zitiert: Bleicher/Studie).

Bleicher, Knut/ Leberl, Diethard / Paul, Herbert, Unternehmensverfassung und Spitzenorganisation, Führung und Überwachung von Aktiengesellschaften im internationalen Vergleich, Wiesbaden 1989.

Boujong, Karlheinz, Rechtliche Mindestanforderungen an eine ordnungsgemäße Vorstandskontrolle und -beratung, AG 1995, S. 203 – 207.

Brandes, Helmut, Die Rechtsprechung des Bundesgerichtshofs zur Aktiengesellschaft, WM 1994, S. 2177 – 2189.

Brandes, Helmut, Ersatz von Gesellschafts- und Gesellschafterschaden, in: Festschrift für Hans-Joachim Fleck, Berlin, New York 1988, S. 13 – 22 (zitiert: Brandes, Ersatz von Gesellschafts- und Gesellschafterschaden, in: Festschrift für Fleck).

Brandmüller, Gerhard, Die Rechtsstellung der Aufsichtsräte im Handels- und Steuerrecht, Heidelberg 1977.

Brealey, Richard / Myers, Stewart, Principles of corporate finance, 7. Auflage, Boston 2003.

Breidenbach, Stephan, Die Voraussetzungen von Informationspflichten beim Vertragsschluß, München 1989.

Bremer, Jürgen, Herausgabe von Informationen im Rahmen einer Due Diligence, GmbHR 2000, S. 176 – 180.

Bressmer, Claus / Moser, Anton / Sertl, Walter, Vorbereitung und Abwicklung der Übernahme von Unternehmen, Stuttgart, Berlin, Köln, Mainz 1989.

Brinkmann, Tomas, Unternehmensziele im Aktienrecht, AG 1982, S. 122 – 129.

Brinkmann, Tomas, Unternehmensinteresse und Unternehmensrechtsstruktur, Frankfurt am Main, Bern 1983.

Brühl, Volker, Strategische Due Diligence – Kritischer Erfolgsfaktor im Akquisitionsprozess, M&A Review 2002, S. 312 – 320.

Bühner, Rolf, Grenzüberschreitende Unternehmenszusammenschlüsse deutscher Unternehmen, Stuttgart 1991.

Bungert, Hartwin, Gesellschaftsrecht in den USA: Eine Einführung mit vergleichenden Tabellen, München 1994.

Butler, Bruce / Mielert, Bernhard / Rosendahl, Roger, Investitionen und Unternehmensrecht in den Vereinigten Staaten von Amerika, München 1983.

Butz, Christoph, Unternehmensakquisitionen und Finanzsynergien, Ein Entscheidungsmodell, Wiesbaden 2002.

Canaris, Claus-Wilhelm, Ansprüche wegen „positiver Vertragsverletzung" und „Schutzwirkung für Dritte" bei nichtigen Verträgen, JZ 1965, S. 475 – 482.

Canaris, Claus-Wilhelm, Die Reichweite der Expertenhaftung gegenüber Dritten, ZHR 163 (1999), S. 206 – 245.

Canaris, Claus-Wilhelm, Die Haftung des Sachverständigen zwischen Schutzwirkungen für Dritte und Dritthaftung aus culpa in contrahendo, JZ 1998, S. 603 – 607.

Canaris, Claus-Wilhelm, Die Vertrauenshaftung im deutschen Privatrecht, München 1971
(zitiert: Canaris, Vertrauenshaftung).

Canaris, Claus-Wilhelm, Schutzgesetze, Verkehrspflichten, Schutzpflichten, in: Festschrift für Karl Larenz zum 80. Geburtstag, München 1983, S. 27 – 110
(zitiert: Canaris, Schutzgesetze, Verkehrspflichten, Schutzpflichten, in: Festschrift für Larenz).

Carroll, James / Green, Richard , Investigating entrepreneurial opportunities, a practical guide for Due Diligence, Thousand Oaks, California 2000.

Claußen, Carsten Peter, Wie ändert das KonTraG das Aktiengesetz?, DB 1998, S. 177 – 186.

Claußen, Carsten Peter / Bröcker, Norbert, Der Corporate Governance-Kodex aus der Perspektive der kleinen und mittleren Börsen-AG, DB 2002, S. 1199 – 1206.

Clemens, Wolfgang, Unternehmensinteresse, Betriebswirtschaftliche Begründung einer juristischen Norm, Frankfurt am Main, Bern, New York 1984.

Copeland, Tom / Koller, Tim / Murrin, Jack / McKinsey & Company, Unternehmenswert, Methoden und Strategien für eine wertorientierte Unternehmensführung, 3. Auflage, Frankfurt am Main, New York 2002.

Cromme, Gerhard, Corporate Governance Report 2003, Vorträge und Diskussionen der 2. Konferenz Deutscher Corporate Governance Kodex, Stuttgart 2003 (zitiert: Cromme/Corporate Governance Report 2003-Bearbeiter).

Dahm, Henning, Vorvertraglicher Drittschutz, JZ 1992, S. 1167 – 1172.

Daub, Jan, Die Verletzung von Unternehmensgeheimnissen im deutschen und US-amerikanischen Recht, Sinzheim 1996.

Däubler, Wolfgang, Neues Schuldrecht – ein erster Überblick, NJW 2001, S. 3729 – 3734.

Däubler, Wolfgang, Anspruch auf Lizenzgebühr und Herausgabe des Verletzergewinns – atypische Formen des Schadensersatzes, JuS 1969, S. 49 – 54.

Dauner-Lieb, Barbara, Die Schuldrechtsreform – Das große juristische Abenteuer, DStR 2001, S. 1572 – 1576.

Dauner-Lieb, Barbara / Thiessen, Jan, Garantiebeschränkungen in Unternehmenskaufverträgen nach der Schuldrechtsreform, ZIP 2002, S. 108 – 114.

Davies, Paul, Struktur der Unternehmensführung in Großbritannien und Deutschland: Konvergenz oder fortbestehende Divergenz?, ZGR 2001, S. 268 – 293.

Decher, Christian, Information im Konzern und Auskunftsrecht der Aktionäre gem. § 131 Abs. 4 AktG, ZHR 158 (1994), S. 473 - 494.

Devine, Marion, Successful Mergers, London 2002.

Dieckmann, Hans / Leuering, Dieter, Der Referentenentwurf eines Gesetzes zur Unternehmensintegrität und Modernisierung des Anfechtungsrechts (UMAG), NZG 2004, S. 249 – 257.

Dielmann, Klaus, Unternehmenskauf und Human Ressourcen: Due Diligence-Prüfung, Personal 1997, S. 470 – 473.

Diller, Martin / Deutsch, Markus, Arbeitnehmer-Datenschutz contra Due Diligence, K&R 1998, S. 16 – 23.

Dimke, Andreas / Heiser, Kristian, Neutralitätspflicht, Übernahmegesetz und Richtlinienvorschlag 2000, NZG 2001, S. 214 – 259.

Dörner, Dietrich / Menold, Dieter / Pfitzer, Norbert / Oser, Peter, Reform des Aktienrechts, der Rechnungslegung und der Prüfung, KonTraG – Corporate Governance – TransPuG, 2. Auflage, Stuttgart 2003 (zitiert: Dörner/Menold/Pfitzer/Oser-Bearbeiter).

Dose, Stefan, Die Rechtsstellung der Vorstandsmitglieder einer Aktiengesellschaft, 3. Auflage, Köln 1975.

Dreher, Meinrad, Das Ermessen des Aufsichtsrats, ZHR 158 (1994), S. 614 – 645.

Dreyer, Jörg-Detlev, Entwicklung und Beurteilung aufsichtsratsorientierter Informationskonzeptionen, Eine informationsanalytische Interpretation der §§ 90, 111 Aktiengesetz bei mitbestimmten Publikums-Aktiengesellschaften, Schwarzenbek 1980.

Drygala, Tim, Die neue deutsche Übernahmeskepsis und ihre Auswirkungen auf die Vorstandspflichten nach § 33 WpÜG, ZIP 2001, S. 1861 – 1871.

Duden, Konrad, Gleichbehandlung bei Auskünften an Aktionäre, in: Festschrift für Ernst von Caemmerer, Tübingen 1978, S. 499 – 515
(zitiert: Duden, Gleichbehandlung bei Auskünften an Aktionäre, in: Festschrift für von Caemmerer).

Ebenroth, Carsten Thomas, Das Auskunftsrecht des Aktionärs und seine Durchsetzung im Prozess unter besonderer Berücksichtigung des Rechtes der verbundenen Unternehmen, Bielefeld 1970.

Ebenroth, Carsten Thomas/ Daum, Thomas, Die Kompetenzen des Vorstands einer Aktiengesellschaft bei der Durchführung und Abwehr unkoordinierter Übernahmen (Teil I), DB 1991, S. 1105 – 1111.

Eggenberger, Jens, Gesellschaftsrechtliche Voraussetzungen und Folgen einer Due-Diligence-Prüfung, Frankfurt am Main 2001.

Eisenhardt, Ulrich, Zum Problem der Haftung der Aufsichtsratsmitglieder von Aktiengesellschaft und GmbH gegenüber der Gesellschaft, Jura 1982, S. 289 – 300.

Eisenhardt, Ulrich, Gesellschaftsrecht, 11. Auflage, München 2003.

Elsing, Siegfried / Alstine, Michael van, US-amerikanisches Handels- und Wirtschaftsrecht, 2. Auflage, Heidelberg 1999.

Elsner, Dieter, Risiken bei Unternehmensübernahmen in den USA, zfbf 1986, S. 317 – 335.

Emmerich, Volker / Habersack, Mathias, Aktien- und GmbH-Konzernrecht, Kommentar, 3. Auflage, München 2003
(zitiert: Emmerich/Habersack-Bearbeiter).

Engelhardt, Helmut, Environmental Due Diligence, WiB 1996, S. 299 – 300.

Enneccerus, Ludwig, Recht der Schuldverhältnisse, Ein Lehrbuch des Bürgerlichen Rechts, Zweiter Band, 15. Bearbeitung von Heinrich Lehmann, Tübingen 1958
(zitiert: Enneccerus/Lehmann).

Erman, Bürgerliches Gesetzbuch, Handkommentar mit EGBGB, ErbbauVO, HausratsVO, LPartG, ProdHaftG, UKlaG, VAHRG und WEG, Hrsg.: Westermann, Harm Peter, Band I, 11. Auflage, Münster, Köln 2004
(zitiert: Erman-Bearbeiter).

Esser, Josef / Schmidt, Eike, Schuldrecht, Band I, Allgemeiner Teil, Teilband 2, Durchführungshindernisse und Vertragshaftung, Schadensausgleich und Mehrseitigkeit beim Schuldverhältnis, Ein Lehrbuch, 8. Auflage, Heidelberg 2000.

Esser, Josef / Weyers, Hans-Leo, Schuldrecht, Band II, Besonderer Teil, Teilband 2, Gesetzliche Schuldverhältnisse, Ein Lehrbuch, 8. Auflage, Heidelberg 2000.

Fachlexikon Recht, Hrsg.: Alpmann & Schmidt Juristische Lehrgänge / F.A. Brockhaus, Münster, Mannheim 2004.

Feddersen, Dieter / Hommelhoff, Peter / Schneider, Uwe, Corporate Governance, Optimierung der Unternehmensführung und der Unternehmenskontrolle im deutschen und amerikanischen Aktienrecht, Köln 1996 (zitiert: Feddersen/Hommelhoff/Schneider-Bearbeiter).

Fikentscher, Wolfgang, Schuldrecht, 9. Auflage, Berlin, New York 1997 (zitiert: Fikentscher, Schuldrecht).

Fikentscher, Wolfgang, Wirtschaftsrecht, Band II, Deutsches Wirtschaftsrecht, München 1983.

Fillmann, Andreas, Treuepflichten der Aktionäre, Frankfurt am Main, Bern, New York, Paris 1991.

Fingerhut, Michael, Formularbuch für Verträge, Buch und CD-Rom, 10. Auflage, Köln, Berlin, Bonn, München 2002 (zitiert: Fingerhut/Formularbuch).

Fink, Dietmar, Management Consulting Fieldbook, Die Ansätze der großen Unternehmensberater, München 2000 (zitiert: Fink-Bearbeiter).

Fleischer, Holger, Die „Business Judgment Rule": Vom Richterrecht zur Kodifizierung, ZIP 2004, S. 685 – 692.

Fleischer, Holger, Konkurrenzangebote und Due Diligence, ZIP 2002, S. 651 – 656.

Fleischer, Holger, Gegenwartsprobleme der Patronatserklärung im deutschen und europäischen Privatrecht, WM 1999, S. 666 – 676.

Fleischer, Holger / Kalss, Susanne, Das neue Wertpapiererwerbs- und Übernahmegesetz, Einführende Gesamtdarstellung und Materialen, München 2002.

Fleischer, Holger / Körber, Torsten, Due Diligence und Gewährleistung beim Unternehmenskauf, BB 2001, S. 841 – 849.

Flume, Werner, Unternehmen und juristische Person, in: Festschrift für Günther Beitzke zum 70. Geburtstag, Berlin, New York 1979, S. 43 – 66 (zitiert: Flume, Unternehmen und juristische Person, in: Festschrift für Beitzke).

Flume, Werner, Die Mitbestimmung – Ideologie und Recht, ZGR 1978, S. 678 – 697.

Frank, Gert, Rahmenbedingungen von Unternehmensübernahmen in Deutschland, Stuttgart, Berlin, Köln 1993.

Frank, Will, Nochmals: Schadensersatz des GmbH-Alleingesellschafters bei einem Schaden der Gesellschaft, NJW 1974, S. 2313 – 2315.

Frankenberger, Sebastian / Mezger, Steffen, Das M&A Jahr 2002 in Deutschland – besser als viele meinen, M&A Review 2003, S. 52 – 56.

Friedl, Birgit, Controlling, Stuttgart 2003.

Fuhr, Annette, Die Prüfung der Unternehmensplanung, Ein Instrument zur Überwachung der Unternehmensleitung in Kapitalgesellschaften, Düsseldorf 2003.

Führich, Ernst, Wirtschaftsprivatrecht, Grundzüge des Privat-, Handels- und Gesellschaftsrechts für Wirtschaftswissenschaftler und Unternehmenspraxis, 6. Auflage, München 2002.

Gabler Wirtschaftslexikon, 15. Auflage, Wiesbaden 2000.

Gamm, Kevin Freiherr von, Betriebsgeheimnisse und bilanzrechtliche Publizität, Köln, Berlin, Bonn, München 1998.

Ganzert, Siegfried / Kramer, Lutz, Due Diligence Review – eine Inhaltsbestimmung, WPg 1995, S. 576 – 581.

Gartzke, Ulrich, Zivilrechtliche Auswirkungen einer Due Diligence auf die Rechte und Pflichten der Vertragsparteien beim Unternehmenskauf, Hamburg 2003.

Gaul, Björn, Schuldrechtsmodernisierung und Unternehmenskauf, ZHR 166 (2002), S. 35 – 71.

Gaul, Dieter, Der erfolgreiche Schutz von Betriebs- und Geschäftsgeheimnissen, Neuwied, Kriftel, Berlin 1994.

Gawrisch, Volker, Ermessensentscheidungen des Aufsichtsrates und ihre gerichtliche Kontrolle, Frankfurt am Main, Berlin, Bern, Bruxelles, New York, Wien 2000.

Geibel, Stephan / Süßmann, Rainer, Wertpapiererwerbs- und Übernahmegesetz (WpÜG), Kommentar mit WpÜG-Angebotsverordnung und den geänderten Vorschriften in AktG, WpHG, KAAG, AuslInvestmG, KWG, VerkProspG, VerkProspVO, GKG und BRAGO, München 2002 (zitiert: Geibel/Süßmann-Bearbeiter).

Gerkan, Hartwin von, Die Gesellschafterklage, Korreferat, ZGR 1988, S. 441 – 452.

Gernhuber, Joachim, Drittwirkungen im Schuldverhältnis kraft Leistungsnähe, Zur Lehre von den Verträgen mit Schutzwirkung für Dritte, in: Festschrift für Arthur Nikisch, Tübingen 1958, S. 249 – 274 (zitiert: Gernhuber, Drittwirkungen im Schuldverhältnis kraft Leistungsnähe, in: Festschrift für Nikisch).

Gernhuber, Joachim, Handbuch des Schuldrechts, Band 8, Das Schuldverhältnis, Begründung und Änderung, Pflichten und Strukturen, Drittwirkungen, Tübingen 1989.

Gerpott, Torsten, Integrationsgestaltung und Erfolg von Unternehmensakquisitionen, Stuttgart 1993.

Geßler, Ernst / Hefermehl, Wolfgang / Eckardt, Ulrich / Kroff, Bruno, Aktiengesetz, Kommentar, Band I, §§ 1 – 75, München 1983; Band II, §§ 76 – 147,
  München 1974; Band VI, §§ 291 – 410, München 1994
  (zitiert: Geßler/Hefermehl-Bearbeiter).

Geßler, Jörg H., Aktiengesetz, mit dem „Dritten Buch des HGB" (§§ 238-335
  HGB), Umwandlungsgesetz, Europäischen Betriebsräte-Gesetz,
  RechKredV, RechVersV, Vermögensgesetz n.F., Vermögenszuordnungs-
  gesetz, Wertpapiererwerbs- und Übernahmegesetz, Spruchverfahrensge-
  setz u.a., Kommentar, Band 1 (§§ 1 – 277 AktG), München, 41. Aktuali-
  sierungslieferung – Dezember 2003
  (zitiert: Geßler-AktG).

Godin, Freiherr von / Wilhelmi, Hans / Wilhelmi, Sylvester, Aktiengesetz,
  Kommentar, 4. Auflage, Band I, §§ 1-178, Berlin, New York 1971
  (zitiert: Godin/Wilhelmi).

Goerdeler, Reinhard, Zur Überwachungsaufgabe des Aufsichtsrats, WPg 1982,
  S. 33 – 35.

Gollnick, Jörg, Die Beurteilung der Vorstandsleistung durch den Aufsichtsrat,
  Eine vergleichende Untersuchung zum deutschen und US-amerikanischen
  Recht, Frankfurt am Main, Berlin, Bern, New York, Paris, Wien 1997.

Götz, Heinrich, Die Pflicht des Aufsichtsrats zur Haftbarmachung von
  Vorstandsmitgliedern, NJW 1997, S. 3275 – 3278.

Götz, Heinrich, Rechte und Pflichten nach dem Transparenz- und Publizitätsgesetz, NZG 2002, S. 599 – 604.

Götz, Heinrich, Zustimmungsvorbehalte des Aufsichtsrates der Aktiengesellschaft, ZGR 1990, S. 633 – 656.

Götz, Heinrich, Die Überwachung der Aktiengesellschaft im Lichte jüngerer
  Unternehmenskrisen, AG 1995, S. 337 – 353.

Götze, Cornelius, Ad-hoc-Publizitätspflicht bei Zulassung einer Due Diligence
  durch AG-Vorstand, BB 1998, S. 2326 – 2330.

Götze, Cornelius, Auskunftserteilung durch GmbH-Geschäftsführer im Rahmen
  der Due Diligence beim Beteiligungserwerb, ZGR 1999, S. 202 - 233.

Grage, Katja, Das Auskunftsrecht des Aktionärs unter besonderer Berücksichtigung von Minderheitsbeteiligungen als Gegenstand aktienrechtlicher
  Auskunftsbegehren, Lohmar, Köln 1999.

Grenfell, Morgan, Handbuch für den internationalen Unternehmenskauf,
  2. Auflage, Stuttgart 1989.

Gronstedt, Sebastian / Jörgens, Stefan, Die Gewährleistungshaftung bei Unternehmensverkäufen nach dem neuen Schuldrecht, ZIP 2002, S. 52 – 65.

Groß, Wolfgang, Informations- und Auskunftsrecht des Aktionärs, AG 1997,
  S. 97 – 107.

Groß, Wolfgang, Kapitalmarktrecht, Kommentar, 2. Auflage, München 2002.

Großfeld, Bernhard, Unternehmens- und Anteilsbewertung im Gesellschaftsrecht, 4. Auflage, Köln 2002
(zitiert: Großfeld, Unternehmens- und Anteilsbewertung im Gesellschaftsrecht).

Großfeld, Bernhard, Internationales Unternehmensrecht, Das Organisationsrecht transnationaler Unternehmen, Heidelberg 1986
(zitiert: Großfeld, Internationales Unternehmensrecht).

Großkommentar Aktiengesetz, Hrsg.: Hopt, Klaus J. / Wiedemann, Herbert, begründet von Gadow, W. / Heinichen E., 4. Auflage, 19. Lieferung: §§ 76-83, Berlin 2003; 11. Lieferung: §§ 92-94, Berlin 1999; 16. Lieferung: §§ 131, 132, Berlin 2001; 8. Lieferung: §§ 399-410, Berlin 1997
(zitiert: Großkommentar-Bearbeiter).

Großkommentar Aktiengesetz, Hrsg.: Hopt, Klaus J. / Wiedemann, Herbert, begründet von Gadow, W. / Heinichen E., 3. Auflage, Erster Band, 2. Halbband, §§ 76-147, Berlin, New York 1973
(zitiert: Großkommentar, 3. Auflage-Bearbeiter).

Großmann, Adolf, Unternehmensziele im Aktienrecht, Eine Untersuchung über Handlungsmaßstäbe für Vorstand und Aufsichtsrat, Köln, Berlin, Bonn, München 1980.

Grunewald, Barbara, Gesellschaftsrecht, 5. Auflage, Tübingen 2002.

Grunewald, Barbara, Europäisierung des Übernahmerechts, AG 2001, S. 288 – 291.

Haft, Robert, Due Diligence in Securities Transactions, 2001-2002 Edition, St. Paul, 2001.

Hagemann, Stefan, Strategische Unternehmensentwicklung durch Mergers & Acquisitions, Konzeption und Leitlinien für einen strategisch orientierten Mergers & Acquisitions-Prozeß, Frankfurt am Main, Berlin, Bern, New York, Paris, Wien 1996.

Hahn, Dieter, Die feindliche Übernahme von Aktiengesellschaften, Eine juristisch-ökonomische Analyse, München 1992.

Handbuch des Aufsichtsrats, Hrsg.: Verlag Moderne Industrie, 2. Auflage, München 1977
(zitiert: Handbuch des Aufsichtsrats-Bearbeiter).

Hansen, Herbert, Der Finanzplatz Deutschland im Wandel, AG 2002, R 75 – R 76.

Happ, Wilhelm, Aktienrecht, Handbuch – Mustertexte – Kommentar, 2. Auflage, Köln, Berlin, Bonn, München 2004
(zitiert: Happ-Bearbeiter).

Harrer, Herbert, Die Bedeutung der Due Diligence bei der Vorbereitung eines Unternehmenskaufs, DStR 1993, S. 1673 – 1675.

Hattenhauer, Hans, Grundbegriffe des Bürgerlichen Rechts, Historisch-dogmatische Einführung, 2. Auflage, München 2000.

Hauschka, Christoph, Compliance, Compliance-Manager, Compliance-Programme: eine geeignete Reaktion auf gestiegene Haftungsrisiken für Unternehmen und Management?, NJW 2004, S. 257 – 261.

Heermann, Peter, Unternehmerisches Ermessen, Organhaftung und Beweislastverteilung, ZIP 1998, S. 761 – 769.

Heermann, Peter, Wie weit reicht die Pflicht des Aufsichtsrats zur Geltendmachung von Schadensersatzansprüchen gegen Mitglieder des Vorstands?, AG 1998, S. 201 – 211.

Heidel, Thomas, Aktienrecht, Aktiengesetz, Gesellschaftsrecht, Kapitalmarktrecht, Steuerrecht, Europarecht, Anwaltkommentar, Bonn 2003 (zitiert: Heidel-Bearbeiter).

Heinrich, Detlef, Das Due Diligence-Verfahren für erfolgreiche Fusionen, Der Betriebswirt 2003, S. 8 – 12.

Heinrich, Wilfried, Gigantismus bis ins Grab, Fusionsfieber mit Risiken, IT.Services 1999, S. 20 – 26.

Heinsius, Theodor, Organzuständigkeit bei Bildung, Erweiterung und Umorganisation des Konzerns, ZGR 1984, S. 383 – 411.

Helbling, Carl, Unternehmensbewertung und Steuern, Unternehmensbewertung in Theorie und Praxis, insbesondere die Berücksichtigung der Steuern aufgrund der Verhältnisse in der Schweiz und in Deutschland, 9. Auflage, Düsseldorf 1998.

Heller, Arne, Unternehmensführung und Unternehmenskontrolle unter besonderer Berücksichtigung der Gesamtverantwortung des Vorstands, Heidelberg 1998.

Henn, Günter, Die Rechte des Aktionärs, Rechte und Pflichten in und außerhalb der Hauptversammlung, Köln 1984.

Henn, Günter, Handbuch des Aktienrechts, 7. Auflage, Heidelberg 2002 (zitiert: Henn, Handbuch des Aktienrechts).

Henssler, Martin/ Westphalen, Friedrich Graf von, Praxis der Schuldrechtsreform, 2. Auflage, Recklinghausen 2003 (Henssler/von Westphalen-Bearbeiter).

Henze, Hartwig, Die Treupflicht im Aktienrecht, BB 1996, S. 489 – 499.

Henze, Heinrich, Leitungsverantwortung des Vorstands – Überwachungspflicht des Aufsichtsrats, BB 2000, S. 209 – 216.

Hess, Claus, Die Vertragsstrafe, Ein unerkanntes Mittel privater Genugtuung, Berlin 1993.

Heussen, Benno, Handbuch Vertragsverhandlung und Vertragsmanagement, Planung, Verhandlung, Design und Durchführung von Verträgen, 2. Auflage, Köln 2002 (zitiert: Heussen-Bearbeiter).

Hiddemann, Hans-Joachim, Leistungsstörungen beim Unternehmenskauf aus der Sicht der Rechtsprechung, ZGR 1982, S. 435 – 451.

Hirte, Heribert, Das Transparenz- und Publizitätsgesetz, Einführende Gesamtdarstellung, München 2003
(zitiert: Hirte, Transparenz- und Publizitätsgesetz).

Hirte, Heribert, Kapitalgesellschaftsrecht, Praxislehrbuch Wirtschaftsrecht, 4. Auflage, Köln 2003
(zitiert: Hirte/Kapitalgesellschaftsrecht).

Hoerdemann, Christiane, Zur Bedeutung der verwaltungsrechtlichen Ermessenslehre für die richterliche Kontrolle von Beschlüssen des Aufsichts-rates der Aktiengesellschaft, Düsseldorf/Neuss 1999.

Höfer, Reinhold / Küpper, Peter, Due Diligence für Verpflichtungen aus der betrieblichen Altersversorgung, DB 1997, S. 1317 – 1321.

Hoffmann, Dietrich, Der Aufsichtsrat, Ein Handbuch für die Praxis, 2. Auflage, München 1985
(zitiert: Hoffmann, 2. Auflage).

Hoffmann, Dietrich, Der Aufsichtsrat, Ein Handbuch für die Praxis, 3. Auflage, München 1994
(zitiert: Hoffmann, 3. Auflage).

Hoffmann, Dietrich / Preu, Peter, Der Aufsichtsrat, Ein Handbuch für die Praxis, 4. Auflage, München 1999
(zitiert: Hoffmann, 4. Auflage).

Hoffmann, Dietrich / Preu, Peter, Der Aufsichtsrat, Ein Leitfaden für Aufsichtsräte, 5. Auflage, München 2003.

Hoffmann-Becking, Michael, Das erweiterte Auskunftsrecht des Aktionärs nach § 131 Abs. 4 AktG, in: Festschrift für Heinz Rowedder, München 1994, S. 155 – 170
(zitiert: Hoffmann-Becking, Das erweiterte Auskunftsrecht des Aktionärs nach § 131 Abs. 4 AktG, in: Festschrift für Rowedder).

Hohloch, Gerhard, Gesellschaftsrecht, Recklinghausen 2002.

Höhn, Jakob, Einführung in die Rechtliche Due Diligence, Mit Musterdokumenten für die vorvertragliche Phase des Unternehmenskaufs, Zürich, Basel, Genf 2003.

Höhn, Reinhard, Die verweigerte Zustimmung des Aufsichtsrats, Fehlverhalten der Geschäftsführer, GmbHR 1994, S. 604 – 607.

Hölters, Wolfgang, Handbuch des Unternehmens- und Beteiligungskauf, 5. Auflage, Köln 2002
(zitiert: Hölters-Bearbeiter).

Holzapfel, Hans-Joachim / Pöllath, Reinhard , Unternehmenskauf in Recht und Praxis, 11. Auflage, Köln 2003.

Hommelhoff, Peter, Zur Abgrenzung von Unternehmenskauf und Anteilserwerb, ZGR 1982, S. 366 – 390.

Hommelhoff, Peter, Der Unternehmenskauf als Gegenstand der Rechtsgestaltung, ZHR 150 (1986), S. 254 – 278.

Hommelhoff, Peter / Hopt, Klaus J. / Werder, Alexander von, Handbuch Corporate Governance, Leitung und Überwachung börsennotierter Unternehmen in der Rechts- und Wirtschaftspraxis, in Gemeinschaft mit: Feddersen, Dieter / Pohle, Klaus, Köln, Stuttgart 2003 (zitiert: Hommelhoff/Hopt/Werder-Bearbeiter).

Hommelhoff, Peter / Mattheus, Daniela, Corporate Governance nach dem KonTraG, AG 1998, S. 249 – 259.

Hopt, Klaus J., Unternehmenskontrolle (Corporate Governance), vorgelegt in der Sitzung vom 07. Juli 2000 der Joachim Jungius-Gesellschaft der Wissenschaften e.V., Hamburg, Göttingen 2000 (zitiert: Hopt/Unternehmenskontrolle).

Hopt, Klaus J., Die Haftung von Vorstand und Aufsichtsrat, Zugleich ein Beitrag zur corporate governance-Debatte, in: Festschrift für Ernst-Joachim Mestmäcker, Baden-Baden 1996, S. 909 – 931 (zitiert: Hopt, in: Festschrift für Mestmäcker).

Hopt, Klaus J. , Aktionärskreis und Vorstandsneutralität, ZGR 1993, S. 534 – 566.

Hopt, Klaus J., Übernahmen, Geheimhaltung und Interessenkonflikte: Probleme für Vorstände, Aufsichtsräte und Banken, ZGR 2002, S. 333 – 376.

Hopt, Klaus J., Vertrags- und Formularbuch zum Handels, Gesellschafts-, Bank- und Transportrecht, 2. Auflage, München 2000 (zitiert: Hopt-Bearbeiter, Vertrags- und Formularbuch).

Hopt, Klaus J., Grundsatz und Praxisprobleme nach dem Wertpapiererwerbs- und Übernahmegesetz, ZHR 166 (2002), S. 383 – 432.

Hopt, Klaus J. / Rudolph, Bernd / Baum, Harald, Börsenreform: Eine ökonomische, rechtsvergleichende und rechtspolitische Untersuchung, Stuttgart 1997 (zitiert: Hopt/Rudolph/Baum-Bearbeiter).

Hopt, Klaus J. / Wymeersch, Eddy, Comparative Corporate Governance, Essays and Materials, Berlin, New York 1997 (zitiert: Hopt/Wymeersch, Comparative Corporate Governance-Bearbeiter).

Hopt, Klaus J. / Wymeersch, Eddy, Capital Markets and Company Law, New York 2003 (zitiert: Hopt/Wymeersch, Capital markets and company law-Bearbeiter).

Hopt, Klaus J. / Teubner, Gunther, Corporate Governance and Directors` Liabilities, Legal Economic and Sociological Analyses on Corporate Social Responsibility, Berlin, New York 1985 (zitiert: Hopt/Teubner-Bearbeiter).

Horn, Norbert, Die Haftung des Vorstands der AG nach § 93 AktG und die Pflichten des Aufsichtsrats, ZIP 1997, S. 1129 – 1139.

Hötzel, Oliver / Mueller-Thuns, Thomas / Rödder, Thomas, Unternehmenskauf, Unternehmensverkauf, Zivil- und steuerrechtliche Gestaltungspraxis, München 2003.

Howson, Peter, Due Diligence, The Critical Stage in Mergers and Acquisitions, Aldershot 2003.

Hoyningen-Heune / Boemke, Burkhard, Beweisfragen bei Berufsfortkommensschäden (§ 252 S. 2 BGB, § 287 I ZPO), NJW 1994, S. 1757 – 1763.

Huber, Ulrich, Die Praxis des Unternehmenskaufs im System des Kaufrechts, AcP 202 (2002), S. 179 – 242.

Hübner, Ulrich, Managerhaftung, Rechtsgrundlagen und Risikopotentiale einer persönlichen Inanspruchnahme der Unternehmensleiter von Kapitalgesellschaften, München 1992.

Hucke, Anja / Ammann, Helmut, Der Deutsche Corporate Governance Kodex, Ein Praktiker-Leitfaden für Unternehmer und Berater, Herne, Berlin 2003.

Hueck, Götz, Der Grundsatz der gleichmäßigen Behandlung im Privatrecht, München, Berlin 1958.

Hueck, Götz / Windbichler, Christine, Gesellschaftsrecht, Ein Studienbuch, 20. Auflage, München 2003.

Hüffer, Uwe, Gesellschaftsrecht, 6. Auflage, München 2003 (zitiert: Hüffer/Gesellschaftsrecht).

Hüffer, Uwe, Aktiengesetz, Kommentar, 5. Auflage, München 2002.

Huppert, Walter, Recht und Wirklichkeit der Aktiengesellschaft, Eindrücke und Erfahrungen eines Kleinaktionärs, Berlin 1978.

Hutter, Stephan / Leppert, Michael, Reformbedarf im deutschen Kapitalmarkt- und Börsenrecht, NJW 2002, S. 2208 – 2213.

Hüttermann, Martin Peter, Der Kauf von Unternehmen oder von Unternehmensteilen nach dem Recht von New York, Insbesondere die Haftung des Verkäufers für Mängel derselben, Frankfurt am Main, Berlin, Bern, New York, Paris, Wien 1997.

Ihlas, Horst, Konzern, Konzernrecht und Konzernfinanzierung, Hrsg.: Hadding, Walther / Schneider, Uwe, Teil VI, Organhaftung und Haftpflichtversicherung, Band 106, Berlin 1997.

Ihrig, Hans-Christoph / Wagner, Jens, Die Reform geht weiter: Das Transparenz- und Publizitätsgesetz kommt, BB 2002, S. 789 – 797.

Illenberger, Stephan / Berlage, Jan, Verfahrenswahl beim Unternehmensverkauf, Die Bank 1991, S. 441 – 445.

Institut der Wirtschaftsprüfer in Deutschland e.V. (IDW), Fachausschuss Recht, Hinweise zur rechtlichen Gestaltung von Due Diligence-Aufträgen, in: IDW-Fachnachrichten 1998, S. 287 – 289 (zitiert: IDW Fachausschuss Recht, IDW-Fn).

Jaeger, Carsten / Trölitzsch, Thomas, Die Pflichten des Aufsichtsrats bei der Prüfung und Durchsetzung der Vorstandshaftung, WiB 1997, S. 684 – 687.

Jansen, Stephan, Mergers & Acquisitions, Unternehmensakquisitionen und – kooperationen, Eine strategische, organisatorische und kapitalmarkttheoretische Einführung, 4. Auflage, Wiesbaden 2001.

Jaques, Henning, Haftung des Verkäufers für arglistiges Verhalten beim Unternehmenskauf – zugleich eine Stellungnahme zu § 444 BGB n.F., BB 2002, S. 417 – 423.

Jauernig, Othmar, Bürgerliches Gesetzbuch, Kommentar, 10. Auflage, München 2003 (zitiert: Jauernig-Bearbeiter).

Jickeli, Joachim, Der langfristige Vertrag, Eine rechtswissenschaftliche Untersuchung auf institutionen-ökonomischer Grundlage, Baden-Baden 1996.

Joussen, Peter, Der Auskunftsanspruch des Aktionärs, AG 2000, S. 241 – 257.

Jung, Willi, Praxis des Unternehmenskaufs, eine systematische Darstellung der Planung und Durchführung einer Akquisition, 2. Auflage, Stuttgart 1993.

Junker, Abbo / Kamanabrou, Sudabeh, Vertragsgestaltung, Ein Studienbuch, München 2002.

Jürgenmeyer, Michael, Das Unternehmensinteresse, Heidelberg 1984.

Kaligin, Thomas, Unternehmenskauf, Grundsatzfragen und Strategien für eine optimale steuerliche Gestaltung, Heidelberg 1995.

Kallmeyer, Harald, Pflichten des Vorstands der Aktiengesellschaft zur Unternehmensplanung, ZGR 1993, S. 104 – 113.

Kallmeyer, Harald, Die Mängel des Übernahmekodex der Börsensachverständigenkommission, ZHR 161 (1997), S. 435 – 454.

Karehnke, Helmut, Zum Auskunftsrecht des Aktionärs, AG 1968, S. 280 – 285.

Kast, Daniel / Alshut, Jörg / Bernütz, Stefan / Brandl, Nikolaus / Moritz, Thomas / Quente, Thomas / Schmid, Thomas, Handbuch für junge Unternehmen, Heidelberg 2004 (zitiert: Handbuch für junge Unternehmen-Bearbeiter).

Kau, Wolfgang / Kukat, Klaus, Haftung von Vorstands- und Aufsichtsratsmitgliedern bei Pflichtverletzungen nach dem Aktiengesetz, BB 2000, S. 1045 – 1050.

Kellinghusen, Georg, Strategische Allianzen als Überlebensweg für die europäische Zulieferindustrie, in: Siegwart, Hans / Malik, Fredmund / Mahari, Julian (Hrsg.): Meilensteine im Management, Band 5: Unternehmenspolitik und Unternehmensstrategie, Stuttgart, Zürich, Wien 1995, S. 517 – 537.

Kersten, Fritz / Bühling, Selmar / Appel, Wilhelm / Kanzleiter, Rainer, Formularbuch und Praxis der Freiwilligen Gerichtsbarkeit, 21. Auflage, Köln, Berlin, Bonn, München 2001
(zitiert: Kersten/Bühling/Formularbuch-Bearbeiter).

Kessler, Manfred, Die Leitungsmacht des Vorstandes einer Aktiengesellschaft, Der Versuch der Integration eines ökonomietheoretischen Konzeptes in die Verbandsrechtsordnung zur Auflösung organspezifischer Kompetenzkonflikte, Tübingen 1991.

Kessler, Manfred, Die Leitungsmacht des Vorstandes einer Aktiengesellschaft, AG 1995, S. 61 - 76 und S. 120 - 132.

Kessler, Manfred, Interessen- und Kompetenzkonflikte in einer Aktiengesellschaft aus juristischer und betriebswirtschaftlicher Sicht, AG 1993, S. 252 – 273.

Keuk, Brigitte, Vermögensschaden und Interesse, Bonn 1972.

Kiethe, Kurt, Vorstandshaftung aufgrund fehlerhafter Due Diligence beim Unternehmenskauf, NZG 1999, S. 976 – 983.

Kindler, Alexander, Der amerikanische Aufsichtsrat, Der Funktionswandel des Board of Directors großer Aktiengesellschaften in den USA, München 1998.

Kindler, Peter, Unternehmerisches Ermessen und Pflichtbindung, Voraussetzung und Geltendmachung der Vorstandshaftung in der Aktiengesellschaft, ZHR 162 (1998), S. 101 – 119.

Kirchner, Christian, Szenarien einer „feindlichen" Unternehmensübernahme: Alternative rechtliche Regelungen im Anwendungstest, BB 2000, S. 105 – 113.

Kittner, Michael, Unternehmensverfassung und Information – Die Schweigepflicht von Aufsichtsratsmitgliedern, ZHR 136 (1972), S. 208 – 251.

Klausing, Friedrich, Gesetz über Aktiengesellschaften und Kommanditgesellschaften auf Aktien (Aktien-Gesetz) nebst Einführungsgesetz und „Amtlicher Begründung", Berlin 1937
(zitiert: Klausing, Aktiengesetz 1937).

Klausing, Friedrich, Treupflicht des Aktionärs? (Gedanken über „Aktienrechtsreform" und „Wirtschaftsethos"), in: Festschrift für Franz Schlegelberger zum 60. Geburtstage, Berlin 1936, S. 405 - 456
(zitiert: Klausing, Treupflicht des Aktionärs?, in: Festschrift für Schlegelberger).

Klein-Blenkers, Friedrich, Rechtsprechungsübersicht: Unternehmenskauf (Zivilrecht), NZG 1999, S. 185 – 191.

Klunzinger, Eugen, Grundzüge des Gesellschaftsrechts, 12. Auflage, München 2002.

Knigge, Dagmar, Änderungen des Aktienrechtes durch das Transparenz- und Publizitätsgesetz, WM 2002, S. 1729 – 1737.

Knoll, Heinz-Christian, Die Übernahme von Kapitalgesellschaften, Unter besonderer Berücksichtigung des Schutzes von Minderheitsaktionären nach amerikanischem, englischem und deutschem Recht, Baden-Baden 1992.

Knott, Hermann, Unternehmenskauf nach der Schuldrechtsreform, NZG 2002, S. 249 – 256.

Knott, Hermann / Mielke, Werner / Weidlich, Thomas, Unternehmenskauf, RWS-Vertragskommentar, Band 3, Köln 2001.

Koch, Wolfgang, Das Unternehmensinteresse als Verhaltensmaßstab der Aufsichtsratsmitglieder im mitbestimmten Aufsichtsrat einer Aktiengesellschaft, Frankfurt am Main, Bern, New York 1983.

Koch, Wolfgang, Die jährlich zu wiederholende Folge-Due Diligence, eine zukunftsorientierte Unternehmensanalyse als erforderlicher neuer Standard einer shareholder value orientierten Rechnungslegung, DB 2002, S. 2608 – 2612.

Koch, Wolfgang / Wegmann, Jürgen, Praktiker-Handbuch Due Diligence, Chancen-/Risiken-Analyse mittelständischer Unternehmen, Stuttgart 1998 (zitiert: Koch/Wegmann-Due Diligence).

Koch, Wolfgang / Wegmann, Jürgen, Praktiker-Handbuch Börseneinführung: Ablauf des Börsengangs mittelständischer Unternehmen - mit Erfahrungsberichten vom Neuen Markt, 3. Auflage, Stuttgart 2000 (zitiert: Koch/Wegmann-Börseneinführung).

Koenen, Stefan / Gohr, Marion, Asset-Deal, Share-Deal oder Kombinationsmodell – Anwendungsvoraussetzungen und ertragsteuerliche Effekte der Übernahme von Kapitalgesellschaften, DB 1993, S. 2541 – 2549.

Koesfeld, Ingo / Timmreck, Christian, Due Diligence im Rahmen von Bankakquisitionen, M&A Review 2004, S. 100 – 107.

Köhler, Horst, Vereinbarung und Verwirkung der Vertragsstrafe, in: Festschrift für Joachim Gernhuber zum 70. Geburtstag, Tübingen 1993, S. 207 – 225 (zitiert: Köhler, Vereinbarung und Verwirkung der Vertragsstrafe, in: Festschrift für Gernhuber).

Kölner Kommentar zum Aktiengesetz, Hrsg.: Zöllner, Wolfgang, Band 1, §§ 1 – 147, Köln, Berlin, Bonn, München 1985; Band 3, §§ 291 – 410, Köln, Berlin, Bonn, München 1985; Band 2, §§ 148 – 290, Köln, Berlin, Bonn, München 1985; Band 5/1, §§ 179 – 240, 2. Auflage, Köln, Berlin, Bonn, München 1995; Band 1, §§ 1 – 75, 2. Auflage, Köln, Berlin, Bonn, München 1988; Band 2, §§ 76 – 117, 2. Auflage, Köln, Berlin, Bonn, München 1996 (zitiert: Kölner Komm-Bearbeiter).

Körber, Torsten, Geschäftsleitung der Zielgesellschaft und Due Diligence bei Paketerwerb und Unternehmenskauf, NZG 2002, S. 263 – 272.

Kossen, Klaus, Haftung des Vorstandes und des Aufsichtsrates einer Aktiengesellschaft für Pflichtverletzungen, DB 1988, S. 1785 – 1791.

Kösters, Friedrich, Letter of Intent – Erscheinungsformen und Gestaltungshinweise, NZG 1999, S. 623 – 626.

Kösters, Friedrich, Letter of Intent – Erscheinungsformen und Gestaltungsweise, NZG 1999, S. 623 – 626.

Kowalski, Andre, Der Ersatz von Gesellschafts- und Gesellschafterschaden, Köln 1990.

KPMG International, Unlocking shareholder value: the keys to success, Mergers & Acquisitions, a global research report, 1999 (zitiert: KPMG/Studie: Unlocking shareholder value: the keys to success).

Kraft, Alfons / Kreutz, Peter, Gesellschaftsrecht, 11. Auflage, Neuwied, Kriftel 2000.

Kranebitter, Gottwald, Due Diligence, Risikoanalyse im Zuge von Unternehmenstransaktionen, München 2002.

Krawinkel, Jutta, Die Neuregelung des Aufsichtsrats- und Abschlussprüferrechts nach dem Kontroll- und Transparenzgesetz, Frankfurt am Main, Berlin, Bern, Bruxelles, New York, Oxford, Wien 2000.

Krebs, Karsten, Interessenkonflikte bei Aufsichtsratsmandaten in der Aktiengesellschaft, Köln, Berlin, Bonn, München 2002.

Kreuzer, Karl, Anmerkung zum BGH, Urteil vom 28.01.1976, VIII ZR 246/74, Koblenz (in JZ 1976, S. 776 - 778), JZ 1976, S. 778 – 781.

Krieger, Gerd / Lutter, Marcus, Rechte und Pflichten des Aufsichtsrates, 4. Auflage, Köln 2002.

Krömker, Michael, Die Due Diligence im Spannungsfeld zwischen Gesellschafts- und Aktionärsinteressen, Ein Beitrag zur Offenbarungsbefugnis des Vorstands und zum Offenbarungsanspruch eine Paketaktionärs zum Zwecke der Due Diligence vor einem Unternehmenskauf, Frankfurt am Main, Berlin, Bern, Bruxelles, New York, Oxford, Wien 2002.

Krömker, Michael, Der Anspruch des Paketaktionärs auf Informationsoffenbarung zum Zwecke der Due Diligence, NZG 2003, S. 418 – 424.

Kropff, Bruno, Die Unternehmensplanung im Aufsichtsrat, NZG 1998, S. 613 – 619.

Kropff, Bruno, Aktiengesetz, Textausgabe des Aktiengesetzes vom 6.9.1965 (Bundesgesetzbl. I S. 1089) und des Einführungsgesetzes zum Aktiengesetz vom 6.9.1965 (Bundesgesetzbl. I S. 1185) mit Begründung des Regierungsentwurfs, Bericht des Rechtsausschusses des Deutschen Bundestags, Verweisungen und Schriftverzeichnis, im Anhang: Aktiengesetz von 1937, Düsseldorf 1965
(zitiert: Kropff, Aktiengesetz 1965).

Krüger, Dirk / Kalbfleisch, Eberhard, Due Diligence bei Kauf und Verkauf von Unternehmen, DStR 1999, S. 174 – 180.

Kübler, Friedrich, Gesellschaftsrecht, die privatrechtlichen Ordnungsstrukturen und Regelungsprobleme von Verbänden und Unternehmen, 5. Auflage, Heidelberg 1998.

Kuhner, Christoph, Unternehmensinteresse vs. Shareholder Value als Leitmaxime kapitalmarktorientierter Aktiengesellschaften, ZGR 2004, S. 244 – 279.

Lajoux, Alexandra Reed / Elson, Charles, The Art of M&A Due Diligence, Navigating Critical Steps & Uncovering Crucial Data, New York, San Francisco, Washington, D.C. 2000.

Lanfermann, Georg / Maul, Silja, Auswirkungen des Sarbanes-Oxley Acts in Deutschland, DB 2001, S. 1725 – 1732.

Lange, Georg, Mergers & Acquisitions in der Praxis, Erfolgreiches Projektmanagement bei Unternehmenstransaktionen, Hrsg.: Ernst & Young, Frankfurt am Main 2001
(zitiert: Lange-Bearbeiter)

Lange, Hermann / Schiemann, Gottfried, Handbuch des Schuldrechts, Hrsg.: Joachim Gernhuber, Band 1, Schadensersatz, 3. Auflage, Tübingen 2003
(zitiert: Lange/Schiemann).

Lange, Knut Werner / Wall, Friederike, Risikomanagement nach dem KonTraG, Aufgaben und Chancen aus betriebswirtschaftlicher und juristischer Sicht, München 2001
(zitiert: Lange/Wall-Bearbeiter).

Lange, Oliver, Das Unternehmensinteresse der Zielgesellschaft und sein Einfluss auf die Rechtsstellung der die Übernahme fördernden Aufsichtsratsmitglieder, WM 2002, S. 1737 – 1747.

Langner, Ralf, Rechtsposition und praktische Stellung des Aufsichtsrates im unternehmerischen Entscheidungsprozeß, Opladen 1973.

Larenz, Karl, Bemerkungen zur Haftung für „culpa in contrahendo"; in: Festschrift für Ballerstedt zum 70. Geburtstag, Berlin 1975, S. 397 - 419 (zitiert: Larenz, Bemerkungen zur Haftung für „culpa in contrahendo"; in: Festschrift für Ballerstedt).

Larenz, Karl, Lehrbuch des Schuldrechts, Erster Band, Allgemeiner Teil, 14. Auflage, München 1987.

Larisch, Tobias, Gewährleistungshaftung beim Unternehmens- und Beteiligungskauf, Köln 2004.

Laske, Stephan, Unternehmensinteresse und Mitbestimmung, ZGR 1979, S. 173 – 200.

Lieb, Manfred, Schadensersatzansprüche von Gesellschaftern bei Folgeschäden im Vermögen der Gesellschaft, in: Festschrift für Robert Fischer, Berlin, New York 1979, S. 385 – 396 (Lieb, Schadensersatzansprüche von Gesellschaftern bei Folgeschäden im Vermögen der Gesellschaft, in: Festschrift für Fischer).

Liebs, Rüdiger, Der Unternehmenskauf, Praktikerhinweise und –empfehlungen für Unternehmenskäufer und -verkäufer sowie ihre Berater, 2. Auflage, Köln 2003.

Lindacher, Walter, Phänomenologie der `Vertragsstrafe`, Vertragsstrafe, Schadensersatzpauschalierung und schlichter Schadensbeweisvertrag, Frankfurt am Main 1972.

Lindacher, Walter, Anmerkung zum BGH, Urteil vom 29.06.1972, II ZR 101/70, Köln (in NJW 1972, S. 1893 - 1895), NJW 1972, S. 2264.

Linker, Celina / Zinger, Georg, Rechte und Pflichten der Organe einer Aktiengesellschaft bei der Weitergabe vertraulicher Unternehmensinformationen, NZG 2002, S. 497 – 502.

Lippert, Hans-Dieter, Überwachungspflicht, Informationsrecht und Gesamtschuldnerische Haftung des Aufsichtsrates nach dem Aktiengesetz 1965, Bern, Frankfurt am Main 1976.

Löbbe, Marc, Unternehmenskontrolle im Konzern, Die Kontrollaufgaben von Vorstand, Geschäftsführer und Aufsichtsrat, Heidelberg 2003.

Löffler, Christoph, Tax Due Diligence beim Unternehmenskauf, Analyse und Berücksichtigung steuerlicher Risiken und Chancen, Düsseldorf 2002.

Loges, Rainer, Der Einfluss der „Due Diligence" auf die Rechtsstellung des Käufers eines Unternehmens, DB 1997, S. 965 – 969.

Lohr, Martin, Vertragsstrafen im Arbeitsverhältnis, MDR 2000, S. 429 - 436.

Loock, Jann Dirk, Zur Verantwortung des Vorstands der Aktiengesellschaft nach § 76 Abs. 1 AktG 1965, Bindung an das Gemeinwohl und die Arbeitnehmerinteressen, Leck 1977.

Look, Frank van, Vereinsstrafen als Vertragsstrafen, Ein Beitrag zum inneren Vereinsrecht, Berlin 1990.

Löw, Christoph, Der Informationsanspruch des Aktionärs im amerikanischen Recht, Eine Darstellung der Aktionärsinformation in den Rechten der Einzelstaaten und des Bundes mit einem dokumentarischen Anhang über einzelne Verordnungen der Securities and Exchange Commission (SEC), Basel, Stuttgart 1973.

Lucks, Kai, M&A: Nur systematisches Vorgehen bringt Erfolg, Mit klar geregelten Prozessen und Strukturen sorgen Sie dafür, dass Sie mit Ihrem Fusions- oder Akquisitionsvorhaben die erhofften Ziel erreichen., Harvard Business Manager 2002, S. 44 – 53.

Lucks, Kai / Meckl, Reinhard, Internationale Mergers & Acquisitions, Der prozessoptimierte Ansatz, Berlin, Heidelberg, New York 2002.

Lutter, Marcus, Zum unternehmerischen Ermessen des Aufsichtsrats, ZIP-Kommentar, ZIP 1995, S. 441 – 442.

Lutter, Marcus, Der Letter of Intent, 3. Auflage, Köln 1998
(zitiert: Lutter-Letter of Intent).

Lutter, Marcus, Holding-Handbuch: Recht – Management - Steuern, 3. Auflage, Köln 1998
(zitiert: Lutter/Holding-Handbuch-Bearbeiter).

Lutter, Marcus, Unternehmensplanung und Aufsichtsrat, AG 1991, S. 249 – 255.

Lutter, Marcus, Due Diligence des Erwerbers beim Kauf einer Beteiligung, ZIP 1997, S. 613 – 620 (=Festschrift für Helmut Schippel zum 65. Geburtstag, München 1996, S. 455 - 472).

Lutter, Marcus, Information und Vertraulichkeit im Aufsichtsrat, 1. Auflage, Köln, Berlin, Bonn, München 1979
(zitiert: Lutter, Information und Vertraulichkeit im Aufsichtsrat, 1. Auflage).

Lutter, Marcus, Professionalisierung der Aufsichtsräte, NJW 1995, S. 1133 – 1134.

Lutter, Marcus, Defizite für eine effiziente Aufsichtsratstätigkeit und gesetzliche Möglichkeiten der Verbesserung, ZHR 159 (1995), S. 287 – 309.

Lutter, Marcus, Information und Vertraulichkeit im Aufsichtsrat, 2. Auflage, Köln, Berlin, Bonn, München 1984
(zitiert: Lutter, Information und Vertraulichkeit im Aufsichtsrat).

Lutter, Marcus, Haftung und Haftungsfreiräume des Geschäftsführers, 10 Gebote an den Geschäftsführer, GmbHR 2000, S. 301 - 312.

Lutter, Marcus, Vergleichende Corporate Governance – Die deutsche Sicht, ZGR 2001, S. 224 - 237.

Lüttmann, Ruth, Kontrollwechsel in Kapitalgesellschaften, Eine vergleichende Untersuchung des englischen, US-amerikanischen und deutschen Rechts, Baden-Baden 1992.

Mackensen, Marcus, Institutionelle Anleger im Unternehmensrecht Deutschlands und den USA, Frankfurt am Main, Berlin, Bern, Bruxelles, New York, Wien 2000.

Maiberg, Hermann, Gesellschaftsrecht, 7. Auflage, München, Wien 1990.

Maier, Martina / Luke, Antje, Beihilferechtliche Probleme beim Unternehmenskauf, DB 2003, S. 1207 – 1213.

Maier-Reimer, Georg, Verhaltenspflichten des Vorstands der Zielgesellschaft bei feindlichen Übernahmen, ZHR 165 (2001), S. 258 – 279.

Marten, Kai-Uwe / Köhler, Annette, Due Diligence in Deutschland – Eine empirische Untersuchung - , Finanzbetrieb 1999, S. 337 – 348.

Martens, Klaus-Peter, Die Entscheidungsautonomie des Vorstands und die „Basisdemokratie" in der Aktiengesellschaft, ZHR 147 (1983), S. 377 – 428.

Martens, Klaus-Peter, Die Anzeigepflicht des Verlustes des Garantiekapitals nach dem AktG und dem GmbHG, Zur Informationspolitik in den Kapitalgesellschaften, ZGR 1972, S. 254 – 288.

Martens, Knuth, Managementüberwachung durch den Aufsichtsrat, Ein Beitrag zur Corporate Governance-Diskussion aus agencytheoretischer Sicht, Köln 2000.

Martiny, Dieter, Pflichtenorientierter Drittschutz beim Vertrag mit Schutzwirkung für Dritte – Eingrenzung uferloser Haftung, JZ 1996, S. 19 – 25.

Matthießen, Volker, Stimmrecht und Interessenkollision im Aufsichtsrat, Köln, Berlin, Bonn, München 1989.

Maurer, Hartmut, Allgemeines Verwaltungsrecht, 14. Auflage, München 2002.

Meilicke, Wienand / Heidel, Thomas, Berücksichtigung von Schadensersatzansprüchen gem. §§ 117, 317 AktG bei der Bestimmung der angemessenen Abfindung für ausscheidende Aktionäre, AG 1989, S. 117 – 122.

Meincke, Eberhard, Geheimhaltungspflichten im Wirtschaftsrecht, WM 1998, S. 749 – 757.

Merkt, Hanno, Unternehmenspublizität, Offenlegung von Unternehmensdaten als Korrelat der Marktteilnahme, Tübingen 2001 (zitiert: Merkt, Unternehmenspublizität).

Merkt, Hanno, Internationaler Unternehmenskauf, 2. Auflage, Köln 2003 (zitiert: Merkt, Internationaler Unternehmenskauf)

Merkt, Hanno, Due Diligence und Gewährleistung beim Unternehmenskauf, BB 1995, S. 1041 – 1048.

Merkt, Hanno, Rechtliche Bedeutung der „Due Diligence" beim Unternehmenskauf, WiB 1996, S. 145 – 150.

Merkt, Hanno, Verhaltenspflichten des Vorstands der Zielgesellschaft bei feindlichen Übernahmen, ZHR 165 (2001), S. 224 – 257.

Merkt, Hanno, Grundsatz- und Praxisprobleme der Amerikanisierungstendenzen im Recht des Unternehmenskaufs, in: Festschrift für Otto Sandrock zum 70. Geburtstag, Heidelberg 2000, S. 657 - 688 (zitiert: Merkt, Grundsatz- und Praxisprobleme der Amerikanisierungstendenzen im Recht des Unternehmenskaufs, in: Festschrift für Sandrock).

Merkt, Hanno, US-amerikanisches Gesellschaftsrecht, 1991 (zitiert: Merkt, US-Gesellschaftsrecht).

Mertens, Hans-Joachim, Die Geschäftsführungshaftung in der GmbH und das ITT-Urteil, in: Festschrift für Robert Fischer, Berlin, New York 1979, S. 461 - 475 (zitiert: Mertens, Die Geschäftsführungshaftung in der GmbH und das ITT-Urteil, in: Festschrift für Fischer).

Mertens, Hans-Joachim, Schadensfragen im Kapitalgesellschaftsrecht, in: Festschrift für Hermann Lange zum 70. Geburtstag, Stuttgart, Berlin, Köln 1992, S. 561 – 582 (zitiert: Mertens, Schadensfragen im Kapitalgesellschaftsrecht, in: Festschrift für Lange).

Mertens, Hans-Joachim, Korreferat (zu dem Referat von Immenga, Ulrich: Zuständigkeiten des mitbestimmten Aufsichtsrates, in: ZGR 1977, S. 249 - 269), ZGR 1977, S. 270 – 289.

Mertens, Hans-Joachim, Der Aktionär als Wahrer des Rechts?, AG 1990, S. 49 – 55.

Mertens, Hans-Joachim / Rehbinder, Eckard, Internationales Kaufrecht, Kommentar zu den Einheitlichen Kaufgesetzen, Frankfurt 1975.

Mertens, Kai, Die Information des Erwerbers einer wesentlichen Beteiligung an einer Aktiengesellschaft durch deren Vorstand, AG 1997, S. 541 – 547.

Mertens, Kai, Die Information des Erwerbers einer wesentlichen Unternehmensbeteiligung an einer Aktiengesellschaft durch deren Vorstand, AG 1997, S. 541 – 547.

Meyer-Landrut, Joachim, Die Verschwiegenheitspflicht amtierender und ausgeschiedener Vorstands- und Aufsichtsratsmitglieder der Aktiengesellschaft, AG 1964, S. 325 – 327.

Meyer-Lohmann, Jochen, Der Aufsichtsrat der deutschen Aktiengesellschaft und seine Rolle im Prozess der Unternehmensführung, Bamberg 1997.

Meyer-Löwy, Bernd, Das Auskunftsrecht des Aktionärs in der Hauptversammlung und seine Grenzen bei Fragenkatalogen und Massenauskünften, München 2000.

Michalski, Lutz, Abwehrmechanismen gegen unfreundliche Übernahmeangebote („unfriendly takeovers") nach deutschem Aktienrecht, AG 1997, S. 152 – 163.

Mitlacher, Lars / Faller, Markus, Zeitarbeit und HR-Due-Diligence, Personalwirtschaft 1/2003, S. 47 – 49.

Möller, Wolf-Peter, Der Erfolg von Unternehmenszusammenschlüssen, Eine empirische Untersuchung, München 1983.

Moosmayer, Oliver, Aufklärungspflichten beim Unternehmenskauf, Hamburg 2000.

Moser, Anton, Gefahren beim Verkauf von Unternehmen, Mergers & Acquisitions 3, Stuttgart, Berlin, Köln 1991.

Mülbert, Peter, Aktiengesellschaft, Unternehmensgruppe und Kapitalmarkt, Die Aktionärsrechte bei Bildung und Umbildung einer Unternehmensgruppe zwischen Verbands- und Anlegerschutz, 2. Auflage, München 1996.

Mülbert, Peter, Shareholder Value aus rechtlicher Sicht, ZGR 1997, S. 129 – 172.

Müller, Gerd, Gesellschafts- und Gesellschafterschaden, in: Festschrift für Alfred Kellermann, Berlin1991, S. 317 – 335 (zitiert: Müller, Gesellschafts- und Gesellschafterschaden, in: Festschrift für Kellermann).

Müller, Klaus J., Gestattung der Due Diligence durch den Vorstand der Aktiengesellschaft, NJW 2000, S. 3452 – 3456.

Mummenhoff, Winfried, Erfahrungssätze im Beweis der Kausalität, Köln, Berlin, Bonn, München 1997.

Münchener Handbuch des Gesellschaftsrechts, Band 4, Aktiengesellschaft, 2. Auflage, München 1999 (zitiert: Münchener Handbuch-Bearbeiter)

Münchener Kommentar zum Aktiengesetz, Hrsg.: Kropff, Bruno / Semler, Johannes, Band 3, §§ 76-117, MitbestG, § 76 BetrVG 1952, 2. Auflage, München 2004; Band 2, §§ 53a-75, 2. Auflage, München 2003; Band 1, §§ 1-53, 2. Auflage, München 2000; Band 4, §§ 118-147, 2. Auflage, München 2004; Band 8, §§ 278-328, 2. Auflage, München 2000 (zitiert: MüKo-Bearbeiter).

Münchener Kommentar zum Bürgerlichen Gesetzbuch, Hrsg.: Rebmann, Kurt / Säcker, Franz Jürgen / Rixecker, Roland, Band 1, Allgemeiner Teil, §§ 1-240, AGB-Gesetz, 4. Auflage, München 2001; Band 2 a, Schuldrecht, Allgemeiner Teil, §§ 241-432, 4. Auflage, München 2003; Band 4, Schuldrecht, Besonderer Teil II, §§ 611-704, EFZG, TzBfG, KSchG, 4. Auflage, München 2005 (zitiert: MüKo/BGB-Bearbeiter).

Münchener Kommentar zum Handelsgesetzbuch, Band 1, Erstes Buch, Handelsstand, §§ 1-104, München 1996; Band 4, Drittes Buch, Handelsbücher, §§ 238-342 a, München 2001 (zitiert: MüKo/HGB-Bearbeiter).

Münchener Kommentar zur Zivilprozessordnung, Hrsg.: Lüke, Gerhard / Wax, Peter, Band 1, §§ 1-354, 2. Auflage, München 2000 (zitiert: MüKo/ZPO-Bearbeiter).

Münchener Vertragshandbuch, Band 4, Wirtschaftsrecht III, Hrsg.: Schütze, Rolf / Weipert, Lutz, 5. Auflage, München 2002 (zitiert: Münchener Vertragshandbuch/Wirtschaftsrecht III-Bearbeiter).

Münchener Vertragshandbuch, Band 1, Gesellschaftsrecht, Hrsg.: Heidenhain, Martin / Meister, Burkhardt, 5. Auflage, München 2000 (zitiert: Münchener Vertragshandbuch/Gesellschaftsrecht-Bearbeiter).

Münchener Vertragshandbuch, Band 2, Wirtschaftsrecht I, Hrsg.: Schütze, Rolf / Weipert, Lutz, 5. Auflage, München 2004 (zitiert: Münchener Vertragshandbuch/Wirtschaftsrecht I-Bearbeiter).

Mutschler, Ulrich / Mersmann, Ruth, Verfahrensmäßige Anforderungen an ordnungsgemäße Vorstandsentscheidungen im M&A-Bereich, DB 2003, S. 79 – 83.

Mutter, Stefan, Unternehmerische Entscheidungen und Haftung des Aufsichtsrats der Aktiengesellschaft, Köln, 1994.

Mutter, Stefan, Auskunftsansprüche des Aktionärs in der HV, Die Spruchpraxis der Gerichte, Köln 2002 (zitiert: Auskunftsansprüche des Aktionärs).

Niewiarra, Manfred, Unternehmenskauf, 2. Auflage, Baden-Baden 2002.

Nirk, Rudolf, Zur Justiziabilität unternehmerischer Entscheidungen des Aufsichtsrats – Marginalien zu den `ARAG/Garmenbeck`-Entscheidungen -, in: Festschrift für Karlheinz Boujong zum 65. Geburtstag, München 1996, S. 393 – 413 (zitiert: Nirk, in: Festschrift für Boujong).

Nirk, Rudolf / Reuter, Hans-Peter / Bächle, Hans-Ulrich, Handbuch der Aktiengesellschaft, 3. Auflage, Köln 1994.

Noack, Ulrich, Neuerungen im Recht der Hauptversammlung durch das Transparenz- und Publizitätsgesetz und den Deutschen Corporate Governance Kodex, DB 2002, S. 620 – 626.

Nussbaum, Konrad von, Die Aktiengesellschaft als Zielgesellschaft eines Übernahmeangebots, Vorgaben nach AktG und WpÜG für das Verhalten von Vorstand und Aufsichtsart während einer Übernahmeauseinandersetzung und für Vorratsbeschlüsse der Hauptversammlung, Baden-Baden 2003.

Oechsler, Jürgen, Der RefE zum Wertpapiererwerbs- und Übernahmegesetz – Regelungsbedarf auf der Zielgeraden!, NZG 2001, S. 817 – 826.

Oechsler, Walter, Anforderungen an die Aufsichtsratsbesetzung, Der Aufsichtsrat 2004, S. 5 – 6.

Osten, Horst von der, Zum Anspruch auf Herausgabe des Verletzergewinnes im Patentrecht, GRUR 1998, S. 284 – 288.

Palandt, Otto, Bürgerliches Gesetzbuch, Kommentar, 63. Auflage, München 2004 (zitiert: Palandt-Bearbeiter).

Pape, Ulrich, Theoretische Grundlagen und praktische Umsetzung wertorientierter Unternehmensführung, BB 2000, S. 711 - 717

Pelka, Jürgen, Beck`sches Wirtschaftsrecht-Handbuch, München 1995.

Peltzer, Martin, Hostile Takeovers in der Bundesrepublik Deutschland?, ZIP 1989, S. 69 – 79.

Peltzer, Martin, Handlungsbedarf in Sachen Corporate Governance, NZG 2002, S. 593 – 599.

Peltzer, Martin, Corporate Governance Codices als zusätzliche Pflichtenbestimmung für den Aufsichtsrat, NZG 2002, S. 10 – 16.

Pernsteiner, Helmut / Mittermair, Klaus, Handbuch Fusionen, Allgemeine, betriebswirtschaftliche, rechtliche und Branchen-Aspekte, Wien 2002 (zitiert: Pernsteiner/Mittermair-Bearbeiter).

Peter, Karl / Crezelius, Georg, Gesellschaftsverträge und Unternehmensformen, Handbuch für Personen- und Kapitalgesellschaften, Familiengesellschaften und Mischtypen, Kooperation und Delegation, Handelsrechtlich, Steuerrechtlich, Wirtschaftlich, 6. Auflage, Herne, Berlin 1995.

Peters, Kai, Informationsrechte und Geheimhaltungsverpflichtungen im Rahmen einer Due Diligence und daraus resultierende Haftungsverpflichtungen, Aachen 2002.

Peus, Egon, Der Aufsichtsratsvorsitzende, Seine Rechtsstellung nach dem Aktiengesetz und dem Mitbestimmungsgesetz, Köln, Berlin, Bonn, München 1983.

Pfeiffer, Gerd, Der strafrechtliche Verrat von Betriebs- und Geschäftsgeheimnissen nach § 17 UWG, in Festschrift für Rudolf Nirk zum 70. Geburtstag, München 1994, S. 861 – 891 (zitiert: Pfeiffer, Der strafrechtliche Verrat von Betriebs- und Geschäftsgeheimnissen nach § 17 UWG, in: Festschrift für Nirk).

Pfister, Bernhard, Das technische Geheimnis `Know how` als Vermögensrecht, München 1974.

Pföhler, Martin / Hermann, Markus, Grundsätze zur Durchführung von Umwelt-Due-Diligence, WPg 1997, S. 628 – 635.

Picker, Eduard, Vertragliche und deliktische Schadenshaftung, JZ 1987, S. 1041 – 1058.

Picot, Gerhard, Handbuch Mergers & Acquisitions, 2. Auflage, Stuttgart 2002 (Picot-Bearbeiter).

Picot, Gerhard, Unternehmenskauf und Restrukturierung, Handbuch zum Wirtschaftsrecht, 2. Auflage, München 1998 (zitiert: Unternehmenskauf und Restrukturierung).

Piepenburg, Manfred, Mitgliedschaftliche Treupflichten der Aktionäre, Dogmatische Herleitung, Präzisierung und Anwendung einer richterrechtlichen Wertungsgrundlage, Hamburg 1996.

Pollanz, Manfred, Due Diligence als künftiges Instrument einer risikoorientierten Abschlussprüfung?, BB 1997, S. 1351 – 1356.

Pöllath, Reinhard, Grundsätze ordnungsmäßigen Unternehmenskaufs, Ein Versuch, Konventionen aufzuschreiben, in: Festschrift für Gerold Bezzenberger zum 70. Geburtstag, Berlin, New York 2000, S. 549 – 560 (zitiert: Pöllath, Grundsätze ordnungsmäßigen Unternehmenskaufs, in: Festschrift für Bezzenberger).

Quack, Karlheinz, Der Unternehmenskauf und seine Probleme, ZGR 1982, S. 350 – 365.

Rädler, Albert / Pöllath, Reinhard, Handbuch der Unternehmensakquisition, Frankfurt am Main 1982 (zitiert: Rädler/Pöllath-Bearbeiter).

Raiser, Thomas, Die Zukunft des Unternehmensrechts, in: Festschrift für Robert Fischer, Berlin, New York 1979, S. 561 – 578 (zitiert: Raiser, Die Zukunft des Unternehmensrechts, in: Festschrift für Fischer).

Raiser, Thomas, Das Recht der Gesellschafterklagen, ZHR 153 (1989), S. 1 – 34.

Raiser, Thomas / Veil, Rüdiger, Recht der Kapitalgesellschaften: ein Handbuch für Praxis und Wissenschaft; Aktiengesellschaft, Kommanditgesellschaft auf Aktien, Gesellschaft mit beschränkter Haftung, Kapitalgesellschaft & Co., Umwandlungsrecht, Konzernrecht, internationales Gesellschaftsrecht, 3. Auflage, München 2001.

Rankine, Denzil / Bomer, Mark / Stedman, Graham, Due Diligence, Definitive steps to successful business combinations, London 2003.

Rappaport, Alfred, Shareholder Value, Ein Handbuch für Manager und Investoren, 2. Auflage, Stuttgart 1999.

Rechenberg, Wolf-Georg Freiherr von, Zustimmungsvorbehalte des Aufsichtsrats für die Unternehmensplanung, BB 1990, S. 1356 – 1363.

Reese, Jürgen, Die Haftung von „Managern" im Innenverhältnis, DStR 1995, S. 532 - 537.

Rehm, Gebhard, Aufklärungspflichten im Vertragsrecht, München 2003.

Rellermeyer, Klaus, Aufsichtsratsausschüsse, Köln, Berlin, Bonn, München 1986.

Reul, Jürgen, Die Pflicht zur Gleichbehandlung der Aktionäre bei privaten Kontrolltransaktionen, Eine juristische und ökonomische Analyse, Tübingen 1991.

Reuter, Dieter, Informationsrechte in Unternehmen und Betrieb, ZHR 144 (1980), S. 493 – 506.

Reuter, Dieter, Der Einfluss der Mitbestimmung auf das Gesellschafts- und Arbeitsrecht, AcP 179 (1979), S. 509 – 566.

Richard, Jörg / Weinheimer, Stefan, Handbuch Going Private, Heidelberg 2002 (zitiert: Richard/Weinheimer-Bearbeiter).

Ringleb, Henrik-Michael / Kremer, Thomas / Lutter, Marcus / Werder, Axel von, Kommentar zum Deutschen Corporate Governance Kodex, Kodex-Kommentar, München 2003 (zitiert: Ringleb/Kremer/Lutter/v.Werder (Kodex-Kommentar)- Bearbeiter).

Ritter, Carl, Das Handelsgesetzbuch mit Ausschluss des Seerechts, Kommentar, Berlin 1910 (zitiert: Ritter, Handelsgesetzbuch).

Rittner, Fritz, Wirtschaftsrecht, Ein Lehrbuch, 2. Auflage, Heidelberg 1987.

Rock, Hermann, Kenntnis-Klauseln: Best Practice, M&A Review 2002, S. 4 – 8.

Rock, Hermann / Friederich, Ulsenheimer, Checkliste: Vertragsverhandlungen, M&A Review 2003, S. 372 – 376.

Rock, Hermann / Friederich, Ulsenheimer, Due Diligence / Risk Management, M&A Review 2003, S. 230 – 231.

Romme, Oliver, Der Anscheinsbeweis im Gefüge von Beweiswürdigung, Beweismaß und Beweislast, Köln, Berlin, Bonn, München 1989.

Roschmann, Christian / Frey, Johannes, Geheimhaltungsverpflichtungen der Vorstandsmitglieder von Aktiengesellschaften bei Unternehmenskäufen, AG 1996, S. 449 – 455.

Roth, Günter, Handels- und Gesellschaftsrecht, Mit Grundzügen des Wertpapierrechts, 6. Auflage, München 2001.

Roth, Markus, Möglichkeiten vorstandsunabhängiger Information des Aufsichtsrats, AG 2004, S. 1 – 13.

Roth, Markus / Schoneweg, Hans, Einsicht in Aufsichtsratsprotokolle als due diligence defense, NZG 2004, S. 206 – 210.

Rozijn, Michael, Geheimhaltungspflichten und Kapitalschutz beim Abschluss von M&A-Dienstleistungsverträgen, NZG 2001, S. 494 – 503.

Ruhnke, Klaus, Bedeutung des Börsenkurses bei Unternehmensevaluationen, in: Unternehmen bewerten, Ringvorlesung der Fachbereiche Rechts- und Wirtschaftswissenschaft der Freien Universität Berlin im Sommersemester 2002, Hrsg.: Heintzen, Markus / Kruschwitz, Lutz, S. 75 – 99, Berlin 2003.

Säcker, Franz Jürgen, Aktuelle Probleme der Verschwiegenheitspflicht der Aufsichtsratsmitglieder, NJW 1986, S. 803 – 811.

Säcker, Franz Jürgen, Informationsrechte der Betriebs- und Aufsichtsratsmitglieder und Geheimsphäre des Unternehmens, Heidelberg 1979.

Salm, Eberhardt, Das Unternehmensinteresse - ein Beitrag zur Auseinandersetzung um den Begriff, Tübingen 1986.

Schaaf, Andreas, Die Praxis der Hauptversammlung, Erfolgreiche Vorbereitung und Durchführung bei der Publikums-AG, 2. Auflage, Köln 1999.

Schäfer, Frank, Wertpapierhandelsgesetz, Börsengesetz mit BörsZulV, Verkaufsprospektgesetz mit VerkProspV, Kommentar, Stuttgart, Berlin, Köln 1999 (zitiert: Schäfer-Bearbeiter).

Schander, Albert / Posten, Olaf, Zu den Organpflichten bei Unternehmensübernahmen, ZIP 1997, S. 1534 – 1538.

Schanz, Kay-Michael, Börseneinführung, Recht und Praxis des Börsengangs, 2. Auflage, München 2002 (zitiert: Schanz).

Scheffler, Eberhard, Die Überwachungsaufgabe des Aufsichtsrats im Konzern, DB 1994, S. 793 – 799.

Scheffler, Eberhard, Betriebswirtschaftliche Überlegungen zur Entwicklung von Grundsätzen ordnungsgemäßer Überwachung der Geschäftsführung durch den Aufsichtsrat, AG 1995, S. 207 – 212.

Schiessl, Maximilian, Deutsche Corporate Governance post Enron, AG 2002, S. 593 – 604.

Schilling, Wolfgang, Das Aktienunternehmen, ZHR 144 (1980), S. 136 – 144.

Schleeh, Jörg, Vorvertragliches Fehlverhalten und der Schutz Dritter, Tübingen 1965.

Schleifenbaum, Reinold, Mehrheitsmacht und Schutz der Beteiligung in den Aktienrechten der USA insbesondere beim Mergerverfahren, Tübingen 1969 (zitiert: Schleifenbaum, Mehrheitsmacht und Schutz der Beteiligung in den Aktienrechten der USA).

Schleifenbaum, Thekla, Die Unternehmenshaftung bei Unternehmensübertragungen, Rechtfertigende Grundgedanken für eine allgemeine unternehmensrechtliche Haftungskontinuität, Berlin 2000 (zitiert: Schleifenbaum, Unternehmenshaftung).

Schlömer, Robert, Das aktienrechtliche Überwachungssystem unter Berücksichtigung der Besonderheiten von Unternehmenskrisen, Anforderungen, Probleme und Ansätze zur Effizienzsteigerung, Bergisch-Gladbach, Köln 1985.

Schmidt, Karsten, Informationsrechte in Gesellschaften und Verbänden, Heidelberg 1984 (zitiert: Karsten Schmidt-Informationsrechte in Gesellschaften und Verbänden).

Schmidt, Karsten, Handelsrecht, 5. Auflage, Köln, Berlin, Bonn, München 1999 (zitiert: Karsten Schmidt, Handelsrecht).

Schmidt, Karsten, Gesellschaftsrecht, 4. Auflage, Köln, Berlin, Bonn, München 2002 (zitiert: Karsten Schmidt, Gesellschaftsrecht).

Schmidt, Karsten / Riegger, Bodo, Gesellschaftsrecht 1999, Köln 1999 (zitiert: Schmidt/Riegger(Gesellschaftsrecht 1999)-Bearbeiter).

Schmidt, Stefan Marcus, Corporate Governance in deutschen und amerikanischen Aktiengesellschaften, Eine Untersuchung unter besonderer Berücksichtigung der Bedeutung und der Entstehung der Anteilseignerstrukturen, Frankfurt am Main, Berlin, Bern, Bruxelles, New York, Oxford, Wien 2001 (zitiert: Schmidt, Corporate Governance).

Schmidt-Leithoff, Christian, Die Verantwortung der Unternehmensleitung, Tübingen 1989.

Schmitz, Christian, Due Diligence beim Unternehmenskauf: Eine Betrachtung ihrer sekundärrechtlichen Auswirkungen nach deutschem Recht sowie ihrer bürgerlichrechtlichen Bezugspunkte, Göttingen 2002.

Schmitz-Valckenberg, Collin, Verkaufsprozess mittelständischer Unternehmen, Empirische Untersuchung der Einflussfaktoren auf die Preisbildung, Wiesbaden 2003.

Schneider, Martin, Schutz des Unternehmensgeheimnisses vor unbefugter Verwertung, eine rechtssystematische Untersuchung, Bamberg 1989.

Schneider, Uwe, Haftungsmilderung für Vorstandsmitglieder und Geschäftsführer bei fehlerhafter Unternehmensleitung?, in: Festschrift für Winfried Werner zum 65. Geburtstag, Berlin, New York 1984, S. 795 - 815 (zitiert: Schneider, Festschrift für Werner).

Schneider, Uwe / Burgard, Ulrich, Übernahmeangebote und Konzerngründung – Zum Verhältnis von Übernahmerecht, Gesellschaftsrecht und Konzernrecht, DB 2001, S. 963 – 969.

Schön, Wolfgang, Anmerkung zum OLG-Urteil vom 15.11.1993, II ZR 235/92, OLG München (in JZ 1994, S. 680 – 684), JZ 1994, S. 684 – 686.

Schönbrod, Wolfgang, Die Organstellung von Vorstand und Aufsichtsrat in der Spartenorganisation, Eine aktien- und konzernrechtliche Untersuchung, Frankfurt am Main, Bern, New York, Paris 1987.

Schramböck, Michael, Der Schutz von Geschäfts- und Betriebsgeheimnissen, mit Exkurs zur Rechtslage in den USA, Praxishandbuch, Wien 2002.

Schroeder, Ulrich, Darf der Vorstand der Aktiengesellschaft dem Aktienkäufer eine Due Diligence gestatten?, DB 1997, S. 2161 – 2166.

Schubert, Werner / Küting, Karlheinz, Unternehmenszusammenschlüsse, München 1981.

Schulte, Knut, Rechtliche Due Diligence –Untersuchungen über Internet-Anbieter, DStR 2000, S. 1427 – 1443.

Schulte, Werner, Schadensersatz in Geld für Entbehrungen, Die Entwicklungslinien der Rechtsprechung und ihre dogmatischen Grundlagen, Berlin 1978.

Schulze, Reiner (Schriftleitung), Handkommentar, Bürgerliches Gesetzbuch, 2. Auflage, Baden-Baden 2002
(zitiert: Handkommentar/BGB-Bearbeiter).

Schulze-Osterloh, Joachim, Unternehmenskauf und Unternehmensbewertung aus rechtswissenschaftlicher Sicht, in: Unternehmen bewerten, Ringvorlesung der Fachbereiche Rechts- und Wirtschaftswissenschaft der Freien Universität Berlin im Sommersemester 2002, Hrsg.: Heintzen, Markus / Kruschwitz, Lutz, S. 175 – 186, Berlin 2003.

Schütz, Carsten, Neuerungen im Anfechtungsrecht durch den Referentenentwurf des Gesetzes zur Unternehmensintegrität und Modernisierung des Anfechtungsrechts (UMAG), DB 2004, S. 419 – 426.

Schwager, Susanne, Due Diligence, Das Wirtschaftsstudium 2002, S. 1531.

Schwark, Eberhard, Corporate Governance: Vorstand und Aufsichtsrat, in: Corporate Governance, Gemeinschaftssymposion der Zeitschriften ZHR / ZGR, Hrsg.: Hommelhoff, Peter / Lutter, Marcus / Schmidt, Karsten / Schön, Wolfgang / Ulmer, Peter, S. 75 – 117, Heidelberg 2002
(zitiert: Schwark-Corporate Governance).

Schwerdtfeger, Armin / Kreuzer, Philipp, Unternehmenskauf und „Due Diligence" – Anspruch des vorkaufsberechtigten Erwerbers?, BB 1998, S. 1801 – 1804.

Schwintowski, Hans-Peter, Verschwiegenheitspflicht für politisch legitimierte Mitglieder des Aufsichtsrats, NJW 1990, S. 1009 – 1015.

Scott, Cornelia, Due Diligence in der Praxis, Risiken minimieren mit Unternehmenstransaktionen, Mit Beispielen und Checklisten, Wiesbaden 2001
(zitiert: Scott-Bearbeiter).

Seibert, Ulrich, OECD Principles of Corporate Governance – Grundsätze der Unternehmensführung und –kontrolle für die Welt, AG 1999, S.337 – 350.

Seibert, Ulrich, Das „TransPuG", NZG 2002, S. 608 – 617.

Seibert, Ulrich / Schütz, Carsten, Der Referentenentwurf eines Gesetzes zur Unternehmensintegrität und Modernisierung des Anfechtungsrechts (UMAG), ZIP 2004, S. 252 – 258.

Seibt, Christoph, Kapitalmarktrechtliche Überlagerungen im Aktienrecht, in: Gesellschaftsrecht in der Diskussion 2000, Jahrestagung der Gesellschaftsrechtlichen Vereinigung (VGR), S. 37 – 75.

Seibt, Christoph / Raschke, Thorsten / Reiche, Felix, Rechtsfragen der Haftungsbegrenzung bei Garantien (§ 444 BGB n.f.) und M&A-Transaktionen, NZG 2002, S. 256 – 263.

Seibt, Christoph / Reiche, Felix, Unternehmens- und Beteiligungskauf nach der Schuldrechtsreform (Teil I), DStR 2002, S. 1135 – 1141.

Seifert, Peter, Zum Auskunftsrecht des Aktionärs nach neuem Aktienrecht, AG 1967, S. 1 – 4.

Semler, Johannes, Die Überwachungsaufgabe des Aufsichtsrats, Köln, Berlin, Bonn, München 1980
(zitiert: Semler, Die Überwachungsaufgabe des Aufsichtsrats).

Semler, Johannes, Sorgfaltspflicht und Verantwortlichkeit bei der Erstellung eines Gutachtens zur Vorbereitung eines Beteiligungserwerbs, insbesondere durch Wirtschaftsprüfer, in: Festschrift für Karlheinz Quack zum 65. Geburtstag, Berlin, New York 1991, S. 439 – 456
(zitiert: Semler, Sorgfaltspflicht und Verantwortlichkeit bei der Erstellung eines Gutachtens zur Vorbereitung eines Beteiligungserwerbs, in: Festschrift für Quack).

Semler, Johannes, Aufgaben und Funktionen des aktienrechtlichen Aufsichtsrats in der Unternehmenskrise, AG 1983, S. 141 – 148.

Semler, Johannes, Die Unternehmensplanung in der Aktiengesellschaft, ZGR 1983, S. 1 – 33.

Semler, Johannes, Einschränkung der Verwaltungsbefugnisse in einer Aktiengesellschaft, BB 1983, S. 1566 – 1573.

Semler, Johannes, Leitung und Überwachung der Aktiengesellschaft, Die Leitungsaufgabe des Vorstands und die Überwachungsaufgabe des Aufsichtsrats, 2. Auflage, Köln 1996
(zitiert: Semler, Leitung und Überwachung der Aktiengesellschaft).

Semler, Johannes, Rechtsvorgabe und Realität der Organzusammenarbeit in der Aktiengesellschaft, in: Festschrift für Marcus Lutter zum 70. Geburtstag, Köln 2000, S. 721 – 734
(zitiert: Semler, Rechtsvorgabe und Realität der Organzusammenarbeit in der Aktiengesellschaft, in: Festschrift für Lutter).

Semler, Johannes / Schenck, Kersten von, Arbeitshandbuch für Aufsichtsratsmitglieder, 2. Auflage, München 2004
(zitiert: Semler/Schenck-Bearbeiter, Arbeitshandbuch für Aufsichtsratsmitglieder).

Semler, Johannes / Volhard, Rüdiger, Arbeitshandbuch für Unternehmensübernahmen, Band 1, Unternehmensübernahme, Vorbereitung – Durchführung - Folgen, Ausgewählte Drittländer, München 2001 (zitiert: Semler/Volhard-Bearbeiter, Arbeitshandbuch für Unternehmensübernahmen, Band 1).

Semler, Johannes / Volhard, Rüdiger, Arbeitshandbuch für Unternehmensübernahmen, Band 2, Das neue Übernahmerecht, München 2003 (zitiert: Semler/Volhard-Bearbeiter, Arbeitshandbuch für Unternehmensübernahmen, Band 2).

Servatius, Bernhard, Ordnungsgemäße Vorstandskontrolle und vorbereitende Personalauswahl durch den Aufsichtsratsvorsitzenden, AG 1995, S. 223 – 225.

Servatius, Wolfgang, Strukturmaßnahmen als Unternehmensleitung, Die Vorstandspflichten bei unternehmerischen Entscheidungen der Hauptversammlung, Köln, Berlin, München 2004.

Sieben, Günter / Stein, Heinz-Gerd, Unternehmensakquisitionen – Strategien und Abwehrstrategien, Stuttgart 1992 (zitiert: Sieben/Stein-Bearbeiter).

Sieger, Jürgen / Hasselbach, Kai, Break Fee-Vereinbarung bei Unternehmenskäufen, BB 2000, S. 625 – 631.

Sigle, Axel / Zinger, Georg, Die Übernahme von Transaktionskosten durch die Aktiengesellschaft, NZG 2003, S. 301 – 306.

Sinnecker, Marc, Die Gestaltung von Informationsmemoranden für Unternehmensverkäufe, M&A Review 1995, S. 438 – 445.

Soergel, Hans Theodor, Bürgerlichen Gesetzbuch, mit Einführungsgesetz und Nebengesetzen, Band 2, Schuldrecht 1, §§ 241-432, 12. Auflage, Stuttgart, Berlin, Köln 1990 (zitiert: Soergel-Bearbeiter).

Spieker, Wolfgang, Die Verschwiegenheitspflicht der Aufsichtsratsmitglieder, NJW 1965, S. 1937 – 1944.

Spill, Joachim, Due Diligence – Praxishinweise zur Planung, Durchführung und Berichterstattung, DStR 1999, S. 1786 – 1792.

Staudinger, Julius von, Kommentar zum Bürgerlichen Gesetzbuch mit Einführungsgesetz und Nebengesetzen, Zweites Buch, Recht der Schuldverhältnisse, Einleitung zu §§ 241 ff; §§ 241-243, 13. Bearbeitung von Schiemann, Gottfried / Schmidt, Jürgen, Berlin 1995; §§ 249-254, 13. Bearbeitung von Schiemann, Gottfried, Berlin 1998; §§ 328-361 b, Neubearbeitung 2001 von Jagmann, Rainer / Kaiser, Dagmar / Rieble, Volker, Berlin 2001; §§ 362-396, Neubearbeitung 2000 von Gursky, Karl-Heinz / Olzen, Dirk, Berlin 2000; §§ 433-534, 13. Bearbeitung von Cremer, Matthias / Honsell, Heinrich / Köhler, Helmut / Mader, Peter / Mayer-Maly, Theo, Berlin 1995 (zitiert: Staudinger-Bearbeiter).

Stebut, Dietrich von, Geheimnisschutz und Verschwiegenheitspflicht im Aktienrecht, Köln, Berlin, Bonn, München 1972.

Steckler, Brunhilde, Kompakt-Training, Wirtschaftsrecht, Hrsg.: Olfert, Klaus,
2. Auflage, Ludwigshafen 2003.

Steinbeck, Claudia, Überwachungspflicht und Einwirkungsmöglichkeiten des
Aufsichtsrats in der Aktiengesellschaft, Berlin 1992.

Steindorff, Ernst, Abstrakte und konkrete Schadensberechnung, AcP 158
(1959/1960), S. 430 – 469.

Steinmann, Horst / Klaus, Hans, Zur Rolle des Aufsichtsrates als Kontrollorgan,
AG 1987, S. 29 – 34.

Stelkens, Paul / Bonk, Heinz Joachim / Sachs, Michael, Verwaltungsverfahrens-
gesetz, Kommentar, 6. Auflage, München 2001
(zitiert: Stelkens/Bonk/Sachs-Bearbeiter).

Stelzig, Peter, Zur Treuepflicht des Aktionärs unter besonderer Berücksichtigung ihrer geschichtlichen Entwicklung, Stadtlohn, 2000.

Stengel, Arndt / Scholderer, Frank, Aufklärungspflichten beim Beteiligungs-
und Unternehmenskauf, NJW 1994, S. 158 – 164.

Sterzinger, Richard, Schadensrechtliche Auswirkungen des gesellschaftsrechtlichen Trennungsprinzips, Dargestellt am Beispiel des Alleingesellschafters
einer GmbH, Frankfurt am Main 1976.

Stoffels, Markus, Grenzen der Informationsweitergabe durch den Vorstand einer
Aktiengesellschaft im Rahmen einer „Due Diligence", ZHR 165 (2001),
S. 362 – 382.

Stoll, Jutta, Zur Verschwiegenheitspflicht des Wirtschaftsprüfers gegenüber
Auftraggebern und geprüften Unternehmen, BB 1998, S. 785 – 788.

Strauch, Dieter, Verträge mit Drittschutzwirkung, JuS 1982, S. 823 – 828.

Strotmann, Christian, Feindliche Unternehmensübernahmen in den USA,
Münster, Hamburg 1994.

*Strunk, Günther / Kolaschnik, Helge Frank / Blydt-Hansen, Kristoffer / Jehn,
Alexander / Wessel, Christian,* TransPuG und Corporate Governance
Kodex, neue gesellschafts-, bilanz- und steuerrechtliche Anforderungen
für die Unternehmenspraxis, Berlin 2003.

Stummel, Dieter, Standardvertragsmuster zum Handels- und Gesellschaftsrecht
Deutsch-Englisch, 2. Auflage, München 2003.

Süßmann, Rainer, Die befugte Weitergabe von Insidertatsachen, AG 1999,
S. 162 – 173.

Taeger, Jürgen, Die Offenbarung von Betriebs- und Geschäftsgeheimnissen,
Baden-Baden 1988.

Teubner, Gunther, Unternehmensinteresse – das gesellschaftliche Interesse des
Unternehmens „an sich"?, ZHR 149 (1984), S. 470 – 488.

Theisen, Manuel Rene, Grundsätze einer ordnungsmäßigen Information des Aufsichtsrats, 3. Auflage, Stuttgart 2002.

Theisen, Manuel Rene, Grundsätze ordnungsgemäßer Kontrolle und Beratung der Geschäftsführung durch den Aufsichtsrat, AG 1995, S. 193 – 203.

Thiele, Wolfgang, Leistungsstörung und Schutzpflichtverletzung, JZ 1967, S. 649 – 657.

Thümmel, Roderich, Persönliche Haftung von Managern und Aufsichtsräten, Haftungsrisiken bei Managementfehlern, Risikobegrenzung und Versicherbarkeit, Stuttgart, München, Hannover, Berlin, Weimar, Dresden 1996.

Thümmel, Roderich, Zu den Pflichten des Aufsichtsrats bei der Verfolgung von Haftungsansprüchen gegenüber dem Vorstand der AG, DB 1997, S. 1117 – 1120.

Thümmel, Roderich, Organhaftung nach dem Referentenentwurf des Gesetzes zur Unternehmensintegrität und Modernisierung des Anfechtungsrechts (UMAG) – Neue Risiken für Manager?, DB 2004, S. 471 – 474.

Thümmel, Roderich, Aufsichtsratshaftung vor neuen Herausforderungen – Überwachungsfehler, unternehmerische Fehlentscheidungen, Organisationsmängel und andere Risikofelder, AG 2004, S. 83 – 91.

Thümmel, Roderich, Haftungsrisiken von Vorständen und Aufsichtsräten bei der Abwehr von Übernahmeversuchen, DB 2000, S. 461 – 465.

Treek, Joachim, Die Offenbarung von Unternehmensgeheimnissen durch den Vorstand einer Aktiengesellschaft im Rahmen einer Due Diligence, in: Festschrift für Wolfgang Fikentscher, Tübingen 1998, S. 434 – 455 (zitiert: Treek, Die Offenbarung von Unternehmensgeheimnissen durch den Vorstand einer Aktiengesellschaft im Rahmen einer Due Diligence, in: Festschrift für Fikentscher).

Triebel, Volker / Hölzle, Gerrit, Schuldrechtsreform und Unternehmenskaufverträge, BB 2002, S. 521 – 537.

Trockels, Friedrich, „Business Judgement Rule" und „Corporate Take-overs", AG 1990, S. 139 – 144.

Turcon, Remi / Zimmer, Daniel, Grundlagen des US-amerikanischen Gesellschafts-, Wirtschaftsrechts-, Steuer- und Fremdenrechts, Rechtliche Rahmenbedingungen für ausländische Direktinvestitionen in den USA, München 1994.

Ulmer, Peter, Die Aktionärsklage zur Kontrolle des Vorstands- und Aufsichtsratshandelns, ZHR 163 (1999), S. 290 – 342.

Ulmer, Peter, Der Deutsche Corporate Governance Kodex – ein neues Regulierungsinstrument für börsennotierte Aktiengesellschaften, ZHR 166 (2002), S. 150 – 181.

Ulmer, Peter, Aufsichtsratsmandat und Interessenkollision, NJW 1980, S. 1603 – 1607.

Ulmer, Peter, Anmerkung zum BGH, Urteil vom 05.06.1975, II ZR 23/74, Düsseldorf (in NJW 1976, S. 191 - 192), NJW 1976, S. 192 – 193.

Vater, Hendrik, Die Abwehr feindlicher Übernahmen, Ein Blick in das Instrumentarium des Giftschranks, M&A Review 2002, S. 9 – 16.

Vogel, Dieter, M & A, Ideal und Wirklichkeit, Wiesbaden 2002 (zitiert: Vogel, M&A).

Vogel, Wolfgang, Aktienrecht und Aktienwirklichkeit, Organisation und Aufgabenteilung von Vorstand und Aufsichtsrat, Eine empirische Untersuchung deutscher Aktiengesellschaften, Baden-Baden, 1980.

Vogt, Gabriele, Die Due Diligence – ein zentrales Element bei der Durchführung von Mergers & Acquisitions, DStR 2001, S. 2027 – 2034.

Vossel, Herbert, Auskunftsrechte im Aktienkonzern, Köln, Berlin, Bonn, München 1996.

Wagner, Franz, Informationspflichten des Verkäufers bei M+A Transaktionen nach neuerer Rechtsprechung unter Berücksichtigung von altem und neuem Schuldrecht, DStR 2002, S. 958 – 967.

Walter, Gerhard, Kaufrecht, Handbuch des Schuldrechts, In Einzeldarstellungen, Hrsg.: Gernhuber, Joachim, Band 6, Tübingen 1987.

Warnke, Rudolf, Deutsche Firmen vorm Röntgenschirm, Umsatz, Gewinn, Kapital- und Vermögensstruktur, Investitionen, Gehälter, Daten, Analysen, Prognosen als Informations- und Entscheidungshilfen für den selbständigen Unternehmer und seine engsten Mitarbeiter, erarbeitet auf der Grundlage empirischer Industrieuntersuchungen der System-Forschung, Bonn-Beuel, in den Jahren 1966 und 1967, München 1969.

Watson, Denzil / Head, Antony, Corporate Finance, Principles & Practice, 3. Auflage, Harlow 2004.

Wegen, Gerhard, Due Diligence-Checkliste für den Erwerb einer deutschen Gesellschaft, WiB 1994, S. 291 – 296.

Wegen, Gerhard, Checklisten für Unternehmenskaufverträge und Gewährleistungen im Unternehmenskaufrecht, WiB 1994, S. 532 – 535.

Wegmann, Jürgen / Koch, Wolfgang, Due Diligence – Unternehmensanalyse durch externe Gutachter, DStR 2000, S. 1027 – 1032.

Weigl, Gerald, Grundlagen eines Unternehmenskaufs aus steuerlicher Sicht, BB 2001, S. 2188 – 2200.

Weiser, Felix, Vendor Due Diligence: Ein Instrument zur Verbesserung der Verhandlungsposition des Verkäufers im Rahmen von Unternehmenstransaktionen, Finanz-Betrieb 2003, S. 593 – 601.

Weitnauer, Wolfgang, Der Unternehmenskauf nach neuem Kaufrecht, NJW 2002, S. 2511 – 2517.

Wellkamp, Ludger, Vorstand, Aufsichtsrat und Aktionär, 2. Auflage, Bonn 2000.

Wellkamp, Ludger, Aktionärsschutz, Bonn 1998
(zitiert: Wellkamp, Aktionärsschutz).

Wenninger, Renate, Die aktienrechtliche Schweigepflicht mit einer Übersicht über die wichtigsten Schweigepflichten im Zivilrecht, Zürich 1983.

Werder, Axel von, Der Deutsche Corporate Governance Kodex – Grundlagen und Einzelbestimmungen, in: Performance Controlling, Strategie, Leistung und Anreizsystem effektiv verbinden, Hrsg.: Horvath, Peter, Stuttgart 2002, S. 61 – 77.

Werder, Axel von, Shareholder Value-Ansatz als (einzige) Richtschnur des Vorstandshandelns?, ZGR 1998, S. 69 – 91.

Werner, Rüdiger, Haftungsrisiken bei Unternehmensakquisitionen: die Pflicht des Vorstands zur Due Diligence, ZIP 2000, S. 989 – 996.

Werner, Winfried, Probleme „feindlicher" Übernahmeangebote im Aktienrecht, Berlin, New York 1989.

Werner, Winfried, Aufsichtsratstätigkeit von Bankenvertretern, ZHR 145 (1981), S. 252 – 270.

Westermann, Harm Peter, Organzuständigkeit bei Bildung, Erweiterung und Umorganisation des Konzerns, ZGR 1984, S. 352 – 382.

Westermann, Harm Peter, Anmerkung zum Urteil des LG Bielefeld, Urteil vom 16.11.1999 – 15 O 91/98 (in ZIP 2000, S. 20 - 25), ZIP 2000, S. 25 – 27.

Weston, Fred / Mitchell, Mark / Mulherin, Harold, Takeovers, Restructuring, and Corporate Governance, 4. Auflage, New Jersey 2004.

Wiedemann, Herbert, Organverantwortung und Gesellschafterklagen in der Aktiengesellschaft, Opladen 1989
(zitiert: Wiedemann, Organverantwortung und Gesellschafterklagen in der Aktiengesellschaft).

Wiedemann, Herbert, Anmerkung zum Urteil des BGH, Urteil vom 10.11.1986 – II ZR 140/85 (in JZ 1984, S. 781 – 784), JZ 1984, S. 784 – 786.

Wiedemann, Herbert, Grundfragen der Unternehmensverfassung, ZGR 1975, S. 385 – 432.

Wieland-Blöse, Heike, Verabschiedung des „Transparenz- und Publizitätsgesetzes – TransPuG", GmbHR 2002, R 277 – 278.

Wiesbrock, Michael, Formerfordernisse beim Unternehmenskauf, DB 2002, S. 2311 – 2315.

Wiese, Tobias / Demisch, Dominik, Unternehmensführung bei feindlichen Übernahmeangeboten, Eine Kritik des geplanten Übernahmerechts aus ökonomischer Sicht, DB 2001, S. 849 – 852.

Wilde, Christian, Informationsrechte und Informationspflichten im Gefüge der Gesellschaftsorgane, ZGR 1998, S. 423 – 465.

Winter, Martin, Verdeckte Gewinnausschüttungen im GmbH-Recht, ZHR 148 (1984), S. 579 – 602.

Winter, Martin / Harbarth, Stephan, Verhaltenspflichten von Vorstand und Aufsichtsrat der Zielgesellschaft bei feindlichen Übernahmeangeboten nach dem WpÜG, ZIP 2002, S. 1 – 18.

Wirth, Gerhard, Neuere Entwicklungen bei der Organhaftung - Sorgfaltspflichten und Haftung der Organmitglieder bei der AG, S. 99 – 122 in: Gesellschaftsrecht 2001, Tagungsband zum RWS-Forum am 8. und 9. März 2001 in Berlin, Köln 2001
(zitiert: Wirth/RWS-Forum).
Anschließender Bericht über die Diskussion (Notz, Richard) S. 123 – 130
(zitiert: Wirth/RWS-Forum(Bericht)).

Wirtz, Bernd, Mergers & Acquisitions Management, Strategie und Organisation von Unternehmenszusammenschlüssen, Wiesbaden 2003.

Witt, Carl-Heinz, Übernahmen von Aktiengesellschaften und Transparenz der Beteiligungsverhältnisse, Köln, Berlin, Bonn, München 1998.

Witt, Carl-Heinz, Das Informationsrecht des Aktionärs und seine Durchsetzung in den USA, Großbritannien und Frankreich, AG 2000, S. 257 – 267.

Wohlleben, Hermann Peter, Informationsrechte des Gesellschafters, Köln, Berlin, Bonn, München 1989.

Wojtek, Ralf / Mitzkus, Frank, AG-Handbuch, Praxis und Haftung von Vorstand und Aufsichtsrat, Band 1 und Band 2, Hamburg 2002
(zitiert: AG-Handbuch-Bearbeiter).

Wolf, Klaus / Runzheimer, Bodo, Risikomanagement und KonTraG, Konzeption und Implementierung, 4. Auflage, Wiesbaden 2003.

Wollburg, Ralph / Gehling, Christian, Umgestaltung des Konzerns – Wer entscheidet über die Veräußerung von Beteiligungen einer Aktiengesellschaft?, in: Festschrift für Otfried Lieberknecht zum 70. Geburtstag, München 1997, S. 133 - 161
(zitiert: Wollburg/Gehling, Umgestaltung des Konzerns – Wer entscheidet über die Veräußerung von Beteiligungen einer Aktiengesellschaft?, in: Festschrift für Otfried Lieberknecht).

Wurl, Hans-Jürgen, Industrielles Beteiligungscontrolling, Stuttgart 2003
(zitiert: Wurl-Bearbeiter).

Würthwein, Susanne, Schadensersatz für Verlust der Nutzungsmöglichkeit einer Sache oder für entgangene Gebrauchsvorteile?, Zur Dogmatik des Schadensersatzrechts, Tübingen 2001.

Wymeersch, Eddy, Gesellschaftsrecht im Wandel: Ursachen und Entwicklungslinien, ZGR 2001, S. 294 – 324.

Zemke, Ingo, Management von Mergers & Acquisitions (M&A), in: Betriebs-wirtschaft in Fallbeispielen, 23 Business Stories und Case Studies von Absatz bis Zeitmanagement, Hrsg.: Hering, Ekbert / Frick, Gerold, S. 449 – 463, München, Wien 2003.

Ziegler, Ole, „Due Diligence" im Spannungsfeld zur Geheimhaltungspflicht von Geschäftsführern und Gesellschaftern, DStR 2000, S. 249 – 255.

Ziemons, Hildegard, Die Haftung der Gesellschafter für Einflussnahmen auf die Geschäftsführung der GmbH, Köln, Berlin, Bonn, München 1996 (zitiert: Ziemons, Die Haftung der Gesellschafter).

Ziemons, Hildegard, Die Weitergabe von Unternehmensinterna an Dritte durch den Vorstand einer Aktiengesellschaft, AG 1999, S. 492 – 500.

Ziemons, Hildegard / Jaeger, Carsten, Treuepflichten bei der Veräußerung einer Beteiligung an einer Aktiengesellschaft, AG 1996, S. 358 – 366.

Zimmer, Daniel, Internationales Gesellschaftsrecht, Das Kollisionsrecht der Gesellschaften und sein Verhältnis zum Internationalen Kapitalmarktrecht und zum Internationalen Unternehmensrecht, Heidelberg 1996.

Zöller, Richard, Zivilprozessordnung: mit Gerichtsverfassungsgesetz und den Einführungsgesetzen, mit Internationalem Zivilprozessrecht, EG-Verordnungen, Kostenanmerkungen Kommentar, 24. Auflage, Köln 2004 (zitiert: Zöller-Bearbeiter).

Zöllner, Wolfgang, Die so genannten Gesellschafterklagen im Kapital-gesellschaftsrecht, Referat, ZGR 1988, S. 392 – 440.

**Studien zum deutschen und europäischen Gesellschafts-
und Wirtschaftsrecht**

Herausgegeben von Ulrich Ehricke

Band 1   Detlef Laub: Die Nachgründung nach § 52 AktG als kapitalerhaltende Norm. Auswirkungen auf den Tatbestand und seine Anwendung nach dem Umwandlungsgesetz (UmwG). 2004.

Band 2   Michael Silvio Kusche: Die aktienrechtliche Zulässigkeit der Durchführung einer Due Diligence anlässlich eines Unternehmenskaufes. Mit Due Diligence-Checkliste für die Zielgesellschaft. 2005.

www.peterlang.de

Peter Lang · Europäischer Verlag der Wissenschaften

Ulrich Wastl

Aktienrechtliche Treupflicht und Kapitalmarkt

Ein Plädoyer für eine juristisch-interdisziplinäre Betrachtungsweise

Frankfurt am Main, Berlin, Bern, Bruxelles, New York, Oxford, Wien, 2004. 102 S.
ISBN 3-631-52853-1 · br. € 24.50*

Die überwiegend im Stil eines Plädoyers gehaltene Arbeit geht der Frage nach, welche Bedeutung aktienrechtlichen Treupflichten im Bereich kapitalmarktrelevanter Vorgänge zukommt. Namentlich wird hierbei untersucht, ob und in welchem Umfang kapitalmarktpraktischen Fehlentwicklungen mit Hilfe eines Rückgriffs auf das Rechtsinstitut der aktienrechtlichen Treupflicht begegnet werden kann. Zu diesem Zweck werden zunächst die allgemeinen rechtlichen Grundlagen, namentlich die aktienrechtliche Treupflicht sowie ihr Verhältnis zum Kapitalmarktrecht betreffend dargestellt. Hierauf aufbauend werden Inhalt und Tragweite aktienrechtlicher Treupflichten in einigen spezifischen Fallkonstellationen, wie beispielsweise im Hinblick auf den Erwerb eigener Aktien, den Auf- und Ausbau wechselseitiger Beteiligungen sowie den Squeeze-out und das Delisting, herausgearbeitet. Basierend auf den Ergebnissen dieser Untersuchung spezifischer kapitalmarktrelevanter Sachverhalte, werden schließlich erste abstrakte Fallgruppen gebildet, wobei besonderer Wert auf die Entwicklung genereller rechtlicher Leitlinien gelegt wird. Dieses Plädoyer verfolgt darüber hinaus die Zielsetzung, die wohl dringend notwendige Diskussion über die disziplinierende Funktion der aktienrechtlichen Treupflicht im Kapitalmarktgeschehen zu fördern.

Aus dem Inhalt: Rechtliche Grundlagen · Einige Fallkonstellationen aktienrechtlicher Treupflichten im kapitalmarktrelevanten Bereich · Zusammenfassendes Fazit und Ausblick: Bildung erster abstrakter Fallgruppen

Frankfurt am Main · Berlin · Bern · Bruxelles · New York · Oxford · Wien
Auslieferung: Verlag Peter Lang AG
Moosstr. 1, CH-2542 Pieterlen
Telefax 00 41 (0) 32 / 376 17 27

*inklusive der in Deutschland gültigen Mehrwertsteuer
Preisänderungen vorbehalten

Homepage http://www.peterlang.de